König

Volkswagen, Volksempfänger, Volksgemeinschaft

Wolfgang König

Volkswagen, Volksempfänger, Volksgemeinschaft

»Volksprodukte« im Dritten Reich. Vom Scheitern einer nationalsozialistischen Konsumgesellschaft

FERDINAND SCHÖNINGH

Paderborn · München · Wien · Zürich

Gedruckt mit Unterstützung der Fritz Thyssen Stiftung

Wolfgang König, Prof. Dr. phil., geb. 1949, hat seit 1985 die Professur für Technikgeschichte an der Technischen Universität Berlin inne.

Titelbilder: Oben: Wolfsburg, 26. Mai 1938: Taufe des Volkswagens als „KdF-Wagen" durch Hitler (im Wagen). An der Tür: Ferdinand Porsche, links daneben Robert Ley, Leiter der DAF (Photo: Süddeutscher Verlag, München).
Unten: Plakatwerbung für den Volksempfänger, 1938 (Verlagsarchiv).

Bibliografische Information Der Deutschen Bibliothek

Die Deutsche Bibliothek verzeichnet diese Publikation in der Deutschen Nationalbibliografie; detaillierte bibliografische Daten sind im Internet über http://dnb.ddb.de abrufbar.

Einbandgestaltung: Evelyn Ziegler, München

Gedruckt auf umweltfreundlichem, chlorfrei gebleichtem und alterungsbeständigem Papier ∞ ISO 9706

(Verlag Ferdinand Schöningh GmbH, Jühenplatz 1, D-33098 Paderborn)

Internet: www.schoeningh.de

Printed in Germany. Herstellung: Ferdinand Schöningh, Paderborn

ISBN 3-506-71733-2

INHALTSVERZEICHNIS

VORWORT

Volkswagen, Volksempfänger und KdF-Reisen begegneten mir früh in der Jugend. Sie tauchten an Familienabenden und Stammtischen auf, wenn es um die »guten Seiten« des Nationalsozialismus ging. Ein gebrauchter Volkswagen, Baujahr 1949, war mein erstes Auto, das ich schließlich mit Kilometerstand 230000 verschrottete. Im Studium und als junger Historiker traf ich die nationalsozialistischen Konsumgüter erneut. Ich lernte, dass sie im Kontext der Kriegsvorbereitung standen sowie der Propaganda und Akzeptanz des Regimes dienten. In Darstellungen des Nationalsozialismus nahmen sie einen prominenten Platz ein. Schon damals war ich erstaunt – und bin es bis heute –, dass sie in der Geschichtsschreibung zwar als Einzelphänomene, aber nicht in ihrem Zusammenhang eine Behandlung gefunden haben.

Den nationalsozialistischen »Volksprodukten«, wie ich die Güter und Dienstleistungen des Konsums zusammenfassend nennen werde, habe ich mich in meinen historischen Arbeiten von zwei Seiten genähert: von der Technikgeschichte und von der Konsumgeschichte her. Die Technikgeschichtsschreibung hat den massenproduzierten langlebigen technischen Konsumgütern mehr und mehr Aufmerksamkeit geschenkt.[1] Mit ihnen schien in den Wohlstandsländern die moderne Technik die breite Bevölkerung zu erreichen. Der Volkswagen wurde in Deutschland geradezu zum Symbol der Massenmotorisierung. Und er stellte anscheinend eine nicht nur technische Verbindung zwischen dem Nationalsozialismus und der Bundesrepublik her. Manche Technikhistoriker sehen in der Entstehung und Ausbreitung technischer Systeme und Netze ein Charakteristikum des 19. und 20. Jahrhunderts. Der Volksempfänger bildete ein Element in dem System des Unterhaltungsrundfunks. In ihm waren bereits Fragen nach den politischen und konsumtiven Dimensionen der an Bedeutung gewinnenden elektrischen und elektronischen Medien angelegt.

In meinen Arbeiten zur Geschichte der Konsumgesellschaft waren die wichtigsten nationalsozialistischen Volksprodukte präsent,[2] in denen zur Geschichte des Tourismus die KdF-Reisen.[3] Die junge Konsumgeschichte kämpft noch um ihre zentralen Begriffe. Bezeichnend dafür ist, dass der Begriff »Konsumgesellschaft« von einigen Autoren für England vor und in der Industriellen Revolution Verwendung findet. Andere bestehen darauf, für die USA die entwickelte Konsumgesellschaft in der Zwischenkriegszeit zu situieren und für Deutschland nach dem Zweiten Weltkrieg. Die Frage liegt nahe, wie sich der Konsum im Nationalsozialismus in dieser Kontroverse verorten lässt.

---

1 König, Massenproduktion.
2 König, Geschichte.
3 König, Bahnen.

Die Recherchen zum nationalsozialistischen Konsum und den Volksprodukten erwiesen sich als rechtes Puzzle. Die Bausteine dafür verbargen sich in zahlreichen öffentlichen und privaten Archiven. Ich sehe mich außerstande, die zahlreichen Unterstützer und Helfer bei den Archivarbeiten namentlich anzuführen. Sie sind in meinen Dank dafür eingeschlossen, dass ich überall eine freundliche Aufnahme und Hilfsbereitschaft gefunden habe.

Die Forschungsarbeit ist durch die Fritz Thyssen Stiftung gefördert worden. Ich bedanke mich – auch für das dabei gewählte unbürokratische Verfahren. Es hat bei der Stiftung keinerlei Erstaunen hervorgerufen, dass ein etablierter Wissenschaftler noch persönlich forschen will. In einer Zeit, in der Politik und Wissenschaftsförderung das Leitbild des Wissenschaftsmanagers pflegen, ist dies alles andere als selbstverständlich. Im Allgemeinen wird an den deutschen Universitäten ein Hochschullehrer, der selbst forscht und nicht nur Drittmittelanträge und Aufsätze schreiben lässt, mit Mittel- und Liebesentzug bestraft.

Zwischenergebnisse dieses Buchprojekts habe ich in Vorträgen und in Seminaren vorgestellt und erprobt. Insbesondere fand ich die dabei gepflegte enge Verschränkung von Forschung und Lehre außerordentlich fruchtbar. Ich habe von den Studierenden, und zwar sowohl von ihrem Kenntnisreichtum wie ihrer Neugier, sehr profitiert. Sie selbst waren so freundlich mir den Eindruck zu vermitteln, dass das alte Prinzip, Lernprozesse als simulierte Forschungsprozesse zu gestalten, immer noch trägt. Am engsten mit dem Projekt befasst waren meine studentischen Mitarbeiter Frank Steinbeck und Tim Bewersdorf. Ihre akribische Durchsicht zahlreicher Zeitungen und Zeitschriften hat eine Reihe von Fragestellungen überhaupt erst möglich gemacht. Darüber hinaus hat Herr Steinbeck das Personen- und Sachregister angefertigt. Besonders Frau Hannelore Martin sowie Frau Christiane Schwirner haben das Manuskript in eine technisch verarbeitungsfähige Form gebracht. Allen herzlichen Dank!

Berlin, im Herbst 2003 Wolfgang König

EINLEITUNG

FRAGESTELLUNG

Im Nationalsozialismus erhielten zahlreiche Produkte und Dienstleistungen das Epitheton »Volk«. Die bekanntesten waren der Volksempfänger und der Volkswagen. Sie bildeten – zusammen mit dem Volkskühlschrank – die Gruppe derer, denen der nationalsozialistische Staat exklusiven Schutz verlieh.[1] Die Gruppe der staatlich anerkannten »Volksprodukte« war prinzipiell erweiterbar. Sie bezeichnete im Rahmen der nationalsozialistischen Politik initiierte Konsumgüter, die von staatsnahen Betrieben (wie der Volkswagen) oder als Gemeinschaftserzeugnis der Industrie (wie der Volksempfänger) produziert wurden. Andere von staatlichen oder Parteistellen ins Gespräch gebrachte Volksprodukte wie das Volksboot[2] und das Volksklavier[3] blieben auf der Strecke. Bei wieder anderen, wie dem »Einheits-Fernsehempfänger E 1«, wurde bewusst der Begriff »Volksfernseher« vermieden. Bei den vom Arbeitsministerium geförderten »Volkswohnungen« kam es zu harten Auseinandersetzungen, ob sie der Ehrenbezeichnung »Volk« würdig seien. Funktional gehört in die Gruppe der »Volksprodukte« auch das Dienstleistungsangebot der KdF-Reisen.

Von den staatlich initiierten und legitimierten Volksprodukten sind jene zu unterscheiden, welche die Wirtschaft, insbesondere zu Beginn der nationalsozialistischen Herrschaft, auf den Markt brachte. Da gab es »Volksnähmaschinen«, »Volksstaubsauger«, »Volks-Plattenspieler«, »Volks-Schallplatten«, »Volksmotorräder«, viele miteinander konkurrierende »Volkswagen« und anderes mehr. Mit ihnen griff die Wirtschaft die Konsumwünsche der Bevölkerung auf und suchte den mit politischen Weihen versehenen Volks-Begriff für kommerzielle Zwecke einzusetzen. Nationalsozialistische Institutionen bemühten sich, dies zu unterbinden – mit weitgehendem, aber nicht durchgängigem Erfolg.

Die hier behandelten Güter und Dienstleistungen wurden als – in ihrem Umfang allerdings strittige – Einheit gesehen. In einer Publikation der Deutschen Arbeitsfront wurden »»Kraft durch Freude«, Volksempfänger, Volkswagen, Adolf-Hitler-Schulen und sozialer Wohnungsbau« in einem Atemzug genannt.[4] In einem Ingenieurblatt konnte man unter der Überschrift »Volksverpflichtete Technik« Bilder sehen – des Volksempfängers, des KdF-Wagens, einer »Fernsehstube« und von »Volkswohnungen«.[5] Die Publizistik

---

1 S. u. S. 234 f.
2 S. u. S. 240.
3 S. u. S. 234.
4 Jahrbuch des Arbeitswissenschaftlichen Instituts, S. 73.
5 Rundschau Deutscher Technik 23 (1943), Nr. 1/2, S. 3.

stellte zahlreiche Verbindungen zwischen einzelnen Volksprodukten her. Partei- und Staatsstellen wurden nicht müde, auf den Vorbildcharakter von Volksempfänger und Volkswagen hinzuweisen. Und schließlich mühte sich der vom Propagandaministerium gesteuerte Werberat der deutschen Wirtschaft um eine Definition und Abgrenzung.[6] Mein Buch fragt nach dem Stellenwert der Volksprodukte im Rahmen der nationalsozialistischen Politik. Wie vertrugen sie sich mit dem Primat der Rüstung, wie mit der Autarkiepolitik, mit dem kriegerischen Streben nach »Lebensraum« im Osten? Inwieweit dienten sie der Propaganda? Sollten die mit den Volksprodukten verbundenen Konsumvisionen fehlende Konsummöglichkeiten kompensieren? Stand hinter den Volksprodukten ein gesellschaftliches Programm? Gab es so etwas wie Vorstellungen einer nationalsozialistischen Konsumgesellschaft? Selbst wenn der Begriff »Konsumgesellschaft« im Nationalsozialismus keine Verwendung fand – wurden entsprechende Vorstellungen unter Begriffen wie »Lebensniveau«, »Lebensstandard« oder »Überflusswirtschaft« thematisiert?

In dem Buch geht es um Planungen und Visionen einer nationalsozialistischen Konsumgesellschaft, um ihre ansatzweise Realisierung und um ihr Scheitern.[7]

Es geht nicht um eine Konsumgeschichte im Nationalsozialismus. Eine solche hätte sich vor allem mit den kulturell geformten »Grundbedürfnissen« des Essens, Kleidens und Wohnens zu beschäftigen. Hierfür hatten die Haushalte den ganz überwiegenden Teil ihrer Einkommen aufzuwenden. Konsumgesellschaft bedeutet aber gerade, über diese Grundbedürfnisse hinaus zu konsumieren. Besonders die langlebigen technischen Konsumgüter besitzen hierbei eine große praktische und symbolische Bedeutung. Die nationalsozialistischen Volksprodukte markieren solche »höheren« konsumgesellschaftlichen Ansprüche: der Volksempfänger, der Volkswagen, der Volkskühlschrank. Der Volkswagen und die KdF-Reisen stehen zudem für Visionen einer Freizeitgesellschaft.

Aufbau

Das Buch beginnt mit einer zusammenfassenden Skizze der für den Konsum im Nationalsozialismus wichtigen Bedingungen. Welchen Stellenwert besaß der Konsum in der nationalsozialistischen Ideologie und wie war er an die zentralen ideologischen Konzepte von Raum und Rasse rückgebunden? Welche Entfaltungsmöglichkeiten blieben dem privaten Konsum im Rahmen der nationalsozialistischen Wirtschaftpolitik? Wie entwickelte sich die Kaufkraft der Bevölkerung?

Die folgenden sechs Kapitel behandeln die wichtigsten Volksprodukte sowie verwandte Konsumangebote: Volksempfänger, Einheits-Fernsehempfän-

---

6 S. u. S. 234 f.

7 Zum Begriff der Konsumgesellschaft: König, Geschichte, S. 7-13, 108 u. 132-35.

ger, Volkswohnungen, Volkskühlschrank, Volkswagen und KdF-Reisen. Die mit Abstand größte Bedeutung besaß der *Volksempfänger*. Die konsumgesellschaftlichen Vorstellungen des Nationalsozialismus und das Konzept der Volksprodukte bildeten sich maßgeblich im Zusammenhang mit der Schaffung und Verbreitung des Volksempfängers heraus. Als einziges staatlich legitimiertes Volksprodukt wurde der Volksempfänger auch realisiert und in relativ großen Stückzahlen verbreitet. Für weitere Planungen und Überlegungen gab er das Vorbild ab. Der Volksempfänger und seine Weiterentwicklung, der Deutsche Kleinempfänger, waren die bekanntesten Vertreter einer ganzen Gattung »politischer Gemeinschaftsgeräte«, mit denen das Propagandaministerium eine differenzierte Rundfunkpolitik umzusetzen suchte.

Dabei kam es zu Konflikten und Kooperationen zwischen dem Propaganda- und dem Postministerium sowie der Wirtschaft. Am Volksempfänger und den anderen Gemeinschaftsgeräten lassen sich die Schwierigkeiten und die Grenzen nationalsozialistischer Konsumpolitik aufzeigen.

Das *Fernsehen* wurde als eine Fortsetzung und Ergänzung des Rundfunks betrachtet. Wie beim Rundfunk wurden beim Fernsehen die Konzepte eines Gemeinschafts- sowie eines Individualempfangs nebeneinander verfolgt. Beträchtliche Unsicherheit herrschte in der Frage, ob der Fernseher als Volksprodukt anzusehen und zu entwickeln sei.

Das 1935 vom Arbeitsministerium unter der Bezeichnung »*Volkswohnungen*« aufgelegte Programm des sozialen Wohnungsbaus führte zu heftigen Auseinandersetzungen innerhalb der nationalsozialistischen Regierung. Die Differenzen indizieren das Spektrum der Interpretationen, was unter Volksprodukten zu verstehen sei, die zwischen Visionen und Realitäten bestehenden Spannungen sowie Machtkämpfe innerhalb der nationalsozialistischen Polykratie. Das Förderprogramm wurde bis 1940 weiter entwickelt und mündete schließlich in gigantische Planungen für den Wohnungsbau nach dem Krieg.

Beim *Volkskühlschrank* trat außer der Wirtschaft und der Politik noch die Wissenschaft in Erscheinung. Bei dem Projekt lässt sich das Zusammenwirken mehrerer Akteursgruppen mit unterschiedlichen Interessen verfolgen. Gleichzeitig wurde der Kühlschrank in markanter Weise in der nationalsozialistischen Autarkiepolitik verankert.

Der *Volkswagen* stellte ein besonders ambitioniertes Projekt mit großer öffentlicher Resonanz dar. Letzten Endes hätte er den Charakter des Automobils vollständig verändert. In der Zeit des Nationalsozialismus war das Automobil noch in erster Linie ein gewerbliches Produktionsmittel. Firmen fuhren damit ihre Waren aus; Ärzte, Vertreter und Handwerker besuchten ihre Kunden. Der Volkswagen sollte das Auto in ein Individualverkehrsmittel der Freizeitgesellschaft transformieren. Ähnlich wie beim Volksempfänger traten beim Volkswagen erhebliche Spannungen zwischen der Wirtschaft und der Politik auf. Die intendierte Kooperation scheiterte an der Gegensätzlichkeit der Interessen und die Deutsche Arbeitsfront übernahm das Vorhaben. Das mit großem Aufwand verfolgte Projekt lädt zu einer Diskussion illusionistischer Elemente in der nationalsozialistischen Konsumpolitik ein.

Beim Volkswagen, dem Volkskühlschrank und bei den Volkswohnungen schaltete sich die DAF in von anderen gestartete Initiativen ein. Im Konsumbereich Freizeit war sie mit dem Reiseangebot ihrer Unterorganisation Kraft durch Freude von vornherein ein wichtiger Akteur. Auch bei den *KdF-Reisen* zeigten sich Dilemmata der nationalsozialistischen Konsumpolitik. Die Reisen bedrohten das mittelständische Fremdenverkehrsgewerbe. Und sie erreichten nicht ihre wichtigste Zielgruppe, nämlich die kinderreichen Familien. Die touristischen Zukunftsplanungen der KdF, konkretisiert im Bau des Seebads Prora auf Rügen, suchten einen Ausweg. Ihre Realisierung hätte das KdF-Reiseprogramm auf ein neues massentouristisches Niveau gehoben.

Die drei abschließenden Kapitel fassen die vorangegangenen unter systematischen Gesichtspunkten zusammen und integrieren dabei neues Material. Das erste ist dem Verhältnis von Wirtschaft und Politik gewidmet. Dabei steht die bislang von der Wirtschaftsgeschichtsschreibung des Nationalsozialismus vernachlässigte Konsumgüterindustrie im Mittelpunkt. Die Interessengegensätze von Wirtschaft und Politik betrafen die Grundzüge der Wirtschaftsordnung sowie die Verteilung des Risikos bei den Volksprodukten und mündeten in Auseinandersetzungen über Gewinne und Verluste. Neben den staatlich anerkannten brachte die Wirtschaft eigene Volksprodukte auf den Markt. Vordergründig spiegelten sich darin Gegensätze zwischen Politik und Kommerz. Im Hintergrund standen jedoch grundlegende Mechanismen bei der Verwirklichung der Konsumgesellschaft zur Debatte: Kam die zentrale Rolle marktwirtschaftlichem Handeln oder staatlicher Lenkung zu?

Außer der Wirtschaft wirkten an der Entstehung der Volksprodukte zahlreiche nationalsozialistische Institutionen mit. Die wichtigsten Protagonisten waren Goebbels' Propagandaministerium und Leys Deutsche Arbeitsfront sowie Hitler selbst. Ihre Kooperationen und ihre Konflikte mit anderen staatlichen und Parteistellen bilden Strukturen der nationalsozialistischen Polykratie ab.

Vor den geplanten Volksprodukten und vor der nationalsozialistischen Konsumgesellschaft türmten sich gewaltige soziale und ökonomische Schwierigkeiten auf. Mehr und mehr setzten die Nationalsozialisten ihre Hoffnung, sie zu überwinden, auf technische Rationalisierung der Produktion, insbesondere auf die Typisierung. Das letzte Kapitel stellt die Frage nach der Rationalität der Rationalisierung. Diese konkreten Erwägungen gehen über in allgemeine zur Brauchbarkeit von Begriffen wie »Rationalität«, »Technokratie«, »Modernisierung« und »Voluntarismus« zur Charakterisierung des Nationalsozialismus. Als Zusammenfassung werden Spezifika der intendierten nationalsozialistischen Konsumgesellschaft herausgearbeitet.

Literatur und Quellen

Die umfangreiche Literatur zur Geschichte des Nationalsozialismus, auf die hier nicht im Einzelnen eingegangen werden soll, gab eine Fülle von Orientierungshilfen. Von besonderem Wert waren die Arbeiten zur Ideologie- und

Wirtschaftsgeschichte sowie zur nationalsozialistischen Polykratie. Über einzelne Volksprodukte und ihr Umfeld liegen hervorragende, materialreiche Studien vor, von denen wenigstens die wichtigsten Erwähnung finden sollen. Der Volksempfänger und die anderen »politischen Gemeinschaftsgeräte« standen bislang nicht im Zentrum einer empirisch gesättigten Untersuchung. Für den Rundfunk in der nationalsozialistischen Zeit immer noch unverzichtbar ist aufgrund ihres Aspektreichtums die bereits 1955 erschienene Arbeit von Heinz Pohle.[8] Mehr auf die politische Seite konzentriert sich Ansgar Dillers »Rundfunkpolitik im Dritten Reich«.[9] Inge Marßoleks und Adelheid v. Salderns »Zuhören und Gehörtwerden« sowie Konrad Dussels »Hörfunk in Deutschland« besitzen ihre Stärken bei der kulturgeschichtlichen Erschließung des Programms und seiner Rezeption.[10] Dem »Fernsehen unter dem Hakenkreuz« hat Klaus Winker eine umfassende Untersuchung gewidmet, in welcher auch die Probleme des »Volksfernsehers« und die Entstehung des »Einheits-Fernsehempfängers E 1« breit thematisiert werden.[11]

Tilman Harlander[12] und Ulrike Haerendel[13], die Letztere für München, haben umfangreiche Studien zum nationalsozialistischen Wohnungsbau vorgelegt. Der Volkskühlschrank wird in einer essayistischen Skizze von Ullrich Hellmann[14] und intensiver in den Publikationen von Martina Heßler[15] behandelt. Hans Mommsens und Manfred Griegers monumentale Forschungsarbeit über das Volkswagenwerk setzt nicht zuletzt bei der Quellenerschließung Maßstäbe.[16] Auch bei der Verortung des Projekts in der nationalsozialistischen Politik ist sie kaum zu übertreffen. Dies hat die hier vorgelegte Studie entlastet, die den Volkswagen dafür mehr in den Kontext der bestehenden Automobilindustrie sowie der Motorisierung rückt. Zu den touristi-

---

8 Heinz Pohle: Der Rundfunk als Instrument der Politik. Zur Geschichte des deutschen Rundfunks von 1923/38 (Wissenschaftliche Schriftenreihe für Rundfunk und Fernsehen 1). Hamburg 1955.

9 Ansgar Diller: Rundfunkpolitik im Dritten Reich (Rundfunk in Deutschland 2). München 1980.

10 Inge Marßolek u. Adelheid v. Saldern (Hrsg.): Zuhören und Gehörtwerden I. Radio im Nationalsozialismus. Zwischen Lenkung und Ablenkung. Tübingen 1998; Konrad Dussel: Hörfunk in Deutschland. Politik, Programm, Publikum (1923-1960) (Veröffentlichungen des Deutschen Rundfunkarchivs 33). Potsdam 2002.

11 Klaus Winker: Fernsehen unterm Hakenkreuz. Organisation, Programm, Personal (Medien in Geschichte und Gegenwart 1). Köln u.a. ^{2}1996.

12 Tilman Harlander: Zwischen Heimstätte und Wohnmaschine. Wohnungsbau und Wohnungspolitik in der Zeit des Nationalsozialismus (Stadt – Planung – Geschichte 18). Basel u.a. 1995.

13 Ulrike Haerendel: Kommunale Wohnungspolitik im Dritten Reich. Siedlungsideologie, Kleinhausbau und »Wohnraumarisierung« am Beispiel Münchens (Studien zur Zeitgeschichte 57). München 1999.

14 Ullrich Hellmann: Künstliche Kälte. Die Geschichte der Kühlung im Haushalt (Werkbund-Archiv 21). Gießen 1990.

15 Martina Heßler: »Elektrische Helfer« für Hausfrau, Volk und Vaterland. Ein technisches Konsumgut während des Nationalsozialismus. Technikgeschichte 68 (2001), S. 203-29; Martina Heßler: »Mrs. Modern Woman«. Die Modernisierung des Alltags. Zur Sozial- und Kulturgeschichte der Haushaltstechnisierung (Campus Forschung 827). Frankfurt, New York 2001.

16 Hans Mommsen u. Manfred Grieger: Das Volkswagenwerk und seine Arbeiter im Dritten Reich. Düsseldorf 1996.

schen Zukunftsplanungen der KdF, insbesondere den Seebädern, gibt es keine befriedigende Spezialuntersuchung. Wertvolle Übersichten zu den KdF-Reisen bieten insbesondere Wolfhard Buchholz' KdF-Geschichte[17] und die tourismusgeschichtlichen Arbeiten von Hasso Spode[18] und Christine Keitz[19].

Meine Studie hat von diesen und weiteren Arbeiten außerordentlich profitiert. Die Hoffnung und der Anspruch ist, dass sie – quasi als Gegengabe – die spezielleren Forschungsarbeiten durch die von der Gesamtheit der Volksprodukte ausgehende erweiterte Perspektive bereichert. Darüber hinaus ist es selbst auf bislang gut beackerten Themenfeldern gelungen, zusätzliches Quellenmaterial zu erschließen. Am meisten betrifft dies das wichtigste Volksprodukt, den Volksempfänger, wo die staatlichen Akten erstmals umfassend ausgewertet wurden. Stellt man die Frage, wo vor allem die vorliegende Studie Neues bietet, dann wäre dies – versteht man sie empirisch – der Volksempfänger, die Rundfunkwirtschaft und die Radiopolitik im Dritten Reich, – versteht man die Frage konzeptionell – die Gesamtinterpretation der nationalsozialistischen Volksprodukte.

Ich habe es als meine Aufgabe verstanden, die Quellen zu den einzelnen Volksprodukten möglichst umfassend zu erschließen. Das Ergebnis kann man als ein aus zahlreichen Steinen bestehendes Puzzle mit beträchtlichen Lücken bezeichnen. Die meisten Steine lieferten die Bestände des Bundesarchivs mit den Akten der Ministerien und NS-Organisationen sowie zum Teil der Verbände. Trotz der bekannt lückenhaften Überlieferung lässt sich daraus eine zusammenhängende Darstellung generieren. Jedoch können viele Entscheidungsprozesse nicht in den Einzelheiten rekonstruiert werden. Ich habe mich um Verdeutlichung bemüht, wo es sich jeweils um ein Referat aus den Akten, wo um eine begründete Schlussfolgerung handelt.

Noch viel größere Lücken weist die Überlieferung in den Wirtschaftsarchiven auf. In keinem Fall erlauben Verbands- oder Firmenmaterial, den Weg eines Volksprodukts aus der Sicht der jeweiligen Institution in großer Dichte nachzuzeichnen. Auf der anderen Seite entstammen den privaten Archiven Informationen, die das aus den staatlichen Akten gewonnene Bild doch beträchtlich korrigieren. Beispiele hierfür sind die bei Philips liegenden Unterlagen zur Rundfunkindustrie und zum Funkverband, Quellen der AEG sowie der Deutschen Kühl- und Kraftmaschinengesellschaft zum Volkskühl-

---

17 Wolfhard Buchholz: Die Nationalsozialistische Gemeinschaft »Kraft durch Freude«. Freizeitgestaltung und Arbeiterschaft im Dritten Reich. Diss. München 1976.

18 Hasso Spode: Arbeiterurlaub im Dritten Reich. In: Carola Sachse, Tilla Siegel, Hasso Spode u. Wolfgang Spohn: Angst, Belohnung, Zucht und Ordnung. Herrschaftsmechanismen im Nationalsozialismus (Schriften des Zentralinstituts für sozialwissenschaftliche Forschung der Freien Universität Berlin 41). Opladen 1982, S. 275-328; Hasso Spode: »Der deutsche Arbeiter reist«: Massentourismus im Dritten Reich. In: Gerhard Huck (Hrsg.): Sozialgeschichte der Freizeit. Untersuchungen zum Wandel der Alltagskultur in Deutschland. Wuppertal [2]1982, S. 281-306.

19 Christine Keitz: Reisen als Leitbild. Die Entstehung des modernen Massentourismus in Deutschland. München 1997.

schrank sowie die kleine Restüberlieferung des Reichsverbands der Automobilindustrie (im Volkswagen-Archiv) zu den Volkswagenplänen der Hersteller.

Überraschend viele Ergänzungen und Korrekturen ergaben sich aus der Durchsicht von Zeitungen und Zeitschriften. Die aufwändigen systematischen Sucharbeiten dienten allerdings nicht in erster Linie der Gewinnung von Fakteninformationen. Dahinter stand vielmehr der – wie ich meine: erfolgreiche – Versuch, ein differenziertes Bild der öffentlichen Meinung zu den Volksprodukten zu gewinnen. Diese öffentliche Meinung erwies sich als weit weniger gleichgeschaltet als zu vermuten war.[20] Dafür ist eine Reihe von Gründen namhaft zu machen. Die Zahl der in Deutschland erscheinenden Zeitungen und Zeitschriften war einfach zu groß, als dass eine totale Überwachung und Steuerung möglich gewesen wäre. Dann schuf das polykratische Herrschaftssystem Gelegenheiten, Institutionen- und Sachkritik zusammenzubinden. Zahlreiche Autoren erwiesen sich als Meister der Formulierung, wenn sie vernichtende Kritik im Detail in grundsätzliche politische Zustimmung integrierten. Jedenfalls erschien zu den nationalsozialistischen Volksprodukten eine nicht unerhebliche Zahl offener oder verschlüsselter kritischer Kommentare. Ich habe allerdings den Eindruck gewonnen, ohne dass dies empirisch zu erhärten versucht wurde, dass ihr Umfang mit der Zeit abnahm. Möglicherweise war dies das Resultat von Reglementierungsmaßnahmen oder der Erfolg nationalsozialistischer Sozialisation. Die hier ausgewertete öffentliche Meinung ist natürlich nicht gleichzusetzen mit der Meinung der Bevölkerung. Doch könnte das von der Forschung bislang vernachlässigte Material, unter dem sich auch Leserbriefe befinden, die von der Forschung bislang vor allem untersuchten Berichte der Gestapo und der Exilgruppen ergänzen.

Die in die Studie mit einbezogenen Zeitungen und Zeitschriften überspannen ein breites Spektrum. Dies beginnt mit der Parteipresse, wie dem »Völkischen Beobachter«, und den Organen von Parteiorganisationen, wie den DAF-Blättern »Der Angriff« und »Arbeitertum«. Andere Zeitschriften waren Sprachrohre der Ministerien, so die »Nationalsozialistische Rundfunk-Korrespondenz«, welche das Propagandaministerium verbreitete. Andere standen Ministerien nahe, wie »Siedlung und Wirtschaft« dem Arbeitsministerium. Dazu kommen Verbandsorgane von Industrie und Handel, wie die »Elektrizitätswirtschaft« oder »Der Rundfunk-Großhändler«, und Firmenzeitschriften, wie der »Bosch-Zünder«.[21] Und letztendlich sind mehr oder weniger unabhängige Fachzeitschriften zu nennen, wie die »Kraftverkehrs-Wirtschaft« oder »Der deutsche Volkswirt«. Besonders in den letztgenannten Gruppen artikulierte sich ein Expertenwissen als rationales Korrektiv zur Parteipresse.

Insgesamt stützt sich die vorliegende Arbeit mehr auf Quellen denn auf Sekundärliteratur. Dahinter steht der erstmals unternommene Versuch, die

[20] Vgl. Toepser-Ziegert, Funktionswandel.
[21] Vgl. Michel, zum Bosch-Zünder dort S. 147-68.

nationalsozialistischen Volksprodukte in ihrer Gesamtheit zu erfassen und als Konkretisierung und Vision einer nationalsozialistischen Konsumgesellschaft zu interpretieren. Mit dieser Gesamtschau wird Neuland betreten.

KONSUM IM NATIONALSOZIALISMUS: RAHMENBEDINGUNGEN

Ideologie und Politik

Die nationalsozialistische Ideologie bildete kein geschlossenes Lehrgebäude.[1] Sie vereinigte zahlreiche heterogene Elemente und war so offen formuliert, dass sie – abhängig von der Situation und der Zielsetzung – flexibel gehandhabt werden konnte. Einen zentralen Platz und relativ feste Konturen besaßen darin vor allem die Konzepte Lebensraum, Rasse und Volk. Dem Lebensraumkonzept lag ein malthusianisches und sozialdarwinistisches Denken zugrunde. Ein sich ständig vermehrendes »Volk ohne Raum« werde nur überleben können, wenn es sich den benötigten Lebensraum aneigne. Die expansionistischen Vorstellungen Hitlers zielten vor allem auf den Osten Europas und bezogen von vornherein das Mittel der gewaltsamen Eroberung mit ein. Der Lebensraum im Osten war nicht nur Nahrungsraum, sondern auch Rohstoff- und Absatzraum.[2] Er sollte Deutschland die Rohstoffe für eine starke Wirtschaft liefern und er sollte deutsche Fertigprodukte aufnehmen. Die historiographische Beurteilung der wirtschafts- und autarkiepolitischen Planungen des Nationalsozialismus hat zu berücksichtigen, dass sie sich auf unterschiedliche Wirtschaftsräume bezogen. Manchmal gingen sie nur vom Reich in seiner jeweiligen territorialen Ausdehnung aus, manchmal von viel größeren Wirtschaftsräumen, die das Reich als Ergebnis eines siegreichen Kriegs beherrschen würde. Dies galt auch für die Planungen zum Absatz des Volkswagens. Bezogen sie sich bis 1939 in illusionistischer Verkennung der wirtschaftlichen Möglichkeiten auf das Reich, so träumte Hitler während des Krieges von einem riesigen europäischen Absatzraum.

Die Rassenideologie hatte indirekte Auswirkungen auf die nationalsozialistischen Konsumvorstellungen. Ein rassisch wertvolles und kulturell hochstehendes Volk wie das deutsche besitze einen Anspruch auf ein hohes »Lebensniveau«. Es gehörte zu den von Hitler bei seinen Eröffnungsreden zur Automobilausstellung gebrauchten Formeln, dass die durch den Volkswagen zu erreichende Motorisierung der für die Deutschen anzustrebenden »Lebenshöhe« entspreche.[3] Das Arbeitswissenschaftliche Institut der Deutschen Arbeitsfront (DAF) formulierte 1936:[4] »Das politische Endziel..: das Volk soll einen Lebenszuschnitt erhalten, der seinen Fähigkeiten und seinem Kulturstand entspricht«. »Lebenshöhe«, »Lebensniveau«, »Lebenszuschnitt«,

---

1 Zur NS-Ideologie: Jäckel; Zitelmann, Hitler; Kroll; Klepsch; Winfried Noack.

2 Zitelmann, Hitler, S. 273 ff.

3 So 1933 (Kraftfahrt, S.10 f.); 1934 (Vollgas, S. 8).

4 Lebenshaltung, S. 11 f.; vgl. Jahrbuch des Arbeitswissenschaftlichen Instituts, S. 44; Bühler, S. 19 ff., 67 ff. u. passim.

»Lebenshaltung«, »Lebensstandard« oder – weniger biologistisch aufgeladen – »Verbrauch« waren die Begriffe, die in den Reden und Texten auftauchten. »Konsum« wurde eher vermieden. Dies rief zu sehr Assoziationen mit den aus der Arbeiterbewegung entstandenen Konsumgenossenschaften hervor und entsprach nicht der deutschtümelnden Vermeidung von Fremdwörtern.

Hitler selbst wurde nicht müde, die Hebung des Lebensstandards als Ziel der nationalsozialistischen Politik zu verkünden. So in einer 1940 gehaltenen Rede vor Berliner Rüstungsarbeitern:[5] »Ich habe den Ehrgeiz, das deutsche Volk reich, das deutsche Land schön zu machen. Ich möchte, dass der Lebensstandard des einzelnen gehoben wird.« Einem ausländischen Journalisten erklärte er am 25. März 1934 in einem Interview:[6] »Der Zweck und das Ziel eines jeden Fortschrittes muß es sein, ein ganzes Volk, ja die ganze Menschheit glücklicher zu machen.« In einem seiner »Tischgespräche« wandte er sich 1941 gegen das Ideal der »Anspruchslosigkeit«, das »der Feind jeden Fortschritts« sei.[7] Einen dahinter stehenden »Primitivitätskult«, eine »Primitivitätstheorie«, eine »Ideologie der Bedürfnislosigkeit« sah er vor allem im Kommunismus und in der Sowjetunion am Werk.[8] Solche Äußerungen wurden aufgegriffen und variiert. Hierzu gehörte die kleine Konjunktur des Begriffs »Überflußwirtschaft«.[9] Der Nationalsozialismus – so ein Autor 1936 – werde aus der alten »Mangelwirtschaft« eine »Überflußwirtschaft« machen.[10]

Die Wortwahl und ihr Anlass mögen taktisch begründet gewesen sein. Kein Zweifel besteht aber, dass ein hoher Lebensstandard und ein hohes Konsumniveau in Hitlers Zielsystem einen festen und wichtigen Platz einnahmen. Daraus erklärt sich seine persönliche Anteilnahme und sein Engagement für den Wohnungsbau, die Motorisierung und die touristischen Unternehmungen und Planungen der Kraft durch Freude-Organisation (KdF). Schiffsreisen, Seebäder, große und gut ausgestattete Wohnungen, der Volkswagen – sie standen für die Zukunftsvision einer nationalsozialistischen Konsumgesellschaft. Wenn auch noch nicht alles in dem beengten Deutschland zu realisieren war, ein Vorgeschmack sollte auf jeden Fall geboten werden.

Das Streben nach einer Erhöhung des Lebensstandards war für Hitler nicht nur legitim, sondern unumgänglich. Sein Biologismus sah darin einen natürlichen Erwerbs- und Besitztrieb am Werk.[11] Dieser lebte sich gewissermaßen in einer Reihe soziokultureller Dynamiken aus:[12] Die Armen orien-

---

[5] Domarus, S. 1628; s. auch ebd., S. 373; Mason, Arbeiterklasse, S. 783; Hitler, Monologe, S. 256; Kotze/Krausnick, S. 346; Kraft, S. 23; vgl. hierzu: Zitelmann, Hitler, S. 316 ff.; außerdem: Lebenshaltung, S. 15; Josef Wagner, Preisbildung, S. 131.

[6] Domarus, S. 373; vgl. eine ähnliche Äußerung des DAF-Führers Bodo Lafferentz auf der Reichstagung des KdF 1939: BArch R 43 II/556 b, Bl. 19.

[7] Zitiert nach Zitelmann, Hitler S. 319.

[8] Domarus, S. 301; Zitelmann, Hitler, S. 318 f.; Vollgas, S. 8; Schrittmacher, S. 11.

[9] Nonnenbruch, Die dynamische Wirtschaft, S. 175 u. passim.

[10] Nonnenbruch, Die dynamische Wirtschaft, S. 175.

[11] Zitelmann, Hitler, S. 211 u. 225.

[12] Zitelmann, Hitler, S. 317 f.; vgl. auch Mason, Arbeiterklasse S. 164.

tierten sich an den Reichen, die Land- an den Stadtbewohnern, die weniger an den mehr besitzenden Nationen. Die Kommunikationstechnik und der moderne Verkehr beschleunigten diesen Steigerungsprozess noch zusätzlich.

Die projizierten Konsummöglichkeiten und insbesondere die Volksprodukte wurden für die Propagierung und Inszenierung der »Volksgemeinschaft«[13] genutzt. Mit dem Begriff der »Volksgemeinschaft« suchten die Nationalsozialisten vor allem ein diffuses Gegenkonzept zum Individualismus, zum Parlamentarismus und zur Klassengesellschaft zu entwickeln. Die angestrebte Verbreitung prestigebeladener Konsumgüter wurde einerseits als antimarxistische, andererseits als antikapitalistisch-antibesitzbürgerliche Tat gefeiert.[14] Damit würde die Klassentrennung aufgehoben, zeige sich der »echte Sozialismus«,[15] verlören die Reichen ihre Privilegien, aus Luxuswaren würden Gebrauchsgüter. Die klassenlose »Volksgemeinschaft« war für die Nationalsozialisten auch eine Konsumgemeinschaft.

Hitlers Verhältnis zum Volk war ambivalent.[16] Er verachtete die Massen; historische Bedeutung gewönnen sie nur aufgrund der Führung und Lenkung durch Persönlichkeiten, durch den »Führer« eben. Jedoch bedurfte seine Inszenierung charismatischer Herrschaft der Zustimmung, ja der Begeisterung der Geführten. Hitler war geradezu süchtig nach der »Liebe des Volkes«. Das Volk glücklich zu machen hieß auch seine Konsumwünsche zu erfüllen. Kaum zu trennen waren solche Motive von machtstrategischem Kalkül. Es stand mehr dahinter als nur die Abweisung des Diktaturvorwurfs, wenn Hitler einem französischen Journalisten erklärte:[17] »Eine Regierung wie die unserige könnte sich gegen den Willen des Volkes nicht an der Macht halten. Das Volk ist für mich, weil es weiß, daß ich mich wirklich mit seinen Nöten beschäftige, weil es weiß, daß seine seelischen Probleme mich interessieren.« Tief verankert in seinem Denken war das Trauma von 1918, die Vorstellung, dass der Krieg an der durch Hunger und Mangel entkräfteten Heimatfront verloren gegangen sei.[18] Damit befand sich die nationalsozialistische Politik in einem Dilemma. Das politische Ziel der territorialen Expansion ließ sich nur erreichen, indem Deutschland konflikt- und kriegsfähig gemacht, also die militärische Rüstung bevorzugt wurde. Darunter sollte aber die Versorgung der Bevölkerung nicht leiden. Im Gegenteil: Erweiterte Konsummöglichkeiten oder zumindest die Aussicht darauf sollten die Zustimmung und Unterstützung für die nationalsozialistische Politik vermehren.

Wie stellten sich die Nationalsozialisten die Quadratur des Zirkels von gleichzeitiger Hochrüstung und Aufrechterhaltung bzw. Ankurbelung des

---

13 Zur »Volksgemeinschaft«: Grunberger, S. 49-60; Zitelmann, Hitler, S. 173-94; Frei, S. 380 ff.; Dülffer, Hitler; Kroll, S. 41 ff.; Thamer, Nation; Schmitz-Berning, S. 654-59.

14 Kotze/Krausnick, S. 346; Vollgas, S. 10; Kraft, S. 13.

15 So Goebbels über die Planungen für den Wohnungsbau nach dem Krieg (Fröhlich, Tagebücher, Teil 1, Bd. 4, S. 403).

16 Zitelmann, Hitler, S. 17; vgl. hierzu auch Äußerungen von Ley: Smelser, Sozialplanung, S. 87; Mason, Arbeiterklasse, S. 191.

17 Domarus, S. 694.

18 Kershaw, NS-Staat, S. 156 ff.; Mason, Arbeiterklasse (hier Einleitung u. passim).

Konsums vor?[19] Zunächst gingen sie das Problem nicht von der Nachfrageseite, sondern ganz von der Angebotsseite aus an, von der Effektivität und der Effizienz der Produktion. Eine gesteigerte Produktion sei Voraussetzung vermehrten Konsums, eine durch Rationalisierung erreichte gesteigerte Produktivität Voraussetzung preiswerter Güter. Lohnerhöhungen wurden explizit abgelehnt. Sie hätten die Rüstung erschwert und inflationäre Tendenzen gefördert. Damit lastete die Verantwortung für die Aufrechterhaltung bzw. Steigerung des Konsumniveaus auf den Konsumgüterindustrien. Sie sollten die Produktion erhöhen und die Preise stabil halten. Gleichzeitig griff der Staat, indem er z.B. Volksprodukte initiierte, in das wirtschaftliche Geschehen ein.

Außer Zweifel stand die Vorrangstellung der Aufrüstung. Der Anteil der Rüstungsausgaben an den öffentlichen Investitionen erhöhte sich von 23 % (1933) auf 74 % (1938).[20] In volkswirtschaftlichen Statistiken schlug sich dies in einem wesentlich stärkeren Anstieg der Produktion von Investitionsgütern als von Konsumgütern nieder.[21] Zwischen 1932 und 1939 verdreifachte sich in etwa die Investitionsgüterproduktion, während sich die industrieller Verbrauchswaren nur um die Hälfte vermehrte. Von den 1933 ergriffenen Konjunkturmaßnahmen zur Bekämpfung der Arbeitslosigkeit zielte nur ein kleiner Teil auf den Konsum. Selbst bei den immer wieder angeführten steuerlichen Erleichterungen für Kraftfahrzeuge ist eine Relativierung angebracht. Der ganz überwiegende Teil der Personenwagen wurde für geschäftliche Zwecke benutzt, wäre also eher – im Unterschied zu den Motorrädern – den Investitionsgütern zuzuschlagen. Die Mittel für den Wohnungsbau entsprachen in etwa denen zu Zeiten der Weimarer Republik. Gewissermaßen als Nebeneffekt profitierte der Konsum von der nationalsozialistischen Bevölkerungspolitik. Hierzu gehörten die von der Kinderzahl abhängige steuerliche Entlastung der Familien, das Ehestandsdarlehen und einmalige Beihilfen für minderbemittelte Kinderreiche.[22]

Auf der anderen Seite wurde der Konsum durch eine Reihe staatlicher Maßnahmen behindert. So erließ die Regierung im Interesse des Mittelstandes Beschränkungen für Kaufhäuser, Einheitspreisgeschäfte und Konsumgenossenschaften.[23] Als man die negativen Auswirkungen auf die Bevölkerung erkannte, wurden die Restriktionen nicht weiter verschärft. Die größten Hemmnisse für den Konsum ergaben sich aus der Autarkiepolitik. Die Einsparung für die Rüstung bestimmter Devisen ging vielfach zu Lasten der Verbraucher. Die Importbeschränkungen hielten preiswerte Weltmarktprodukte vom deutschen Markt fern und ersetzten sie durch teurere oder qualitativ schlechtere deutsche Waren. Besonders war dies bei Lebensmitteln der Fall,

[19] Vgl. z.B. Josef Wagner, Preisbildung; Das Archiv 47 (1937/38), S. 1431; Kotze/Krausnick, S. 196 ff.

[20] Broszat, S. 178; vgl. Herbst, S. 98.

[21] Petzina/Abelshauser/Faust, S. 61; Overy, The Nazi Economic Recovery, S. 29.

[22] Klinksiek, S. 86-90; Stephenson; vgl. Das Archiv 30 (1936/37), S. 810.

[23] Broszat, S. 207 ff.; Uhlig; v. Saldern, Mittelstand, S. 61 ff.; Ditt; Kurzer, Konsumgenossenschaften; Kurzer, Nationalsozialismus.

welche den größten Teil der Haushaltsausgaben ausmachten. So wurde an Stelle aus ausländischen Fetten hergestellter Margarine deutsche Butter propagiert. Oder man bot als Brotaufstrich statt der Margarine eine »Volksmarmelade« mit wesentlich geringerem Nährwert an.[24] Die mit dem Vierjahresplan forcierte »Verbrauchslenkung« mit Aktionen wie »Kampf dem Verderb« setzte sich zum Ziel, mit den inländischen Ressourcen über die Runden zu kommen.

Konsumideologie und Konsumpropaganda wurden also nicht von einer breit angelegten Konsumpolitik begleitet. Im Gegenteil: Die Konzentration auf die Rüstung machte den Konsum zum Stiefkind der staatlichen Politik. Es wird im Folgenden zu untersuchen sein, wie die nationalsozialistischen Volksprodukte in dieses Schema einzuordnen sind. Wurden mit ihnen die Defizite der Konsumpolitik propagandistisch zu übertünchen versucht? Oder sollten sie eben diese Konsumpolitik in Gang setzen – aber auf einem höheren, dem propagierten Rasse- und Kulturwert des deutschen Volkes entsprechenden Niveau? Der Krieg bereitete jedenfalls allen Ansätzen ein abruptes Ende. Wie es der Leiter des Wehrwirtschaftsamts, General Georg Thomas (1890-1946) in einem Vortrag vor Mitgliedern der Reichsgruppe Industrie im November 1939 ausdrückte:[25] » ... mit Radioapparaten, Staubsaugern und Küchengeräten werden wir England niemals besiegen können«. Um die Kriegsmoral nicht zu gefährden, hielt sich die sofort begonnene Bewirtschaftung von Konsumgütern zunächst noch in Grenzen. 1942 ließen solche Rücksichten sich nicht mehr aufrechterhalten. Statt der erhofften nationalsozialistischen Konsumgesellschaft erhielten die Menschen die Mangelgesellschaft des Krieges.

Kaufkraftentwicklung

Die Kaufkraft resultiert aus dem Einkommen sowie den Preisen für Güter und Dienstleistungen. Bei der Bestimmung der Kaufkraftentwicklung unter nationalsozialistischer Herrschaft stellt sich eine Fülle von Problemen. Hierzu gehört, dass zwar Zahlenangaben für die Löhne der gewerblichen Arbeiter vorliegen, aber nicht für die Einkommen der Angestellten und Selbständigen.

Die nationalsozialistische Politik strebte einen Lohnstopp an.[26] Sie suchte damit im Interesse von Aufrüstung und Export inflationäre Tendenzen zu unterbinden. Eine Begründung gegenüber der Öffentlichkeit lautete, dass zuerst die Arbeitslosen in Brot gebracht werden sollten. Tatsächlich hielten die gegen Lohnerhöhungen errichteten Dämme einigermaßen bis 1936, als weitgehend Vollbeschäftigung herrschte. Danach führte die Konkurrenz um die knapper werdenden Arbeitskräfte zu Lohnsteigerungen, welche allerdings in den einzelnen Branchen recht unterschiedlich ausfielen. Zuerst und

[24] Corni/Gies, S. 362.
[25] Mason, Arbeiterklasse, S. 115.

am kräftigsten profitierten Arbeiter in den Rüstungs- und Investitionsgüterindustrien von der neuen Lage, die Konsumgüterindustrien folgten mit zeitlicher Verzögerung. Ein Teil der Lohnsteigerungen kam allerdings durch Überstunden zustande. Schätzungen gehen davon aus, dass sich die Nettolöhne der Industriearbeiter von 1932/33 bis 1939 um etwa 25 % erhöhten, wobei die Zuwächse vor allem in den Zeitraum seit 1936 fielen.[27]

Die niedrigen, relativ stabilen Löhne und die Rüstungskonjunktur schufen günstige Bedingungen für die Investitionsgüterindustrie. Hier lag der Anstieg der Unternehmensgewinne deutlich über der Lohnentwicklung. Die Frage ist, in welchem Umfang welche Einkommen in der Industrie und den damit verbundenen Dienstleistungsbereichen davon profitierten. Es lässt sich nur vermuten, dass eine nicht unerhebliche Zahl von Kapitalanlegern, Selbständigen, Managern und Angestellten als Profiteure der Rüstungskonjunktur ihre Einkommen und ihre Kaufkraft erhöhten.

Es hing von der Preisentwicklung ab, in welchem Maß Lohnerhöhungen und Einkommenssteigerungen auch mehr Kaufkraft bedeuteten.[28] Der angestrebten Stabilität der Löhne entsprach eine der Preise. Doch erst im Herbst 1934 wurden mit der Bestellung eines Reichspreiskommissars strengere Maßnahmen der Preisüberwachung ergriffen. Das verhinderte jedoch nicht von der Marktsituation und den Außenhandelsbeschränkungen abhängige Preiserhöhungen. So stiegen die Lebensmittelpreise 1935/36 aufgrund der schlechten Ernte kräftig an und sanken nach der als Gegenmaßnahme vorgenommenen Erhöhung der Einfuhren wieder. Seit 1936 kann man von relativ stabilen Preisen ausgehen. Seriöse zeitgenössische Schätzungen für den Anstieg der Lebenshaltungskosten von 1932 bis 1938 belaufen sich auf 15 bis 20 %.[29]

Bringt man Nominallöhne und Lebenshaltungskosten zusammen, dann gelangt man zum Ergebnis, dass sich zwischen 1933 und 1939 die Reallöhne der Arbeiter nur leicht erhöhten.[30] Tendenziell dürften sie bis 1936 gesunken sein, seitdem gestiegen.

Unmittelbar vor dem Krieg entsprach die Kaufkraft der Arbeiter bestenfalls wieder jener Ende der 1920er Jahre. Die Entwicklung der Kaufkraft der gesamten Bevölkerung sah dagegen günstiger aus.[31] Hierbei ist zu berücksichtigen, dass die Beseitigung der Arbeitslosigkeit die Zahl der Lohn- und Einkommensbezieher vergrößerte. Und außerdem sind die Einkommenssteigerungen der Profiteure der Aufrüstung in Anschlag zu bringen. Dies änderte jedoch nichts daran, dass insgesamt die Kaufkraft in Deutschland deutlich unter der in Großbritannien lag, von den USA ganz zu schweigen.[32] Im

26 Zur Lohnpolitik und Lohnentwicklung: Mason, Arbeiterklasse; Hachtmann, Industriearbeit; Hachtmann, Lebenshaltungskosten; Ritschl, NS-Wirtschaftsideologie, S. 54 ff.

27 Hachtmann, Lebenshaltungskosten, S. 46.

28 Zur Preisentwicklung: Hachtmann, Lebenshaltungskosten.

29 Hachtmann, Lebenshaltungskosten, S. 68 f.

30 Mason, Arbeiterklasse, S. 114 f.; Overy, War, S. 216; Overy, The Nazi Economic Recovery, S. 32; Hachtmann, Lebenshaltungskosten, S. 70; vgl. Popp in: Roth/Schmid, S. 160.

31 Vgl. hierzu die Verbrauchsangaben bei: Grunberger, S. 215-31; Mason, Arbeiterklasse, S. 115 ff.

32 Grunberger, S. 215 ff.; Overy, War, S. 264 f.

Vergleich zu diesen beiden von den Nationalsozialisten als Konkurrenz und Vorbild empfundenen westlichen Industrieländern war das nationalsozialistische Deutschland ein armes Land.

Die nationalsozialistische Politik konnte das Wohlstandsgefälle gegenüber Großbritannien und insbesondere den USA nicht wegdiskutieren. Sie suchte es aber zu relativieren, indem sie auf die in Deutschland durch Staat und Gesellschaft bereitgestellten öffentlichen Güter hinwies. So führte Wirtschaftsminister Hjalmar Schacht (1877-1970) 1935 in einer Rede aus:[33] »... die ganzen öffentlichen Einrichtungen, also alles, was über Essen und Trinken hinausreicht, alles, was wir von Staats und Gemeinschafts wegen den breiten Volksmassen zur Verfügung gestellt haben, und zwar an Kunst, Hygiene, Sport und allen möglichen anderen Dingen, das übertrifft in seiner Gesamtheit doch den Lebensstandard zahlreicher anderer Länder.« Die DAF sah es als ihre Aufgabe und Leistung an, die niedrigen Löhne und Einkommen durch ihre Angebote zu kompensieren.[34] Die KdF-Reisen und die Planungen für Seebäder, Wohnungen, Kühlschränke und den Volkswagen gehörten in diesen Zusammenhang. So soll Hermann Göring (1893-1946) 1939 anlässlich der Besichtigung eines Modells des Seebads Prora gegenüber Hitler die touristischen Aktivitäten der KdF gelobt haben:[35] »Ist so etwas nicht viel besser, als eine Lohnerhöhung die irgendwie vertan wird, ohne daß sie ein Erlebnis auslöst, wie z.B. die Seereise auf einem solchen Schiff?«

Welche konsumtiven Ausgaben konnten die deutschen Haushalte mit ihren Einkommen tätigen? Eine genaue Antwort auf diese Frage ist nicht möglich, weil keine präzisen und zuverlässigen Angaben weder zur Schichtung der Haushaltseinkommen noch zu den Ausgaben vorliegen.[36] Um aber jedenfalls einen Eindruck von den Größenordnungen in den für die nationalsozialistischen Volksprodukte relevanten Bereichen zu erhalten, werden im Folgenden einige Zahlen aus einer für das Jahr 1937 gemachten Erhebung angeführt.[37] Die gemeinsam vom Arbeitswissenschaftlichen Institut der DAF und dem Statistischen Reichsamt vorgenommene Untersuchung bezog sich auf Haushalte gewerblicher Arbeiter. Das durchschnittliche Bruttoeinkommen der Haushalte in der hier herangezogenen Voruntersuchung betrug 182 RM im Monat. Damit dürfte ein solcher Haushalt bereits oberhalb des durchschnittlichen Haushaltseinkommens in Deutschland gelegen haben.[38] Das nach Abzug der Ausgaben für Ernährung, Kleidung und Wohnung übrig bleibende disponible Einkommen betrug etwa 15 %.[39] Die Haushalte tätigten im Monat folgende Ausgaben für:

---

33 Das Archiv 12 (1935), S. 1856; vgl. Popp in: Roth/Schmid, S. 160.

34 BArch NS 22/781, 53.5.0, S. 2; BArch NS 5 VI/19474, Bl. 149.

35 BArch NS 5 VI/19475, Bl. 40.

36 Zur Problematik der Haushaltsrechnungen: Hachtmann, Lebenshaltungskosten, S. 47 ff.

37 Wirtschaft und Statistik 19 (1939), S. 118-26, die folgenden Zahlen S. 119 u. 123.

38 Dies ergibt sich aus einem Vergleich mit Daten zur Einkommensschichtung: Horst Schaefer, Die wirtschaftlichen Voraussetzungen, S. 35 f.

39 Nach Hachtmann, Lebenshaltungskosten, S. 49, der sich dabei auf eine erweiterte Auswertung bezieht.

- Anschaffungen für die Wohnungseinrichtung, worunter auch die langlebigen Konsumgüter fielen, RM 3,97
- Bildung, Unterhaltung, Erholung, worunter die Rundfunkausgaben fielen, RM 5,90
- Verkehrsausgaben, und zwar für öffentliche wie für individuelle Verkehrsmittel, RM 1,98
- Ferienreisen und Ausflüge RM 0,80

Darüber hinausgehende Ausgaben bedurften der Einsparungen an anderer Stelle.

DER VOLKSEMPFÄNGER UND SEINE BRÜDER: PROPAGANDAINSTRUMENT UND UNTERHALTUNGSMEDIUM

Bei ihrer Machtergreifung Anfang 1933 fanden die Nationalsozialisten im deutschen Rundfunk Strukturen vor, auf denen sie für ihre politischen Zwecke aufbauen konnten. In der Weimarer Republik hatten Politik und Ministerialbürokratie einen staatlich kontrollierten Rundfunk geschaffen.[1] Privates Kapital war zwar an den regionalen Rundfunkgesellschaften beteiligt, übte aber auf die Inhalte keinen Einfluss aus. Die Staatsaufsicht erfolgte durch Reich und Länder. Über die von ihr kontrollierte Reichsrundfunkgesellschaft (RRG) war die Reichspost für Verwaltung, Wirtschaft und Technik zuständig. Die Innenministerien des Reichs und der Länder beaufsichtigten über von ihnen bestimmte »Überwachungsausschüsse« und »Kulturbeiräte« das Programm. Deren wichtigste Aufgabe bestand darin, Parteipolitik vom Rundfunk fernzuhalten. Dagegen war der Rundfunk verpflichtet, Staats- und Regierungsnachrichten zu verbreiten. Seit 1929 wurde in der Praxis das Verbot der Parteipolitik zugunsten der jeweiligen Regierungsparteien lockerer gehandhabt, indem z.B. Minister und Parteiführer zu Wort kamen. Dies schloss immer noch die NSDAP und die KPD weitgehend aus. Hitler machte deshalb im Sommer 1932 die Tolerierung des Präsidialkabinetts von Papen ausdrücklich vom Zugang der Nationalsozialisten zum Rundfunk abhängig.[2]

Die Regierung von Papen setzte im Juli 1932 eine Neuregelung des Rundfunks in Gang, die den politischen Einfluss des Reichs weiter verstärkte. Der Ausschluss privater Kapitalgeber machte den Rundfunk jetzt auch ökonomisch zu einem reinen Staatsunternehmen. Das Reich baute seine Position auf Kosten der Länder aus. So erhielt die vom Reich dominierte Reichsrundfunkgesellschaft die Mehrheit der Geschäftsanteile aller regionalen Rundfunkgesellschaften. Das Reichsinnenministerium wurde mit größeren Befugnissen und besseren Instrumenten für die Programmaufsicht ausgestattet. Es bekam einen eigenen Rundfunkkommissar und zog in dieser Hinsicht mit dem Reichspostministerium gleich.

Die Nationalsozialisten erkannten um 1930 das Potenzial des Rundfunks als propagandistisch zu nutzendes Massenmedium. Allerdings litten ihre rundfunkpolitischen Aktivitäten zunächst unter einer Zersplitterung der Kompetenzen. Außer Joseph Goebbels' Reichspropagandaleitung beschäftigten sich mit dem Rundfunk noch Georg Strassers (1892-1934) Reichsorganisationsleitung und Alfred Rosenbergs (1893-1946) Deutscher Kulturbund. Erst im Laufe des Jahres 1932 gelang es Goebbels, den Großteil der Rund-

---

1 Zum Rundfunk in der Weimarer Republik: Pohle, S. 15 ff.; Carsten Lenk; Schütte; Dussel, Hörfunk.

2 Latour, S. 418.

funkkompetenzen bei sich zu konzentrieren. Die Nationalsozialisten bemühten sich, Einfluss beim Rundfunk zu erlangen; so riefen sie in den Funkhäusern nationalsozialistische Betriebszellen ins Leben. Außerdem suchten sie mit zahlreichen Schmähschriften und Aktionen, den Weimarer Rundfunk als »Systemfunk«, als korrupt und volksfremd, zu denunzieren. »Funkwarte« auf Gau- und Ortsebene organisierten die nationalsozialistischen Rundfunkaktivisten.

Die wohl größte Bedeutung als Instrument der nationalsozialistischen Rundfunkpläne gewann der Reichsverband Deutscher Rundfunkteilnehmer (RDR).[3] Der von Kräften aus der Deutschnationalen Volkspartei und dem Stahlhelm im August 1930 gegründete Hörerverband wurde 1931/32 von den Nationalsozialisten unterwandert und politisch umorientiert. Die vom Verband herausgegebenen Kampf- und Programmzeitschriften bildeten den Anfang der nationalsozialistischen Rundfunkpublizistik. Die Funktionäre des RDR und die Funkwarte der Partei stellten nach der Machtergreifung das Reservoir für die Rekrutierung der politischen Rundfunkführung für die Rundfunkabteilung des Propagandaministeriums, die Reichsrundfunkgesellschaft und die Leitung der regionalen Sender. Der Reichsverband Deutscher Rundfunkteilnehmer hatte nach der Machtergreifung seinen Zweck erfüllt und wurde später, zum 31.1.1936, aufgelöst.

Nach den Wahlen vom 5.3.1933, bei denen die Nationalsozialisten und ihre Koalitionäre eine knappe Mehrheit erhielten, wurde durch Erlass vom 13.3.1933 das Reichsministerium für Volksaufklärung und Propaganda unter Joseph Goebbels eingerichtet.[4] Goebbels sah in dem neuen Ministerium einerseits die Zentrale für das deutsche Kulturleben, andererseits die Schaltstelle für die propagandistische Einwirkung auf die deutsche Bevölkerung. Hierfür standen ihm vor allem die Massenmedien Rundfunk, Presse und Film zur Verfügung. Von diesen maß er dem Rundfunk die größte Bedeutung bei. Er hielt ihn »für das allermodernste und für das allerwichtigste Massenbeeinflussungsinstrument« und bezeichnete ihn, ein Wort Napoleons erweiternd, als »achte Großmacht«.[5] Was die Presse für das 19. Jahrhundert werde der Rundfunk für das 20. sein.

Die Rundfunkgebühren sicherten dem Propagandaministerium die finanzielle Basis.[6] Mit Blick auf die Rundfunkgebühren hatten die Nationalsozialisten die Kostenneutralität des neuen Ministeriums versprochen. Im März 1933 einigten sich Post- und Propagandaministerium auf einen Verteilungsschlüssel von 55 % zu 45 %. 1935 wurde der Schlüssel zugunsten der Propaganda verändert.[7] Das Propagandaministerium erhielt jetzt mit 55 % den

---

3 Pohle, S. 162 ff.; Diller, Rundfunkpolitik, S. 31-36; Rundfunk im Aufbruch, S. 11-23.

4 Zur Entstehung und zum Aufbau des Propagandaministeriums: Diller, Rundfunkpolitik, S. 76 ff.; 97 ff. u. 134 ff.; Boelcke, Kriegspropaganda, S. 156 ff.

5 Zitiert nach Pohle, S. 228 u. 229.

6 Pohle, S. 194-97. Allerdings ist Pohles Gebührenaufteilung (S. 194) falsch, da er spätere Veränderungen des Verteilungsschlüssels nicht berücksichtigt. Vgl. Boelcke, Kriegspropaganda, S. 121-23; Reichs-Rundfunk-Gesellschaft, Geschäftsbericht 1939/40, S. 10 u. 45.

7 BArch R 55/308, Bl. 177.

größeren, die Post mit 45 % den kleineren Teil. Die Gebühren der über 7 Millionen hinaus gewonnenen Teilnehmer gingen zu 75 % an die Propaganda, zu 25 % an die Post. Damit anerkannte das Postministerium, dass die Teilnehmerzuwächse vor allem Aktivitäten des Propagandaministeriums zu verdanken waren. Genau genommen bestand keine Zweckbindung für die Teilnehmergebühren. Sie bildeten Einnahmen des Reichs, welches die Etats der Reichsministerien bestritt. Da jedoch das Gebührenaufkommen nach dem genannten Verteilungsschlüssel immer höher war als der Gesamtetat des Propagandaministeriums, geht die Wertung nicht fehl, dass Goebbels Propagandaministerium seine gesamten Aufgaben mit den Gebühren finanzierte. Goebbels selbst bekannte sich mehrmals öffentlich zur Quersubventionierung des deutschen Kulturlebens von Film, Theater und Literatur durch den Rundfunk.[8]

Bis zur Gründung des Propagandaministeriums lagen die Rundfunkkompetenzen beim Reichsinnenministerium, dem Reichspostministerium und den Ländern. Am schnellsten einigte sich Goebbels mit dem Innenminister auf die Übertragung von dessen Rundfunkaufsicht. Dagegen verteidigten die Post und die Länder, zu deren Sprecher sich Hermann Göring als preußischer Ministerpräsident machte, ihren Einfluss und ihre Rechte. Es bedurfte der persönlichen Entscheidung Hitlers zugunsten Goebbels. Am 24.6.1933 notierte Goebbels in seinem Tagebuch: »Rundfunk gehört ganz mir«.[9] Die Kompetenzen der Post wurden auf die Sendetechnik und den Einzug der Gebühren beschränkt. Tatsächlich entwickelte sich aus dieser Konstellation eine Art Dauerkrieg zwischen Post und Propaganda, in dem die eine Seite von Zeit zu Zeit die Aufhebung oder Einschränkung der Kompetenzen der anderen forderte. Die Ausschaltung der Länder zog sich bis in das Jahr 1934 hin. Aus den vorher ein hohes Maß an Selbständigkeit besitzenden Landes- und Regionalsendern wurden unselbständige, der Reichsrundfunkgesellschaft untergeordnete Reichssender. Sie fabrizierten zwar eigene Programme, waren aber weisungsgebunden.

Eine Reihe von Inkonsistenzen außen vor gelassen, war damit der Rundfunk straff zentralistisch, nach dem nationalsozialistischen Führerprinzip organisiert. An seiner Spitze stand Goebbels.[10] Der Propagandaminister nutzte mehrere Instrumente, um seine Vorstellungen im Rundfunk zur Geltung zu bringen. Er besetzte die leitenden Stellen mit Männern seines Vertrauens. In den Abteilungsleiterbesprechungen des Ministeriums, an denen auch die Führung der Reichsrundfunkgesellschaft teilnahm, erteilte er unmittelbare Anweisungen. Und in zahlreichen Reden, wie alljährlich auf der Funkausstellung, vor den Intendanten und zu anderen Anlässen, tat er seine grundsätzlichen rundfunkpolitischen Absichten kund, welche seine Paladine in eigenen Verlautbarungen wiederholten und vervielfältigten.

[8] So in einer Rede vor den Intendanten am 25.3.1933 (Diller, Rundfunkpolitik, S. 145 f.) und auf der Funkausstellung 1935 (Mitteilungen der RRG 476 v. 15.8.1935, Bl. 4); vgl. Pohle, S. 195.

[9] Fröhlich, Teil I, Bd. 2, S. 438.

[10] Vgl. zum besonderen Interesse Goebbels' am Rundfunk: Reuth, S. 276.

Die Rundfunkabteilung blieb in dem 1939 an die 1000 Mitarbeiter umfassenden Ministerium mit 5 bis 9 Personen überaus klein.[11] Dies war möglich, weil dem Propagandaminister mit der Reichsrundfunkgesellschaft und den Reichssendern ein riesiger eingespielter Apparat mit mehreren tausend Mitarbeitern zu Gebote stand. Zwischen 1933 und 1937 besaß die Reichsrundfunkgesellschaft eine Art kollektive Führung mit Zuständigkeiten für Verwaltung, Technik und Programm. Allerdings erhob der Reichssendeleiter Eugen Hadamovsky (1904-1944) einen Führungsanspruch. Die sich daraus ergebenden Zuständigkeitsprobleme und Reibereien wurden am 19.3.1937 durch die Bestellung eines Reichsintendanten aufgelöst.

Goebbels gab sich mit der Eroberung der staatlichen Rundfunkorganisation nicht zufrieden. Er wollte einen Zugriff auf alle mit Rundfunk befassten Personen und Institutionen – auch die privaten. Wahrscheinlich um konkurrierende Ansprüche des Wirtschaftsministeriums und der Deutschen Arbeitsfront abzuwehren, wurde am 3.7.1933 die Nationalsozialistische Rundfunkkammer gegründet.[12] Da es keine gesetzliche Grundlage gab, war die Mitgliedschaft – jedenfalls nominell – freiwillig. Ihr gehörten an: die Reichsrundfunkgesellschaft, die Hörer- und Bastlerverbände, die Kritikervereinigung, die Händler- und die Herstellerverbände. Die Nationalsozialisten selbst monierten die Zurückhaltung der Industrieunternehmen: Einzig die Fernseh AG fand sich unter den Mitgliedern.[13] Mit dem auch eine Reichsrundfunkkammer einschließenden Reichskulturkammergesetz vom 22.9.1933 und den Durchführungsverordnungen vom November 1933 schien die »politische Rundfunkeinheit« besser gewährleistet. Die Mitgliedschaft der Industrie und der Wirtschaftsverbände war der nationalsozialistischen Rundfunkführung schon deshalb wichtig, weil man von ihr einen Großteil der Finanzierung erwartete.

Es war deswegen ein harter Schlag, als es dem Wirtschaftsministerium im Februar/März 1934 gelang, die Wirtschaftsverbände und -unternehmen aus der ungeliebten Kammer herauszulösen und unter die eigene Obhut zu bringen.[14] Die Rundfunkkammer hing fortan am finanziellen Tropf der Reichsrundfunkgesellschaft. Es dauerte bis Mai 1935, dass mit der »freiwilligen« Arbeitsgemeinschaft der Reichsrundfunkkammer und der Rundfunkwirtschaft ein Surrogat geschaffen wurde – mit den Aufgaben, die Hörerzahlen zu erhöhen und die »politischen Gemeinschaftsgeräte« zu planen.

---

11 Diller, Rundfunkpolitik, S. 102.

12 Pohle, S. 201 ff.; Diller, Rundfunkpolitik, S. 154 ff.; Reuth, S. 292-94; Dreßler-Andreß, Reichsrundfunkkammer; N.S. Funk v. 16.7.1933, S. 6 f. (hier die Aufzählung der Mitglieder); Mitteilungen der Reichs-Rundfunk-Gesellschaft 368 v. 8.7.1933, Bl. 3-7.

13 BArch R 55/21048, Bl. 1 f.; PCA 811.2 + 814.2 Gegevens Radio (Duitsland), Aktennotiz v. 19.6.1933.

14 Blanken, Bd. 4, S. 61 ff.; BArch R 56 I/115, Bl. 157 f.; zahlreiche Unterlagen dokumentieren, dass die Industrie gegen eine Mitgliedschaft in der Reichskulturkammer und in der Rundfunkkammer war. SAA 11/ Li 303 v. Buol, Aktenabteilung »Kulturgesetzgebung, Reichsrundfunkkammer 1932-1934«. Vgl. Dreßler-Andreß, Reichsrundfunkkammer, S. 10 u. 18 sowie dessen wenig vertrauenswürdige Erinnerungen (IfZ F 104 »Interview mit Herrn Horst Dreßler-Andreß am 5./6.10.1966«, S. 3 f.).

Bei der Einrichtung des neuen Reichsministeriums für Volksaufklärung und Propaganda erhielt Goebbels personalpolitisch freie Hand. Mit der Berufung von Gefolgsleuten aus der Partei schuf er ein extrem junges, mit fanatischen Nationalsozialisten besetztes Ministerium. In der schwierigen Übergangs- und Aufbauzeit konnte er jedoch auf die Mithilfe alter Rundfunkfachleute nicht vollständig verzichten. Voraussetzung war, dass sie dem Nationalsozialismus nahe standen oder sich für ihn erklärten. So übernahm Goebbels aus dem Reichsinnenministerium den Juristen Gustav Krukenberg (1888-1980) als höchsten Rundfunkbeamten und Rundfunkkommissar. Auch die meisten Intendanten blieben zunächst auf ihren Posten. Als Goebbels jedoch im Sommer 1933 Handlungsfreiheit im Rundfunk gewonnen hatte, lief die Zeit der alten Rundfunkelite ab. Von den Intendanten überlebte nur einer das Revirement. Krukenberg legte seine Ämter im Juni 1933 nieder. Darauf notierte Goebbels in seinem Tagebuch mit Befriedigung: »Krukenberg abgesetzt. Jetzt habe ich den Rundfunk rein.«[15] Es wird geschätzt, dass 10 bis 20 % aller Rundfunkmitarbeiter ihre Stelle verloren – tendenziell sicher eher die höheren als die niederen Chargen.[16] Im Ergebnis bestand der Rundfunk fortan überwiegend aus Parteimitgliedern.[17]

An die Stelle der alten Rundfunkelite traten Gefolgsleute Goebbels', die sich bereits vor der Machtergreifung als Rundfunkaktivisten ausgezeichnet hatten. Viele kamen aus dem Kreis der Funkwarte der Partei und aus dem Reichsverband Deutscher Rundfunkteilnehmer. Die wichtigsten Ämter gingen an Horst Dreßler-Andreß (1899-1979) und Eugen Hadamovsky (1904-1944), die gemeinsam mit Goebbels die »politische Rundfunkführung« bildeten. Dreßler-Andreß[18] gehörte dem linken Flügel der NSDAP an und bekleidete neben seinen Rundfunkaufgaben noch Ämter in der »Kraft durch Freude«-Bewegung der Deutschen Arbeitsfront. Von Krukenberg übernahm er die Leitung der Rundfunkabteilung des Propagandaministeriums und später die Präsidentschaft der Reichsrundfunkkammer. Hadamovsky[19] wurde nach der Machtergreifung zunächst Programmleiter des Deutschlandsenders. Nach dem Ausscheiden Krukenbergs erhielt er als Reichssendeleiter in der Reichsrundfunkgesellschaft die Verantwortung für das Programm, wo er seine an sich gleichberechtigten Kollegen für Verwaltung sowie Technik erfolgreich marginalisierte. Hadamovsky, »von ungeheurem Ehrgeiz, Geltungsbedürfnis und Machtwillen besessen«,[20] besaß Talente als Propagandist und aggressiver Polemiker. Mit seiner rhetorischen Hemmungslosigkeit machte er sich zahlreiche Feinde in der Wirtschaft, bei der Reichspost und unter seinen Kollegen von der Propaganda. Dreßler-Andreß und Hadamovsky, die beiden Exponenten der »politischen Rundfunkführung«, waren

[15] Fröhlich, Teil I, Bd. 2, S. 443.
[16] Diller, Rundfunkpolitik, S. 126 f.; Dussel, Hörfunk, S. 58 f.
[17] Münkel, S. 54.
[18] Pohle, S. 178 f. u. passim; Diller, Rundfunkpolitik, S. 23 u. passim.
[19] Pohle, S. 176-78; Boelcke, Kriegspropaganda, S. 80-83; BDC RKK 2500/13/01, Hadamovsky, Eugen 14.12.04.
[20] Pohle, S. 177.

beide jung, um die 30, fachfremd und besaßen keine Verwaltungserfahrung. Zumindest bei Hadamovsky kam eine problematische Persönlichkeitsstruktur dazu. Gleiches galt für andere nationalsozialistische Rundfunkleute, welche der Erfolg der »Bewegung« auf ihre Posten spülte. Kein Wunder, dass es im Rundfunk zu Leerlauf, zu Misserfolgen und zu zahlreichen Pannen und Verfehlungen kam, die von den Nationalsozialisten mühsam unter der Decke des Verschweigens gehalten wurden. Eine Summierung von Fehlern, aber natürlich auch politische und persönliche Missgunst konnten zu Abberufungen führen. So verloren Dreßler-Andreß und Hadamovsky 1937 ihre Führungspositionen. Aber auch die Nachfolger konnten sich nur begrenzte Zeit halten.

Die propagandistische Funktion des Rundfunks als – in der Diktion von Goebbels – »allerwichtigste(s) Massenbeeinflussungsinstrument« lag von vornherein fest. Nach dem für die Nationalsozialisten enttäuschenden Ergebnis der Wahlen vom 5.3.1933 beschrieb sie Goebbels in einer Rede vor den Intendanten:[21] »Der Rundfunk muß der Regierung die fehlenden 48 Prozent zusammentrommeln, und haben wir sie dann, muß der Rundfunk die 100 Prozent halten, muß sie verteidigen, muß sie so innerlich durchtränken mit den geistigen Inhalten unserer Zeit, daß niemand mehr ausbrechen kann.« Die Programme des Deutschlandsenders und der regionalen Reichssender richteten sich denn auch an die »Masse«, an die Gesamtheit der Bevölkerung.[22] Es gab zwar Zielgruppenprogramme für Frauen, die Jugend oder das Landvolk, doch spielten sie nur eine untergeordnete Rolle. Einen elitären Bildungsrundfunk wie in der Weimarer Republik lehnten die Nationalsozialisten explizit ab. Er entsprach nicht ihren propagandistischen Absichten und ihrer antiintellektualistischen Volkstümelei.

Allerdings gewannen die Nationalsozialisten mit der Zeit die Überzeugung, dass allzu offensichtliche und massive politische Propaganda sich abnützte oder gar den angestrebten Zweck verfehlte. Deswegen wurde nach einer Phase der politischen Indoktrinierung mehr die Unterhaltungsfunktion des Rundfunks betont.[23] Dies geschah zunächst vor allem mit instrumentalistischen Begründungen. Unterhaltungssendungen sollten die Gerätebesitzer zu regelmäßigen Hörern machen und für politische Botschaften empfänglich. Je unterhaltender die deutschen Sender seien, desto weniger suchten die Hörer ausländische auf. Mehr und mehr traten weiterreichende Überlegungen in den Vordergrund. Mit Rundfunkunterhaltung schaffe man ein zufriedenes Volk und binde es damit indirekt an das Regime. Der Trend zur Reduzierung der politischen Reden und Versammlungsübertragungen ist jedoch nicht gleichzusetzen mit einer – im weiteren Sinne verstandenen – Ent-

---

[21] Zitiert nach Diller, Rundfunkpolitik, S. 144.

[22] Zum Rundfunkprogramm im Nationalsozialismus: Pohle, S. 220 ff. u. 273 ff.; Reichel, Der schöne Schein, S. 157-71; Münkel, S. 96 ff. Eine ergiebige Quelle für die nationalsozialistischen Programmintentionen sind die Eröffnungsreden von Goebbels zur Funkausstellung.

[23] Pater. Es ist bezeichnend, dass die Nationalsozialisten auf dem 1936 in Hamburg stattfindenden Weltkongress für Freizeit und Erholung den Rundfunk besonders herausstellten. Struck, S. 74-76.

1 Paul Mathias Padua: »Der Führer spricht« (1937).
(Die Kunst im Deutschen Reich. 4, 1940)

politisierung des Programms. Auch mit Unterhaltungsstoffen ließen sich Elemente der nationalsozialistischen Ideologie transportieren.

Der Versuch einer Analyse des Programms über die Zeitachse muss sich einerseits auf konzeptionelle zeitgenössische Aussagen stützen, andererseits auf quantitative Auswertungen.[24] Das Programm im Jahr der Machtergrei-

---

[24] Hier wurde insbesondere auf die von Pohle, S. 327 gegebene Tabelle zurückgegriffen sowie auf die quantitativen und qualitativen Analysen von Dussel, Hörfunk, S. 176-244, bes. S. 184 u. 193.

fung 1933 zeichnete sich durch eine extreme Politiklastigkeit aus. Darunter fiel die Übertragung von allein 50 Reden Hitlers, zahlreicher anderer Würdenträger des Regimes sowie die exzessive Berichterstattung von nationalsozialistischen Festen und Feiern.[25] Danach schwenkte die Programmpolitik um[26] und räumte der Kultur und besonders der Unterhaltung breiteren Raum ein. Dies lässt sich ablesen an der Zunahme der Musiksendungen, die zwischen 1933 und 1939 etwa zwei Drittel des Programms ausmachten, und am Rückgang der Wortsendungen. Mit der gezielten Kriegsvorbereitung durch den Vierjahresplan setzte langsam eine Gegenbewegung in Gestalt einer Repolitisierung ein, die sich jeweils mit dem »Anschluss« Österreichs, der Sudetenkrise und natürlich erst recht im Krieg beschleunigte.

Die propagandistischen Intentionen der nationalsozialistischen Rundfunkpolitik standen und fielen mit der Verbreitung von Radiogeräten. Damit sah es 1933 nicht sehr gut aus. Nur etwa jeder vierte deutsche Haushalt besaß einen Rundfunkapparat, bei den Arbeitern nicht einmal jeder zehnte.[27] Eine Schlüsselaufgabe bestand also darin, die Radioverbreitung zu forcieren. Außer dem dabei zunächst im Vordergrund stehenden propagandistischen Motiv schrieben die Nationalsozialisten der Förderung des Geräteabsatzes positive Einflüsse auf den Arbeitsmarkt zu. Als sie später mehr die Unterhaltungsfunktion des Rundfunks betonten, ging dies mit einer Interpretation des Radioapparates als Konsumgegenstand einher: ohne Rundfunkgerät keine glücklichen Programmkonsumenten.

Die Radiodichte ließ sich am besten mit einem billigen Empfangsgerät erhöhen. Die Nationalsozialisten sahen es als ihre Aufgabe an, die Rundfunkindustrie, die in dieser Hinsicht versagt habe, zum Bau eines billigen Empfängers zu verpflichten. Solche Überlegungen und der Begriff »Volksempfänger« waren alles andere als neu. Mindestens seit 1926 tauchte »Volksempfänger« in den Radiozeitschriften als Begriff der Werbung, als Empfängerbezeichnung oder als Charakterisierung einer Geräteklasse auf und verschwand daraus vor dem Januar 1933 nicht mehr.[28] Neben »Volksempfänger« finden sich verwandte Bezeichnungen wie »Volksapparat«, »Volksgerät«, »Volksfreund« in Artikeln über Bausätze sowie in Anzeigen und Angeboten von Firmen wie Loewe, Philips, August Schwer, Saba, Lorenz, Huth, Emud und anderen. Auf der Funkausstellung 1926 präsentierte Loewe sein »Volksempfangsgerät« O.E. 333, von dem bis 1932 etwa eine Million Exemplare verkauft wurden.[29] Die meisten der genannten Geräte waren für den Empfang des jeweiligen Ortssenders gedacht. Einige Zeitschriftenartikel forderten die gemeinsame Produktion eines preiswerten »Einheitsgeräts« durch die deut-

[25] Pohle, S. 290; Reichs-Rundfunk-Gesellschaft, Geschäftsbericht 1933/34, Anhang II, S. 3 f.

[26] Dreßler-Andreß, Reichsrundfunkkammer, S. 37.

[27] Auf die Geräteverbreitung und die soziale Zusammensetzung der Radiobesitzer wird weiter unten S. 82-90 ausführlicher eingegangen.

[28] Zusammenstellungen bei Pohle, S. 253; Diller, Volksempfänger, S. 140 u. 151; Ketterer, S. 242 f.; Hans M. Knoll, S. 6 f. u. 11; außerdem PCA 811.21 Volksempfänger; DR-Mitteilungen 1 (1932), Nr. 7, S. 2; Elektrotechnische Zeitschrift 54 (1933), S. 25.

[29] Holtschmidt, S. 6; Friemert, Radiowelten, S. 68 f.; Ketterer, S. 242.

sche Funkindustrie.[30] Die Zeitschrift »Arbeiterfunk« setzte 1930 ihre Hoffnungen auf einen deutschen »Radio-Ford«.[31] »Die Sendung« schlug im gleichen Jahr die gemeinschaftliche »Massenfabrikation« eines Einheitsapparates auf der Basis eines Preisausschreibens vor, organisiert durch die Reichsrundfunkgesellschaft.[32]

Die Idee des Volksempfängers war also zur Zeit der nationalsozialistischen Machtergreifung bereits etabliert. Es bedurfte weniger der Kreativität als des politischen Willens und Durchsetzungsvermögens, um sie auf die Tagesordnung zu setzen und zu realisieren. Die genaue Entscheidungsfindung lässt sich aus den spärlich fließenden Quellen nicht mehr rekonstruieren. Eine wichtige Rolle wird dem Reichsverband Deutscher Rundfunkteilnehmer zugeschrieben.[33] Dies klingt plausibel, denn vor der Etablierung des Propagandaministeriums und der Übernahme der Reichsrundfunkgesellschaft bildete der Verband das Zentrum der nationalsozialistischen Rundfunkpolitik. Nicht unbedingt in Widerspruch dazu steht, dass Hadamovsky mehrfach öffentlich erklärte, er und Dreßler-Andreß hätten den Volksempfänger geschaffen.[34] Hadamovsky und Dreßler-Andreß gehörten zu den führenden Funktionären im Verband. Ein weiterer Hinweis auf Dreßler-Andreß findet sich in den Lebenserinnerungen des unabhängigen Rundfunkfachmanns Eugen Nesper (1879-1961).[35] Dieser hatte 1932 einen »Volksempfänger« konstruiert, durch den sich angeblich Dreßler-Andreß nach der Machtergreifung anregen ließ, das Projekt weiterzuverfolgen. Jedenfalls wurde die bereits vorhandene Idee des Volksempfängers von den nationalsozialistischen Rundfunkaktivisten aufgegriffen. Die ebenfalls in zeitgenössischen Quellen vorgenommene Zuschreibung der Initiative an Goebbels persönlich dürfte demgegenüber mehr politischen Charakter besessen haben.[36] Überlegungen für die Produktion eines Volksempfängers wurden jedenfalls alsbald nach der Gründung des Propagandaministeriums, das heißt in der zweiten Hälfte des März 1933, politisch abgesegnet.[37]

Um diese Zeit dürfte schon der Plan festgestanden haben, den Volksempfänger gemeinschaftlich durch die Rundfunkindustrie produzieren zu lassen. Alternative Vorschläge kamen nicht zum Zug, wie eine Produktion durch

30 Der Radiohändler 10 (1933), S. 502; Friemert, Radiowelten, S. 89.

31 Friemert, Radiowelten, S. 89.

32 Die Sendung 7 (1930), S. 347.

33 Funk und Bewegung 1 (1933), Nr. 12, S. 4; N.S.-Funk v. 17.2.1935, S. 9.

34 Hadamovsky, Hitler, S. 11 f.; Mitteilungen der RRG 464 v. 7.5.1935, S. 11.

35 Nesper, Ein Leben, S. 121 f. In den Einzelheiten ist Nespers Darstellung wenig vertrauenserweckend. So dürfte es ausgeschlossen sein, dass Dreßler-Andreß im Herbst 1932 (sic!) ein im Schreibtisch des Rundfunkkommissars Hans Bredow verschwundenes Projekt wieder hervorholte.

36 Vollmann, S. 154; Mitteilungen der RRG 467 v. 3.6.1935, S. 5; Nationalsozialistische Rundfunk-Korrespondenz v. 2.8.1939, S. 5.

37 Der Berliner Philips-Repräsentant berichtete von einem Gespräch bei Krukenberg am 22.3.1933, in dem dieser erklärt habe: »Auf jeden Fall wird versucht werden, einen ganz billigen Apparat und eine ganz billige Röhre herauszubringen, um einen Ortsempfänger zu schaffen, den jedermann sich kaufen kann.« PCA 882, Duitsland – Deutsche Philips GmbH, 23.3.1933 – Niclassen an Brümmer.

den Staat und eine Verteilung über den Reichsverband Deutscher Rundfunkteilnehmer.[38] Der industrielle Verhandlungspartner war der Verband der Funkindustrie, in dem alle 28 radiobauenden Firmen Mitglied waren.[39] Der Funkverband bildete eine Art Patent- und Lizenzkartell, das durch eine restriktive Aufnahmepolitik die Zahl der Rundfunkapparatefabriken klein hielt. Am 28.4.1933 gingen die marktregelnden Kompetenzen an die Wirtschaftsstelle für Rundfunkapparatefabriken (WIRUFA) über, während der Funkverband den gewerblichen Rechtsschutz behielt. De facto spielte diese Trennung keine große Rolle, da die beiden Verbände personell eng miteinander verflochten waren. Ebenso besaßen Namensänderungen, wie im Jahre 1934 des Funkverbands in Interessengemeinschaft für Rundfunkschutzrechte (IGR) und der WIRUFA in Wirtschaftsstelle der Deutschen Rundfunkindustrie (WDRI), keine große Bedeutung.

Anfänglich scheint der Funkverband kein Interesse am Volksempfänger gezeigt zu haben. Die Nationalsozialisten machten dafür die beiden jüdischen Geschäftsführer Berthold Cohn und Erwin Michel (geb. 1891) verantwortlich.[40] Angriffe auf sie wurden vor allem aus den nationalsozialistisch orientierten Organisationen des Rundfunkhandels geführt,[41] die in die Verhandlungen über den Volksempfänger und sonstige Marktregelungen einzubeziehen waren. Ende März 1933 erfolgte die nationalsozialistische Machtergreifung im Funkverband.[42] Neue Geschäftsführer wurden der ehemalige Industriemanager Arno Moyzischewitz (1890-1937)[43] und der nationalsozialistische Rundfunkaktivist Karl Hintze (geb. 1893).[44] Hintze hatte sich für sein Amt vor allem durch maßlose Attacken gegen die Firma Telefunken empfohlen. Im Juli 1933 übernahm er außerdem die Geschäftsführung der Nationalsozialistischen Rundfunkkammer. Hintze wies eine abenteuerliche politische Vergangenheit auf, die ihn auch den Nationalsozialisten als dubios erscheinen ließ. Strafrechtlich relevante sexuelle Verfehlungen, vor allem »Vorschubleistung zur Unzucht«, führten schließlich zum Ausschluss aus der NSDAP. Sein Amt im Funkverband gab er im November 1934 auf. Ehrenamtlicher Vorsitzender des Verbandes wurde 1933 der Direktor der Berliner Radiofirma Seibt, Otto Schmidt (geb. 1885). Dem Regime diente sich Schmidt durch Eintritt in die NSDAP am 1.4.1933 an. Von den jüdischen Geschäftsführern emigrierte Michel nach Frankreich.[45] Auf die Fachkompetenz Cohns wollte die neue nationalsozialistische Führung nicht verzichten.[46] Mindestens bis Ende 1934 war er im Verband tätig und leistete im Hintergrund nützliche Dienste.

38 Fehrentheil, S. 6.
39 Radio 1933, S. 155 ff.; Vollmann, S. 86 ff.; Köster, S. 54 ff.; Gut.
40 Kühl, Nur ganzes Vertrauen, S. 401; PCA 883 Funkverband/IGR, 16.3.1933 – Brief Niclassen.
41 Vgl. Riedel, 70 Jahre, S. 61.
42 Lucae, S. 143.
43 PCA 883 Funkverband/IGR, Rundschreiben v. 2.7.1937.
44 BDC OPG Hintze, Karl 15.6.93; BDC RKK 2100/153/8.
45 BDC RKK 2100/153/8.
46 PCA 882, Duitsland – Deutsche Philips GmbH, 23.3.1933 – Niclassen an Brümmer; BDC RKK 2100/153/8; PCA 883 Funkverband/IGR, 14.9.1934 – Niclassen an Brümmer.

Der nationalsozialistisch geleitete Funkverband bzw. sein Nachfolger, die WIRUFA, übernahm es, die Forderungen der politischen Rundfunkführung nach einem Volksempfänger umzusetzen.[47] Diese Forderungen waren relativ allgemein gehalten, zogen aber eine strikte Preisgrenze im Bereich von 70/80 RM.[48] Das Gerät sollte robust sein und »im gesamten Reichsgebiet sicheren Empfang des Bezirkssenders und zusätzlichen Empfang des Deutschlandsenders« gewährleisten. Damit war ein typischer technischer Kompromiss zwischen niedrigem Preis und hoher Leistung gefragt. Auf die Ausschreibung gingen drei Konstruktionsvorschläge der Firmen Ideal/Blaupunkt, Seibt und Telefunken ein. Eine Auswahlkommission entschied sich für das vom Chefkonstrukteur der Firma Seibt, Otto Grießing (1897-1958), stammende Modell. Die Auswahlkriterien sind nicht zu ermitteln, jedenfalls war von Bedeutung, dass es »auf die Fabrikationsbedingungen bei kleinen und mittleren Firmen am besten Rücksicht nahm« und sich »möglichst viele verschiedene Zulieferungsfirmen« an der Produktion beteiligen konnten.[49] Insgesamt dürften aus mehreren Firmen stammende Konstruktionsprinzipien und Teile im Volksempfänger zusammengeflossen sein. Der – wie die nationalsozialistische Presse hervorhob – »SA-Mann Griessing«,[50] der es liebte, bei Firmenterminen in Uniform aufzutreten,[51] erhielt für den Volksempfänger 1939 den erstmals – und letztmals – vergebenen Rundfunkpreis »für besondere Leistungen auf dem Gebiete der Rundfunk-Wissenschaft, der Rundfunk-Technik und der Rundfunk-Programmgestaltung«.[52]

Die Arbeit am Volksempfänger trieben vom Funkverband im April 1933 eingesetzte Kommissionen voran.[53] Die wichtige technische Kommission leitete Gustav Leithäuser (1881-1969), Chef der Abteilung für Hochfrequenztechnik am Berliner Heinrich-Hertz-Institut. Der Kommission gehörten wechselnde Mitglieder aus der Reichsrundfunkgesellschaft, der Industrie und dem Reichsverband Deutscher Rundfunkteilnehmer an. Sie nahm die Auswahl unter den eingereichten Konstruktionen vor, untersuchte die Empfangsleistungen und sorgte für die Erstellung der Konstruktionsunterlagen sowie die Qualitätskontrolle der Einzelteile und der fertigen Apparate.

---

47 SAA 11/Li 303 v. Buol, 10.5.1933, Aktennotiz Roeder über die WIRUFA-Sitzung am 28.4.1933. Die Verdienste des Funkverbands und seiner Geschäftsführung betonen: Kühl, Nur ganzes Vertrauen, S. 401; Kappelmeyer, S. 456; Funk und Bewegung 1 (1933), Ausstellungs-Sondernummer v. 1.8.1933, 2. Beilage, S. 2.

48 Eine autorisierte Formulierung liegt nicht vor, doch werden sie von zahlreichen zeitgenössischen Autoren referiert. Gewissermaßen offiziösen Charakter besitzen die Formulierungen in zwei WIRUFA-Rundschreiben v. 8.6.1933. PCA 811.2 + 814.2 Gegevens Radio (Duitsland) (hieraus das folgende Zitat).

49 Funk 1934, S. 87; ebenso Grießing, Volksempfänger, S. 182 f.

50 Fehrentheil, S. 6. Vgl. zu Grießing: Weiher.

51 Entsprechende Abbildungen finden sich in der Firmenzeitschrift: Seibt in Wort und Bild.

52 Rundfunkarchiv 12 (1939), S. 357 f.

53 BArch R 4701/20 771, Bl. 124-26; GStA PK I. HA Rep. 76 Vc Sekt 2, Alt. XXIII, Litt A Nr 158, Bd III, S. 19 f.; SAA 11/Li 303 v. Buol, Protokoll Nr. 2 über die Versammlung sämtlicher Deutscher Rundfunkapparatefabriken am 23.5.1933.

Die Hauptlast der praktischen Arbeit entfiel auf das Heinrich-Hertz-Institut (HHI) und Gustav Leithäuser.[54] Das HHI war 1928 durch Karl Willy Wagner (1883-1953) für Grundlagenarbeiten auf dem Gebiet der Schwingungsforschung gegründet worden. Finanziert wurde es u.a. durch das Preußische Kultusministerium, die Reichspost und die Industrie. Es lässt sich aus den Quellen nicht nachvollziehen, auf welche Weise das HHI in die Arbeiten zum Volksempfänger involviert wurde. Offensichtlich benötigten der Funkverband und die Industrie eine sachverständige und neutrale Instanz, da es um Entscheidungen mit wirtschaftlichen Auswirkungen auf die einzelnen Hersteller ging. Fachlich hierfür kamen vor allem das HHI und das Reichspostzentralamt in Frage. Das Reichspostzentralamt war für das Propagandaministerium untragbar, weil das Reichspostministerium mit der Propaganda auf dem Gebiet des Rundfunks konkurrierte. Für das HHI lagen die Arbeiten am Volksempfänger an sich ganz außerhalb seiner Grundlagenforschung. Doch durchlief das Institut nach der nationalsozialistischen Machtergreifung eine Existenzkrise. Der größte Finanzier, das Preußische Kultusministerium, zog sich zurück, als es seine Rundfunkkompetenzen verlor. Stattdessen geriet das HHI unter den Einfluss der Reichsrundfunkgesellschaft und damit indirekt des Propagandaministeriums. In dieser Situation konnte es sich dem Auftrag, dem Volksempfänger auf die Beine zu helfen, schwerlich entziehen. Eine andere Möglichkeit besteht darin, dass es versuchte, sich durch freiwillige Übernahme der Arbeiten bei den neuen Herren lieb Kind zu machen. Welche der beiden Interpretationen auch zutreffen mag, den Leitern des HHI nützte dies persönlich wenig. Der politisch missliebige Wagner wurde 1936 entlassen; Leithäuser, der mit einer Halbjüdin verheiratet war, wurde im gleichen Jahr zum stellvertretenden Abteilungsleiter degradiert und 1937 in den einstweiligen Ruhestand versetzt.

Während der Funkverband die technischen Vorarbeiten an die von ihm eingesetzte Kommission und an das Heinrich-Hertz-Institut delegierte, waren die organisatorischen Arbeiten von ihm selbst zu bewältigen. Für den Volksempfänger als Gemeinschaftserzeugnis der deutschen Funkindustrie erhielten alle 28 Apparatefabriken eine Quote, welche sich an den jeweiligen Marktanteilen orientierte. 1934/35 bewegte sich diese zwischen 1,225 % (10.000 Volksempfänger) bei dem kleinsten Hersteller, den Deutschen Telephonwerken (DeTeWe), und 8,7 % (70.000 Volksempfänger) beim Marktführer Telefunken.[55] Weiter partizipierten am Volksempfänger mindestens 60 Zulieferer, welche Gehäuse, Lautsprecher, Drehkondensatoren, Abstimmspulen, Transformatoren und Drosseln, Widerstände, Litzen und Röhren lieferten.[56]

[54] S. hierzu die unveröffentlichte Arbeit von Böhm; zu Leithäuser außerdem Jäger, Lexikon, S. 229; BArch O. 841 W 39/4, Nr. 15.

[55] PCA 883 Funkverband »Deutschland-Radio, Schätzung für das Kalenderjahr 1935«. Vgl. Hadamovsky, Dein Rundfunk, S. 118 f.; SAA 11/ Li 303 v. Buol, Protokoll Nr. 2 über die Versammlung sämtlicher Deutscher Rundfunkapparatefabriken am 23.5.1933.

[56] Die Zahlen zu den Zulieferern weichen in der zeitgenössischen Publizistik voneinander ab. Die Angabe hier und die Teileaufzählung nach Grießing, Volksempfänger, S. 184.

Um den Preis für den neuen Apparat wurde lange Zeit hart gerungen. Der schließlich im Juni[57] festgelegte Preis von 76 RM für den Wechselstromtyp entsprach den Vorgaben des Propagandaministeriums. Er wurde erreicht, indem Telefunken den Preis für die beiden Röhren auf etwa die Hälfte senkte und auf einen größeren Teil der an sich fälligen Lizenzgebühren verzichtete, die Händler ihre Verdienstspannen senkten und der staatliche Rundfunk die Aufgabe der Werbung übernahm.[58] Die Frage wird uns noch beschäftigen, inwieweit die Industrie mit dem Volksempfänger Geld verdienen konnte. Die Radiofirmen verpflichteten sich, keinen Empfänger in einer ähnlichen Preisklasse auf den Markt zu bringen. Tatsächlich pendelte sich das nächst höhere Marktsegment um den doppelten Preis ein. 1938, mit Erscheinen des kleinen Bruders des Volksempfängers, des Deutschen Kleinempfängers (DKE 1938), zum Preis von 35 RM, wurde ein Schutzabstand von 15 RM zwischen Volksempfänger und Firmenmodellen festgesetzt.[59]

Mit der Quoten- und Preisfestlegung waren die wichtigsten Voraussetzungen für die Produktionsaufnahme geschaffen. Der Volksempfänger erhielt die Typenbezeichnung VE 301 – als Reminiszenz an die nationalsozialistische Machtergreifung am 30. Januar. Mit großem propagandistischem Aufwand wurde er auf der vom 18. bis zum 27. August 1933 in Berlin stattfindenden Funkausstellung der Öffentlichkeit vorgestellt. Hitler schenkte ihm bei seinem Ausstellungsrundgang besondere Beachtung.

Eigentlich handelte es sich bei dem Volksempfänger um kein Gerät, sondern um eine Gerätefamilie, eine Baureihe.[60] Vor allem wegen der im Reich uneinheitlichen Stromversorgung war es notwendig, mehrere Ausführungen zu produzieren. So bestand bereits die erste, im Mai 1933 beschlossene Serie aus einer Wechselstrom- und einer Gleichstromausführung für je 76 RM sowie einer Batterieausführung für 83 RM. Das Wechselstrommodell besaß ein Bakelitgehäuse, die beiden anderen eines aus Eiche, »auf Wunsch des Volkskanzlers von den Holzindustrien der Notstandsgebiete im Erzgebirge und Thüringen geliefert«[61]. Das billigere Bakelitgehäuse ermöglichte es, den an sich teureren Wechselstromempfänger zum gleichen Preis wie das Gleichstrommodell anzubieten. Wenig später wurde die Produktion eines Allstrom-Volksempfängers zum Preis von 87 RM aufgenommen. Ein solcher Empfänger machte sich bezahlt, wenn ein Wohnungswechsel mit dem Wechsel des Stromsystems verbunden war. Der Empfänger scheint sowohl technisch wie preislich nicht allgemein Anklang gefunden zu haben. Jedenfalls gab es in der Folgezeit Forderungen und Vorschläge für bessere und preis-

[57] Der Angriff kündigte noch am 9.6.1933, 1. Beilage, den Volksempfänger zu einem Preis »gegen 80 Mark« an. Die WIRUFA sprach am 8.6.1933 von »voraussichtlich 76 RM« (PCA 811.2 + 814.2 Gegevens Radio (Duitsland)).

[58] Pohle, S. 254 f.; Vollmann, S. 154 ff.; Funk und Bewegung 1 (1933), Ausstellungs-Sondernummer v. 1.8.1933, 2. Beilage, S. 2 f.; Grießing, VE 301.

[59] Die Deutsche Volkswirtschaft 7 (1938), S. 464; Köster, S. 35.

[60] Übersichten bieten Holtschmidt; Ketterer, S. 21 u. 137 ff.

[61] Grießing, VE 301.

wertere Allstromgeräte.[62] Das erste Batteriegerät war mit Akkus ausgerüstet, was eigentlich widersinnig war, musste es doch zum Aufladen an einen Ort mit Stromversorgung gebracht werden. Deshalb entwickelten Seibt und Telefunken 1934 einen sogar etwas preiswerteren Apparat mit Trockenbatterien.[63] Der Batterie-Volksempfänger war vor allem für Haushalte ohne Stromanschluss gedacht, aber auch für die Wochenendler »in ihren Lauben und kleinen Wochenendgrundstücken«[64].

Die folgenden Jahre brachten Verbesserungen und Preissenkungen. Ein weiterentwickelter Wechselstromempfänger kostete 1937 noch 65 RM, der Preis des alten Modells sank auf 59 RM. Im gleichen Jahr fiel der Preis des Allstromempfängers auf 79 RM; die Produktion des Gleichstromapparates wurde eingestellt. Ein auf der Funkausstellung 1938 präsentierter, aber aufgrund von Produktionsschwierigkeiten erst 1939 ausgelieferter Volksempfänger besaß erstmals einen dynamischen Lautsprecher und eine beleuchtete Linearskala und kostete 74,50 RM. Der Volksempfänger wurde also in zahlreichen Varianten hergestellt und war zu Preisen zwischen 59 und 87 RM zu erstehen. Von den bis Anfang 1938 verkauften gut 2,6 Millionen Stück entfielen auf die Wechselstromausführung 73 %, gut 12 % auf Allstrom-, 8 % auf Gleichstrom- und 6 % auf Batteriegeräte.[65]

Was leistete der Volksempfänger für seinen Preis? Von vornherein stand fest, dass innerhalb der vom Propagandaministerium vorgegebenen Preisgrenzen nur die Technik des Geradeausempfängers in Frage kam. Ein Geradeausempfänger arbeitete ausschließlich mit den empfangenen Frequenzen. Jeder andere mit zusätzlichen Sperrkreisen oder Hilfsfrequenzen ausgestattete Typ wäre deutlich teurer geworden. Da das Gerät auf den Empfang mehrerer, auch weit entfernter Sender eingestellt war, mussten bei dieser Bauart Probleme hinsichtlich der Trennschärfe und der Rückkoppelung auftreten. Bevor überhaupt ein Testmodell zur Verfügung stand, warnten Fachleute vor zu erwartenden Schwierigkeiten. So prognostizierte der technische Chefredakteur der angesehenen Zeitschrift »Radio« eine »Katastrophe« für die deutsche Rundfunkversorgung.[66] Ein Vertreter der Reichspost, die über die Entwicklungsarbeiten nicht einmal informiert, geschweige denn daran beteiligt war, blies in das gleiche Horn.[67] Als die Post später den Volksempfänger geprüft hatte, erneuerte sie die Bedenken in abgemilderter Form.[68] Wenn sich die extremen Befürchtungen auch nicht bewahrheiteten, so bereiteten doch

---

62 N.S.-Funk v. 10.2.1935, S. 41; Funktechnischer Vorwärts 5 (1935), Gruppe I, S. 8-12; Der deutsche Sender v. 16.2.1935, S. 46.

63 N.S.-Funk v. 25.3.1934, S. 4 u. 23.9.1934, S. 46 f.; Der deutsche Rundfunk 12 (1934), H. 14, S. 64 f.; Funk 1934, S. 253 f.; Elektrotechnische Zeitschrift 55 (1934), S. 601; Der Angriff 8 (1934), 16.3., S. 6; Völkischer Beobachter, Norddeutsche Ausgabe A 47 (1934), 18./19.3.

64 Elektro-Markt Nr. 12 v. 24.3.1934, S. 25.

65 Berechnet nach den Zahlenangaben bei Moebes, S. 468.

66 Fitze, »Volksempfänger«, S. 227.

67 Hadamovsky, Dein Rundfunk, S. 118; Hadamovsky, Hitler, S. 15; BArch R 4701/ 20 695, Bl. 125 f.

68 BArch R 4701/ 20 771, Bl. 127 f.

Einstellung und Rückkopplungspfeifen nicht wenigen Besitzern Schwierigkeiten. Der Volksempfänger besaß drei Knöpfe: für die Sendereinstellung, die Lautstärke und die Rückkopplung. Um befriedigenden Empfang zu erzielen, waren Einstell- und Rückkopplungsknopf mit zwei Händen und mit Gefühl und Erfahrung gleichzeitig zu bedienen. Der Technikredakteur der größten nationalsozialistischen Funkzeitschrift konstatierte: »Bedienen wir beide Knöpfe einzeln, werden wir nie ein gutes Resultat erzielen.«[69]

Es gehört zu den nur schwer auszurottenden Mythen der Historiographie über den Nationalsozialismus, dass der Volksempfänger bewusst so konstruiert bzw. ausgewählt worden sei, dass ausländische Sender nicht empfangen werden konnten.[70] Tatsächlich existieren für diese Behauptung keinerlei Belege. Technisch wäre eine Unterbindung des Auslandsempfangs nur durch weitgehende und von Sendegebiet zu Sendegebiet variable Frequenzsperren zu realisieren gewesen. Der Volksempfänger deckte jedoch den gesamten Mittel- und Langwellenbereich ab.[71] Damit entsprach er den Forderungen der politischen Rundfunkführung, die auf Mittelwelle sendenden Reichssender – die in den Quellen auch unter Bezeichnungen wie Orts- und Bezirkssender auftauchen – sowie den auf Langwelle sendenden Deutschlandsender empfangen zu können. Empfang des in Königs Wusterhausen situierten Deutschlandsenders bedeutete für große Gebiete des Reichs auch die grundsätzliche Möglichkeit des Empfangs der auf Langwelle sendenden europäischen Großstationen. In Randgebieten des Reichs konnte, abhängig von der genauen Lage und den Senderstärken, der Empfang ausländischer Sender besser sein als der des Deutschlandsenders. Weil der Volksempfänger keinen Kurzwellenteil besaß, konnten überseeische Sender allerdings nicht gehört werden.

Die prinzipiellen Empfangsmöglichkeiten sind zu unterscheiden von den tatsächlichen Empfangsverhältnissen. Generelle Aussagen sind schwierig, weil der Empfang von der Topographie, der Besiedlung und den atmosphärischen Bedingungen abhängt, wobei letztere beträchtliche Tag-Nacht-Unterschiede aufweisen. Die Empfangsqualität des unter Preisgesichtspunkten einfach aufgebauten Volksempfängers gehörte zu den kritischen Konstruktionsproblemen. Die von Gustav Leithäuser geleitete Kommission des Funkverbands unternahm deshalb mit Prototypen an 22 Stellen in Deutschland Empfangsversuche.[72] Die Ergebnisse fielen überaus positiv aus. Abhängig

69 N.S.-Funk 6 (1938), Nr. 1 v. 2.1., S. 46.

70 Die Legende wurde schon während der NS-Herrschaft verbreitet (so Arbeiter Zeitung [Basel] v. 4.2.1937) und nach dem Krieg reaktiviert (vgl. Seegers, S. 279 f.). In der Sekundärliteratur findet sie sich u.a. bei Latour, S. 418; Boelcke, Macht, S. 447 f.; Diller, Rundfunkpolitik, S. 304; Schmitz-Berning, S. 652; Takahashi, S. 465; Reuband, S. 247 u. 259 f.; Keidel, S. 187. Die Behauptung wird hartnäckig aufrechterhalten und vielfach übernommen, obwohl sie schon durch Pohle (S. 254) in seinem 1955 erschienenen und immer noch grundlegenden Werk in das Reich der Legenden verwiesen wurde. Allerdings fügt Pohle die gleichfalls nicht belegte Behauptung hinzu: »Derartige Gedankenspekulationen haben zwar bei der Planung des VE eine gewisse Rolle gespielt ...«.

71 Vgl. Handbuch des deutschen Rundfunkhandels (1936/37), S. 192.

72 Leithäuser (hieraus die Zitate); vgl. Schw(andt), Der deutsche Volksempfänger; Dralowid-Nachrichten 7 (1933), S. 192 f.; Mitteilungen der RRG 446 v. 21.12.1934, Bl. 1; Seegers, S. 259-62.

vom Standort erzielte man auch mit Innenantennen gute Ergebnisse, die Kommission empfahl jedoch eine 15 bis 20 m Drahtlänge besitzende Außenantenne. In der Stadt lief die Empfehlung auf Gemeinschaftsantennen hinaus. Später entwickelte man Antennen mit mehreren Buchsen, mit denen sich die für den jeweiligen Sender am besten geeignete Antennenlänge wählen ließ. Die Kommission bewertete die Empfangsleistungen des Volksempfängers in der Großstadt als »gut«, auf dem flachen Land als »geradezu hervorragend«. Am besten waren sie in der norddeutschen Tiefebene. Beispielsweise ließen sich zwischen Hamburg und Bremen am – schlechteren Empfang aufweisenden – hellichten Tag außer Königs Wusterhausen auch »Paris; Kalundborg und Huizen mit guter Lautstärke ... empfangen«. In den Mittelgebirgsregionen traten dagegen tagsüber und vereinzelt auch in der Nacht Probleme beim Deutschlandsender auf. Die Kommission wies darauf hin, dass selbst teure Röhrengeräte nicht unbedingt guten Empfang garantierten. In manchen Randgebieten des Reichs störten die hier eine größere Feldstärke aufweisenden ausländischen Stationen den Deutschlandsender. In solchen Fällen empfahl die Kommission den Gerätebesitzern den Einbau zusätzlicher Sperrkreise.

Die auftraggebende WIRUFA, die Nachfolgerin des Funkverbands, fasste die komplexen Ergebnisse der Empfangsversuche so zusammen:[73] Sie »haben am Tage Lautsprecherempfang des Bezirkssenders und – mit einer Ausnahme in ungünstiger Empfangsgegend – des Deutschlandsenders ergeben, während am Abend Empfang grösserer deutscher und ausländischer Sender möglich war.« Nach der Freigabe des Verkaufs wurden in den Rundfunkzeitschriften Erfahrungen mit dem Volksempfänger ausgetauscht. Die Technikspalte des »N.S.-Funk« sprach von gutem Europaempfang in den Abendstunden und gewährte einem Leipziger das Wort, der beim Kauf vom Empfang des Leipziger Bezirkssenders und des Deutschlandsenders ausgegangen war:[74] »Wie erstaunt und hocherfreut war ich aber, als ich schon am ersten Abend, sogar mit einer ganz primitiven Zimmerantenne, Königsberg, Wien, Stuttgart und mehrere Ausländer erhielt, und zwar in ganz großer Tonstärke. Und ich muß sagen, daß jetzt, nachdem ich mir eine Hochantenne angelegt habe, in den Abendstunden fast jeder gewünschte Sender hereinkommt.« Die Zeitschrift »Rundfunk-Grosshändler« garantierte bei optimaler Antennenanordnung »in leidlich guten Empfangsgegenden in den Abendstunden« den Empfang von etwa 20 in- und ausländischen Sendern.[75] Der Reichsverband Deutscher Rundfunkteilnehmer meldete »bei sehr günstigen Empfangsbedingungen« mehr als 50 empfangene Sender.[76] Ein Hörer sprach gar von 80.[77] In späterer Zeit bezeugte der Funkexperte Eugen Nesper, dass »mit dem VE

[73] PCA 811.2 + 814.2 Gegevens Radio (Duitsland), WIRUFA-Mittelung v. 8.6.1933; vgl. auch die Empfangsversuche des Händler-Verbandes (Phonographische und Radio Zeitschrift 34, 1933, S. 562-65; 35, 1934, S. 46 f.).

[74] N.S.-Funk v. 12.11.1933, S. 44.

[75] Rundfunk-Grosshändler 3 (1934/35), S. 102.

[76] Mitteilungen der Reichs-Rundfunk-Gesellschaft 399 v. 1.2.1934, B. 2 f.

[77] Mitteilungen der Reichs-Rundfunk-Gesellschaft 446 v. 21.12.1934, Bl. 1.

und sogar mit dem DKE (dem 1938 herausgebrachten deutlich billigeren Schwestermodell, W.K.), an den meisten Empfangsstellen« nachts England gehört werden konnte.[78]

Der zitierten positiven Aussagen ungeachtet, hing die Empfangsqualität sehr von den örtlichen Verhältnissen ab. Aus diesem Grund brachten die Radiofirmen zahlreiche Zusatzgeräte auf den Markt, mit denen sich der Empfang verbessern oder die Einstellung komfortabler gestalten ließ: Skalenbeleuchtungen, Antennenwähler, Sperrkreise usw.[79] Anzeigen sowie redaktionelle Beiträge in Rundfunkzeitschriften – auch in den Parteiblättern – warben damit, dass sich auf diese Art und Weise der Fernempfang bzw. der Empfang ausländischer Sender ermöglichen oder verbessern ließ.

Die Vorbereitungen für die Konstruktion und Produktion des Volksempfängers im März und April 1933 blieben der Fachwelt nicht verborgen, die Öffentlichkeit erfuhr von amtlicher Seite nichts. Im April brachen jedoch zwei Zeitschriftenartikel das auferlegte Schweigen. Der Rundfunkaktivist der NSDAP und Technikredakteur des »N.S.-Funk«, Fritz Lindenberg (geb. 1904)[80] kleidete die Ankündigung in die Frage »Wann kommt der Empfänger des kleinen Mannes?«, den er im Text auch als »Volksempfänger« bezeichnete.[81] Von den politischen Bemühungen um die Schaffung eines »Volksempfängers« berichtete Erich Schwandt (geb. 1903) am 28. April im »Funkbastler«, dem »Fachblatt des Deutschen Funktechnischen Verbandes«, der inzwischen von den Nationalsozialisten übernommenen Organisation der Funkamateure. Schwandt erwartete einen Zweikreiser mit magnetischem Lautsprecher, also ein technisch über dem tatsächlich geplanten Volksempfänger angesiedeltes Gerät, zu einem Preis von etwa 50 RM. Er deutete an, dass sich die Industrie, vor allem die Röhrenhersteller, und der Handel mit niedrigeren Gewinnspannen würden begnügen müssen. Ebenfalls im April kam aus Händlerkreisen die Forderung nach »Schaffung eines billigen Volksgerätes durch die Funkindustrie«.[82]

Solche Presseberichte dürften den Entschluss der WIRUFA beeinflusst haben, mit einer am 8. Mai abgehaltenen Pressekonferenz an die Öffentlichkeit zu gehen.[83] In der Folge zeigte es sich, dass dieses Vorgehen nicht ohne Risiko war. Man war noch nicht in der Lage, einen Preis zu nennen, und auch mit technischen Einzelheiten scheint man sich zurückgehalten zu haben. Die Ankündigung setzte jedoch sofort eine breite öffentliche Diskussion in Gang – zunächst durchaus mit ambivalenter Tendenz. So lässt es sich als Kritik an den Industrieplanungen verstehen, wenn der bereits genannte Fritz Linden-

---

78 Nesper, Ein Leben, S. 129. Ältere Zeitgenossen bestätigen auch heute noch mündlich die schriftlichen Berichte.

79 Zahlreiche Beispiele bei Holtschmidt, S. 64-81.

80 BDC PK Lindenberg, Fritz 12.3.04; BDC RKK 2100/244/7. Lindenberg gehörte zu den Partei- und Rundfunkaktivisten, die, wenn auch intern als unfähig charakterisiert, zu versorgen waren.

81 N.S.-Funk v. 9.4.1933, S. 46.

82 Phonographische Zeitschrift 34 (1933), S. 176.

83 Radio 11 (1933), S. 303.

berg einen schon vor der Pressekonferenz unter der Überschrift »Das ist ein Volksempfänger!« vorgestellten Bastelsatz auch danach noch als »Volksgerät« und »Volksempfänger« bezeichnete.[84] Sein Kollege Walther H. Fitze (geb. 1891), der offensichtlich schlecht informierte Chefredakteur der angesehenen Zeitschrift »Radio«, ließ an den Planungen kein gutes Haar:[85] »technisch längst überholt und nicht mehr entwicklungsfähig«, ein »Wald- und Wiesenempfänger mit all seinen Nachteilen«, ein »absolut überholter und unzureichender Empfänger«, »ein trostloses Bild für die Zukunft«. Fitze störte sich offensichtlich grundsätzlich am Typ des Einkreisers. Einige Wochen später sah er sich veranlasst, sein negatives Urteil zu revidieren, ohne auf den früheren Artikel Bezug zu nehmen.[86] Er sprach von Falschmeldungen in der Presse und hielt selbst den überraschend hohen Preis von 76 RM für gerechtfertigt, weil der Apparat wirkliche Qualitätsarbeit böte. Die meisten Fachleute hatten einen Preis um die 50 RM erwartet.[87] Ein Kommentator gab denn auch eine insgesamt eher positive Bewertung des Volksempfängers ab, fügte aber die Einschränkung hinzu, dass dies »sicher noch kein Empfänger ist, der für alle und jeden zugänglich ist, ... , und er ist als wertvolle Stufe zur Entwicklung eines tatsächlichen Volksgerätes zu begrüßen.«[88] Später, im März 1934, propagierte die Bastlerzeitschrift »Radiotechnische Rundschau« einen hochwertigen Bausatz, bei dem die Teile zusammen 46,85 RM kosteten, unter der Bezeichnung »Der billige Volks-Empfänger«.[89] Andere betonten hingegen das günstige Preis-Leistungs-Verhältnis.[90] Auch Kritik an Einzelheiten wurde geäußert, wie an der Lautsprecherwiedergabe.[91]

Zunächst war also noch eine differenzierte Diskussion über die Empfängerkonstruktion möglich. Auf der Funkausstellung im August wurde der Volksempfänger dann der Öffentlichkeit mit großem Aufwand vorgestellt und zum Verkauf freigegeben. Die Bezeichnung VE 301 zierte das vielfach reproduzierte Logo der Ausstellung, Goebbels widmete ihm in seiner Eröffnungsansprache breiten Raum und auch Hitler zeigte sich beeindruckt. Die damit einsetzende nationalsozialistische Propagandawalze gab kritischen Stimmen keinen Raum mehr.

Die Attraktivität des Volksempfängers zeigte sich in Gestalt der »Trittbrettfahrer«, die den Begriff und das Konzept usurpierten und instrumentalisierten. So suchten Berliner Radiohändler die Kundschaft im Mai 1933 mit der Anzeigen-Überschrift »Der Volks-Empfänger ist da« in ihre Geschäfte zu locken, um ihnen dort die alten Modelle anzudrehen.[92] Der Verband der

---

84 N.S.-Funk v. 6.5.1933, S. 45 u. v. 21.5.1933, S. 45; vgl. auch Regelien, Volksempfänger ...

85 Fitze, »Volksempfänger«.

86 Fitze, Der deutsche Volksempfänger; vgl. auch Radio 11 (1933), S. 303; Der deutsche Rundfunk 11 (1933), Heft 25 v. 16.6.1933, S. 64 u. Heft 41 v. 6.10.1933, S. 63 f.

87 Kappelmeyer, S. 456; Schwandt, Problem; vgl. auch Nesper, Ein Leben, S. 121.

88 Wittwer.

89 Naß.

90 Schw(andt), Volksempfänger; Fritz Noack, S. 705.

91 Nesper, Ein Leben, S. 121 f.

92 Funk und Bewegung 1 (1933), Nr. 5, 2. Beilage, S. 2; vgl. Fitze, »Der Volksempfänger«.

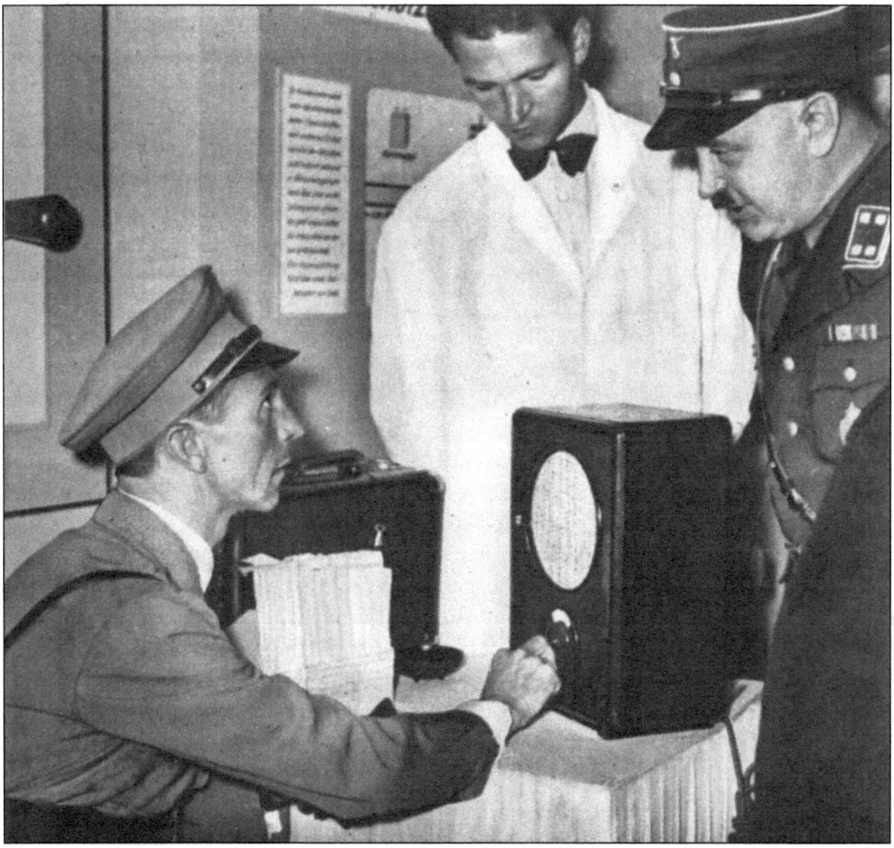

2 Josephs Goebbels besichtigt auf der Funkausstellung 1933 den Volksempfänger. (N.S.-Funk, 27. August 1933)

Radiohändler distanzierte sich von solch unlauteren Methoden. Noch vor Bekanntwerden der Volksempfängerplanungen bezeichnete das Sachsenwerk ein neues Radiomodell als »Volksempfänger«.[93] Allerdings kostete der Apparat an die 150 RM. Als das Gemeinschaftsmodell der deutschen Funkindustrie auf dem Weg war, schaltete das Sachsenwerk in seinen Anzeigen auf Parolen um wie »der billigste Empfänger in Anschaffung und Betrieb« und »der Empfänger für jeden!« Körting pries eines seiner Radios als »Gerät volkstümlicher Preislage«.[94] Die Ulmer Firma Mästling warb in der »Radio«-Ausgabe zur Funkausstellung für ein »Volksradiogerät«[95] in derselben Preislage wie der Volksempfänger. Die Nationalsozialisten gingen – auf mittlere Sicht mit Erfolg – gegen die Trittbrettfahrer vor. Die Nationalsozialistische

93 Radio 11 (1933), S. 219, 243 sowie o.S., Beilage zur Nr. v. 24.6.1933.

94 DR-Mitteilungen 2 (1933), Nr. 6, S. 7.

95 Radio 11 (1933), S. 419; Elektro-Markt 1933, Nr. 45 v. 4.11., S. 25; Der Qualitätsmarkt der elektro-akustischen Industrie 15 (1933), S. 379-81; vgl. Hans M. Knoll, S. 11 f.

Rundfunkkammer gab nach der Funkausstellung bekannt, dass sie Bezeichnungen wie »Volksempfänger«, »Volksradio«, »Volksgerät« und »Volksfunk« als unlauteren Wettbewerb betrachten und verfolgen werde.[96] Aber noch 1935 musste sich die Nachfolgerin, die Reichsrundfunkkammer, mit der Propagierung eines Bastelsatzes als »Volks-Super« befassen.[97] Sie verwies auf die Auffassung des Reichsverbands Deutscher Rundfunkteilnehmer, »daß das Wort ›Volks‹ in Verbindung mit einem Gegenstand nationalsozialistische *Gemeinschaftsarbeit* voraussetze«. Die Kammer einigte sich mit dem Hersteller und dem Verleger, ab der nächsten Funkausstellung auf die Benennung zu verzichten.

Fand der Volksempfänger nach einigen Anlaufschwierigkeiten positive Aufnahme in der Öffentlichkeit, so verhielten sich die Rundfunkwirtschaft und insbesondere die Industrie lange Zeit sehr zurückhaltend. Handel und Industrie waren unsicher, wie viele Volksempfänger sich absetzen ließen. Vor allem fürchteten sie, dass der Absatz auf Kosten der Markenempfänger gehen werde. Da der Volksempfänger viel billiger war und die Gewinnspanne geringer, bestand das Risiko erheblicher Umsatz- und Gewinneinbußen. Dass die Großhändler – nach dem Zeugnis von Zeitgenossen – den Volksempfänger viel positiver aufnahmen als die Einzelhändler, scheint weniger an unterschiedlichen ökonomischen Gegebenheiten denn an Abstufungen beim politischen Engagement für die nationalsozialistische Bewegung gelegen zu haben.[98] Die Großhändler, ihr Verband und dessen Vorsitzender J. C. Günthner, stellten sich jedenfalls früher und entschiedener hinter die nationalsozialistische Rundfunkpolitik und setzten sich für die Verbreitung des Volksempfängers ein. Im Vergleich dazu verhielten sich die Einzelhändler reservierter.[99] So kamen aus ihren Reihen Forderungen, den Kauf von Volksempfängern auf sozial Schwache zu beschränken.[100]

Häufig entschied das Gespräch mit dem Einzelhändler, für welches Gerät der Kunde optierte. Bereits im Juni 1933 wurden aus dem Einzelhändler-Verband stammende Empfehlungen publiziert, wie sich die Mitglieder bei solchen Gesprächen verhalten sollten.[101] Beim Volksempfänger handele es sich »um kein Geschäft im üblichen Sinne ..., sondern lediglich die Durchführung eines Wunsches der Reichsregierung«. Er müsse sich »von alleine verkaufen«, das Interesse der Wirtschaft bestehe darin, »den Käuferschichten in erster Linie hochwertigere Apparate zu verkaufen.« »Deshalb wird es die vornehmste Aufgabe jedes Händlers sein, nur dann einen Volksempfänger zu verkaufen, wenn er der Meinung ist, daß der Käufer nicht mehr als 76 Mark anlegen kann. In jedem anderen Falle soll er jedoch die Vorzüge der Qualitätsapparate hervorzuheben (sic!), um nach Möglichkeit ein Spitzenfabrikat abzuset-

96 Radio-Markt 1933, Nr. 36 v. 2.9., S. 25.

97 Archiv für Funkrecht 8 (1935), S. 222.

98 Hadamovsky, Hitler, S. 22 f.; Handbuch des deutschen Rundfunkhandels 1 (1936/37), S. 13; vgl. Rundfunk-Grosshändler 2 (1933/34), S. 281 u. 287.

99 Stehen wir ...; Phonographische und Radio Zeitschrift 35 (1934), S. 594.

100 Phonographische und Radio Zeitschrift 34 (1933), S. 552 f. u. 560.

101 Regelien, 100 000...

zen«. Der im Zusammenhang mit dem Volksempfänger verbreiteten Euphorie solle der Händler entgegenarbeiten. »So darf auch niemand erwarten, mit dem Volksgerät restlos einwandfreien Fernempfang in- und ausländischer Stationen zu erreichen. Dies den Interessenschichten klarzumachen, ist die zunächst wichtigste Arbeit des Händlers«. Ein fiktives Aufklärungsgespräch über den Volksempfänger legte dem Einzelhändler die Worte in den Mund: »... Man kann mit ihm nur den Bezirkssender und den Deutschlandsender empfangen ... . Der Empfänger ist hauptsächlich für diejenigen gedacht, die mit jeder Mark rechnen müssen. Um etwas technisch Neues handelt es sich durchaus nicht, ... Wenn Sie ein paar Mark mehr anlegen können, rate ich Ihnen, ein Qualitätserzeugnis zu kaufen, wie z.B. diesen Markenempfänger mit Kurzwellenteil, der allen Ansprüchen gerecht wird.«

Nicht wenige Händler scheinen der Empfehlung, den Kunden vom Volksempfänger ab- und zum Markenempfänger zuzuraten, gefolgt zu sein. In einem Hintergrundbericht von der Funkausstellung führte ein Korrespondent aus, Industrie und Handel würden zwar offiziell für den Volksempfänger werben, »aber es gibt da einen sozusagen illegalen, unterirdischen *Gegenstrom* ... im privaten Gespräch werden gewisse Nachteile dieser Konstruktion herausgestrichen und die nächst höhere Type ... zur Anschaffung empfohlen. Die Kritik, die nur gesprächsweise, man möchte fast sagen im Flüsterton weitergegeben wird, orientiert sich an der Begrenztheit des Empfanges, an der mangelnden Trennschärfe und an dem Fehlen der letzten technischen Neuerungen.«[102]

Die Nationalsozialisten sahen sich veranlasst, die Unterminierung eines zentralen Elements ihrer Rundfunkpolitik zu unterbinden. So berichtete die Frankfurter Zeitung im Februar 1934: »In Württemberg-Baden sind alle Rundfunkhändler, die vom Kauf des Volksempfängers als eines minderwertigen Geräts abgeraten hatten, verwarnt worden unter Androhung rücksichtsloser Bestrafung im Wiederholungsfalle.«[103] Mit der Zeit scheint tatsächlich die Stimmungsmache des Handels gegen den Volksempfänger aufgehört zu haben. Die Händler und ihre Organisationen ließen es sich jedoch nicht nehmen immer wieder darauf hinzuweisen, wie gering die Verdienstspannen bei diesem Geschäft seien. Sie empfahlen, sich auf den Verkauf von Zubehör zu konzentrieren, welches dazu diene, »aus dem bescheidenen VE 301 einen richtigen kleinen Europa-Empfänger zu machen.«[104]

Die Probleme der Rundfunkindustrie entsprachen denen des Handels. Die Industrie hatte sich den durch die nationalsozialistische Führung des Funkverbandes vermittelten Vorstellungen des Propagandaministeriums zum Volksempfänger gebeugt.[105] Nach Abschluss der Vorarbeiten waren Produk-

---

[102] O.K. (es könnte sich um Otto Kappelmeyer handeln): Die Zukunft des Volksempfängers.

[103] Zitiert nach Schmitz-Berning, S. 653.

[104] Der Radio-Markt v. 26.1.1936, S. 34-36 (das Zitat S. 36); vgl. Nesper, Wichtige Behelfe; Radio-Markt v. 26.10.1935, S. 10.

[105] Vgl. hierzu die allerdings nicht sehr zuverlässigen Erinnerungen Dreßler-Andreß' über den Widerstand der Firma Telefunken gegen den Volksempfänger. IfZ F 104 »Interview mit Herrn Horst Dreßler-Andreß am 5./6.10.1966«, S. 4; »Notiz Dreßler-Andreß v. 29.1.1975 Feststellung der Wahrheit ...«, S. 1.

tionszahlen festzusetzen. Dabei gingen die Vorstellungen der Industrie und der politischen Rundfunkführung weit auseinander.[106] Während die nationalsozialistischen Rundfunkvertreter im Jahre 1933 zwischen 500.000 und 1 Million Volksempfänger herstellen wollten,[107] hielt die Industrie diese Zahlen für weit überhöht[108] und wollte zunächst in kleinen Schritten vorgehen. Offensichtlich konnte sie sich zunächst durchsetzen: Im Mai wurde die Fertigung einer ersten Serie von 100.000 Apparaten beschlossen. Die Entscheidung für eine zweite 100.000er-Serie fiel auf der Funkausstellung im August 1933. Zum Schwur und zum Eklat kam es auf einer im Oktober für die Festlegung einer weiteren Serie nach Berlin einberufenen Sitzung.[109] Die Funkindustrie war sich inzwischen über den großen Erfolg des Volksempfängers und das damit für sie verbundene Risiko klar geworden. Auf der Sitzung sollen nur zwei Personen für eine neue Serie eingetreten sein. Erst als der nationalsozialistische Verbandsgeschäftsführer Karl Hintze verdeutlicht habe, dass die politische Führung eine ablehnende Entscheidung nicht akzeptieren werde, hätten die Teilnehmer den geforderten Beschluss gefasst. Allerdings blieb es zunächst bei der kleinschrittigen Vorgehensweise. Als die Industrie im Jahre 1935 eine weitere Auflage von gleich 1 Million Volksempfängern in die Wege leitete, war dies Goebbels eine Bemerkung in seiner Eröffnungsansprache auf der Funkausstellung wert.[110]

Worin bestanden die Schwierigkeiten der Hersteller mit dem Volksempfänger? Da waren zum einen die Unsicherheiten über die Absatzentwicklung von Rundfunkgeräten. So ging eine Schätzung kurz vor der nationalsozialistischen Machtergreifung von einem Gesamtabsatz von 700.000 Radioapparaten im Jahr 1933 aus.[111] Tatsächlich lagen die erreichten Zahlen bei mehr als dem Doppelten. Noch schwerer war es, den Einfluss des Volksempfängers auf den Verkauf von Markengeräten zu bestimmen. Die Frage besaß für die Apparatebauer entscheidende Bedeutung, weil der Volksempfänger knapp kalkuliert und Gewinne fraglich waren. Es zeigte sich, dass der Absatz an Markengeräten unter der nationalsozialistischen Herrschaft im Großen und Ganzen stagnierte, durch den Volksempfänger und den Deutschen Kleinempfänger aber erhebliche Verkäufe hinzukamen.[112]

---

106 Vgl. Pohle, S. 255 f.

107 Hadamovsky, Dein Rundfunk, S. 114; Hadamovsky, Hitler, S. 12 f. und passim; Kappelmeyer, S. 456; Fritz Noack, S. 704.

108 Die – mit Zurückhaltung zu benutzenden – nationalsozialistischen Quellen sprechen von 100.000 bis 200.000 Geräten. Hadamovsky, Dein Rundfunk, S. 113; Der deutsche Sender v. 8.12.1933, S. 4; N.S.-Funk v. 18.8.1934, S. 3.

109 Aus Ermangelung umfangreicher anderer Quellenbestände muss die Darstellung des Widerstands gegen den Volksempfänger in vielem der propagandistischen Aufbereitung durch Eugen Hadamovsky folgen. Wenn man sie ihrem propagandistischen Beiwerk entkleidet, wird diese im Kern durch andere punktuelle Quellen bestätigt. Nur umfangreiche Quellenfunde in privaten Archiven könnten es ermöglichen, zu darüber hinausgehenden Differenzierungen zu gelangen. Zur Oktober-Sitzung der Funkindustrie: Hadamovsky, Hitler, S. 23 f.; eine Bestätigung der Darstellung Hadamovskys in Rundfunk-Grosshändler 4 (1935/36), S. 160 f.

110 Mitteilungen der RRG 467 v. 3.6.1935, S. 3.

111 Elektrotechnische Zeitschrift 54 (1933), S. 26.

112 Nach der Absatzstatistik im Rundfunkarchiv 11 (1938), S. 18.

Für die Nationalsozialisten bewiesen die gleichbleibende Nachfrage nach Markengeräten und die Absatzzahlen des Volksempfängers, dass dieser für die Industrie ein »Zusatzgeschäft« darstelle.[113] Der Volksempfänger sei der »Wegbereiter des großen Rundfunkapparates«:[114] Diejenigen, die sich zunächst nur einen Volksempfänger leisten könnten, würden später auf Markengeräte umsteigen. Die Industrie mache somit gewissermaßen ein doppeltes Geschäft. In den Jahren 1933 bis 1935 entspann sich zwischen der Industrie und der politischen Rundfunkführung eine heftige Auseinandersetzung um die für die Interpretation des Volksempfängers angemessenen Begriffe. Das nationalsozialistische Postulat eines »Zusatzgeschäfts« in Abrede stellend, betonte die WIRUFA von vornherein, »dass mit diesem Empfänger kein Geschäft gemacht werden darf, sondern eine nationale Aufgabe erfüllt werden soll«.[115] Ihre Interpretation brachte die Wirtschaft auf der Funkausstellung 1933 zum Ausdruck. Der selbst aus der Rundfunkindustrie kommende zweite Geschäftsführer der WIRUFA, Arno Moyzischewitz, teilte mit, dass die Hersteller beim Volksempfänger »Verzicht auf jeden Verdienst« leisteten.[116] Für die Industrie und den Handel – so andere Stimmen – sei der Volksempfänger ein gemeinsam erbrachtes großes »Opfer«.[117]

Die Radioindustriellen hegten keinerlei Zweifel, dass der Volksempfänger auch von Leuten gekauft werde, die nicht auf den Preis schauen müssten und dadurch als Käufer von Markenempfängern verloren gingen.[118] Manche Wirtschaftsvertreter argumentierten, dass nicht nur in Deutschland, sondern in allen Rundfunkländern der Absatz seit Ende 1932 in die Höhe gehe.[119] Ohne den Volksempfänger hätten die Kunden zu Markenempfängern gegriffen. Das Resultat wären vielleicht geringere Stückzahlen gewesen, aber jedenfalls höhere Umsätze und Gewinne.

Die Frage ist, ob der Volksempfänger in der Lage war, die entgangenen Gewinne bei den Markenempfängern zu kompensieren. Die von Interessen geprägten Bekundungen der nationalsozialistischen Rundfunkführung und der Rundfunkindustrie können hierüber keine Klarheit schaffen. Auch heute noch fällt es schwer, zu einer fundierten Antwort zu gelangen. Je nach Auftragssituation und Ausstattung mit Produktionsmitteln war die Situation bei den einzelnen Firmen unterschiedlich. Manche Radiofirmen stellten den Volksempfänger nicht selbst her, sondern ließen ihn bei anderen Firmen fertigen. Bei manchen war der Anteil des Volksempfängers an der Geräteproduktion gleich Null, bei anderen machte er den überwiegenden Teil der Ap-

---

113 Hadamovsky, Dein Rundfunk, S. 120 u. 122; Hadamovsky, Hitler, S. 24; Mitteilungen der RRG 467 v. 3.6.1935, S. 8.

114 Hadamovsky, Hitler, S. 32.

115 PCA 811.2 + 814.2 Gegevens Radio (Duitsland), WIRUFA-Mitteilung v. 8.6.1933; vgl. Radio 11 (1933), S. 303, Schw(andt), Der deutsche Volksempfänger.

116 Radio 11 (1933), S. 400 f.

117 Rundfunk-Grosshändler 2 (1933/34), S. 293; vgl. Kühl, Nur ganzes Vertrauen.

118 So die Firmen Telefunken und Owin auf eine 1934/35 erfolgte Umfrage. Phonographische und Radio Zeitschrift 36 (1935), Nr. 3, S. 43-45.

119 Paraphrasiert bei Vollmann, S. 157.

parate aus. Unabhängig davon bereitet die Kalkulation eines Produkts immer Schwierigkeiten, weil sich zwar die unmittelbaren Herstellungskosten bestimmen lassen, weniger aber die darauf aufzuschlagenden Gemeinkosten.

Wie schwer die Feststellung der Kosten und Gewinne den Firmen selbst fiel, veranschaulicht eine Nachkalkulation der Deutschen Philips GmbH für die 1934 hergestellten Volksempfänger.[120] Philips erhielt 1934 erstmals eine Quote und ließ seine Volksempfänger bei Fremdfirmen fertigen. Der an diese gezahlte Durchschnittspreis betrug 41,79 RM. Dazu kamen ein Händlerrabatt von 25,85 RM und direkte eigene Kosten von 3,96 RM. Gemessen am Listenpreis von 76 RM ergab dies einen Vertriebsgewinn von 4,40 RM pro Stück. Hiervon waren aber noch die anteiligen Gemeinkosten abzuziehen, welche die Kalkulation nicht bezifferte. Die Deutsche Philips wollte den Volksempfänger aufgrund dieser Berechnung »unter keinen Umständen als Verlustgeschäft« werten. Jedoch erörterte zwei Wochen später dasselbe Unternehmen allgemein Kalkulationsprobleme und gelangte beim Volksempfänger zur Einsicht, dass er »in Wirklichkeit schon ein Verlust« sei. Für die Zukunft rechnete Philips mit günstigeren Ergebnissen, da sich die Preise der Fremdfirmen drücken ließen. Es bedarf keiner Vertiefung, dass eine solche Verbesserung der Ertragslage von Philips die der Lieferanten verschlechtert hätte.

Die Philips-Kalkulationen sind seriöser als die vom Konstrukteur des Volksempfängers, Grießing, vorgenommenen Berechnungen, dass bei einer Auflage von 5000 pro Apparat ein Gewinn von 1,62 RM zu erzielen sei.[121] Im Ergebnis entsteht der Eindruck, dass der Preis für den Volksempfänger ganz scharf kalkuliert war und zunächst bei vielen Firmen zu einem Ergebnis im Bereich einer roten oder schwarzen Null führte. Die Situation dürfte sich im Laufe der Zeit – meist wohl nach Überwindung der Radiokrise im Jahr 1935 – verbessert haben. Da der Volksempfänger – die neuen Modelle ausgeklammert – keine konstruktiven Veränderungen erfuhr, ließen sich nach Amortisation der in die Produktionseinrichtungen getätigten Investitionen gute Gewinne erzielen.

In der zweiten Jahreshälfte 1933, der kritischen Phase der Markteinführung des Volksempfängers, suchte die Industrie nach Wegen, um das mit dem neuen Gerät verbundene Risiko zu mindern und sich Erträge zu sichern. Sie verlangte bei den zuständigen nationalsozialistischen Organisationen, in der Öffentlichkeit deutlich zu machen, dass der Volksempfänger nur für ärmere Bevölkerungskreise bestimmt sei.[122] Obwohl die politische Rundfunkfüh-

---

[120] PCA 882 Duitsland. Deutsche Philips GmbH, Korresp. Comm. dir. Ehv. (Loupart), 20.11.1934 - Westarp an van den Berg sowie Anlage 3 Kalkulation VE 301; 5.12.1934 – Deutsche Philips an Goudriaan.

[121] Grießing, VE 301.

[122] Funk und Bewegung 1 (1933), Nr. 11, S. 2, 1. Beilage, S. 3; in extremer propagandistischer Zuspitzung werden die Geschehnisse von Hadamovsky berichtet: Dein Rundfunk, S. 118-20; Hitler, S. 17 f.; BArch R 78/751, Rede vor dem Rundfunkgroßhandel am 18.8.1935, S. 5 f. Die Existenz des von Hadamovsky genannten Flugblatts wurde nach dem Krieg von Zeitzeugen bestätigt (Pohle, S. 256). Es ließ sich leider nicht auffinden.

rung das Verlangen explizit ablehnte, wurde ein aus der Industrie stammendes Flugblatt verteilt, welches Reichssendeleiter Eugen Hadamovsky als »böswilligen Sabotage-Versuch« wertete. Das Flugblatt benannte die Arbeiter als Zielgruppe des Volksempfängers, für Beamte und andere Bessergestellte sei er nicht gedacht.

Eine andere Initiative unternahm der Geschäftsführer der WIRUFA, Arno Moyzischewitz.[123] Moyzischewitz und den ihn unterstützenden Rundfunkindustriellen ging es darum, den Volksempfänger nur in die Hände von Kunden gelangen zu lassen, die nicht als Käufer von Markengeräten in Frage kamen. Der Kauf sollte deshalb an Einkommensgrenzen gebunden werden. Um möglichst viele neue Rundfunkteilnehmer zu werben und damit den Intentionen des Propagandaministeriums zu entsprechen, müsse der Preis gesenkt werden. Moyzischewitz wollte hierfür den Vertrieb über die Reichspost laufen und den Handel außen vor lassen. Durch Wegfall des Handelsrabatts lasse sich ein Preis von 48 RM erzielen. Hadamovsky lehnte den Vorschlag als »schlechthin marxistisch« ab. Die Nationalsozialisten wollten nicht den mittelständischen Handel, den sie als ihre Klientel betrachteten, gegen sich aufbringen.

Die Auseinandersetzungen zwischen Wirtschaft und Politik erhielten durch Eugen Hadamovsky breite Publizität. Hadamovsky veröffentlichte 1934 und 1935 zwei Broschüren, »Dein Rundfunk« sowie »Hitler erobert die Wirtschaft«, in denen er die Kontroversen dramatisch zuspitzte und mit zahlreichen Einzelheiten würzte.[124] Der »Wirtschaftskampf um den VE 301«[125] besaß für ihn grundsätzliche Bedeutung als Sieg des »Sozialismus der Tat« über den »Wirtschaftsliberalismus«[126]. Während die Industriellen rein »privatkapitalistisch« gedacht und gerechnet hätten, seien die Nationalsozialisten von »volkswirtschaftlichen« Überlegungen ausgegangen.[127] Die Verantwortlichen in der Industrie wurden abgekanzelt:[128] Sie hätten »keine Ahnung von volkswirtschaftlicher Entwicklung«, seien »wirtschaftliche Nichtskönner«. Hadamovskys Partner in der nationalsozialistischen Rundfunkführung, Dreßler-Andreß, sah im Volksempfänger den »Anfang nationaler Planwirtschaft im Funkwesen«.[129] Hadamovsky verkündete außerdem, dass die Nationalsozialisten mit dem Volksempfänger die »nationale Kleinindustrie« vor den Machtgelüsten der Großindustrie gerettet hätten.[130] Das neue Gerät habe »der Funkindustrie ... die Existenz gerettet und Zehn-

[123] Hadamovsky, Dein Rundfunk, S. 120; Hadamovsky, Hitler, S. 18 f.

[124] Hadamovsky, Dein Rundfunk, bes. S. 106-23; Hadamovsky, Hitler. Eine zusätzliche Verbreitung fanden sie durch Rundfunkinterviews Hadamovskys, durch Abdruck in Zeitschriften sowie durch Rezensionen und Kommentare (Hör mit mir 6, 1935, H. 23, S. 7; N.S.-Funk 3, 1935, 16.6., S. 44; Funk und Bewegung 5, 1935, Nr. 6, S. 4 u. Nr. 7, S. 3).

[125] Hadamovsky, Dein Rundfunk, S. 115.

[126] Ebd., S. 106.

[127] Ebd., S. 113; Hadamovsky, Hitler, S. 17.

[128] Hadamovsky, Hitler, S. 17; Fehrentheil, S. 6.

[129] N.S.-Funk v. 19.11.1933, S. 4; vgl. ähnliche Äußerungen z.B. in: N.S.-Funk v. 2.12.1933; 4.2.1934, S. 5; Nationalsozialistische Rundfunk-Korrespondenz v. 21.4.1937, S. 11.

[130] Hadamovsky, Dein Rundfunk, S. 115 f.; vgl. Hadamovsky, Hitler, S. 19 f.

tausende deutscher Arbeiter mit ihren Familien vor Not und Arbeitslosigkeit bewahrt«.[131]

Hadamovskys mit Invektiven gegen alle Kritiker und Skeptiker gespickte Interpretation der nationalsozialistischen Rundfunkpolitik fand schärfsten Widerspruch von eher unerwarteter Seite, nämlich von der Deutschen Reichspost. In seinem Rundumschlag gegen alle Gegner hatte Hadamovsky auch die Post nicht ausgespart.[132] Er warf ihr vor, durch ungenügenden Ausbau des Sendernetzes die Verbreitung des Rundfunks zu hemmen. Außerdem sprach er sich gegen Investitionen der Post in den Drahtfunk aus. Die angestrebte Ortsunabhängigkeit des Empfangs im Freien oder im Auto werde dadurch verunmöglicht.

In der Reichspost sahen einige höhere Beamte, die ohnehin ein gespanntes Verhältnis zur als Konkurrenz empfundenen politischen Rundfunkführung besaßen, in Hadamovskys Ausfällen offensichtlich die passende Gelegenheit, mit dem verhassten Rundfunkpolitiker abzurechnen.[133] In Beschwerden an die NSDAP verlangte man, Hadamovskys Schrift »Hitler erobert die Wirtschaft« wegen Verunglimpfung einer Reichsbehörde vom Markt zu nehmen. Sie sei »eine Gefährdung des Staatsansehens«, ja »staatszersetzend«.[134] Die Post bemühte sich, Göring, den Reichswirtschaftsminister und den Reichskriegsminister in dem Konflikt auf ihre Seite zu ziehen.[135] Das Militär sah man involviert aufgrund der Äußerungen Hadamovskys gegen den – so die Post – »im Interesse der Landesverteidigung« geplanten Drahtfunk.

Einen weiteren Grund für die Auseinandersetzung bildete der Volksempfänger. Das Propagandaministerium hatte ihn initiiert, ohne die sich zuständig fühlende Post überhaupt zu informieren. In seinen Schriften mokierte sich Hadamovsky über »ein(en) hohe(n) Beamte(n) einer Behörde«, über einen »Behördenfachmann« – gemeint war die Reichspost –, der von dem Empfänger abgeraten habe:[136] »Er würde den ganzen Rundfunkbetrieb in Deutschland zugrunde richten.« Die Rundfunkleute der Post sahen darin eine Entstellung der von ihnen vorgetragenen Bedenken.[137] Der Volksempfänger sei unvollkommen, weil er ohne Abstimmung mit der Senderseite entwickelt worden sei. »Das beweisen die mannigfachen Zusatzgeräte, die die Funkindustrie bisher zum Volksempfänger herausgebracht hat, um seine Empfangsleistung zu verbessern.«

Ein weiteres Argument gegen Hadamovsky entwickelten die Postbeamten aus der Konkursgefahr bei mehreren kleinen Radioherstellern im Herbst 1935.[138] »Die in der Schrift Hadamovskys verspottete Prophezeiung des Bankrotts der Rundfunkwirtschaft ... ist heute leider in gewissem Umfang

131 Hadamovsky, Dein Rundfunk, S. 123; vgl. auch N.S.-Funk v. 24.2.1935, S. 47.
132 Hadamovsky, Hitler, S. 34 ff.
133 Das folgende nach BArch R 4701/20 695, Bll. 50 ff.
134 Ebd., Bl. 87 u. 126.
135 Ebd., Bl. 127 f.
136 Hadamovsky, Dein Rundfunk, S. 118; Hadamovsky, Hitler, S. 15.
137 BArch R 4701/20 695, Bl. 88 u. 125 f.
138 Ebd., Bl. 129-31.

schon Wirklichkeit geworden«. Bei der behaupteten Blüte der Rundfunkindustrie handele es sich tatsächlich um eine »Scheinblüte«. Die Ursache der Schwierigkeiten liege in einer Überproduktion – auch an Volksempfängern. Früher hätten die sozial Schwachen im Ausverkauf »ebenso günstige« und überdies noch bessere Radios erstehen können als die »technisch primitive Volksempfängerkonstruktion«. Der Anstieg der Hörerzahlen hänge mit der allgemeinen Wirtschaftsentwicklung zusammen, »rechtfertigt aber nicht die Annahme, daß der Zuwachs in erster Linie der Schaffung des VE 301 zuzuschreiben ist.« Der Wirtschaftsminister stimmte der Reichspost hinsichtlich der Einschätzung der Lage der Rundfunkindustrie in den Grundzügen zu und setzte noch eins drauf:[139] Die »Ansicht, daß der Volksempfänger der Wegbereiter des großen Apparates sein werde, ist durch die bisherigen Erfahrungen nicht bestätigt worden und könnte auch in Zukunft sich nur bei wesentlich gesteigerter Kaufkraft der Bevölkerung als möglich erweisen.«

Die Reichsleitung der NSDAP suchte in dem Streit zu vermitteln, worauf Hadamovsky, nicht aber die Reichspost einging.[140] Goebbels, der hinter den Stellungnahmen der Reichspost einen Generalangriff auf zentrale Elemente seiner Rundfunkpolitik witterte, stellte sich schützend vor Hadamovsky.[141] Die Rundfunkleitung der Reichspost wollte die Sache vor Hitler bringen, aber so weit wollte Postminister Freiherr v. Eltz-Rübenach (1875-1943), der gegenüber Goebbels ohnehin in der schwächeren politischen Position war, wohl nicht gehen. Die Angelegenheit verlief im Sande.[142] Hinter den – unbemerkt von der Öffentlichkeit geführten – Auseinandersetzungen stand natürlich in erster Linie die Rivalität zwischen Propaganda- und Postministerium um Einfluss auf den Rundfunk. Darüber hinaus vermitteln die Akten einen guten Eindruck, wie unterschiedlich die Rundfunkeliten im Jahre 1935 die wirtschaftliche Lage der Rundfunkindustrie und die Rolle des Volksempfängers einschätzten. Bevor diesen Fragen detailliert nachgegangen wird, soll ein Überblick über die Struktur der deutschen Rundfunkindustrie gegeben werden.

Seit den 1920er Jahren hatte sich in der deutschen Rundfunkindustrie ein Kartell herausgebildet.[143] Es beruhte auf dem Patentbesitz von Firmen wie Telefunken, Lorenz und Huth sowie indirekt Philips. Die Lizenznehmer schlossen sich als Gegengewicht zu einem eigenen Interessenverband zusammen. Gemeinsam sorgten Patentinhaber und Lizenznehmer dafür, dass sich die Zahl der deutschen radiobauenden Firmen in Grenzen hielt und ausländische Hersteller auf dem deutschen Markt nicht Fuß fassten. Eine der wenigen Ausnahmen war die holländische Philips, welche 1934 aufgrund von Absprachen mit Telefunken und gegen anfänglichen nationalsozialistischen Widerstand als Radiohersteller zugelassen wurde.[144] Über sein Hamburger

[139] Ebd., Bl. 141.
[140] Ebd., Bl. 114 u. 134.
[141] Ebd., Bl. 139.
[142] Ebd., Bl. 135.
[143] Ein Überblick hierzu bei Czada, S. 243 ff.
[144] Blanken, History, Bd. 4, S. 49-61.

Tochterunternehmen Valvo war Philips schon vorher am Röhrengeschäft beteiligt gewesen. Von Mitte der 1920er Jahre bis 1933 ging die Zahl der deutschen Hersteller von Radioapparaten von mehr als 120 auf 28 zurück. Diese arbeiteten mit 60 bis 100 Zulieferern zusammen, unter denen sich gut 25 Lautsprecherfirmen befanden.[145]

Neben dem Patent- und Lizenzkartell bestand in der deutschen Rundfunkindustrie ein Preiskartell, über welches der Funkverband und seine Nachfolgeorganisationen wachten. Unter dem Nationalsozialismus setzte es Mindestpreise fest, welche den Volksempfänger vor Konkurrenz schützten. Die übrigen Geräte wurden in ebenfalls durch Mindestpreise abgegrenzte Klassen eingeteilt.[146] Später wurde dieses starre System durch ein flexibleres mit Kalkulationsvorschriften ersetzt, was Dumpingpreise ausschloss. Die Händlerrabatte waren in Verträgen zwischen der Industrie und dem Handel festgeschrieben.[147] In einem solchen System herrschte nur geringe Veränderungsdynamik. Das Kartell machte die Gründung weiterer Firmen unmöglich. Wenn das Reichswirtschaftsministerium zusätzlich zwischen 1934 und 1938 Firmengründungen in der Rundfunkwirtschaft untersagte, dann zielte dies auf die weniger rigide kartellierten Zulieferer.[148] Das Unternehmen, welches am ehesten eine expansive Politik hätte betreiben können, die Firma Telefunken, bekundete fehlendes »Interesse ... einen Marktanteil auf Kosten anderer zu erobern.«[149] Die Begründung war einleuchtend: Telefunken verdiene als Lizenzgeber und Röhrenlieferant an jedem Radiogerät, welches die anderen verkauften. Expansionsgelüste wurden vor allem Bosch zugeschrieben, das die Berliner Ideal-Werke (Blaupunkt) 1933 unmittelbar übernahm.[150] Philips bemühte sich mehrfach erfolglos, seine Gerätequote durch Kauf von Anteilen anderer Unternehmen zu erhöhen.[151]

Der deutsche Radiomarkt verteilte sich auf 28 bzw. 29 Unternehmen, welche jeweils kleine bis kleinste Marktanteile besaßen.[152] Nach einer bei Philips für das Jahr 1934 vorgenommenen Schätzung hatten drei Firmen, nämlich Telefunken, Mende und SABA, nach Markengeräten gerechnet, der Volks-

---

145 Eine Firmenliste bei Vollmann, S. 264 f.

146 Suhr, Funk, S. 2054 f.; Der deutsche Volkswirt 12 (1937/38), S. 1651-53.

147 S. z.B. Reim.

148 Vollmann, S. 133.

149 PCA 883 Funkverband/ I.G.R. nr. S 1982, Denkschrift Telefunken v. 17.6.1936.

150 PCA 882 Duitsland – Deutsche Philips GmbH (corresp. alg.), 4.11.1935, Brümmer an Niclassen; PCA 883 WEVAG (corresp.), Aktennotiz v. 20.11.1935.

151 PCA 883 Funkverband/ I.G.R., Aktennotiz v. 7.2.1938.

152 Es liegen eine Reihe von Schätzungen aus der Radioindustrie vor, welche bei Differenzen im Detail die gleiche Tendenz besitzen: Czada, S. 248 (für die Jahre 1933/34 und 1934/35; nach Telefunken-Quellen); SAA 11 Li 303 v. Buol, Aktennotiz v. 24.8.1933 (für das Jahr 1933); PCA 883 Funkverband »Deutschland-Radio, Schätzung für das Kalenderjahr 1935«. (Entgegen dem Titel bezieht sich die Schätzung auf das Jahr 1934; da diese als einzige alle Radiofirmen umfasst, wurde auf sie im Text zurückgegriffen. Die Schätzung ist allerdings sehr grob; so werden bei den kleinsten Unternehmen durch die Bank je 5000 Markengeräte angesetzt, obwohl die Stückzahlen teilweise weit darunter lagen. Die Prozentsätze sind von mir nach den angegebenen absoluten Zahlen berechnet.); RBA Firmenchronik Blaupunkt, Bd. 1, S. 199; vgl. Höckel, S. 27.

empfänger ist ausgeklammert, zwischen 13,4 und 9,3 % Marktanteile. Acht mittlere Firmen wiesen Marktanteile zwischen 6,2 und 4,1 % auf: Heliowatt (Nora), Owin, Ideal (Blaupunkt), Bruckner & Stark (Lumophon), die Deutsche Philips, Dr. Georg Seibt, die AEG und Siemens & Halske, 17 kleine Firmen bis zu 3,1 %. In die Gruppe der »Großen« stießen im Laufe der 1930er Jahre die Ideal-Werke (Blaupunkt) vor,[153] die 1935/36 eine Fabrik in Berlin-Wilmersdorf errichteten.[154] Unabhängig von den Marktanteilen waren die wirtschaftlichen Verhältnisse der einzelnen Firmen unterschiedlich.[155] Telefunken, Siemens und die AEG sprachen sich als Gruppe ab, wobei im allgemeinen die Radioapparate bei Telefunken entwickelt und bei den beiden Muttergesellschaften gebaut wurden. Die beiden Elektrokonzerne besaßen Beteiligungen am Sachsenwerk sowie Siemens an DeTeWe und Heliowatt (Nora). Hinter den Ideal-Werken (Blaupunkt) stand Bosch. Telefunken, Philips und Lorenz machten ohnehin die größten Gewinne mit Lizenzen, Röhren und dem Senderbau. Vom Radiogeschäft und seinen Konjunkturen weitgehend abhängig waren an die 20 Firmen, unter ihnen von den »Großen« Mende und SABA.

Zu den offiziell verkündeten Zielen der nationalsozialistischen Wirtschaftspolitik gehörte es, für konjunkturelle Stabilität zu sorgen und die mittelständische Wirtschaft vor der Macht der Großunternehmen zu schützen. Der Volksempfänger wurde als ein Element dieser Politik propagiert. Er sollte zusätzlichen Absatz und damit neue Arbeitplätze schaffen.[156] Er erschien als ideales Produkt, um die – insbesondere jahreszeitlich stark schwankende – Nachfrage auszugleichen. Die kleinen Unternehmen wurden bei der Aufteilung der Produktionsquoten bevorzugt. Mehrere Kleinunternehmen, die 1934 maximal 5000 Markenempfänger fertigten, erhielten eine Quote von 25.000 Volksempfängern.[157] Dagegen wurden Telefunken, das mit 130.000 Markenempfängern zu Buche stand, gerade 70.000 Volksempfänger zugebilligt.

Tatsächlich verfehlte die nationalsozialistische Radiopolitik die beiden wirtschaftlichen Ziele. Während der Radioabsatz in den Jahren 1933 und 1934 kräftig stieg, brach die Konjunktur 1935 ein.[158] Statt 1,8 Millionen Geräte 1934 wurden 1935 noch 1,5 Millionen verkauft. Die Krise resultierte aus der Absatzentwicklung des Volksempfängers. Betrug der Absatz im Rundfunkjahr 1934/35 noch 847.000 Geräte, so 1935/36 486.000. Im Herbst 1935 sahen sich drei Radiofabriken gezwungen, Vergleich anzumelden: Dr. Georg

---

153 RBA Firmenchronik Blaupunkt, Bd. 1, S. 201; hier wird der Marktanteil für 1936 mit 10,1 % angegeben.

154 RBA G1/ 10-12 »Firmenchronik der Blaupunkt-Werke GmbH Hildesheim 1923-1984«; Heuss, S. 506 f.; Hilpert.

155 Vgl. SAA 11 Li 303 v. Buol, Aktennotiz v. 24.8.1933.

156 Das Ziel Arbeitsbeschaffung wird z.B. thematisiert durch: Werber in Völkischer Beobachter v. 2.2.1934; Dreßler-Andreß, Reichsrundfunkkammer, S. 12.

157 Die Angaben nach PCA 883 Funkverband »Deutschland-Radio, Schätzung für das Kalenderjahr 1935« (tatsächlich für 1934).

158 Die Zahlen nach Köster, S. 19 u. 22.

Seibt in Berlin,[159] Bruckner & Stark (Lumophon) in Nürnberg sowie Owin in Hannover. Unter Führung von Telefunken, wo die drei Unternehmen beträchtlich in der Kreide standen,[160] bemühten sich die Rundfunkindustrie und Banken, die Krise einzudämmen.[161] Eine eigens gegründete Handelsgesellschaft übernahm die Apparate, um zu verhindern, dass sie plötzlich den Markt überschwemmten.[162] Bei Dr. Georg Seibt sowie Bruckner & Stark gelang der angestrebte Vergleich; Owin ging im Sommer 1936 in Konkurs. Die ebenfalls ins Trudeln geratene Firma Schaub wurde von der Stadt Pforzheim übernommen und einigte sich mit ihren Gläubigern außergerichtlich.[163]

Die sich im Herbst 1935 zuspitzende Krise[164] hatte sich schon länger abgezeichnet. Zwar wollten die Hersteller zunächst nichts von einer durch die Händler seit Oktober 1934 konstatierten »Absatzflaute« bei Rundfunkgeräten hören.[165] Doch im Laufe des Jahres 1935 setzte sich die Überzeugung durch, dass Firmenzusammenbrüche unvermeidlich seien. Dabei nannte man weit mehr Kandidaten als schließlich in Vergleich bzw. Konkurs gingen.[166] Für die nationalsozialistische Rundfunkführung waren die Krise und die Insolvenzverfahren eine Herausforderung und Blamage. Besonders blamabel war der Fall der Berliner Firma Dr. Georg Seibt, deren Chefkonstrukteur Grießing man mit großem propagandistischem Aufwand als Schöpfer des Volksempfängers gefeiert hatte. Entsprechend heftig fielen die Reaktionen Hadamovskys und seiner Mitstreiter aus.[167] Sie stellten entschieden in Abrede, dass die Firmenzusammenbrüche etwas mit der nationalsozialistischen Rundfunkpolitik und mit dem Volksempfänger zu tun hätten. Verantwortlich seien vielmehr ökonomische Fehlleistungen. In sozialdarwinistisch-rassistischem Vokabular war die Rede von einer »längst fälligen Ausscheidung der kranken Elemente«.[168] Dass »Außenseiter der Wirtschaft, die sowieso nicht lebensfähig sind, dabei abgestoßen werden müssen, entspricht einem gesunden Leistungsprinzip und der darin enthaltenen Anerkennung des Besseren«.[169] Im Gegensatz zu Behauptungen aus der Wirtschaft sei der Volks-

---

159 Zur sich im Sommer zuspitzenden Lage von Seibt vgl. PCA 882 Duitsland – Deutsche Philips GmbH (corresp. alg.) 1935-1936, Schreiben v. 31.7.1935; Vertrag v. 31.7.1935; Aktennotizen v. 7.8., 9.8. u. 10.10.1935.

160 PCA 883 WEVAG (corresp.), »Salden der Bauerlaubnisnehmer« v. 31.10.1935.

161 PCA 883 WEVAG (corresp.), Aktennotiz v. 20.11.1935; 882 Duitsland – Deutsche Philips GmbH (corresp. alg.), 15.8.1935 Notitie voor Dr. Münchmeyer; Höckel, S. 20.

162 Der deutsche Volkswirt 10 (1936), S. 663.

163 Maschke, S. 130 f.; Die Deutsche Volkswirtschaft 5 (1936), S. 804.

164 Allgemein zur Krise 1935: Der deutsche Volkswirt 10 (1935), S. 499; Die Deutsche Volkswirtschaft 5 (1936), S. 804; PCA 883 WEVAG (corresp.), Aktennotiz v. 29.4.1936.

165 Phonographische und Radio Zeitschrift 35 (1934), Nr. 24; 36 (1935), Nr. 3, S. 43-45.

166 PCA 883 Funkverband/ I.G.R., Aktennotiz v. 30.10.1935; PCA 882 Protokoll einer Besprechung in Eindhoven am 21.11.1935; PCA 882 Duitsland – Deutsche Philips GmbH (corresp. alg.), 4.11.1935, Brümmer an Niclassen.

167 Hadamovsky, Deutsche Rundfunkwirtschaft, S. 52; Der Deutsche Sender v. 25.1.1936, S. 8; Mitteilungen der Reichs-Rundfunk-Gesellschaft 489 v. 24.1.1936, Bl. 1-2; Bruchmann, Zur Lage; Archiv für Funkrecht 9 (1936), S. 310-12.

168 Fehrentheil, S. 6.

169 Pridat-Guzatis, Wirtschaft, S. 692.

empfänger »mitunter leider der einzig wirtschaftliche Zweig der Apparateproduktion geworden«,[170] er habe »sogar das im Erfolg rückständige Jahr 1935/36 gut überstehen« lassen.[171] Anders lautenden Auffassungen drohte man unverhohlen:[172] »Die Reichsrundfunkkammer hat bereits Veranlassung genommen, den Quellen dieser sonderbaren Informationsartikel auf den Grund zu gehen und wird dafür Sorge tragen, daß eine derartige politische und wirtschaftliche Brunnenvergiftung unterbleibt«.

Der propagandistische Charakter der Stellungnahmen der nationalsozialistischen Rundfunkpolitiker muss nicht eigens betont werden. Analysiert man die zur Verfügung stehenden publizistischen und firmeninternen Quellen, so gelangt man zu einem differenzierten Bild der wirtschaftlichen Lage der Rundfunkindustrie und der Ursachen der Krise. Generell war mit dem Bau von Radioapparaten im nationalsozialistischen Deutschland kaum Geld zu verdienen. Unter Berufung auf eine Erhebung des Reichskuratoriums für Wirtschaftlichkeit führte der Wirtschaftsjournalist Hans Heiser Ende 1935 aus, dass die einzelnen Firmen mit dem eigentlichen Apparatebau zwischen 3 % Gewinn und 6 % Verlust machten.[173] Gewinne entstünden größtenteils aufgrund der Rabatte, welche die Röhrenhersteller gewährten. Dass mit dem Gerätebau kein Geschäft zu machen war, traf auch für Telefunken zu, wo einzig 1938 und 1939 Gewinne ausgewiesen wurden.[174] Firmen, welche nicht durch Lizenzen, Röhren oder andere Produkte Einnahmen erzielten, befanden sich also ständig in einer prekären Situation. Hinzu kam, dass eine Reihe kleinerer Unternehmen, wie Owin, dramatisch unterkapitalisiert waren. Die Industrie und der Handel hatten in der Konjunkturphase 1933 und 1934 die Produktionskapazitäten ausgebaut und die Lager gefüllt. Als die Konjunktur 1935 einbrach, konnten sie aufgrund fehlender Mittel die im Vertrauen auf Fortsetzung des Booms eingegangenen Verbindlichkeiten nicht mehr erfüllen. Ihre Substanz reichte nicht aus, um die Zeit bis zur Erholung der Radiokonjunktur im Jahre 1936 zu überstehen. Sie fielen gewissermaßen der eigenen risikoreichen Firmenpolitik, aber auch der nationalsozialistischen Wirtschaftspropaganda zum Opfer, welche steten Aufschwung versprochen hatte.

Welche Rolle spielte nun der Volksempfänger in diesem Szenario? Die kleineren Firmen hatten hohe Quoten für den billigen Empfänger erhalten. Die kleinen, aber auch eine Reihe mittlerer Hersteller produzierten mehr Volksempfänger als Markenempfänger. In einem Extremfall, bei den Berliner Radio-Funkwerkstätten, kamen 1934/35 auf 24.500 Volksempfänger nur 900 Markenempfänger.[175] Zusätzlich stellten mittlere Firmen Volksempfänger für

---

170 Mitteilungen der Reich-Rundfunk-Gesellschaft 489 v. 24.1.1936, Bl. 2.

171 Pridat-Guzatis, Wirtschaft, S. 693.

172 Bruchmann, Zur Lage, S. 3.

173 Heiser. Die Heiserschen Ausführungen wurden von den Fachleuten der Rundfunkindustrie als seriös rezipiert und bezüglich ihrer Konsequenzen diskutiert: Vollmann, S. 130; PCA 883 WEVAG (corresp.), Aktennotiz v. 29.4.1936; vgl. Nesper, Ein Leben, S. 122 f.

174 DTM, AEG-Archiv GS 607; Bücher, S. 4; SAA Lf 720, Protokoll der Delegiertensitzung v. 31.1.1936, S. 6-8; SAA 11/Lg 643 v. Buol, Berichte Rundfunk-Geschäft 1935-40.

175 Ketterer, S. 63.

Unternehmen her, die ihre Quote erfüllen mussten, aber keine eigene Fertigungslinie errichteten. So ließ die Deutsche Philips 1934/35 ihre erste Quote von 9500 Volksempfängern von vier Fremdfirmen fertigen, darunter Dr. Georg Seibt und Owin.[176] Bei Seibt führten diese und weitere Auftragsfertigungen dazu, dass 1934/35 mehr als 40.000 Volksempfänger gegenüber 27.000 Markengeräten die Fabrik verließen.[177] Eine derartige Produktionssteigerung erforderte hohe Investitionen in Material und Fertigungseinrichtungen. Aufgrund der geringen Gewinnspannen beim Volksempfänger benötigte man für die Amortisation einen längeren Zeitraum. Ein zusätzliches Problem bestand darin, dass die Firmen mit den Volksempfängern gewissermaßen den eigenen Markenempfängern Konkurrenz machten. Auch die stark in den Volksempfängerbau involvierte Firma Owin meinte Anfang 1935, »daß der Volksempfängerabsatz bestimmt kein rein zusätzlicher ist, sondern daß ein gewisser Teil Käufer von Volksempfängern sich sonst größere Geräte gekauft hätte«.[178] Als die Aufträge 1935 einbrachen, waren die Volksempfänger wesentlich stärker betroffen als die Markengeräte. Die Krise traf also die Firmen besonders hart, welche auf den Volksempfänger gesetzt hatten, um das Geschäft zu sichern bzw. auszuweiten. An den Schwierigkeiten einer Reihe von Radiofabriken im Jahr 1935 hatte der Volksempfänger also beträchtlichen Anteil.

Die Frage, ob die Radiofirmen am Volksempfänger verdienten, bedarf einer differenzierten Antwort, die von Unternehmen zu Unternehmen und je nach dem betrachteten Zeitraum unterschiedlich ausfallen muss. Bei allen Radiofirmen dürfte es einige Zeit gedauert haben, bis sich die 1933 getätigten Anlaufinvestitionen amortisierten. Zur Zeit der Radiokrise 1935 dürfte eine Reihe von Firmen bereits gute Geschäfte mit dem Volksempfänger gemacht haben, während andere nicht zuletzt wegen des Gemeinschaftsgeräts ins Trudeln gerieten. Der Volksempfänger konnte ein guter »Füllartikel«[179] sein. Da er keine Veränderungen erfuhr, ließ sich mit ihm die nachfrageschwache Jahreszeit überbrücken. In Zeiten guter Auslastung behinderte er dagegen die Produktion von Markengeräten.[180]

Die Gewinnmöglichkeiten der Unternehmen schrumpften, als neue Modelle des Volksempfängers und der preiswerte Deutsche Kleinempfänger (DKE 1938) weitere Investitionen erforderlich machten. 1937 kam ein verbesserter Wechselstromempfänger VE 301 Wn auf den Markt; 1938 wurden auf der Funkausstellung der DKE 1938 sowie der VE 301 Dyn mit dynamischem Lautsprecher vorgestellt. Die Planungen für die beiden Geräte hatten sich ver-

176 PCA 883 Funkverband/I.G.R., Aktennotiz v. 8.9.1934; 9.2.1938, Mende an Loupart; PCA 882 Duitsland. Deutsche Philips GmbH, Korresp. Comm. dir. Ehv. (Loupart), Brief v. 20.11.1934 nebst Anlagen; PCA 811.21 Volksempfänger, 3.9.1934.

177 Ketterer, S. 63.

178 Phonographische und Radio Zeitschrift 36 (1935), Nr. 3, S. 43-45.

179 So z.B. die Einschätzung bei Philips. PCA Duitsland – Deutsche Philips GmbH Korresp., Aktennotiz v. 20.6.1934.

180 So SABA. Sammlung Hans Georg Brunner-Schwer, Villingen, Protokoll der Gesellschafterversammlung v. 26.11.1938, S. 2.

zögert. Was die neuen Apparate und die Verzögerung für die Funkindustrie bedeuteten, schildert ein interner Siemens-Bericht vom Oktober 1937.[181] Da sich die Vorbereitung einer neuen Gerätegeneration erfahrungsgemäß nicht vor der Öffentlichkeit verbergen lasse,[182] werde der Verkauf der alten Modelle einbrechen. Die Verzögerung mache es unmöglich, die Gemeinschaftsgeräte in der »toten Zeit« herzustellen. Aufgrund der schnellen Aufeinanderfolge von Gerätegenerationen verliere überdies der Volksempfänger seinen ursprünglichen Charakter und werde zum »saisonbedingten Modeartikel«. Am stärksten würden die kleinen Firmen unter dieser Entwicklung zu leiden haben, weil für sie der Volksempfänger »Hauptträger des Geschäftes« sei.

Tatsächlich verzögerten sich Produktion und Auslieferung der neuen Gemeinschaftsgeräte beträchtlich. Beim VE 301 Dyn[183] dauerte es nach der Präsentation des Apparats auf der Funkausstellung mehr als ein halbes Jahr, bis ihn die Kunden im April 1939 erstehen konnten. Die Schuld an der Verzögerung schoben sich Industrie und Regierung gegenseitig in die Schuhe. Die Industrie führte das Fehlen von Material und Arbeitskräften an, das Propagandaministerium warf der Industrie vor, Markengeräte vorgezogen zu haben.[184] Die »Wirtschaftsstelle der Deutschen Rundfunkindustrie« (WDRI) hatte Kalkulationen vorgelegt, nach denen sich mit dem Volksempfänger mit dynamischem Lautsprecher 4 bis 10 % Gewinn erzielen ließen.[185] Dagegen war die SABA-Geschäftsleitung der Meinung, dass mit den Gemeinschaftsempfängern »von einem Gewinn nicht mehr gesprochen werden (könne), man müsse froh sein, wenn Null von Null gerade aufgehe.«[186] Von der Produktion und dem Vertrieb der neuen Geräte waren jüdische Firmen ausgeschlossen.[187] Das 1938 in Kraft getretene Verbot bezog sich auf alle »politischen Gemeinschaftsgeräte« und deren Teile.

Mit dem Volksempfänger hofften die Nationalsozialisten, den Rundfunk auch in die unteren Einkommensschichten hineinzutragen. Man war sich durchaus darüber im Klaren, dass für einkommensschwache Haushalte selbst die Anschaffung des preiswertesten Empfängers für 76 RM eine erhebliche Investition darstellte. Bei Ratenzahlung verteilte sich die Belastung mehr über die Zeit. Der Kauf von Radiogeräten in zehn Monatsraten war rechtlich

181 SAA 6926, »Neuer VE« v. 2.10.1937.

182 Das Propagandaministerium bemühte sich – allerdings erfolglos – darum (Bohrmann/Toepser-Ziegert, Bd. 4, S. 1009).

183 Zum VE 301 Dyn: Völkischer Beobachter, Norddeutsche Ausgabe, A, 51 (1938), 7.8., S. 4; Holtschmidt, S. 48 ff.

184 BArch R 55/20 028, Bl. 162.

185 SAA 11/Li 303 v. Buol, Beiratssitzung WDRI v. 5.7.1938.

186 Sammlung Hans Georg Brunner-Schwer, Villingen, Protokoll der SABA-Gesellschafterversammlung v. 26.11.1938, S. 2. Das Protokoll relativiert in der firmengeschichtlichen Literatur ohne zeitliche Fixierung gemachte Aussagen, dass SABA mit dem Volksempfänger »hohe Gewinne« (Hörzinger, S. 54) bzw. »ordentliche Gewinne« (Brunner-Schwer/Zudeick, S. 75) gemacht habe.

187 Archiv für Funkrecht 10 (1937), S. 457 f.; Rundfunk-Archiv 11 (1938), S. 300 f. Möglicherweise zog sich Siegmund Loewe in diesem Zusammenhang 1938 aus der Geschäftsleitung seiner Firma zurück. LOA Geschäftsbericht 1939.

3 Werbung für den Volksempfänger und das Teilzahlungssystem 1937.
(Der Angriff, Nr. 11, 19. August 1937)

möglich und im Handel verbreitet.[188] Jedoch erschien für die angepeilte Zielgruppe eine Monatsrate von 7,60 RM immer noch als zu hoch. Der Handel fürchtete die Kreditrisiken, welche aufgrund der hohen Stückzahlen und der niedrigen Kaufkraft entstünden. Die Vorstellungen der nationalsozialistischen Rundfunkführung gingen dahin, für den Volksempfänger Ratenverträge mit deutlich längerer Laufzeit abzuschließen. Zu klären war, wer die Abwicklung und das Kreditrisiko übernahm. Bei der Vorstellung des Volksempfängers auf der Funkausstellung 1933 war dies noch völlig offen. Nachdem sich Industrie und Handel verweigerten,[189] setzte eine öffentliche und

188 Der Radiohändler 10 (1933), S. 1042.

189 PCA 811.2 + 814.2 Gegevens Radio (Duitsland), Nachrichtendienst der Gemeinnützigen Berliner Ausstellungs-, Messe- und Fremdenverkehrs-Ges. v. 17.8.1933, Bl. 4, Stellungnahme Moyzischewitz.

nichtöffentliche Suche nach anderen Trägern ein, wobei der Schwarze Peter hin und her geschoben wurde. Genannt wurden die öffentliche Hand,[190] Banken[191] und die Reichspost[192], wobei die Raten zusammen mit der Rundfunkgebühr eingezogen werden sollten. Schließlich gab es Überlegungen, in Deutschland eingefrorene ausländische Sperrguthaben für die Finanzierung zu mobilisieren.[193] Der Handel nutzte die Diskussion, um wenigstens für das Ratenzahlungssystem Einkommensgrenzen einzufordern.[194]

Das Problem des Ratenkaufs wurde schließlich mit Hilfe der Elektrizitätsversorgungsunternehmen (EVUs) gelöst.[195] Damit knüpfte man an eine bestehende Tradition an. Zur Ankurbelung des Stromkonsums förderten die EVUs mit einer Reihe von Maßnahmen die Anschaffung elektrischer Haushaltsgeräte. Dabei waren allerdings Radiogeräte wegen des niedrigen Bedarfs an elektrischer Arbeit weniger interessant als Elektroherde und Warmwasserbereiter.[196] Zunächst übernahmen einzelne EVUs zögerlich die neue Aufgabe.[197] Das Kreditrisiko suchten sie zumindest teilweise auf den Handel abzuwälzen. Richtigen Schwung erhielt das Ratenzahlungsgeschäft erst seit Frühjahr 1934. Die Politik und die Versorgungswirtschaft vereinbarten, das Risiko durch eine Versicherung abzudecken, welche in die Raten eingerechnet wurde. Die Versicherung umfasste nicht nur das Kreditrisiko, sondern auch Schäden und den Verlust des Volksempfängers durch Diebstahl, Feuer, Wasser usw. Unter diesen Bedingungen beteiligten sich bis 1936 mehr EVUs an dem Geschäft, wenn auch längst nicht alle.[198] Die Finanzierungsbestimmungen galten allgemein, auch für Unternehmen, welche die Anschaffung von Volksempfängern durch Betriebsangehörige unterstützten.[199] Die EVUs zogen die Raten üblicherweise zusammen mit der Stromrechnung ein.[200] Für den Wechselstrom-Volksempfänger zu 76 RM war eine Anzahlung von 7,25 RM fällig. Zusammen mit 18 Monatsraten zu 4,40 RM addierte sich dies zu Gesamtkosten von 86,45 RM, was an die 14 % Aufschlag ausmachte.[201] Später wurde das System auf den DKE 1938 übertragen. Für den »kleinen Volksempfänger« beliefen sich die Belastungen auf 5 RM Anzahlung und 15 Monatsraten à 2,30, insgesamt 39,50 RM, ein Finanzierungsaufschlag von 13 %.

---

190 Ebd.

191 Funk und Bewegung, Sondernummer zur Funkausstellung v. 1.8.1933, 2. Beilage, S. 3.

192 Regelien, 100 000 ..., S. 197; O.K.

193 Kühl, Wirufavertrag, S. 550; Hadamovsky, Hitler, S. 28 f.

194 Kühl, Wirufavertrag, S. 550; Rundfunk-Grosshändler 2 (1933/34), S. 244 f.

195 Vgl. hierzu Pohle, S. 252-58; Diller, Volksempfänger; Friemert, Radiowelten, S. 91 ff.; Uta C. Schmidt, Radioaneignung, S. 283-304.

196 Immerhin vertrieben 1935 150 EVUs auch Radioapparate. Suhr, Marktprobleme, S. 105.

197 Als besonders instruktive Quelle: Phonographische und Radio Zeitschrift 35 (1934), S. 273 f.; vgl. Toussaint.

198 Höckel, S. 80.

199 Vgl. Phonographische und Radio Zeitschrift 35 (1934), S. 230 f.

200 Abdruck eines entsprechenden Vertrags bei Holtschmidt, S. 17.

201 Uta C. Schmidt, Radioaneignung, S. 302 nennt dies leichtfertig, ohne Vergleich mit ähnlichen Geschäften, eine »fürstliche« Entschädigung. Wenn man die Vorgeschichte dieser Regelung kennt, ist ein solches Urteil mehr als fraglich.

Der Volksempfänger und die anderen politischen Gemeinschaftsgeräte sowie der Ratenkauf wurden breit und andauernd kommuniziert. Die Radiofirmen selbst hielten sich, den getroffenen Abmachungen entsprechend, bei der Propagierung der Gemeinschaftsgeräte zurück. Sie präsentierten den Volksempfänger und die anderen Gemeinschaftsgeräte zwar anlässlich von Ausstellungen und führten sie in ihren Werbebroschüren, Prospekten und Preislisten auf, jedoch eher an untergeordneter Stelle. Dies war verständlich, sahen sie in den Gemeinschaftsgeräten doch eine Konkurrenz für ihre Markenempfänger, welche höhere Gewinne abwarfen. Das durch den Volksempfänger abgedeckte Marktsegment hatte die Industrie räumen müssen. Das eröffnete den Firmen die Möglichkeit, die überlegenen Empfangseigenschaften der Markengeräte herauszustellen. Geworben wurde vor allem mit der Reichweite; der Begriff »Welt« erfuhr eine inflationäre Verbreitung.[202] Schaub offerierte einen »Welt Super 34«, Seibt pries seine Radios als »Schlüssel zur Welt« an, Mende gab sich das Prädikat »Weltklasse«, Körting sah mit seinem »Weltempfänger« »Europa und die Welt vereinigt ...«. Der Handel stellte dagegen in seiner Schaufensterwerbung den Volksempfänger häufiger in den Mittelpunkt. Sicher verkaufte jeder Händler lieber Markenempfänger, bei denen die Gewinnmargen höher lagen. Ließ sich dies aber nicht realisieren, so war ihm auch das Massengeschäft mit Volksempfängern willkommen, welches schließlich auch garantierte Gewinne eintrug.

Die Hauptaufgabe bei der Werbung für den Volksempfänger und seine Brüder oblag den nationalsozialistischen Institutionen. Hierzu gehörte ein breites Spektrum staatlicher und Parteistellen; federführend war die Rundfunkkammer. Von der im Juli 1933 ins Leben gerufenen Nationalsozialistischen Rundfunkkammer hatten sich die Radiofabriken ferngehalten. Der Reichsrundfunkkammer gehörten sie als Zwangsmitglieder nur einige Monate von Ende 1933 bis Anfang 1934 an, ehe sie in die Reichswirtschaftskammer überführt wurden. Die nationalsozialistische Rundfunkführung hatte gehofft, die Industrie über die Kammer zur Finanzierung der Gemeinschaftswerbung heranzuziehen. Jetzt musste die Reichsrundfunkgesellschaft die finanzielle Lücke schließen. Es dauerte bis Mai 1935, dass als Surrogat die »Arbeitsgemeinschaft der Reichsrundfunkkammer und der Rundfunkwirtschaft« gegründet wurde.[203] Ihre wichtigsten Aufgaben wurden in der Steigerung der Teilnehmerzahlen, der Planung der Gemeinschaftsgeräte und der Werbung gesehen. Die Industrie und der Handel beteiligten sich an der Finanzierung, zunächst mit einer an der Zahl der verkauften Geräte orientierten Abgabe, dann mit einem jeweils gleich hohen Festbetrag.[204] Die Wirtschaft trug zwar den Großteil der Lasten, war aber im Beirat der unter Hadamovskys Leitung stehenden Arbeitsgemeinschaft nur paritätisch mit den

202 Zur Gerätewerbung: Ketterer, S. 176 ff.; Seegers, S. 255-58.

203 Zur Arbeitsgemeinschaft: Archiv für Funkrecht 8 (1935), S. 185-89; Droysen; Dreßler-Andreß, Reichsrundfunkkammer, S. 17-21; BArch R 55/718, Bl. 40.

204 Die Aufteilung der Beiträge war von Auseinandersetzungen begleitet: BArch R 56 I/69, Bl. 19 u. 115, Bl. 206-08.

4 Ankündigung der Funkausstellung 1933. (N.S.-Funk, 6. August 1933)

nationalsozialistischen Rundfunkverbänden vertreten.[205] Insbesondere in der Industrie führte dies zu Unmut.[206] Aber auch die nationalsozialistische Rundfunkführung zeigte sich mit der Art der Finanzierung unzufrieden.[207]

Die große Leistungsschau des Rundfunks und der Funkindustrie bildete die Funkausstellung in Berlin.[208] Sie fand jährlich an 10 bis 12 Augusttagen in den Messehallen unter dem Funkturm statt. Auf der Funkausstellung wurden alle wichtigen Neuerungen präsentiert, natürlich auch die politischen Gemeinschaftsgeräte. Im Mittelpunkt der Funkausstellung 1933 stand der Volksempfänger. Bereits das Logo der Ausstellung wies mit Stolz auf das prominenteste Ergebnis der nationalsozialistischen Rundfunkpolitik hin. Hitler erwies ihm bei seinem einzigen Besuch einer Funkausstellung die gehörige Referenz. Jeder 5000. Besucher erhielt einen Volksempfänger als Präsent; weitere wurden verlost.[209] Ansonsten waren die »fest in die nationalsozialistische Feierkultur eingebunden(en)«[210] Funkausstellungen die Bühne Goebbels'. In seinen Eröffnungsreden nahmen der Volksempfänger und die anderen politischen Gemeinschaftsgeräte breiten Raum ein. Auf den Ausstellungen wurden sie an herausgehobener Stelle und besonders effektvoll gezeigt. 1934 demonstrierte man in einer »Halle der Arbeit« die Produktion des Volksgeräts.

Die Nationalsozialisten hielten sich zugute, dass die Funkausstellung unter ihrer Ägide aus einer Industrie- zu einer Publikumsmesse geworden sei, zu einer – so Goebbels – »Angelegenheit des ganzen deutschen Volkes«.[211] Mit aufwändigen Werbe- und Sonderaktionen, wie dem Einsatz verbilligter Sonderfahrten der Reichsbahn und der gemeinsamen Anreise nationalsozia-

---

205 Mitteilungen der RRG 467, Bl. 10 f.; Archiv für Funkrecht 8 (1935), S. 355 f.
206 BArch R 13 V/3, Niederschrift Nr. 4004/1 v. 2.9.1936, S. 7 u. 9 f.
207 BArch R 56 I/115, Bl. 82 ff.
208 Pohle, S. 293 ff.; Riedel, 70 Jahre, S. 59-110.
209 Der Angriff 7 (1933), 18.8., 1. u. 2. Beilage.
210 Uta C. Schmidt, Radioaneignung, S. 276.
211 Eröffnungsrede Goebbels' zur Funkausstellung 1937. Mitteilungen der RRG 507 v. 15.8.1937, Bl. 1.

listischer Ortsgruppen, gelang eine deutliche Steigerung der Besucherzahlen bis zu einem Maximum von etwa 480.000 im Jahre 1935.[212] Den neuartigen Charakter der Ausstellung unterstrichen die in den Jahren 1935 und 1936 durchgeführten »Volkssender«-Aktionen.[213] Dabei machten in regionalen Ausscheidungen qualifizierte Amateure Programm. Die Initiative wurde eingestellt, u.a. weil professionelle Künstler gegen die Konkurrenz Protest einlegten.

Neben der »Großen Berliner« fanden regional ausgerichtete Rundfunkausstellungen unter Bezeichnungen wie Funkschaun oder Landesausstellungen statt. Auch hier waren die Reichsrundfunkkammer bzw. die »Arbeitsgemeinschaft« mit den Gemeinschaftsgeräten präsent. Außerdem beschickten sie thematisch anders ausgerichtete größere und kleinere Messen. So waren sie auf der Leipziger Frühjahrsausstellung vertreten oder auf der Berliner »Grünen Woche«. Auf der »Grünen Woche« warben sie für die Verbreitung des Rundfunks auf dem bislang unterversorgten Land.

Seit September 1933 richtete die Rundfunkkammer in Verbindung mit dem Reichsverband Deutscher Rundfunkteilnehmer und dem Deutschen Funktechnischen Verband »Kreisrundfunkstellen« ein.[214] Im Laufe eines halben Jahres soll deren Zahl auf 2000 angewachsen sein. Die Beratungseinrichtungen führten den Volksempfänger vor und versorgten Interessenten mit Ratschlägen, z.B. zur Installation der Antenne. Die Aufgaben der Rundfunkstellen gingen allerdings über die Gemeinschaftsgeräte hinaus. Sie bestand allgemein darin, die Verbreitung des Rundfunks zu fördern. Die größte Bedeutung dürfte die technische Beratung besessen haben, wie zur Beseitigung von Störquellen. Die Tages- und die Fachpresse, am intensivsten natürlich die Parteiblätter, berichteten breit über die rundfunkpolitischen Aktivitäten der Partei- und Regierungsstellen. Die nationalsozialistischen Programmzeitschriften überschlugen sich geradezu mit Artikeln, Meldungen und Werbeparolen für den Volksempfänger. So zierte z.B. ein großes Bild des Volksempfängers und die Botschaft »Schenkt Volksempfänger zum Weihnachtsfest« die Titelseite eines Hefts des von der Reichsrundfunkkammer herausgegebenen N.S.-Funks.[215] In späterer Zeit prämierte der N.S.-Funk erfolgreiche Zeitschriftenwerber mit einem Gemeinschaftsgerät.[216] Der Rundfunk war ein natürlicher Werber seiner selbst. Dem Volksempfänger und den anderen politischen Gemeinschaftsgeräten gab er zudem in zahlreichen redaktionellen Beiträgen Raum.[217]

Die Rundfunkkammer ließ eine Reihe von Filmen produzieren, welche für den nationalsozialistischen Rundfunk warben. Unter anderem wurden die Filme in den Vorprogrammen der Kinos gezeigt. Neben Dokumentarfilmen

---

212 Eine Zusammenstellung der Teilnehmerzahlen: Geldrich, S. 138 f.

213 Pohle, S. 260 f.; Marßolek/ v. Saldern, Zuhören, S. 69 u. 147-50; Marßolek, S. 130-33.

214 N.S.-Funk v. 15.10.1933, S. 4 u. 18.3.1934, S. 44.

215 N.S.-Funk v. 10.12.1933.

216 N.S.-Funk v. 12.3.1939, S. 2.

217 Vgl. z.B. BArch R 78/761.

5 Werbung für den Volksempfänger 1933.
(N.S.-Funk, 10. Dezember 1933)

gehörten hierzu »drei fröhliche Farbentonzeichentrickfilme«.[218] »Hansemanns Traumfahrt« zeigte den Weg einer Sendung von der Produktion bis zum Empfang. Die beiden anderen waren Werbefilme für den Volksempfänger. Zwar fiel der Empfängernahme nicht, doch die Werbestreifen präsentierten sein unverwechselbares Erscheinungsbild. Die Inhalte – knapp skizziert nach den nationalsozialistischen Originalquellen. Zunächst der Film »Und es beginnt ein neuer Tag«: »Mit dem Einzug eines neuen Rundfunkgerätes wird aus einer verschlampten, vernachlässigten Bude ein schmuckes Heim, aus vermickerten Eheleuten ein daseinsfrohes, lebensbejahendes Ehepaar«. Dann »Die Schlacht um Miggershausen«: »Ein Dorf – beinahe hinter dem Mond – wird von dem Volksempfänger-Kundschafter entdeckt. Die Volksempfänger-Armee stürmt das Dorf und hilft mit gutem Rat den Bauern, die durch ihre Rückständigkeit beinahe schon dem Nichts gegenüberstanden.« Der Film demonstrierte den Wert des Volksempfängers als Medium der Unterhaltung und Information; herausgestrichen wurden z.B. die Ratschläge des Landfunks für Ackerbau und Viehzucht sowie dessen Wetterberichte.

An Traditionen vor der Machtergreifung knüpften Reichsrundfunkgesellschaft und Reichsrundfunkkammer an, indem sie Werbewagen in kleinere Städte und auf das flache Land schickten.[219] 1937 und 1938 standen hierfür sechs bzw. sieben Wagen zur Verfügung. Ein solcher Werbetag begann üblicherweise mit einem Mittagskonzert in dem Hauptort der Fahrt.[220] Hierfür griff man auf das Programm des Deutschlandsenders oder auf Schallplatten zurück. Man verteilte Prospekte und kündigte durch Lautsprecheransagen die Nachmittags- und Abendveranstaltungen an. Am Nachmittag suchte man durch Vorführung von Rundfunk-Werbefilmen in Schulen die Kinder und Jugendlichen für das Medium zu begeistern. Anschließend fuhr man die kleineren Ortschaften in der Umgebung ab, sendete Musik und machte Durchsagen per Lautsprecher. Die Hauptveranstaltung fand am Abend statt – in einem festlich geschmückten Saal, mit Reden, Werbefilmen, Entstörungstipps eines Postfachmanns, Live-Auftritten von Künstlern, einer Geräteausstellung, Verlosung von Gemeinschaftsempfängern und der Verteilung von Prospektmaterial. Eine Bilanz für das Jahr 1938 nannte 842 Werbetage mit 3550 angefahrenen Orten und fast 545.000 Veranstaltungsbesuchern.[221]

In bestimmten Fällen wurden Hilfen bei der Erneuerung des Rundfunkgeräts geboten. Ein Umzug oder eine Stromumstellung – meist von Gleich- auf Wechselstrom – konnten ein nur für eine Stromart verwendungsfähiges Radio entwerten. In den Jahren 1934 und 1935 erleichterten die Elektrizitätsversorgungsunternehmen, nach Absprachen mit der Reichsrundfunkkammer und der Industrie, die Anschaffung neuer Geräte durch Zuschüsse oder

[218] Der Rundfunk 2 (1938/39), S. 183 (hieraus die folgenden Zitate); vgl. Rundfunkarchiv 10 (1937), S. 542. Der Film »Die Schlacht um Miggershausen« wurde als Video-Aufzeichnung zusätzlich analysiert.

[219] Freudenberg; Nationalsozialistische Rundfunk-Korrespondenz v. 27.4.1938, Bl. 2 u. 20.12.1938, Bl. 3 f.; Rundfunkarchiv 12 (1939), S. 356.

[220] Freudenberg, S. 146 f.

[221] Freudenberg, S. 148.

indem sie die alten in Zahlung nahmen.[222] In späterer Zeit dürfte das Problem an Bedeutung verloren haben, weil sich mehr und mehr Allstromgeräte – so auch bei den Gemeinschaftsempfängern – durchsetzten.

Eine 1936 und 1937 nach amerikanischem Vorbild von der Industrie in Absprache mit der Reichsrundfunkkammer durchgeführte Umtauschaktion sollte den Verkauf ankurbeln.[223] Bei Abgabe älterer, vor 1931 auf den Markt gebrachter Apparate wurde beim Neukauf ein Preisnachlass von 10 bis 15 % gewährt. Die Aktion war auf einige umsatzschwache Monate im Frühjahr und Sommer begrenzt und führte zu einer Verdoppelung der Verkaufszahlen. Insgesamt machten mehr als 100.000 Kunden von dem Angebot Gebrauch. Die alten Geräte wurden gesammelt und an Bedürftige abgegeben.

In den Jahren 1937 und 1938 unternahm die Reichsrundfunkkammer in Abstimmung mit der Reichspost eine Aktion zur Gewinnung neuer Hörer.[224] Sie stellte der NSDAP in allen 32 Gauen je 100 Volksempfänger zur Verfügung und ermöglichte bislang nicht versorgten Haushalten einen 14-tägigen gebührenfreien Empfang. Rechnerisch ließen sich damit mehr als 83.000 Haushalte im Jahr erreichen. Angeblich sollen auf diese Art und Weise 30 % der bedachten Haushalte neu für den Rundfunk gewonnen worden sein.

An Werbemaßnahmen für Rundfunk und Volksempfänger gab es also keinerlei Mangel. Tatsächlich wurde das Gemeinschaftsgerät in den Rundfunkjahren 1933/34 und 1934/35 mit fast 1,5 Millionen verkauften Exemplaren ein außerordentlicher Erfolg.[225] Danach jedoch ging der Absatz dramatisch zurück, von 850.000 (1934/35) Apparate auf 350.000 (1936/37). Der Anteil des Volksempfängers am Radiomarkt schrumpfte von 43,7 (1934/35) auf 24,3 % (1936/37). Das Gemeinschaftsgerät hatte offensichtlich einen angestauten Bedarf abgeschöpft und war in das Marktsegment der Markengeräte eingedrungen. Für größere Teile der Bevölkerung blieb das Radio jedoch weiterhin außer Reichweite. Im Propagandaministerium war man sich dieser Tatsache wohl bewusst. Während man in der Öffentlichkeit den Volksempfänger als Mittel zur totalen Rundfunkerfassung des deutschen Volkes feierte, wurde in internen Stellungnahmen nüchtern konstatiert:[226] Der Volksempfänger werde vor allem von kleinen Angestellten mit einem Monatseinkommen zwischen 200 und 300 RM gekauft; »die grosse Masse der Wochenlohnempfänger erreichen wir jedoch nicht«.

Der Preis von 76 RM war unter Preis-Leistungs-Gesichtspunkten und unter Berücksichtigung der Verhältnisse in der Rundfunkindustrie ein durchaus

---

222 Elektrizitätswirtschaft 33 (1934), S. 319 u. 34 (1935), S. 444; Der Deutsche Sender v. 5.4.1935, S. 46; Archiv für Funkrecht 8 (1935), S. 99; Höckel, S. 84.

223 Höckel, S. 85-88; Archiv für Funkrecht 9 (1936), S. 145 f.; Nationalsozialistische Rundfunk-Korrespondenz v. 5.5.1937, S. 11; 11.8.1937, S. 12; 16.11.1937, S. 10; 16.2.1938, S. 2.

224 BArch R 4701/ 20 717, Schreiben v. 11.11.1937; Nationalsozialistische Rundfunk-Korrespondenz v. 8.12.1937, S. 9 u. passim; 12.1.1938, S. 11 f.; 9.3.1938, S. 11; 16.3.1938, S. 9; N.S.-Funk 5 (1937), 26.12., S. 44; vgl. Uta C. Schmidt, Volksempfänger, S. 147 f.

225 Die Absatz- und Anteilszahlen nach Köster, S. 22 f.

226 BArch R 55/ 20 650, Bl. 92 u. 98, Stellungnahme v. 25.10.1937.

vorzeigbares Ergebnis, wenn auch viele mit weniger gerechnet hatten. Mit den sinkenden Absatzzahlen mehrten sich die Stimmen, welche eine Verbilligung und Verbesserung des Geräts verlangten. Bereits Ende 1934 drückte der »Funktechnische Vorwärts« das Votum eines Gaufunkwarts ab:[227] »Es muß möglich sein, den Volksempfänger noch viel billiger zu liefern, ohne ihn deshalb in seiner Güte herabzusetzen!« Ende 1935 fertigte ein früherer Mitarbeiter von Siemens & Halske sowie der Reichselektrowerke ein Gutachten für die Kommission für Wirtschaftspolitik der NSDAP über die Rundfunkwirtschaft an, in dem er diese mit Vorwürfen überzog und den nationalsozialistischen Staat zum Einsatz seiner »Machtmittel gegenüber jenen Ausbeutern« aufforderte.[228] Hadamovsky sei in seiner Schrift »Hitler erobert die Wirtschaft« auf das »Blendungsmanöver« der Industrie hereingefallen, sie habe den Bau des Volksempfängers nur widerstrebend aufgenommen. Tatsächlich mache sie mit ihm »ein erhebliches Geschäft«. Die Hauptschuld an dem hohen deutschen Preisniveau bei Rundfunkgeräten trage das Rundfunkkartell um die Firma Telefunken, welche die Preise hoch und die Röhren schlecht halte.

In einem Ende 1936 erschienenen viel beachteten Artikel »Keine Halbheiten in der Rundfunk-Industrie« forderte der Völkische Beobachter im Rahmen eines radikalen Typisierungsprogramms auch eine Preissenkung für den Volksempfänger auf unter 50 RM.[229] Damit würden die Fertigungsverbilligungen an die Kunden weitergegeben. Außerdem müssten die Lizenzgebühren und die Röhrenpreise fallen. Die Produktion müsse, um die Rationalisierungseffekte größerer Stückzahlen zu nutzen, »auf eine Gruppe kleinerer Fabriken« konzentriert werden. Ein zustimmender Artikel in einer Händlerzeitschrift ergänzte, dass insbesondere bei den Teilen noch Reserven für eine Preissenkung vorhanden seien.[230] Ein Autor des »Funktechnischen Vorwärts« schloss sich den Preisforderungen von unter 50 RM für einen verbesserten Volksempfänger an und verlangte überdies unter Verweis auf den Vierjahresplan eine Verdoppelung der Materialeffizienz:[231] »Sicherstellung einer Verdoppelung der Produktion mit den heute gewichtsmäßig verwendeten Rohstoffen bei gleichbleibendem Lohnanteil«.

Die Forderung nach Verbilligung und Verbesserung des Volksempfängers[232] war mittlerweile von der regierungsamtlichen Politik aufgegriffen worden. In einem Schreiben an den Verband der Rundfunkindustrie verlangte im September 1936 Reichswirtschaftsminister Schacht »die Entwicklung eines für den Massenabsatz geeigneten, elektrisch und akustisch gegen-

---

227 Funktechnischer Vorwärts 4 (1934), Gruppe I, Nr. v. 14.11.1934, S. 22.

228 Gutachten Lampert v. 5.11.1935 (BDC OPG, Karl Hintze).

229 Zitiert nach dem Abdruck in: Radio-Markt v. 21.11.1936, S. 5 f.

230 Radio-Markt v. 19.12.1936, S. 10 f.; ebenfalls als Zustimmung kann gewertet werden: Radio-Markt, 1937, Nr. 1, S. 14.

231 Funktechnischer Vorwärts 6 (1936), Gruppe I, H. 22, S. 59 f. u. H. 23, S. 63 f. (hieraus das Zitat).

232 Außer den bereits genannten Forderungen noch: Vollmann, S. 158; Nationalsozialistische Rundfunk-Korrespondenz v. 10.2.1937, S. 2; 17.2.1937, S. 3; 31.3.1937, S. 9.

über dem Volksempfänger verbesserten billigen Gemeinschaftserzeugnisses«.[233] Es lässt sich nicht ausmachen, ob die zur Funkausstellung 1937 erfolgte Preissenkung und Geräteinnovation auf die Intervention des Wirtschaftsministers zurückzuführen ist. Jedenfalls wurden der Preis des Ursprungsmodells von 76 auf 59 RM gesenkt und ein verbessertes Modell VE 301 Wn für 65 RM auf den Markt gebracht. Die hoch gesteckten Erwartungen scheint dies nicht befriedigt zu haben. Jedenfalls konstatierte die »Nationalsozialistische Rundfunk-Korrespondenz« auch nach der Funkausstellung eine andauernde »Verbilligungspsychose« und Kaufzurückhaltung.[234]

Wesentlich weitergehende Planungen für ein neues Gemeinschaftsgerät trieben das Propagandaministerium und die Reichsrundfunkkammer seit Frühjahr 1937 voran.[235] Nach der Funkausstellung erging eine Ausschreibung an die radiobauenden Firmen. Sie gab einen Preis von 30 bis 35 RM vor, skizzierte eine dem alten Volksempfänger ähnliche Empfangsleistung und verlangte so weit wie möglich Verzicht auf Eisen, Kupfer und andere devisenpflichtige Stoffe; das Gerät sollte exportfähig sein. Insgesamt reichten 12 Firmen Entwürfe ein. Den Zuschlag erhielt die von Lorenz stammende Konstruktion.

Die Vorbereitungen für das neue Gemeinschaftsgerät liefen unter der Bezeichnung »kleiner Volksempfänger«.[236] Da Goebbels der Name nicht zusagte, stellte Hans Kriegler (1905-1978), seit einem guten halben Jahr Nachfolger Dreßler-Andreß' als Präsident der Reichsrundfunkkammer, eine Reihe von Vorschlägen zusammen:

»Deutscher Kleinempfänger 1938
Der Deutsche Ortsempfänger
Das kleine Wunder 1938
NS-Gemeinschaftsempfänger 1938
Rundfunk-Pimpf
Der kleine Rundfunk-Kamerad«.

Goebbels entschied sich Ende 1937 für »Deutscher Kleinempfänger« (DKE).

Wie beim alten Volksempfänger kamen auch beim DKE 1938 Überlegungen auf, den Verkauf auf bestimmte Bevölkerungsgruppen zu beschränken. Der Auffassung des Kammerpräsidenten Kriegler, die Käufer sollten »natürlich nach wirtschaftlichen und politischen Gesichtspunkten ausgewählt werden«, wurde im Ministerium mit Erfolg widersprochen.[237] Ebenso wenig Zustimmung fanden aus dem Postministerium kommende Vorschläge, den Preis

---

233 SAA 11/ Li 303 v. Buol, 3.9.1936, Schacht an WDRI.

234 Nationalsozialistische Rundunk-Korrespondenz v. 24.11.1938, S. 8.

235 BArch R 55/ 20 028, Bl. 97; SAA 6926, Aktennotiz v. 2.10.1937; Völkischer Beobachter, Norddeutsche Ausgabe, A, 51 (1938), 7.8., S. 4.

236 BArch R 55/ 20 650, Bl. 100-03; informell wurde auch noch später vom »kleinen Volksempfänger« gesprochen (z.B. PCA 883 Funkverband/ I.G.R., Abkommen zwischen der deutschen und der österreichischen Rundfunkindustrie v. 4.4.1938).

237 BArch R 55/ 20 650, Bl. 98 u. 108.

für Bedürftige durch Ausschaltung des Handels zu drücken oder einen verbilligten Bezug durch die Bezirkswohlfahrtsämter zu ermöglichen.[238]

Hinter den Gedankenspielen stand das schon lange propagierte, aber bislang unerreichte Ziel der totalen Rundfunkverbreitung. Im Propagandaministerium wusste man, dass die Rundfunkgebühr ein sperriges Hindernis auf dem Weg zum angepeilten Ziel darstellte.[239] Einer Senkung standen allerdings die fiskalischen Interessen des Reichs, der Post und nicht zuletzt des Propagandaministeriums selbst entgegen. Nach langen Verhandlungen mit der Post einigte man sich schließlich für minderbemittelte Käufer des DKE 1938 auf eine Senkung der Rundfunkgebühr von 2 RM/Monat auf 1 RM. Goebbels kündigte die »großzügige Ermäßigung« in seiner Eröffnungsrede zur Funkausstellung 1938 an, um damit »die letzten Hindernisse zur Popularisierung des Rundfunks zu beseitigen.«[240] Die Ankündigung war voreilig, denn das Finanzministerium legte sich unerwarteter Weise quer und ließ sich auch durch heftige Interventionen des Goebbels-Ministeriums nicht umstimmen.[241] Das Propagandaministerium geriet unter erheblichen Druck. Goebbels frohe Botschaft hatte breite Aufmerksamkeit gefunden; als sie nicht umgesetzt wurde, hagelte es Proteste. Sie kamen aus der Bevölkerung, aber auch von nationalsozialistischen Organisationen, wie dem Reichsbauernführer.[242] Hans Kriegler glaubte, dass »eine Erfolg versprechende Rundfunkwerbung auf dem Lande heute nicht mehr möglich« sei, die Landflucht werde zunehmen.[243] Er verlangte eine Besprechung der beiden Minister und gegebenenfalls einen Führerentscheid. Das Propagandaministerium und die Reichsrundfunkkammer sahen schließlich keine andere Möglichkeit, als die blamable Angelegenheit totzuschweigen und auszusitzen, bis sich die Gemüter wieder beruhigten. Zumindest ließ sich eine zweite Maßnahme realisieren, die Gebührenbefreiung des DKE 1938 als Zweitgerät.[244] Sozial war dies jedoch eher eine Subventionierung Bessergestellter; dem Ziel der Rundfunkverbreitung kam man damit nicht näher.

Nachdem das Postministerium 1933 beim Volksempfänger übergangen worden war, verlangte es jetzt nachdrücklich eine rechtzeitige Prüfung des DKE 1938 durch das Reichspostzentralamt.[245] Dem Propagandaministerium blieb nichts anderes übrig, als dem Wunsch widerstrebend nachzukommen. Das Ergebnis der Messungen lautete, dass die Leistungen des neuen Gemeinschaftsgeräts in etwa denen des Volksempfängers entsprachen, jedoch Schwierigkeiten bei geringen Feldstärken und bei hochfrequentem Drahtfunk auftraten. Bei der Bewertung dieser Ergebnisse brachen sofort wieder

238 Ebd., Bl. 110 f.

239 Zur Gebührendiskussion ebd., Bl. 92 f. u. 126.

240 Das Archiv 53 (1938), S. 683.

241 BArch R 55/ 20 650, Bl. 149 ff.

242 Ebd., Bl. 316 ff.

243 Ebd., Bl. 351 ff. (das Zitat Bl. 351).

244 Ebd., Bl. 126.

245 BArch R 4701/ 20 937 mit einem umfangreichen Schriftwechsel. Im Folgenden werden die Schreiben v. 21.3., 16.6., 26.7. u. 9.11.1938 konkret angesprochen.

die alten Zwistigkeiten auf. Die Reichspost hätte sich eine technische Aufrüstung des DKE 1938 gewünscht. Als Minimum verlangte das Postministerium, die regionalen Empfangsschwierigkeiten publik zu machen. Das Propagandaministerium lehnte beides kategorisch ab und forderte stattdessen die Reichspost auf, die Leistung des Sendernetzes zu erhöhen, was wiederum die Post wegen fehlender Frequenzen als unmöglich erklärte. Die gespannte Stimmung zwischen beiden Ministerien kam darin zum Ausdruck, dass der Referent der Reichspost, wo man die zuständigen Mitarbeiter des Propagandaministeriums ohnehin für Dilettanten hielt, den Fehler »a*kk*ustisch« in einem Schreiben der Gegenseite hämisch markierte.

Bei der Aufteilung der Produktionsquoten für den DKE 1938 entsprach das Propagandaministerium nicht den Empfehlungen, die Fertigung bei kleinen Herstellern zu konzentrieren.[246] Doch erhielten diese mit je 4,58 % höhere Produktionsanteile als beim Volksempfänger. Als sich größere Unternehmen über die Benachteiligung beschwerten, stellte man für jene Firmen eine Zusatzquote in Aussicht, welche ihrer Produktionsverpflichtung zügig nachkämen.

Die Produktion kam jedoch ohnehin nur mit zeitlicher Verzögerung in Gang. Die Planungen hatten spät eingesetzt; die Abstimmungsprozesse zwischen den Beteiligten, dem Propaganda-, Post- und Finanzministerium, dem Beauftragten für den Vierjahresplan und der Industrie, hohen Zeitaufwand erfordert. Als man schließlich so weit war, hatte man zunächst mit Qualitätsschwierigkeiten in der Fertigung zu kämpfen.[247] Diese, von der Industrie auf den großen Preisdruck zurückgeführt, besaßen ihre Ursache vor allem bei den Röhren und Lautsprechern und zeigten sich zum Teil erst beim Kunden. Das Reichpostzentralamt gab die Information weiter, dass 5 bis 33 % der Neugeräte reparaturbedürftig seien und empfahl, für dienstliche Zwecke keine DKEs zu beschaffen.[248]

Das nach Behebung der Anlaufschwierigkeiten zu einem Preis von 35 RM ausgelieferte Gerät konnte sich durchaus sehen lassen.[249] Es handelte sich um einen Allstromempfänger mit dynamischem Lautsprecher. Im Unterschied zum alten Volksempfänger besaß er eine beleuchtete Stationsskala. »Weitgehend nach den Gesichtspunkten des Vierjahresplanes geschaffen«, hatte er einen niedrigen Stromverbrauch und ein Gehäuse aus Bakelit. Auch bei den knappen Metallen hatte man erfolgreich gespart; so bestand der Lautsprecher-Kopf nicht aus Eisen, sondern aus Hartpappe. Gegen Jahresende 1938 wurde der DKE durch eine Batterieausführung ergänzt; sie kostete einschließlich Batterien 42 RM.[250]

---

246 BArch R 55/ 20 028.

247 BArch R 55/ 20 028, Bl. 102 u. 122; R 4701/ 20 937, Schreiben v. 13.12.1938.

248 BArch R 4701/ 20 937, Schreiben v. 26.1.1939.

249 Holtschmidt, S. 45 (hieraus das folgende Zitat) u. 54-63; Dominik, Technische Einzelheiten; Völkischer Beobachter, Norddeutsche Ausgabe, A, 51 (1938), 7.8., S. 4; Nationalsozialistische Rundfunk-Korrespondenz v. 31.8.1938, S. 9; N.S.-Funk 6 (1938), 7.8., S. 44.

250 Nationalsozialistische Rundfunk-Korrespondenz v. 1.2.1939, S. 10.

Der Preis von 35 RM für das Normalmodell war scharf kalkuliert – die Industrie hatte ursprünglich 45 RM gefordert.[251] Er resultierte aus einer material- und arbeitssparenden Konstruktion. Die Patentinhaber verzichteten, was ihnen nicht schwer fiel,[252] vollständig auf Lizenzgebühren. Die Beteiligten kalkulierten mit einer Millionenauflage, welche mehrere Jahre unverändert bleiben sollte. Tatsächlich wurde der Empfänger ein Verkaufserfolg und gab der Verbreitung des Rundfunks neuen Schwung. Bis Mai 1939 wurden 900.000 Geräte abgesetzt, insgesamt bis zur Produktionseinstellung 1943 2,8 Millionen.[253] Etwa 90 % derjenigen, die sich einen DKE 1938 anschafften, waren Erstkäufer. Die Gebührenbefreiung für den DKE 1938 als Zweitgerät hatte also nur einen begrenzten Effekt. Dabei hatten sich die Nationalsozialisten über dessen Verwendung ausführliche Gedanken gemacht.[254] Mit dem DKE 1938 sollten Betriebe ihre kleinen Büros ausstatten. Man könne den leichten Apparat auf Reisen mitnehmen. In den Haushalten werde er als mobiles Zweitgerät Verwendung finden, »sei es für das Kinderzimmer oder die Küche zur Unterhaltung der Hausfrau oder der Hausangestellten.«

Der »große« (VE 301) und der »kleine« (DKE 1938) Volksempfänger dienten vor allem der Verbreitung des Rundfunks. Sie waren die Flaggschiffe im Verband der »politischen Gemeinschaftsgeräte«, welche die Rundfunkindustrie nach den Vorgaben der politischen Rundfunkführung produzierte. Mit weiteren politischen Gemeinschaftsgeräten wurden differenzierte politische Ziele verfolgt. So sollte der »Volkslautsprecher« (VL 34) der kriselnden Lautsprecherindustrie aufhelfen.[255] Die etwa 25 deutschen Lautsprecherfirmen hatten seit 1930 mit wirtschaftlichen Schwierigkeiten zu kämpfen. Dabei kamen die Auswirkungen der Weltwirtschaftskrise zusammen mit der Tendenz hin zu Radioapparaten mit eingebautem Lautsprecher, welche die Apparatefirmen selbst herstellten. Um Firmenpleiten zu vermeiden, fanden sich die Apparatebauer unter politischem Druck 1933/34 zu einer Stützungsaktion zusammen. Sie verpflichteten sich, einen Teil der Lautsprecher von den Spezialfirmen zu beziehen. Für den Volksempfänger wurden die Lautsprecher grundsätzlich von den Lautsprecherfirmen geliefert. Der Volkslautsprecher beruhte auf einer aus der Spezialindustrie stammenden Idee. Qualitativ schlechtere Radiogeräte sollte er als Zusatzlautsprecher aufwerten. Oder es ließen sich mit ihm Sendungen in andere Räume, auf den Balkon oder in den Garten übertragen. Der Absatz des 25 RM kostenden VL 34 blieb allerdings gering.[256] Dabei dürften der nicht unerhebliche Preis und der beschränkte Nutzen in kleineren Wohnungen zusammengewirkt haben.

---

[251] BArch R 55/ 20 028, Bl. 68v u. 240.

[252] PCA 811.21 Volksempfänger, Schreiben v. 5.5. u. 10.5.1938.

[253] Uta C. Schmidt, Radioaneignung, S. 293.

[254] Nationalsozialistische Rundfunk-Korrespondenz v. 10.8.1935, S. 5 (hieraus das Zitat) u. 17.8.1935, S. 2.

[255] Pohle, S. 258; Vollmann, S. 160-65; Höckel, S. 80 f.; Rundfunk und Bewegung 2 (1934), Nr. 5, 1. Beilage, S. 3; Funk 1934, S. 291; Phonographische und Radio Zeitschrift 35 (1934), S. 360 f.; Rundfunk-Grosshändler 3 (1934), S. 145.

[256] Höckel, S. 80 f.

6 Werbung für den Volkslautsprecher.
(Rundfunk-Grosshändler, 15. August 1934)

Das 1937 zum Gemeinschaftsgerät geadelte Kofferradio »Deutscher Olympia-Koffer 1937« (DOK 1937)[257] besaß eine komplexe Vorgeschichte. In den 1930er Jahren brachte eine Reihe deutscher Firmen Kofferradios zum Hören im Freien zu Preisen zwischen 120 und 300 RM heraus.[258] Ein besonders preiswertes, auf der Funkausstellung 1933 präsentiertes Modell von Nora wurde bereits als »Volkskofferempfänger« bezeichnet.[259] Einen weiteren Anstoß gab 1935/36 der Verband der Rundfunk-Großhändler durch ein Preisausschreiben für ein kostengünstiges Kofferradio. Der Verband wollte damit vor allem dem sommerlichen Hörerschwund und dem Geschäftsrückgang in Industrie und Handel entgegenwirken. Auf die Ausschreibung hin wurden 30 Modelle eingereicht; prämiert wurde eine Konstruktion der Berliner Firma Schaleco.

Die Initiative und die daraus hervorgegangene Konstruktion fanden breite Anerkennung. Hadamovsky wertete die Ausschreibung auf, indem er den Ehrenvorsitz im Preisgericht übernahm.[260] Die Etui- und Kofferindustrie, welche das Geschäft der Gehäuseherstellung im Blick hatte, setzte sich auf einer eigens anberaumten Pressekonferenz für einen »Volks-Kofferempfänger« ein.[261] In der nationalsozialistischen Publizistik wurde das siegreiche

[257] Holtschmidt, S. 92-94; Uta C. Schmidt, Radioaneignung, S. 273-76.
[258] Der deutsche Volkswirt 10 (1936), S. 2339.
[259] Mitteilungen des Reichsverbandes des Kraftfahrzeughandels und –gewerbes E.V. 1933, S. 773.
[260] Der Deutsche Sender v. 13.12.1935, S. 47.
[261] BArch R 78/757, 29.2.1936.

Modell »RGV« (Radio-Großhändler-Verband, W.K.) als »volkstümlicher Kofferempfänger« und als »bewegliche(r) Bruder des Volksempfängers« bezeichnet.[262] Die politische Rundfunkführung ließ sich die Chance im Olympiajahr 1936 nicht entgehen und propagierte den Empfänger als »Deutschen Olympia-Koffer«.[263] Der Name war zwischen dem Werberat der Deutschen Wirtschaft und der Reichsrundfunkkammer, die gerade noch die Bezeichnung »Volks«-Koffer-Empfänger für das Nora-Gerät gerügt hatte,[264] abgestimmt. Er suggerierte, dass man der Berichterstattung über die Olympischen Wettkämpfe jetzt auch im Freien folgen könne. Dreßler-Andreß ließ sich das neue Radio als Präsident der Reichsrundfunkkammer und als Reichsamtsleiter »Kraft durch Freude« anlässlich der Olympischen Spiele in der KdF-Stadt überreichen.

Es geht aus den Akten nicht hervor, inwieweit die Rundfunkindustrie in die Entscheidung einbezogen wurde und welche Anstrengungen sie unternahm, den »Deutschen Olympia-Koffer« zum Gemeinschaftsgerät zu machen. Jedenfalls kam es zunächst nicht zu einer solchen Entscheidung.[265] Firmen wie Telefunken, Siemens und Nora sprachen von schweren Versäumnissen der Wirtschaftsstelle der Deutschen Rundfunk-Industrie.[266] So habe die WDRI erst nach Mahnungen bekannt gegeben, »dass es sich bei dem DOK nicht um ein Gemeinschaftserzeugnis, sondern ausschliesslich um das Fabrikat der Firma Schaleco handele«. 1937 wurde das Versäumte nachgeholt. Mit dem »Deutschen Olympia-Koffer 1937« entstand ein echtes Gemeinschaftserzeugnis der Rundfunkindustrie.[267]

Der in 5000 Exemplaren aufgelegte DOK von Schaleco wog an die 8,5 kg und kostete komplett 156 RM; die beigelegte Antenne musste aufgespannt werden. Der »Deutsche Olympia-Koffer 1937« war noch ein knappes Kilogramm schwerer und kostete zwischen 160 und 170 RM. Von dem mit Rahmenantenne im Kofferdeckel ausgestatteten Gerät war eine Startauflage von 20.000 Exemplaren geplant, deutlich weniger als die »Hunderttausende«, von denen noch der Geschäftsführer der Reichsrundfunkkammer schwadroniert hatte.[268] Die Presse wollte »den neuen deutschen Olympia-Koffer mit dem Volkswagen vergleichen; er ist der Gebrauchskoffer des kleinen Mannes ...«.[269] Absatzzahlen wurden nicht bekannt gegeben. Sie dürften bei der Leistung, dem Gewicht und dem Preis des Geräts sehr niedrig gewesen sein.

Der DOK wurde in Visionen der nationalsozialistischen Freizeitgesellschaft integriert. Die Rede war von seinem Wert beim Zelten und Lagern, für

262 Der Deutsche Sender v. 15./21.3.1936, S. 47 u. 31.5./6.6.1936, S. 8; N.S.-Funk 4 (1936) v. 8.3., S. 45 u. 15.3., S. 45.

263 N.S.-Funk v. 23.8.1936, S. 46.

264 Archiv für Funkrecht 9 (1936), S. 88.

265 Elektrizitätswirtschaft 35 (1936), S. 640; Der deutsche Volkswirt 10 (1936), S. 2339; Die Deutsche Volkswirtschaft 5 (1936), S. 804.

266 SAA 11/ Li 303 v. Buol, 20.7. u. 4.8.1936 (hieraus das Zitat).

267 Nationalsozialistische Rundfunk-Korrespondenz v. 24.2.1937, S. 9-11; Der deutsche Rundfunk v. 25.7.1937.

268 N.S.-Funk v. 23.8.1936, S. 46.

269 Der deutsche Rundfunk 16 (1938), 15.5.

Schrebergärtner und Wassersportler.[270] In den Worten eines nationalsozialistischen Werbe-Features:[271] »Sonntag morgen. Strahlender Sonnenschein. Man will natürlich hinaus, mit allen Möglichkeiten. Alle Verkehrsmittel einschl. Beine, Wald, Wasser, Wiese, Wochenendhaus, Vorstadt, Kleinstadt, Gebirge, die See, dann fragt »man«, hast du auch an den DOK gedacht? »Man« hat eine vielseitige Art zu fragen. Zärtlich, fürsorglich, bittend, befehlsmäßig. Wie schön für alle, wenn sie dann mit freundlicher Miene versichern können: »Aber natürlich, da ist er!««

Preisbedingte Absatzprobleme ergaben sich auch bei einem weiteren Gemeinschaftserzeugnis.[272] Die Auslandsorganisationen drängten auf einen leistungsstarken Empfänger, mit dem die Auslandsdeutschen die über Kurzwellenrichtfunk ausgestrahlten Programme hören konnten. Die Sendungen zielten nicht nur auf die in weit entfernten Ländern lebenden Deutschen, sondern sie verkauften die nationalsozialistische Politik in alle Welt.[273] Als die Industrie den an sie herangetragenen Wünschen nicht nachkam, nahm die Reichsrundfunkkammer die Sache in die Hand. In Zusammenarbeit mit Telefunken, Lorenz, den Ideal-Werken (Blaupunkt) und SABA wurde ein passendes Gerät entwickelt. Bis zur Auslieferung des über 300 RM teuren Übersee-Empfängers »Stuttgart«, nach der »Stadt der Auslandsdeutschen«, wurde es jedoch Anfang 1938. Zur Gruppe der politischen Gemeinschaftsgeräte gehörte noch der Arbeitsfrontempfänger DAF 1011, der später in einem anderen Zusammenhang behandelt werden soll. Alle Gemeinschaftsgeräte erhielten ein »Schutzzeichen«, welches außer der Bezeichnung des Industrieverbandes einen Adler zeigte.[274] Zum Jahreswechsel 1937/38 wurde das Zeichen, jetzt als Adler mit Hakenkreuz, auf alle Einzel- und Zubehörteile ausgedehnt.[275]

Den Volkswagen und den Volksempfänger verbanden die Planungen für eine Ausstattung des KdF-Wagens mit einem Autoradio. Bereits vor der nationalsozialistischen Zeit wurden in Deutschland Autoradios angeboten.[276] Zu den größten Entwicklungsproblemen gehörten die für den Einbau in Kraftwagen erforderliche Verkleinerung und Entstörung. Der notwendige Aufwand resultierte in einem hohen Preis. Im Laufe der 1930er Jahre sank dieser von an die 500 auf gut 300 RM, bei gleichzeitigen beträchtlichen Verbesserungen. Darüber hinaus mussten für den Einbau noch etwa 100 RM gerechnet werden.[277] Und schließlich waren die vollen Rundfunkgebühren von

---

270 Vgl. Uta C. Schmidt, Radioaneignung, S. 273-76.

271 Nationalsozialistische Rundfunk-Korrespondenz v. 29.6.1938, Bl. 11.

272 Holtschmidt, S. 95; Horst Schaefer, Auslandsdeutsche Forderungen; Dreßler-Andreß, Reichsrundfunkkammer, S. 15 f.; Funktechnischer Vorwärts 6 (1936), Gruppe I, H. 24, S. 67; Nationalsozialistische Rundfunk-Korrespondenz v. 2.6.1937, S. 10 u. 25.8.1937, S. 1.

273 Pohle, S. 418 ff.; Boelcke, Macht.

274 Vgl. das Bild bei Holtschmidt, S. 63.

275 Uta C. Schmidt, Volksempfänger, S. 138 f.; Nationalsozialistische Rundfunk-Korrespondenz v. 4.8.1937, S. 10, 18.8.1937, S. 11 f., 22.9.1937, S. 1; Archiv für Funkrecht 10 (1937), S. 362 u. 405.

276 Zur Entwicklung des Autoradios in den 1930er Jahren: Duckeck; Hans Prölss: Die Geschichte des Blaupunkt-Autoradios. Ms. 1986 (RBA G1/10-12).

277 Kraftverkehrs-Wirtschaft v. 3.8.1939; Lutz.

2 RM im Monat zu entrichten.[278] Forderungen auf Wegfall der Gebühren[279] kam die Post zwar nicht nach, aber sie reduzierte sie ab März 1938 auf 50 Pfennig im Monat für Autoempfänger als Zweitgerät, was wohl für die meisten zutraf. Bei den angeführten Kosten und der geringen Kraftfahrzeugdichte in Deutschland ist es wenig verwunderlich, dass die Zahl der Autoradios Mitte 1939 gerade etwa 25.000 betrug, was weniger als 2 % der zugelassenen Personenkraftwagen entsprach.[280] Um die gleiche Zeit gab es in den USA über 5 Millionen Autoradios.[281] Die gewaltige Differenz hinderte Hadamovsky nicht daran, öffentlich zu erklären, dass das Autoradio in Deutschland genauso selbstverständlich wie in den USA werden müsse.[282]

Als ein Funkjournalist 1934 die Aufgabe formulierte, »für den Volkswagen auch den Automobil-Volksempfänger zu schaffen«, benutzte er die Bezeichnung »Volkswagen« noch unspezifisch.[283] Er dachte an die auf dem Markt befindlichen Kleinwagen in der Preisklasse um 2000 RM und an eine Preisgrenze für den Empfänger von 200 RM. Bei Siemens und Telefunken stand dagegen der »Volks-Autosuper« auch 1938 »noch nicht zur Diskussion«.[284] Um diese Zeit liefen allerdings schon längst Planungen der Reichsrundfunkkammer für einen »Volksautosuper« für den KdF-Wagen.[285] Die Post sagte hierfür eine reduzierte Rundfunkgebühr von 50 Pfennigen zu.[286] Auf der Funkausstellung 1938 ging Goebbels mit dem Vorhaben an die Öffentlichkeit.[287] Im Jahr 1939 meldete er am gleichen Ort Vollzug:[288] »Die Entwicklung des Volkswagenempfängers, der im vergangenen Jahre angekündigt wurde, ist abgeschlossen.« Der Entwicklungsauftrag war vom Verband der Funkindustrie an Blaupunkt weitergegeben worden.[289] Dort war man stolz, im Rahmen der Preisvorgabe von 76 RM eine zukunftsweisende Konstruktion entwickelt zu haben. Das Radio war als extra zu bezahlendes Einbaugerät gedacht. Bei dem wirtschaftlich ohnehin nicht gedeckten Preis des Volkswagens von 990 RM bestand nicht der geringste Spielraum für eine Zusatzausstattung. Aber immerhin war von vornherein Platz für den Einbau vorgesehen.[290] Als Goebbels die Fertigstellung des Volkswagenempfängers be-

---

278 Silber.

279 So von Mende. BArch R 4701/ 20 717, 2.4.1935.

280 Der deutsche Volkwirt 13 (1938/39), S. 2237; Produktionszahlen von Blaupunkt in: RBA G1/10-12, Ms. Prölss, Anhang 1.

281 Kraftverkehrs-Wirtschaft v. 3.8.1939.

282 BArch R 78/752, Rede v. 20.8.1936, S. 9.

283 Funk 1934, S. 361-63 (das Zitat S. 361).

284 SAA 6926, Aktennotiz über eine Besprechung am 17.6.1938, S. 4.

285 BArch R 56 I/ 115, Bl. 34, Denkschrift v. 11.1.1938.

286 BArch R 4701/ 20 717, 21.7.1937.

287 Das Archiv 53 (1938), S. 683. Weitere Diskussionen des Themas in der Presse: N.S.-Funk 6 (1938), 22.5., S. 47; Funk 1939, S. 85; Silber.

288 Rundfunkarchiv 12 (1939), S. 357; vgl. Nationalsozialistische Rundfunk-Korrespondenz v. 9.8.1939, S. 2.

289 RBA G1/10-12 »Firmenchronik ...«, Bd. 1, S. 201 u. Bd. 2, S. 136 f.; Prölss, Teil 1, S. 21-24.

290 Nationalsozialistische Rundfunk-Korrespondenz v. 8.2.1939, S. 10.

kannt gab, liefen die Kriegsvorbereitungen bereits auf Hochtouren. Es war klar, dass die Massenproduktion des Volkswagens auf unbestimmte Zeit verschoben werden musste. Von den wenigen Einzelanfertigungen waren einige mit Autoradios ausgerüstet. Mitten im Krieg brachte die Allgemeine Automobil-Zeitung – gewissermaßen als Hoffnungszeichen und Friedensversprechen – ein mit »Der Volksempfänger im Volkswagen« untertiteltes Foto.[291]

Der Volksempfänger, der Deutsche Olympia-Koffer 1937, der Übersee-Empfänger »Stuttgart«, der Volkslautsprecher VL 34 und auch der Arbeitsfrontempfänger DAF 1011 deckten mit ihren politischen Intentionen Nischen ab. Der Volksempfänger 301 und der Deutsche Kleinempfänger 1938 nahmen dagegen eine gewichtige Position auf dem Radiomarkt ein. Die Dynamik des Geräteabsatzes wurde weitgehend von der Zunahme der Rundfunkhörer getragen. Die ausgeprägte Wellenbewegung des Verkaufs – bis 1934 stiegen die Zahlen, danach sanken sie bis 1936 wieder ab, gefolgt von einem erneuten Anstieg –[292] war jedoch ausschließlich auf die beiden Volksempfänger zurückzuführen. Die Zahl der jährlich verkauften Markengeräte blieb über den gesamten Zeitraum von der Weltwirtschaftskrise bis zum Krieg mit um die 1 Million konstant. Daraus geht zweierlei hervor: (1) Es kann entgegen der nationalsozialistischen Propaganda überhaupt kein Zweifel bestehen, dass die Gemeinschaftsgeräte den Markengeräten Marktanteile abnahmen. Diesen Schluss stützt eine Umfrage über Volksempfängerkäufe 1935.[293] Von den Befragten handelte es sich bei knapp der Hälfte um Erstkäufer. Knapp ein Viertel ersetzte mit dem Volksempfänger geringerwertige Geräte, Detektoren und selbst gebaute. Ein gutes Viertel hatten vorher einen Markenempfänger besessen. Der Verkauf an Markengeräten profitierte dagegen nicht im geringsten von den steigenden Teilnehmerzahlen. In der zweiten Hälfte der 1930er Jahre reichten schon die Ersatzbeschaffungen aus, um die Größe des Markengeräteabsatzes zu erklären. (2) Mit den beiden massenhaft produzierten Gemeinschaftsempfängern riefen die Nationalsozialisten genau die konjunkturellen Schwankungen auf dem Radiomarkt hervor, welche sie nach ihrer wirtschaftspolitischen Doktrin eigentlich beenden wollten. Der Volksempfänger drückte im Rundfunkjahr 1934/35 an die 850.000 Radioapparate in den Markt, um 1936/37 auf gut 350.000 abzustürzen. Von seinem Nachfolgemodell, dem DKE 1938, dürften im Rundfunkjahr 1938/39 über eine Million verkauft worden sein, ehe der Krieg andere Verhältnisse brachte.

Die Dynamik und die Konjunkturschwankungen auf dem Rundfunkgerätemarkt kamen also durch Neukauf zustande. Allerdings wuchs mit der Zeit die Bedeutung von Erneuerungskäufen und der Stellenwert gebrauchter Geräte. Radioapparate wurden im Durchschnitt nach 5 bis 6 Jahren erneuert; Apparate mittlerer Qualität nach 4 bis 5, solche hoher Qualität nach 7 bis 8 Jahren.[294] Da

[291] Allgemeine Automobil-Zeitung 42 (1941), S. 436.

[292] Die folgenden Zahlen nach Köster, S. 19 u. 22 f.; Rundfunkarchiv 11 (1938), S. 18 f.

[293] Hensel/Keßler nach Geldrich, S. 89.

[294] Deutsche Technik 3 (1935), S. 495 f.; Die Deutsche Volkswirtschaft 4 (1935), S. 673; vgl. Köster, S. 25 ff.

die Geräte ständig technisch verbessert wurden und der Markt in Richtung höherer Qualität tendierte, stellten Altgeräte zunächst keine Konkurrenz für die neuen Modelle dar, auch nicht für den Volksempfänger.[295] Sie wurden in der Regel ausgesondert. Mit der Zeit dürfte sich dies geändert haben. Es stand zu erwarten, dass in Zukunft der Gebrauchtgerätemarkt die Rundfunkverbreitung stärker beeinflussen würde. Der Volksempfänger dürfte also teilweise eine Entwicklung zeitlich vorverlagert haben, welche später ohnehin eingetreten wäre.

Die Radioapparate gliederten sich in verschiedene Preis- und Ausstattungsklassen. Am Anfang der Rundfunkentwicklung in den 1920er Jahren hatten die einfachsten Geräte, die Detektoren, noch eine wichtige Rolle gespielt. Sie besaßen keine Röhren und arbeiteten mit der empfangenen Energie, benötigten also keinen Strom. Seit Ende der 1920er Jahre wurden sie mit großer Geschwindigkeit aus dem Verkehr gezogen. Nach 16 % 1931 betrug ihr Anteil 1933 noch 7 %.[296] Bis 1937 sank er weiter auf etwa 1 %.[297] Die nächst höhere Geräteklasse besetzte der Volksempfänger, wobei ein Schutzabstand nach oben festgeschrieben wurde.

Die sogenannten Markengeräte unterschieden sich vom Volksempfänger durch die Empfangseigenschaften und die Ausstattung. Hierzu gehörte auch das Gehäusematerial. Das Gehäuse für den Volksempfänger wurde anfangs aus Holz oder Bakelit gefertigt; mit der Zeit ging man vollständig zu Bakelit über. Dagegen besaßen 1939 über 80 % der Markenempfänger Holzgehäuse, ungeachtet Mahnungen der nationalsozialistischen Rundfunkführung zu Bakelit überzugehen.[298] Viele Empfänger wurden als Möbelstücke entworfen und weniger als technische Geräte. Markengeräte hatten in der Regel eine beleuchtete Stationsskala und einen dynamischen Lautsprecher, die Volksgeräte wurden damit erst 1938 ausgerüstet. Bei hochwertigen Markenempfängern erleichterten Stationstasten und ein magisches Auge die Sendereinstellung. Die entscheidenden technischen Unterschiede zum Volksempfänger bezogen sich auf die Empfangseigenschaften, wie Reichweite und Trennschärfe, sowie die Klangwiedergabe. Letzten Endes hingen diese von dem konstruktiv betriebenen Aufwand ab, so von der Zahl der Röhren und der Schwingkreise. Eine weitere Unterscheidung ist zwischen Geradeausempfängern und Superhets zu treffen. Geradeausempfänger arbeiteten ausschließlich mit den empfangenen Frequenzen, Superhets mit zusätzlichen Hilfsfrequenzen. Geradeausempfänger wurden ab zwei Röhren aufwärts gebaut, Superhets besaßen mindestens vier Röhren.

Zwar lässt sich die genaue Verbreitung der einzelnen Empfängertypen nicht angeben, wohl aber deren Absatzanteile. So sank – der sich zwischen 41 und 26 % bewegende Volksempfänger ist in den Gesamtangaben berücksich-

---

295 Suhr, Volksempfänger.

296 Mitteilungen der Reichs-Rundfunk-Gesellschaft 349 v. 1.3.1933, Bl. 5.

297 BArch R 4701/ 20 714, 5.2.1937.

298 Nationalsozialistische Rundfunk-Korrespondenz v. 25.1.1939, S. 1-3; Siemens-Zeitschrift 19 (1939), S. 390.

tigt – von 1932/33 bis 1936/37 der Marktanteil der Einkreiser (außer Volksempfänger) von 36 auf 24 %, der Mehrkreiser von 50 auf 23 %, während jener der Superhets von 14 auf 27 % stieg.[299] Danach setzte sich der Siegeszug der Superhets fort. 1938/39 lag ihr Absatz höher als jener der ein- und mehrkreisigen Geradeausempfänger.

Die eindeutige Tendenz in Richtung höherwertige Rundfunkgeräte ergab sich nicht zuletzt aus der Preisentwicklung. Zwischen 1932/33 und 1939/40 sanken die Preise für Rundfunkgeräte um etwa 30 %[300] – bei ständiger Verbesserung der einzelnen Typen. Dabei war der Preisrückgang durchaus ungleichmäßig. Er fand nämlich ausschließlich bei den hochwertigen Geräten statt, bei den mehrkreisigen Geradeausempfängern und bei den Superhets, während die Durchschnittspreise bei den Einkreisern nahezu gleich blieben.[301] Der Unterschied resultierte aus dem Einfluss des Volksempfängers; die Apparatebauer stellten die Produktion der preislich in der Nähe des Volksempfängers liegenden Radios ein, was – bei ebenfalls sinkender Preistendenz – den Durchschnittspreis stabil hielt. 1938 waren für einen Einkreiser etwa 140 RM zu zahlen, für einen Mehrkreiser 190 RM und für einen Super gut 300 RM.

Für die fallenden Preise waren eine ganze Reihe von Faktoren verantwortlich.[302] Weit überproportional zu Buche schlugen Senkungen der Röhrenpreise.[303] Möglich wurden sie unter anderem durch Verlängerung der Produktionszeiträume einzelner Typen. Die Lizenzgebühren und die Handelsspannen wurden reduziert. Die Aufgabe der starren Preisklassen erweiterte die konstruktiven Möglichkeiten. Konstruktions- und Produktionsfortschritte schlugen sich nicht nur in qualitativen Verbesserungen, sondern auch in Kostenreduzierungen nieder. Dem Rückgang der Preise lagen sowohl Absprachen zwischen Herstellern, Handel und Politik als auch die Marktkonkurrenz zugrunde. In dieses Spiel griff 1938 der Reichskommissar für die Preisbildung ein, indem er eine Senkung der Verbraucherpreise um 5 % anordnete.

Der deutsche Radiomarkt zeichnete sich durch eine hohe Zahl von Empfängertypen aus. Exakte Angaben sind nicht möglich, weil der Begriff des »Typs« interpretationsfähig ist, doch bewegte sich die Zahl zwischen 150 und 250.[304] Es kursierten Horrorangaben bis zu einer Verdreifachung der Typen

---

299 Die Angaben nach Eckert, S. 219 u. Lucae, S. 33 f.; vgl. Rundfunkarchiv 11 (1938), S. 160. Die für den Volksempfänger von Eckert angegebenen Anteile sind geringfügig höher als nach anderen Quellen. Zu beachten ist, dass Eckert in seine Absatzanteile den Volksempfänger einrechnet, Lucae dagegen nicht.

300 Nach Der deutsche Volkswirt 13 (1938/39), S. 2238; weitere Angaben zur Preisentwicklung finden sich in: Rundfunkarchiv 11 (1938), S. 163-65.

301 Die Preisangaben zu den einzelnen Geräteklassen nach: Köster, S. 41; weitere Angaben in: Rundfunkarchiv 11 (1938), S. 164 f.; Lucae, S. 158.

302 Suhr, Funk; Der deutsche Volkswirt 12 (1937/38), S. 1651.

303 Der deutsche Volkswirt 13 (1938/39), S. 2238.

304 Statistische Angaben erfassen nur den Zeitraum zwischen den Rundfunkjahren 1935/36 und 1938/39 (Reinhard, S. 372; BArch R 4701/ 20 695, Bl. 245); Einzelangaben beziehen sich auch

während der nationalsozialistischen Zeit.[305] Fest steht nur, dass ihre Zahl nicht etwa ab-, sondern zunahm. Die Typenvielfalt war nur zu einem kleinen Teil auf technische Gründe zurückzuführen.[306] In Deutschland gab es mehrere Stromsysteme nebeneinander und für die Regionen ohne Stromversorgung produzierte die Industrie Batterieempfänger. Typenvermehrend wirkte die große Zahl der Hersteller. Die meisten suchten den gesamten Markt abzudecken und das Risiko mit Hilfe mehrerer Modelle zu streuen. In der Zeit festgelegter Preisklassen erfolgte der Konkurrenzkampf vorwiegend über neue Modelle. Das Übliche war ein jährlicher Modellwechsel zur Funkausstellung.

Die Rundfunkwirtschaft selbst sah in der Vielzahl der Modelle mehr und mehr ein Übel.[307] In der nationalsozialistischen Politik erfuhren Rationalisierung, Typisierung und Normierung mit dem Ende der Massenarbeitslosigkeit eine zunehmend positive Bewertung. Seit 1935/36 fuhren die Rundfunkpolitiker immer gröberes Geschütz gegen – so Dreßler-Andreß – die »völlig unzeitgemäße Überproduktion an neuen Gerätetypen« auf.[308] Besonders weit ging dabei ein 1936 im Völkischen Beobachter unterbreiteter Vorschlag.[309] Oberhalb des Volksempfängers solle als weiteres Gemeinschaftsgerät ein Superhet zum Preis von etwa 100 RM geschaffen werden. »Dieser Apparat ersetzt den ganzen Typenwirrwarr, welcher heute zwischen vorhandenen Vierröhren-Supern und dem Volksempfänger liegt«, die deutsche Rundfunkwirtschaft erhalte mit ihm endlich ein exportfähiges Gerät. Die konstruktiven und kompetitiven Gestaltungsmöglichkeiten der deutschen Rundfunkindustrie seien auf die »Spitzenklasse« über 200 RM zu beschränken.

Tatsächlich wurden lange Zeit aus der Typisierungsdiskussion keine praktischen Konsequenzen gezogen. Erst zu Beginn des Jahres 1939 beauftragten der Reichswirtschaftsminister bzw. der Reichskommissar für die Preisbildung offiziell die Fachgruppe Rundfunk mit der Ausarbeitung eines Rationalisierungsprogramms.[310] Das aus Kommissionsarbeiten hervorgegangene Programm sah eine Verringerung der Typen um 30 % vor. Ein paar Monate

auf die Zeit danach (Siemens-Zeitschrift 19, 1939, S. 387; Der deutsche Volkswirt 13, 1938/39, S. 2238).

305 Rundfunkarchiv 12 (1939), S. 4.

306 Höckel, S. 112-14.

307 Der Qualitätsmarkt der elektro-akustischen Industrie 16 (1934), S. 181; Nesper, Appell. Vgl. als eine der wenigen Stellungnahmen, welche die in die Typisierung gesetzten Hoffnungen als übertrieben bezeichnete: Billich, S. 295f.

308 Packebusch, Nationalsozialistische Weltanschauung; Hadamovsky, Deutsche Rundfunkwirtschaft, S. 54; Archiv für Funkrecht 9 (1936), S. 34; Dominik, Gedanken, S. 119; Völkischer Beobachter, Norddeutsche Ausgabe, A, 6.9.1936, S. 13 (hieraus das Zitat); Das deutsche Elektro-Handwerk 14 (1936), S. 988 f.; Nationalsozialistische Rundfunk-Korrespondenz v. 15.2.1939, S. 1 f.; Horst Schaefer, Rationalisierung.

309 Abgedruckt in: Radio-Markt v. 21.11.1936, S. 5 f.; auch hinsichtlich seiner Rationalisierungsvorschläge fand der Artikel Zuspruch in Händlerzeitschriften: Radio-Markt v. 19.12.1936, S. 10 f. u. Nr. 1 v. 1937, S. 13.

310 Rebholz, S. 82-89; Geldrich, S. 109-16; Reinhard, S. 372 f.

später waren die Planungen bereits Makulatur. In Abstimmung mit dem Propaganda- und dem Wirtschaftsministerium legte der Sonderbeauftragte zur Vereinheitlichung der technischen Nachrichtenmittel, Generalmajor Erich Fellgiebel (1886-1944),[311] im Juli 1939 viel radikalere Planungen vor, um Rationalisierungsreserven für den bevorstehenden Krieg auszuschöpfen.[312] Die Pläne beinhalteten nicht nur eine weitgehende Typisierung, sondern griffen auch tief in die Struktur der Rundfunkindustrie ein. Die bestehenden Firmen sollten zu 12 »Industriearbeitsgemeinschaften« zusammengefasst werden. Den Arbeitsgemeinschaften wurde das gleiche Typenprogramm vorgegeben: neben den politischen Gemeinschaftsgeräten nur noch »ein Hochleistungsempfänger zu mäßigem Preis, ein Höchstleistungsempfänger, ein Autoempfänger, ein Empfänger für Ortsempfang mit besonders guter musikalischer Wiedergabe ... zugleich für Drahtfunk.« Größere Freiräume wurden bei den Höchstleistungsempfängern und den Kofferempfängern in Aussicht gestellt. Die Rationalisierung aller Teile solle so erfolgen, dass sie »gegebenenfalls für alle Zwecke der Landesverteidigung verwendet werden können.« Die Initiative kam viel zu spät, als dass sie noch vor dem Krieg hätte große Wirkungen zeitigen können. Nach Kriegsausbruch bestimmten stattdessen Improvisationen und der Druck der Verhältnisse den Apparatebau.

Mit dem Inlandsabsatz waren die Apparatebauer mehr oder weniger zufrieden, mit dem Export konnten sie es keinesfalls sein.[313] Der deutsche Rundfunkgeräteexport erreichte seinen Höhepunkt 1931 und brach danach – als Spätfolge der Weltwirtschaftskrise – dramatisch ein.[314] Nach der nationalsozialistischen Machtergreifung setzte sich der Rückgang zunächst fort, eine leichte Besserung scheint 1937 eingetreten zu sein. Das muss aber nicht heißen, dass die Industrie am Export verdiente. SABA fuhr 1938 mit dem Geräteexport Verluste ein.[315] Mit Blick auf die Devisen forderte das Wirtschaftsministerium die Radiofirmen auf, ungeachtet der Verluste »unter allen Umständen« weiter zu exportieren. Mit seinen Exportzahlen lag Deutschland in etwa gleichauf mit Großbritannien, rangierte aber deutlich hinter den USA und den Niederlanden mit Philips. Die größten Exporterfolge errangen die deutschen Firmen mit hochwertigen Geräten in Ost- und Südosteuropa. Der Weltradiomarkt funktionierte nur teilweise nach marktwirtschaftlichen Kriterien von Angebot und Nachfrage sowie Preis und Leistung. Teilmärkte wurden von Firmen über Patentbesitz und Lizenzpolitik kontrolliert. An-

311 Zu Erich Fellgiebel, der zu den Verschwörern des 20. Juli 1944 gehörte: Lotz/Überschär, Bd. 2, S. 257-59; Wildhagen.

312 Das Archiv 64 (1939), S. 565 (hieraus die Zitate); vgl. Der deutsche Volkswirt 13 (1938/39), S. 2238; Der Angriff v. 29.7.1939, S. 2.

313 Zum Export der deutschen Radioindustrie: Lölhöffel, Ausfuhrleistung; Rebholz, S. 136-47; Ewald, S. 243-45; Rundfunkwirtschaft, S. 227; Höckel, S. 129; Braune Wirtschafts-Post 4 (1935/36), S. 236; Rundfunkarchiv 11 (1938), S. 244 f.; Der deutsche Volkswirt 9 (1934/35), S. 2213.

314 Exportstatistiken bei: Rundfunkwirtschaft, S. 227; Rundfunkarchiv 11 (1938), S. 244 f.

315 Stadtarchiv Villingen, Nachlass Hans Georg Brunner-Schwer, Akten-Notiz zur Gesellschafter-Sitzung 1938.

dere Staaten schützten die heimische Radioindustrie durch hohe Zölle oder Einfuhrkontingente. Die nationalsozialistische Politik und die ihr mehr und mehr folgenden Radiofirmen legten sich zusätzliche Hindernisse in den Weg, indem sie jüdische Kunden und Vertreter im Ausland boykottierten.

Waren die deutschen Radiofirmen mit hochwertigen Geräten noch konkurrenzfähig, so waren sie es mit preiswerten Geräten – vor allem gegenüber der amerikanischen Radioindustrie – nicht im Geringsten. Dies galt auch für den Volksempfänger. Die – wohlweislich nicht veröffentlichten – Exportzahlen beliefen sich gerade auf ein paar 1000 Stück im Jahr.[316] Dabei war der Export ausdrücklich als zusätzliches Ziel des Volksempfängers genannt worden. In außergewöhnlicher Offenheit resümierte ein 1943 in der »Elektrotechnischen Zeitschrift« erschienener Artikel:[317] »Länder, die sich mit einer chinesischen Mauer umgeben, innerhalb welcher von der übrigen Welt abweichende Verhältnisse herrschen, legen sich damit eine nicht zu unterschätzende Erschwerung ihrer Ausfuhr auf.« Die triste Realität der Exportzahlen stand in krassem Gegensatz zur sich geradezu überschlagenden nationalsozialistischen Propaganda, welche die angebliche weltweite Vorbildfunktion des Volksempfängers herausstrich. In zahlreichen anderen Ländern, genannt wurden unter anderem: Großbritannien, Indien, Frankreich, Schweiz, Italien, Norwegen, Polen und Ungarn, habe man, dem Beispiel des nationalsozialistischen Deutschland folgend, Volksempfänger auf den Markt gebracht.[318] Das Strickmuster der zahllosen Propagandameldungen war einfach: Alle Empfänger, die zu niedrigem Preis angeboten und in großen Stückzahlen produziert wurden oder bei denen der Staat in irgendeiner Weise die Hand im Spiel hatte, wurden zu »Volksempfängern« geadelt.

Nicht zu kaschieren war allerdings die Überlegenheit der amerikanischen Rundfunkindustrie. Sie war im Export erfolgreicher und die amerikanische Rundfunkverbreitung stellte die deutsche deutlich in den Schatten. Die Gerätepreise lagen bei der Hälfte und weniger gleichwertiger deutscher Apparate. Die Frage nach den Gründen hierfür lag nahe. Oder man diskutierte, ob man von der amerikanischen Rundfunkindustrie lernen könne. Die Differenz zwischen den deutschen und den amerikanischen Gerätepreisen ließ sich auch zu Angriffen gegen die deutsche Rundfunkindustrie und gegen die Stellung Telefunkens nutzen. Eben dies tat ein als Querulant bekannter Rundfunkindustrieller, der in diesem Zusammenhang auch den Volksempfänger nicht aussparte.[319] Überall

[316] Pohle, S. 253; PCA 811.21 Volksempfänger, Schreiben v. 22.12.1934.

[317] Ewald, S. 245.

[318] Pohle, S. 253; Mitteilungen der Reichs-Rundfunk-Gesellschaft 370 v. 20.7.1933, Bl. 1; 376 v. 24.8.1933, Bl. 6 f.; 430 v. 1.9.1934, Bl. 6; 433 v. 22.9.1933, Bl. 5; Phonographische und Radio Zeitschrift 35 (1934), S. 493; Der Qualitätsmarkt der elektro-akustischen Industrie 16 (1934), S. 106; Rundfunk-Grosshändler 3 (1934/35), S. 108; Der Radio-Markt v. 16.3.1935, S. 30; 12.10.1935, S. 6; 19.12.1936, S. 4; Dreßler-Andreß, Reichsrundfunkkammer, S. 36; Der Rundfunk 1 (1937/38), S. 421; Nationalsozialistische Rundfunk-Korrespondenz v. 29.11.1939, S. 12; 1.4.1941, S. 3; Reichsrundfunk 1941/42, S. 46; Ewald, S. 273 f.

[319] BDC PK Hintze, Karl 15.06.93, 9.12.1938 »Ergänzungsschrift zur Begründung für die Anträge zur Einleitung von Parteigerichtsverfahren wegen bewegungsschädigenden Verhaltens der Parteigenossen Fritz Kranefuss und von der Goltz«, S. 9 f.

auf der Welt könne man sich einen Superhet kaufen »um den genau gleichen Preis wie der Deutsche seinen sogenannten Volksempfänger mit technisch 15 Jahre rückständiger Schaltung ... . Also der Neger hat einen wirklichen Volksempfänger, während der deutsche Arbeiter für das gleiche Geld einen leistungsmässigen Armeleuteempfänger kaufen muss.«

Die deutsche Fachpresse erörterte sehr sachlich die Gründe für die amerikanische Überlegenheit.[320] Nicht die Löhne seien für die niedrigen amerikanischen Radiopreise verantwortlich, denn diese lägen merklich höher als in Deutschland. Aufgrund der niedrigeren Lohnnebenkosten, vor allem jedoch wegen der wesentlich weiter fortgeschrittenen Rationalisierung fielen dennoch geringere Arbeitskosten an. Darüber hinaus profitierten die amerikanischen Firmen von niedrigeren Materialkosten; verwiesen wurde insbesondere auf die Röhrenpreise. Philco und RCA besäßen einen Marktanteil von fast 70 %. Zumindest diese legten riesige Serien auf. Aber auch den kleineren Herstellern käme die weit fortgeschrittene Normierung der Radioteile zugute. Dagegen gäbe es weit mehr Typen als in Deutschland. Das Fazit lautete, dass in Deutschland die Rationalisierung weiter vorangetrieben werden müsse, das amerikanische Modell aber nur bedingt zu kopieren sei. Einzelne Kommentatoren suchten bei diesem ernüchternden Ergebnis Zuflucht bei den alten Stereotypen vom amerikanischen Materialismus und dem deutschen – nationalsozialistischen – Idealismus:[321] »Während vom amerikanischen Markt der Apparat zu einer Art Möbelstück degradiert worden ist, arbeiten bei uns Sender, Hörer und Funkwirtschaft zusammen, um einer Idee zu dienen.«

Für die Nationalsozialisten bildete der Rundfunk das wichtigste Propagandainstrument. Mit Hilfe des Rundfunks sollte die nationalsozialistische Führung die Möglichkeit erhalten, schnell und unmittelbar die »Volksgemeinschaft« zu erreichen. Allerdings erkannte Goebbels bald, dass ein Übermaß an politischer Indoktrination leicht ins Gegenteil umschlagen könne. Die Hörer könnten der politischen Parolen überdrüssig werden und sich ihnen mit Hilfe des Einschalt- oder Senderknopfes entziehen. Die aus solchen Erkenntnissen erwachsende Stärkung der Unterhaltung im Programm erfüllte einen doppelten Zweck. Sie fesselte die Hörer ans Rundfunkgerät und machte sie empfänglich für politische Botschaften. Und sie schuf zufriedene Hörer, was der Akzeptanz des Staatsrundfunks und des Regimes zugute kam.

Beiden Zielen, der Propaganda wie der Unterhaltung, diente eine möglichst weitgehende zeitliche und räumliche Verbreitung des Rundfunks. Der Rundfunk verlängerte seine tägliche Sendezeit von gut 14 Stunden (1933) auf fast 20 Stunden (1938).[322] Etwa jeder zehnte Hörer meldete in den Sommermonaten sein Gerät ab.[323] Wenn sich ein größerer Teil des Lebens im Freien

---

320 Suhr, Rundfunkwirtschaft, S. 2593 f.; Goerz, Kostenfragen; Funktechnischer Vorwärts 8 (1939), S. 313-16; Ewald, S. 243-47.

321 Phonographische und Radio Zeitschrift 35 (1934), S. 182.

322 Pohle, S. 330.

323 Uta C. Schmidt, Radioaneignung, S. 270-81.

abspielte und das Radio weniger genutzt wurde, dann wollte man jedenfalls die nicht unerheblichen Gebühren sparen. Die intensiven Bemühungen der Rundfunkpolitik, die Abmeldungen zurückzudrängen, hatten gegen Ende der 1930er Jahre Erfolg.[324] Die größte Bedeutung kam einer Steigerung der Zahl der mit Rundfunk versorgten Haushalte zu. 1933 besaß jeder vierte deutsche Haushalt ein Rundfunkgerät und weniger als jeder zehnte Arbeiterhaushalt, was von den Nationalsozialisten als völlig unzureichend empfunden wurde.

Das Ziel der nationalsozialistischen Rundfunkpolitik war die totale Rundfunkerfassung der »Volksgemeinschaft«. Damit war sowohl der »Gemeinschaftsempfang« bei besonderen politischen Anlässen gemeint wie der Individualempfang in den eigenen vier Wänden. Jeder Haushalt sollte ein Rundfunkgerät besitzen. Die politische Rundfunkführung goss dieses Ziel in griffige Parolen, welche Goebbels auf der Berliner Funkausstellung verkündete. 1933 lautete die teils Hitler, teils Goebbels zugeschriebene Formel »Rundfunk in jedes deutsche Haus!«[325] Ebenfalls 1933 sprach Goebbels von einer Verdoppelung der Hörerzahlen,[326] 1937 von einem Zuwachs von 5 Millionen.[327] Bei seiner Eröffnungsrede auf der Funkausstellung 1937 sah Goebbels Deutschland auf dem Weg »in bezug auf die Hörerzahl das erste Rundfunkland der Welt« zu werden.[328] 1938 wurde daraus »das stärkste Rundfunkland der Welt«.[329] Die rundfunkpolitischen Paladine, die Presse und die Rundfunkwirtschaft nahmen die Parolen auf und verbreiteten sie.[330]

7 Plakatwerbung für den Volksempfänger 1938. (Verlagsarchiv)

324 Nationalsozialistische Rundfunk-Korrespondenz v. 28.6.1939, Bl. 4.

325 Der Angriff 7 (1933), 18.7., 1. Beilage; 12.9., 2. Beilage; vgl. Riedel, 70 Jahre, S. 62 u. 66.

326 1937 als erreicht bezeichnet (Das Archiv 34 (1936/37), S. 1536).

327 Mitteilungen der Reichs-Rundfunk-Gesellschaft 507 v. 15.8.1937, S. 2.

328 Mitteilungen der Reichs-Rundfunk-Gesellschaft 507 v. 15.8.1937, S. 5; N.S.-Funk 5 (1937), 8.8., S. 3.

329 Nationalsozialistische Rundfunk-Korrespondenz v. 10.8.1938, Bl. 5.

330 Der Elektro-Markt 1933, Nr. 46, S. 28; N.S.-Funk v. 10.12.1933, S. 3; Phonographische und Radio Zeitschrift 34 (1933), S. 628; Völkischer Beobachter v. 19.7.1933, 2. Beiblatt; Der Angriff 7 (1933), 18.8., 3. Beilage; Der Rundfunk-Grosshändler 2 (1933), 15.11., S. 302; BArch R 78/840, s.u. Werber; Archiv für Funkrecht 9 (1936), S. 105; Nationalsozialistische Rundfunk-Korrespondenz v. 27.10.1937, S. 1; 15.12.1937, S. 8 f.; 14.12.1938, S. 2; 28.6.1939, S. 5; N.S.-Funk 6 (1938), 10.4., S. 9.

Bei den Zielformulierungen beachteten die Nationalsozialisten im Allgemeinen die Grundregeln politischer Prognostik. Sie verwandten Angaben, wie »jedes deutsche Haus«, die keine statistischen Zählgrößen darstellten. Sie vermieden exakte Angaben zum Zeithorizont für die Erreichung des verkündeten Ziels. Sie arbeiteten mit unbestimmten und interpretationsbedürftigen Begriffen, wie das »erste« oder »stärkste« Rundfunkland. Und sie ließen es teilweise offen, ob sich die Aussagen auf Individualempfang oder Gemeinschaftsempfang bezogen. Man kann es also als handwerklichen Fehler betrachten, wenn Goebbels 1937 die weltweite Führungsposition des deutschen Rundfunks ausdrücklich auf die absoluten Hörerzahlen bezog. Dies war mit Blick auf die amerikanischen Bevölkerungs- und Hörerzahlen unerreichbar. Jedenfalls sah sich die Nationalsozialistische Rundfunk-Korrespondenz veranlasst in dieser Sache argumentativ nachzulegen:[331] In Deutschland sei der Rundfunk nicht wie in den USA ein Instrument der Sensationslust, sondern »das Herzensbedürfnis eines Volkes«. Der deutsche Rundfunk stehe »dem Grad seiner Beliebtkeit nach schon an erster Stelle in der Welt. ... Willensmäßig sind wir heute schon das stärkste Rundfunkland der Welt«.

Wie entwickelte sich unter nationalsozialistischer Herrschaft die Verbreitung des Rundfunks tatsächlich? Der Anteil der Radiohaushalte im alten Reichsgebiet stieg von 25 % (1933) auf 65 % (1941).

	Rundfunkteilnehmer in 1000	Rundfunkteilnehmer auf 100 Haushaltungen
1933	4.555	25,4
1934	5.453	29,8
1935	6.725	36,2
1936	7.584	40,2
1937	8.512	44,3
1938	9.598	49,2
1939	11.324	57,1
1940	12.615	62,7
1941	13.309	65,1

Tabelle 1: Rundfunkteilnehmer und Rundfunkdichte im nationalsozialistischen Deutschland 1933-1941 (altes Reichsgebiet; Stichtag jeweils 1. April)

Quelle: Rundfunkarchiv 14 (1941), S. 413

Bei den Angaben ist zu berücksichtigen, dass statistisch unter Rundfunkteilnehmer die Zahl der angemeldeten Apparate verstanden wurde.[332] Angemeldete Apparate standen aber auch außerhalb von Haushalten, in Wirtschaftsunternehmen und Behörden. Außerdem gab es Institutionen und Haushalte

[331] Nationalsozialistische Rundfunk-Korrespondenz v. 10.8.1938, Bl. 5 f.

[332] Pohle, S. 332-39; Wipplinger, S. 59.

mit mehr als einem Radiogerät. Zusammen genommen bedeutet dies, dass die Radiodichte um einige Prozentpunkte – wie viele lässt sich nicht genau sagen – reduziert werden muss.

Die Steigerung der Rundfunkdichte von 25 auf 65 % mutet bei vordergründiger Betrachtung eindrucksvoll an. So gelangt Inge Marßolek für die nationalsozialistische Rundfunkpolitik und den Volksempfänger zu dem vorschnellen Urteil:[333] »Das gesamte Konzept war äußerst erfolgreich.« Eine differenziertere Beurteilung eröffnet dagegen ein vergleichender Blick in andere Länder.

	Rundfunkteilnehmer auf 1000 Einwohner 1941/42	Zunahme 1934-1942 in %
Schweden	248,6	138
Dänemark	237	71
Deutschland	197,3	174
Großbritannien	191	53
Schweiz	164,1	131
Niederlande	159,8	121
Norwegen	154,3	231
Belgien	132,8	137
Frankreich	131,7	286
...	...	...
Bulgarien	23,2	1916

Tabelle 2: Rundfunkdichte in europäischen Ländern 1941/42 und prozentuale Zunahme 1934-1942

Quelle: Rundfunkarchiv 15 (1942), S. 330

Danach lag Deutschland, gerechnet nach Rundfunkteilnehmer auf 1000 Einwohner, 1941/42 in Europa hinter Schweden und Dänemark an 3. Stelle vor Großbritannien und der Schweiz. Die unterschiedliche Rundfunkdichte europäischer Länder lässt sich auf zahlreiche Einflussfaktoren zurückführen,[334] Wohlstand, die Attraktivität des Programms, der technische Ausbau der Sender, die staatliche Rundfunkpolitik, die Wirtschaftswerbung usw. In Ländern mit einem größeren Anteil städtischer Bevölkerung lag die Rundfunkdichte höher als in Agrarstaaten. In Europa gab es ein markantes Nord-Süd-Gefälle; in den nördlichen Ländern war der Rundfunk viel weiter verbreitet als im Süden. Dies lässt sich durch klimatische und damit zusammenhängende mentale Unterschiede erklären. Der kürzere Wintertag und die niedrigeren Temperaturen in allen Jahreszeiten förderten im Norden das häusliche Leben. Dagegen spielte und spielt sich im Süden ein größerer Teil des Alltags unter freiem Himmel ab.

333 Marßolek, Radio, S. 217.

334 Vgl. Pohle, S. 336 ff.

Eine noch aussagekräftigere Messgröße für die Erfolge der nationalsozialistischen Rundfunkpolitik stellte die Veränderung der Rundfunkdichte über die Zeitachse dar. In der Tabelle ist dies als prozentuale Zunahme der Teilnehmerzahlen zwischen Anfang 1934 und Anfang 1942 ausgedrückt. Bei der Beurteilung der Zahlen ist allerdings der typische S-förmige Verlauf von Technikverbreitungskurven zu berücksichtigen. Eine Technik verbreitet sich zunächst langsam, weil das Neue erst kommuniziert und der Markt erschlossen werden muss. Nachdem die Verbreitung eine maximale Steigerung durchlaufen hat, geht die Verbreitungsgeschwindigkeit zurück und nähert sich asymptotisch einem Wert, bei dem der Markt gesättigt ist. Daraus erklärt sich bei den Zahlen, dass der Zuwachs im Falle Bulgariens so viel größer war als in den führenden Rundfunkländern. Bei Bulgarien bewegte sich die Rundfunkverbreitung von einem niedrigen Niveau in die Phase beschleunigten Wachstums hinein. Die führenden Rundfunkländer hatten dagegen die ausgeprägteste Wachstumsphase bereits hinter sich und näherten sich der Sättigung. Für die Einschätzung des deutschen Wachstumswerts von 174 % bedeutet das, dass tendenziell die Länder mit höherer Rundfunkdichte einen geringeren Wachstumswert, die mit geringerer Rundfunkdichte einen höheren Wachstumswert aufweisen müssten. Beurteilt man das deutsche Rundfunkwachstum unter diesen Gesichtspunkten, so lässt sich die Aussage machen, dass es zwar bemerkenswert, aber – mit Blick auf Länder wie Schweden, Norwegen und Frankreich – so außergewöhnlich auch wieder nicht war. Ferner ist zu berücksichtigen, dass wahrscheinlich kein anderes Land einen solchen Aufwand zur Steigerung der Hörerzahlen betrieb wie das nationalsozialistische Deutschland. Es sei dahingestellt, ob man das Ergebnis der nationalsozialistischen Rundfunkpolitik als begrenzten Erfolg oder als relativen Misserfolg bezeichnen will. Die Nationalsozialisten selbst waren jedenfalls von den Ergebnissen ihrer Anstrengungen enttäuscht.

Die amerikanische Rundfunkverbreitung übertraf die in den europäischen Ländern deutlich. 1940/41 besaßen zwischen 80 und 90 % der Haushalte ein Empfangsgerät.[335] Eine Schätzung für Anfang 1941 ging von 29 Millionen (von insgesamt 33 Millionen) Radiohaushalten aus. Davon hatten 11 Millionen noch ein zweites Gerät, 8 Millionen ein Autoradio und an die 2 Millionen ein Kofferradio. Rechnerisch kamen also auf jeden Haushalt 1,5 Radioapparate. Die Gründe für das enorme amerikanische Übergewicht bei der Radioverbreitung sind vielfältig. Einen großen Stellenwert dürften das hohe Einkommens- und Konsumniveau besonders auf dem Land, die niedrigen Gerätepreise und der Wegfall der Gebühren im durch Werbung finanzierten Rundfunk besessen haben.

Für den bemerkenswerten Anstieg der Teilnehmerzahlen in Deutschland schufen Veränderungen im Verhältnis von Angebot und Nachfrage die Grundlage. Die vor allem rüstungswirtschaftlich bedingte Konjunktur erhöhte die verfügbaren Mittel der als Käufer in Frage kommenden Schichten

335 Rundfunkarchiv 14 (1941), S. 189 u. 425; Elektrotechnische Zeitschrift 63 (1942), S. 97 (hieraus die folgenden Schätzzahlen).

und sinkende Preise erleichterten den Kauf eines Radioapparates. Zusätzlich zur Eigendynamik der Verbreitung heizte die nationalsozialistische Rundfunkpropaganda die Wünsche nach einem Radio an. Mit ihrer aggressiven Expansionspolitik steigerten die Nationalsozialisten das Informationsbedürfnis der Bevölkerung. Zwischen 1937 und 1940 stiegen die Teilnehmerzahlen besonders an, ehe sie durch Gerätemangel gebremst wurden.

Die Post baute das Sendernetz aus und erhöhte die Senderleistung.[336] Damit erhielten größere Regionen überhaupt erst Radioempfang und in anderen verbesserten sich die Empfangsverhältnisse. In der Frage des Sender- und Empfängerbaus kam es zu scharfen Konflikten zwischen dem Post- und dem Propagandaministerium. Die Propaganda warf der Post vor, dass sie den Ausbau des Sendernetzes vernachlässige. Die Post gab zurück, dass die unter anderem geforderte weitere Erhöhung der Senderleistung technische Probleme aufwerfe und stattdessen die Empfänger – so der Volksempfänger – verbessert werden müssten. Das Problem bestand darin, dass mit der Leistungserhöhung eines Senders auch das Störpotential für die benachbarten Sender auf dem zur Verfügung stehenden begrenzten Frequenzband wuchs, was nur durch höheren Aufwand beim Empfängerbau zu kompensieren war. Letzten Endes handelte es sich um ein typisches technisches Optimierungsproblem. Eine Optimierung unterblieb aber, weil die für die Sender zuständige Reichspost und das Propagandaministerium mit seiner Reichsrundfunkkammer, welche die Kontrolle über den Empfängerbau an sich gerissen hatten, miteinander im Streit lagen und sich noch nicht einmal wechselseitig informierten. Für die Lösung der Empfangsprobleme setzte die Post langfristig auf den Drahtfunk, auf die leitungsgebundene Übertragung von Rundfunksendungen.[337] Dessen Entwicklung wurde jedoch zunächst primär unter militärischen Gesichtspunkten vorangetrieben; eine Bedeutung für den Unterhaltungsrundfunk erlangte der Drahtfunk nicht mehr.

Die nationalsozialistische Propaganda wurde nicht müde zu betonen, dass der Volksempfänger allen deutschen Familien den Rundfunk zugänglich mache. In 1935 gehaltenen Reden verkündete Hadamovsky, dass der Volksempfänger dem Rundfunk »den Weg in die breiten Kreise unserer Arbeiterschaft und unserer Bauern geebnet« habe, dass er »für die Ärmsten unseres Volkes« bestimmt sei.[338] Die Realität sah anders aus.[339] Zunächst lässt sich ein markantes Großstadt-Land-Gefälle feststellen.[340] Auf dem Land war die Radiodichte weniger als halb so groß wie in der Stadt. Allerdings lagen die Wachstumsraten – ausgehend von dem niedrigeren Niveau – höher. Für die Differenz zwi-

336 Pohle, S. 245 ff.

337 Wenn Hitler 1942 Goebbels eine Vernachlässigung des Drahtfunks vorwarf (Picker, S. 436 f.), so verwechselte er die Zuständigkeiten.

338 BArch R 78/751, Rede v. 15.5.1935, S. 1; Rede v. 19.8.1935, S. 1; vgl. Radio, Sonderheft zur Funkausstellung 1933, S. 396 f.; Funktechnischer Vorwärts 8 (1938), S. 162; Elektrizität in Haus und Hof 9 (1934), H. 5, S. 5.

339 Vgl. zur Rundfunkverbreitung: Pohle, S. 262 f. u. 332-39; Uta C. Schmidt, Radioaneignung, S. 259-70; Führer, Auf dem Weg, S. 774; Carsten Lenk, S. 292.

340 Weisflog; Mitteilungen der Reichs-Rundfunk-Gesellschaft 503, Bl. 4 u. 6 f.

schen Stadt und Land sind zahlreiche Gründe namhaft zu machen. In manchen ländlichen Regionen war der Empfang schlecht. Die unregelmäßige Struktur der ländlichen Arbeiten stellte keinen kompakten Freizeitblock zum Radiohören zur Verfügung. Das Radio tat sich schwer, in traditionale Mentalitäten und Gewohnheiten einzubrechen. Vor allem aber hatten die kleinbäuerlichen und die Landarbeitereinkommen mit denen der städtischen Angestellten und Industriearbeiter nicht Schritt gehalten. Eine Ende 1937 durchgeführte Untersuchung in einem sächsischen Dorf von 380 Einwohnern und etwa 100 Haushalten ergab hierzu folgende Ergebnisse.[341] Von den Haushalten besaß etwa jeder zweite ein Rundfunkgerät. Von den rundfunklosen führte etwa die Hälfte finanzielle Gründe für den Radioverzicht an. Die andere Hälfte, meist ältere Leute, zeigten sich am Rundfunk nicht interessiert.

Bei den Städten lassen sich Unterschiede zwischen durch Verwaltungs- und Dienstleistungsfunktionen geprägten Ortschaften sowie Industriestädten feststellen. Eine Reihe von durch den bürgerlichen Mittelstand dominierten Städten erreichte – jedenfalls statistisch – nahezu eine Vollversorgung der Haushalte mit Rundfunkgeräten; bei Industriestädten lagen die Werte deutlich darunter. Der Befund entspricht der sozialen Zusammensetzung der Rundfunkhörer.[342] Die weiteste Verbreitung fand das Radio – in dieser Reihenfolge – bei den Selbständigen, den Angestellten und den Beamten. 1934 besaß von den Angehörigen dieser Gruppen ein knappes Drittel einen Radioapparat. Dagegen konnte nur gut jeder zehnte Arbeiter ein Rundfunkgerät sein eigen nennen. Später wurden solche sozialstatistischen Erhebungen nicht mehr durchgeführt. Der Anteil der Rundfunkgerätebesitzer unter den Arbeitern dürfte gestiegen sein, ohne jedoch die Mehrheit auszumachen. Hieran änderten auch der Volksempfänger und der Deutsche Kleinempfänger nichts. Dies belegen 1938 in einer süddeutschen Industriestadt durchgeführte Erhebungen zur Verbreitung von Elektrogeräten.[343] Eine Korrelation zwischen Radiobesitz und Einkommen ergab eine markante Ausbuchtung des Kurvenverlaufs im Bereich der Jahreseinkommen zwischen 2000 und 6000 RM, also deutlich oberhalb der Arbeitereinkommen. Der Verfasser interpretierte diesen »Mittelstandsbauch« – ganz zu Recht – als »Auswirkung des Volksempfängers«. Gestützt wird die Interpretation durch die Korrelation zwischen Radiobesitz und Wohnungsgröße. In 15 bis 20 % der Großwohnungen mit 7 und mehr Räumen gab es kein Radio. Hierbei dürfte es sich um Rundfunkabstinente gehandelt haben, welche dem Medium kein Interesse entgegenbrachten. Aber in den Kleinstwohnungen mit 1 bis 2 Räumen, wo ärmere Bewohner zu vermuten sind, war in mehr als 60 % kein Rundfunkgerät vorhanden.

In der nationalsozialistischen Zeit blieb der Rundfunk also – aller anders lautender Propaganda zum Trotz – schwerpunktmäßig ein Medium des Mittelstands. Unter den Rundfunkhörern befanden sich die Arbeiter in der Minderheit und nur eine Minderheit der Arbeiterhaushalte besaß ein Rundfunk-

---

341 Alfred Schmidt, S. 113-50, bes. S. 116-18.
342 Schäfer, Markt, bes. S. 1566.
343 Vogt, S. 14 f. u. 30 f.

gerät. Dabei war – einer privaten Umfrage zu Folge – unter den Arbeitern der Wunsch nach Rundfunk am ausgeprägtesten.[344] In vielen Fällen ließ sich der Wunsch jedoch nicht realisieren. 1939 wurde im technischen Zentralorgan der NSDAP das Resümee gezogen:[345] »Die Haushaltungen, die heute dem Rundfunk noch ferne stehen, sind zum großen Teile nicht böswillige Verneiner des Rundfunks, sondern sie sind vielfach wirtschaftlich nicht in der Lage, große Summen für Empfangsgeräte zu erübrigen.« Während Mittelschichtfamilien den Volksempfänger meist bar erwarben, nutzten die Arbeiter in großem Umfang die Möglichkeit der Ratenzahlung.[346] Im Dezember 1937 befanden sich unter den eine solche Finanzierung in Anspruch nehmenden Käufern fast 65 % Arbeiter. Finanzielle Überlegungen spielten beim Gerätekauf eine wichtige Rolle.[347] Unter den Abmeldegründen dominierte nach einer 1934 in Berlin durchgeführten Erhebung zwar der Wohnungswechsel, aber dahinter rangierten mit mehr als einem Viertel der Fälle wirtschaftliche und soziale Gründe, wie Notlagen, Arbeitslosigkeit und Krankheit.[348] Die in den 1930er Jahren noch existierende Bastelbewegung dürfte auch wirtschaftlich motiviert gewesen sein. Nach einer Befragung der Berliner Siemens-Mitarbeiter im Frühjahr 1934 hörten selbst diese nur zu gut 41 % regelmäßig Radio – was nicht unbedingt mit Radiobesitz gleichzusetzen ist.[349] 3800, d.h. 9 % der Befragten, bezeichneten sich als Funkbastler.

Wieso überstieg die Anschaffung eines Rundfunkgeräts die wirtschaftlichen Möglichkeiten der meisten Arbeiterhaushalte? Zur Beantwortung dieser Frage sind zwei Kostenschätzungen hilfreich, die unabhängig voneinander im Postministerium (1938) und im Propagandaministerium (1939) entstanden.[350]

	Post (1938)	Propaganda (1939)
Rundfunkgebühren	2,00	2,00
Strom (Radio und Licht)	1,50	0,70
Programmzeitschrift	0,40	0,40
Abzahlung DKE (15 Monate)	2,30	
Abschreibung und Unterhaltung DKE	0,50	
Zusammen	6,20	3,60

Bild 3: Kostenberechnungen 1938 bzw. 1939 pro Monat für den Deutschen Kleinempfänger (DKE 1938) (35 RM) durch das Post- und das Propagandaministerium in RM

Quellen: BArch R 4701/20598, Bl. 41; Horst Schaefer, Die wirtschaftlichen Voraussetzungen, S. 34

344 Thann.
345 Reinhard, S. 371.
346 Rundfunkarchiv 11 (1938), S. 18.
347 Hensel/Keßler, S. 21.
348 Mitteilungen der Reichs-Rundfunk-Gesellschaft 421 v. 28.6.1934, Bl. 9 f.
349 Siemens-Mitteilungen 151 (1934), S. 113.
350 Vgl. Uta C. Schmidt, Radioaneignung, S. 298.

Beide Schätzungen bezogen sich auf den Deutschen Kleinempfänger, also das billigste Gerät überhaupt. Dennoch sind sie nur bedingt kompatibel. Die Schätzung der Post erfasste die Spitzenbelastung der ersten 12 Monate, in denen der DKE abbezahlt werden musste. Danach fielen noch Reparaturkosten und Ansparungen für ein neues Gerät an; die monatlichen Kosten dürften um knapp 2 RM gesunken sein. Die Schätzung des Propagandaministeriums legte dagegen die gesamten Kosten auf die Lebensdauer des Geräts um. Unter die bei den Zeitgenossen ziemlich umstrittenen Stromkosten fallen der elektrische Verbrauch des DKE sowie zusätzlicher Lichtstrom.[351] Die Post setzte sie mehr als doppelt so hoch an wie die Propaganda. Beide Rechnungen veranschlagten die billigsten Programmzeitschriften, welche damals 10 Pfennig in der Woche kosteten.[352] Die Nationalsozialisten propagierten das bewusste Hören nach Programm. Ohne Radiozeitschrift war dies schwer zu realisieren, denn die Tagespresse durfte das Programm nur eingeschränkt abdrucken; viele Zeitungen verzichteten völlig darauf. Etwa 60 % der Radiobesitzer dürften eine Programmzeitschrift besessen haben. Beide Rechnungen beziehen nicht die für Kauf und Aufstellung der Antenne anfallenden Kosten mit ein. In Städten wurde der Anschluss an eine Gemeinschaftsantenne angestrebt, um Rückkopplungsstörungen zu reduzieren. Hierfür war eine monatliche Gebühr von 50 Pfennig im Gespräch.[353]

Ungeachtet der Differenzen im Detail lassen sich aus den Schätzungen der beiden miteinander konkurrierenden Ministerien dieselben allgemeinen Schlussfolgerungen ziehen. Die Betriebskosten eines Rundfunkgeräts lagen selbst in der Zeit der Spitzenbelastung, in welcher das Gerät abgezahlt wurde, deutlich über den sich in der Abzahlung bzw. Abschreibung ausdrückenden Anschaffungskosten. Die politischen Gemeinschaftsgeräte hatten die Gesamtkosten nur unwesentlich gesenkt und selbst eine – nicht zu erwartende – weitere dramatische Senkung der Gerätepreise hätte das Rundfunkhören nur unwesentlich verbilligt. Die mit viel propagandistischem Getöse auf den Markt gebrachten beiden Volksempfänger erwiesen sich also letztendlich als ungeeignet, um das nationalsozialistische Ziel einer totalen Rundfunkerfassung der deutschen »Volksgemeinschaft« zu erreichen.[354]

Den größten Kostenpunkt bildete die monatliche Rundfunkgebühr von 2 RM. Der Wunsch nach einer Gebührensenkung war in der Bevölkerung weit verbreitet.[355] Es gab zwar die Möglichkeit der Gebührenbefreiung, aber nur für jene, die weniger als den Fürsorgesatz verdienten.[356] Die absoluten Zahlen der Befreiungen stiegen während des »Dritten Reiches«, die relativen gingen – aufgrund der Expansion der Teilnehmerzahlen – zurück und bewegten

351 Vgl. die große Bandbreite der Schätzungen bei: Heinrich Weber, Rundfunk, S. 301; Dennhardt, S. 149; Der Werbeleiter 9 (1934), S. 143.

352 Thomas Bauer, S. 254-60; vgl. zu den Programmzeitschriften: Seegers.

353 Das Archiv 53 (1938), S. 687.

354 Die hier gezogenen Schlussfolgerungen wurden auch schon in der nationalsozialistischen Zeit angesprochen: Schaefer, Die wirtschaftlichen Voraussetzungen.

355 Vgl. Peck, S. 69 f.

356 Pohle, S. 267 f.; Uta C. Schmidt, Radioaneignung, S. 299 ff.

sich durchschnittlich auf einem Niveau von etwa 10 % der Anmeldungen. Eine generelle Gebührensenkung war zwar im Gespräch, ließ sich aber aufgrund der Interessenlage der beteiligten Ministerien und der desolaten finanziellen Situation des Reiches nicht realisieren. Die Post subventionierte mit den Rundfunkgebühren andere Arbeiten, das Propagandaministerium finanzierte mit den Gebühren seinen gesamten Haushalt. Weitere Mittel flossen in den allgemeinen Reichsetat. Gebührensenkungen warfen die Frage auf, wie die Lücken zu schließen und wie die Lasten zwischen den beteiligten Ministerien zu verteilen seien. Bei der Gebührenaufteilung befanden sich Post und Propaganda ohnehin im Dauerkonflikt. Als sie sich schließlich, beschränkt auf den Deutschen Kleinempfänger, auf eine Reduzierung geeinigt hatten, legte sich das Finanzministerium quer.

Monatliche Kosten für den Deutschen Kleinempfänger zwischen 3,50 und 6,20 RM muten zunächst niedrig an. Es ist allerdings zu berücksichtigen, dass etwa der Hälfte der deutschen Haushalte nur 160 RM zur Verfügung standen.[357] Eine 1937 vom Arbeitswissenschaftlichen Institut der Deutschen Arbeitsfront und dem Statistischen Reichsamt durchgeführte Haushaltsstichprobe ergab, dass die Haushaltgruppe mit einem durchschnittlichen Jahreseinkommen von 1782,55 RM nur knapp 5 RM im Monat für »Bildung, Unterhaltung und Erholung« verausgabte. Statistisch fraß also der Rundfunk in dieser Gruppe den gesamten Ausgabenblock auf. Tatsächlich machten die Rundfunkausgaben unter den Freizeitausgaben den größten Teil aus, obwohl die überwiegende Zahl der erfassten Haushalte noch kein Gerät besessen haben dürfte. Die hier skizzierte statistische Relation zwischen Einkommen und Rundfunkkosten verdeutlicht, dass etwa die Hälfte der deutschen Haushalte sich ein Rundfunkgerät nur aufgrund von Konsumeinschränkungen an anderer Stelle leisten konnte.

Die angestrebte Verbreitung des Rundfunks in sämtliche Haushaltungen sollte die Konsum- und Unterhaltungsbedürfnisse der Bevölkerung erfüllen und diese damit an das Regime binden. Die anfänglich dominierende propagandistische Funktion des Rundfunks trat in den Hintergrund. Die nationalsozialistische Rundfunkführung war sich wohl bewusst, dass der Individual- oder Familialempfang nur bedingt zu kontrollieren war. Der politischen Propaganda konnten sich die Hörer entziehen, indem sie zu anderen – eventuell ausländischen – Sendern flüchteten oder den Ausschaltknopf betätigten. Bei dieser Situation mutet es als Akt der Hilflosigkeit an, wenn die Parteipresse betonte, dass der Hörer mit der Zahlung der Rundfunkgebühren nicht etwa das Recht erwerbe, sich durch den Rundfunk berieseln zu lassen, sondern »vielmehr damit die Pflicht der Verwaltung eines der wichtigsten Propagandainstrumente seines Volkes« auf sich nehme.[358] Hierzu gehöre, dass er an nationalen Feiertagen »Fenster und Türen öffnet, daß alle Nachbarn an dem Geschehen teilhaben können, denen der Erwerb einer eigenen Rundfunkan-

[357] Schaefer, Die wirtschaftlichen Voraussetzungen, S. 35-38; vgl. Nationalsozialistische Rundfunk-Korrespondenz 3 (1939), 4.10., S. 5 f.

[358] Nationalsozialistische Rundfunk-Korrespondenz 1 (1937), 25.8., Bl. 11.

lage noch nicht möglich ist. Wenn dann durch unsachgemäße Behandlung des Lautsprechers oder des Apparates die Rede des Führers zu einem mißtönenden, knarrenden, unverständlichen Geräusch wird, dann vergeht sich dieser Rundfunkhörer gegenüber dem Volksganzen.«

In solchen Äußerungen kam zweierlei zum Ausdruck: der Wunsch, den unzureichend verbreiteten Rundfunk optimal zu nutzen, und eine anti-individualistische Gemeinschaftsideologie. Die Nationalsozialisten erhoben den Anspruch, den liberalistischen Individualismus durch die »Volksgemeinschaft« zu ersetzen. In seiner Ansprache an die Intendanten und Direktoren der Rundfunkgesellschaften am 25.3.1933 erklärte Goebbels:[359] »Am 30. Januar ist endgültig die Zeit des Individualismus gestorben. ... Das Einzelindividuum wird ersetzt durch die Gemeinschaft des Volkes.« Einerseits erschien der Rundfunk-Individualempfang unumgehbar und auf anderem Weg den nationalsozialistischen Zielen förderlich. Andererseits war es konsequent, den Gemeinschaftsempfang als höherwertiger einzustufen. Dies führte zu schon skurrilen geistigen Verrenkungen. So investierte Eugen Hadamovsky viele Worte, um zu begründen, dass auch in den Haushalten immer die Gemeinschaft, immer das Volk am Radioapparat sitze.[360]

Gemeinschaftsempfang – als Kollektivempfang der deutschen Bevölkerung – war vorgesehen bei herausgehobenen Ereignissen, insbesondere bei Reden Adolf Hitlers. Hierfür wurden an zentralen Orten Empfangsanlagen und Lautsprecher aufgebaut. Darüber hinaus sollten alle vorhandenen Radioapparate eingeschaltet werden. In staatlichen Einrichtungen, wie Behörden, Schulen und Staatsbetrieben, sowie für Parteiorganisationen wurde er angeordnet. Privaten Einrichtungen wie Betrieben und Gaststätten wurde Gemeinschaftsempfang nahegelegt. Dies ging nicht ohne Probleme ab. Die Tonreichweite der vorhandenen Radioanlagen war noch sehr begrenzt. Auch wird berichtet, dass die Passanten und Besucher den Übertragungen häufig nicht die gebührende Beachtung schenkten.[361] Das Streben nach bürokratischem Perfektionismus veranlasste die Reichspropagandaleitung der NSDAP in einer Dienstvorschrift die feinere Unterscheidung zwischen Hausempfang, Gemeinschaftsempfang und Volksempfang zu treffen.[362] Die Parole »Hausempfang« forderte die Parteimitglieder zum Radiohören in den eigenen vier Wänden auf. Der »Gemeinschaftsempfang« zielte auf einzelne Berufs- oder Interessengruppen bzw. einzelne Gaue. Der »Volksempfang« sollte die gesamte »Volksgemeinschaft« erreichen.

Für das Ziel der totalen Rundfunkerfassung der »Volksgemeinschaft« fehlten jedoch die technischen Voraussetzungen. Seit Mitte der 1930er Jahre entwickelten die nationalsozialistischen Organisationen hierfür ein Konzept, welches aus drei Elementen bestand: dem Betriebsrundfunk, den Reichs-

359 Heiber, Goebbels-Reden, Bd. 1, S. 82.

360 Mitteilungen der Reichs-Rundfunk-Gesellschaft 500 (1936), Bl. 6 f.; vgl. Diller, Rundfunkpolitik, S. 153; Pohle, S. 274 f.; Uta C. Schmidt, Radioaneignung, S. 335.

361 Vgl. Art. »Gemeinschaftsempfang« in: Schmitz-Berning, S. 262.

362 Nationalsozialistische Rundfunk-Korrespondenz 1(1937), 1.9., Bl. 7 f.; vgl. Der Rundfunk 1 (1937/38), S. 421-23.

Lautsprechersäulen in den Städten und dem Gemeinderundfunk in den kleinen Orten. Für die Betriebe fühlte sich die Deutsche Arbeitsfront zuständig.[363] 1934 forderte sie die Radiohersteller auf, ein für größere Räume geeignetes Gerät höchster Klanggüte und großer Ausgangsleistung zu schaffen. Den Zuschlag erhielten die Firmen Telefunken und Seibt. Der von ihnen konstruierte und Ende 1935 auf den Markt gebrachte »Arbeitsfront-Empfänger DAF 1011« kostete ohne Lautsprecher an die 300 RM und war in mehreren Leistungsstufen erhältlich. Die Bezeichnung DAF 1011 erinnerte an eine am 10. November 1933 gehaltene Rede Hitlers in den Berliner Siemens-Werken. Der DAF 1011 war dafür gedacht, Gemeinschafts- bzw. Volksempfang in den Betrieben zu gewährleisten, d.h. vor allem Reden Hitlers anlässlich nationaler Feiern zu übertragen. Mit der Zeit entdeckte man, dass man den Empfänger vielfältig nutzen konnte.[364] Musik während der Pausen oder sogar bei der Arbeit sollte die Belegschaft motivieren. Die Betriebsleitung verwandte den DAF 1011 für Durchsagen. Im Krieg übertrug man die Wehrmachts- und Sondermeldungen oder gab über den Arbeitsfront-Empfänger Luftalarm.

Die DAF warb für ihren Empfänger mit der Parole »Rundfunk in alle Betriebe«. Tatsächlich nahm man alle Betriebe mit mehr als 20 Mitarbeitern ins Visier.[365] Doch dauerte es bis kurz vor den Krieg, dass die erste Serie von 10.000 Apparaten verkauft war;[366] eine zweite wurde nicht mehr aufgelegt. Damit blieb man weit hinter den Erwartungen.[367] Es ist zu vermuten, dass besonders mittelständische Betriebe die Forderung der DAF ignorierten.

Den städtischen öffentlichen Raum wollten die Nationalsozialisten mit einem Netz von fest installierten »Reichs-Lautsprechersäulen« abdecken.[368] Aus einem von Generalbauinspektor Albert Speer (1905-1981) und dem Propagandaministerium initiierten Preisausschreiben gingen 1938 zwei Typen hervor. Die größeren sechseckigen beleuchteten Säulen besaßen zu vermietende Werbeflächen und trugen oben eine Uhr. Kleinere Säulen hatten die Form eines Pilzes. Für die Reichs-Lautsprechersäulen war die Reichspropagandaleitung der NSDAP zuständig, welche wiederum auf regionale und lokale Parteistellen zurückgriff. Bei der Inbetriebnahme der ersten gut 100 Säulen in Breslau pries sie Staatssekretär Karl Hanke (1903-1945) vom Propa-

---

363 Zum DAF 1011: Pohle, S. 257 u. 268-72; Holtschmidt, S. 82-91; Der Deutsche Sender v. 16.8. 1935, S. 2 f.; Funktechnischer Vorwärts 5 (1935), Gruppe I, S. 52-56 u. 8 (1938), S. 69 f.; DAK 5 (1937), Nr. 150, Bl. 2.

364 Monatshefte für NS-Sozialpolitik 9 (1942), S. 118 f.; Berghoff, Zwischen Kleinstadt, S. 462.

365 Der Angriff 10 (1936), 25.8., S. 10.

366 Die Deutsche Volkswirtschaft 7 (1938), S. 1185; DAK 6 (1938), Nr. 177, Bl. 1; Rundfunkarchiv 12 (1939), S. 362. Bei Hadamovskys Behauptung, innerhalb von 8 Monaten seien nahezu 9300 Exemplare verkauft worden, handelt es sich um eine Propagandalüge (BArch R 58/752, Rede v. 20.8.1936, S. 8).

367 Der Angriff 10 (1936), 25.8., S. 10; Pridat-Guzatis, Wirtschaft, S. 693.

368 Zu den Reichs-Lautsprechersäulen: Pohle, S. 272; Eckert, S. 223 f.; N.S.-Funk 6 (1938), 20.2., S. 45 u. 3.7., S. 6; Das Archiv 47 (1938), S. 1395 f. u. 51 (1938), S. 321-23; Nationalsozialistische Rundfunk-Korrespondenz v. 22.6.1938, S. 1-4 u. 29.6.1938, S. 3; Bohrmann/Toepser-Ziegert, Bd. 6, S. 141, 587 u. 591.

gandaministerium als »Ausdruck einer demokratischen Volksführung im besten Sinne, bei der die ständige direkte Verbindung zwischen Gefolgschaft und Führung, zwischen Volk und Regierung zu einem der Hauptelemente volklichen und staatlichen Lebens gehöre«.[369] Unter den Verwendungszwecken führte er auch die Befehlsausgabe bei Luftschutzübungen auf. Den Anlass für die feierliche Übergabe bildete das Deutsche Turn- und Sportfest. Breslau verdankte die Ehre wohl auch dem Faktum, dass Hans Kriegler, der frühere Breslauer Rundfunkintendant, gerade als Nachfolger von Dreßler-Andreß Leiter der Rundfunkabteilung im Propagandaministerium und Präsident der Rundfunkkammer geworden war. Die schlesische Stadt sollte nur den Anfang bilden. Innerhalb von sechs Jahren wollte man mit insgesamt 6600 Säulen alle deutschen Städte mit mehr als 12.000 Einwohnern abdecken. Doch daraus wurde nichts; die Breslauer Säulen blieben die einzigen.

Die kleineren 40.000 Gemeinden mit 200 bis 12.000 Einwohnern sollte der »Gemeinderundfunk« bedienen.[370] Die Anfänge der Planungen lagen darin, dass sich einzelne Gemeinden für den Gemeinschaftsempfang Übertragungsanlagen anschafften. So sollen in Baden 1935 400 von 1600 Gemeinden technische Einrichtungen für Gemeinschaftsempfang besessen haben.[371] Anlässlich der in Berlin 1936 abgehaltenen Deutschen Gemeinde-Ausstellung rief Innenminister Wilhelm Frick (1877-1946) alle Gemeinden auf, solchen Beispielen zu folgen.[372] Der Aufruf fand die Unterstützung der politischen Rundfunkführung sowie des Präsidenten des Deutschen Gemeindetages. Die Planungen gingen dahin, mit einheitlicher Organisation, ausgebildeten Kräften und standardisierter Ausrüstung die Kosten zu senken. Gewissermaßen ein Probelauf erfolgte 1937/38 im Gau Kurmark.[373] Ein neues in mehreren Größenklassen gebautes Gemeinschaftsgerät »Kurmark« bildete den Kern des Empfangssystems. Ein eigens gegründeter Gemeinderundfunk-Verband begann 1938 mit der Auslieferung der ersten Anlagen.[374] Die insgesamt erforderlichen Investitionen wurden auf 40 Millionen RM geschätzt. Angaben, wie weit das Unternehmen gedieh, liegen nicht vor. Doch dürfte das Ausbleiben von Erfolgsmeldungen wohl eher so zu interpretieren sein, dass von den Planungen nur wenig umgesetzt wurde.

Tendenziell liefen die nationalsozialistischen Visionen und Maßnahmen auf ein zweigleisiges Rundfunksystem hinaus, bestehend aus Individualempfang in der Privatwohnung und Gemeinschaftsempfang im öffentlichen Raum. Die beiden Empfangsarten dienten unterschiedlichen Zielen und verhielten sich komplementär. Für den Individualempfang war ein Unterhal-

---

[369] N.S.-Funk v. 3.7.1938, S. 6; vgl. Rundschau Deutscher Technik 18 (1938), Nr. 28, S. 1 f.

[370] Zum Gemeinderundfunk: Cappel; Nationalsozialistische Rundfunk-Korrespondenz v. 2.2.1938, S. 10 f., 31.8.1938, S. 10 u. 14.9.1938, S. 12; N.S.-Funk 6 (1938), 11.9., S. 46.

[371] Archiv für Funkrecht 8 (1935), S. 161, 223 u. 265.

[372] Mitteilungen der Reichs-Rundfunk-Gesellschaft 498 v. 16.6.1936, S. 6 f.; Archiv für Funkrecht 9 (1936), S. 65 f., 196 ff. u. 218.

[373] Scherer.

[374] Nationalsozialistische Rundfunk-Korrespondenz v. 14.9.1938, S. 12; Funktechnischer Vorwärts 8 (1938), S. 101 f. u. 515-17.

tungsrundfunk vorgesehen, welcher »möglichst von allen politischen Übertragungen usw. frei gehalten werden« sollte.[375] Der Gemeinschaftsempfang verfolgte dagegen explizit politisch-propagandistische Zwecke. Betriebsrundfunk, Reichs-Lautsprechersäulen und Gemeinderundfunk bildeten die technische Basis für den totalen Zugriff auf die »Volksgemeinschaft«. Sie sollten gewissermaßen aus dem ganzen Reich ein gigantisches Parteitagsgelände machen, auf dem Hitler und seine Paladine ihre suggestiven Parolen verbreiteten und ihre Befehle erteilten. Der Individualempfang erlebte einen beträchtlichen Ausbau, ohne dass die angestrebte totale Rundfunkverbreitung erreicht wurde. Die gigantischen Planungen für den Gemeinschaftsempfang wurden nur in Ansätzen realisiert.

Mit Kriegsbeginn am 1. September 1939 waren ohnehin die meisten Planungen für den deutschen Rundfunk obsolet. Im Ernstfall des Krieges musste sich erweisen, ob die nationalsozialistische Hochschätzung des Rundfunks als Propagandamittel ihre Bewährungsprobe bestehen würde. Zunächst wurde der Charakter des Rundfunks als *deutsches* Propagandamittel gesichert. Hierzu gehörte, dass den Juden jeglicher Radioempfang untersagt wurde; ihre Apparate wurden eingezogen. Das Hören ausländischer Sender wurde jetzt als eine zu unterbindende Gefährdung der Heimatfront angesehen. Vor dem Krieg hatten die Nationalsozialisten dem wenig Aufmerksamkeit geschenkt. Natürlich war es ihnen lieber, wenn sich die Hörer auf deutsche Sender beschränkten. So formulierte 1933 ein verantwortlicher Mitarbeiter einer nationalsozialistischen Rundfunkzeitschrift sein Bedauern, dass es »einer Zeitschrift nicht möglich (sei), die elektrischen Wellen am Überschreiten der deutschen Grenzen zu hindern.«[376] Im Gegensatz dazu gehörte guter Fernempfang zu den wichtigsten Argumenten, mit denen die Industrie ihre Markengeräte bewarb. Und die nationalsozialistischen Blätter stellten es heraus, dass man mit Volksempfänger und Deutschem Kleinempfänger selbst ausländische Sender empfangen konnte. Zahlreiche Zusatzgeräte wurden auf den Markt gebracht, mit denen sich der Fern- und damit der Auslandsempfang weiter verbessern ließ. Eine teilweise Ausnahme stellte allerdings das Hören von Radio Moskau dar.[377] Zwar bestand auch hier kein Verbot, aber in spezifischen politischen Kontexten konnte das Hören des sowjetischen Senders negativ ausgelegt werden. 1936 vereinbarten das Propagandaministerium und die Rundfunkwirtschaft, im Inland keine Radios mehr zu vertreiben, welche Stationsskalen mit russischen Sendern besaßen.

Mit Kriegsausbruch wurde das Hören ausländischer Sender verboten.[378] Zuwiderhandlungen waren mit Gefängnis bedroht. Wenn für das Reich gefährliche Nachrichten weiter verbreitet wurden, konnte dies als Hochverrat interpretiert und mit Zuchthaus oder dem Tode bestraft werden. Zwischen 1940 und 1943 bewegten sich die gerichtlichen Verurteilungen wegen des De-

[375] Nationalsozialistische Rundfunk-Korrespondenz v. 16.2.1938, S. 12.

[376] Zitiert nach Thomas Bauer, S. 184; vgl. Hensle, S. 112; Reuband, S. 251.

[377] Pohle, S. 343; Hensle, S. 112 u. 122; Reuband, S. 260.

[378] Latour; Diller, Rundfunkpolitik, S. 304 ff.; Hensle; Uta C. Schmidt, Radioaneignung, S. 353 ff.; Seegers, S. 273-75; Dussel, Hörfunk, S. 65 f.

likts zwischen 800 und 1100 im Jahr; im Jahr 1943 lag die Zahl der verhängten Todesurteile bei 11.[379] Die Zahlen sagen wenig über die Verbreitung des Hörens von »Feindsendern« aus.[380] Wenn man nach dem Krieg durchgeführten Befragungen folgt, dann hörte während des Krieges etwa die Hälfte der deutschen Bevölkerung Auslandssender, davor etwa 20 %. Verglichen mit älteren Befragungsergebnissen[381] erscheinen diese Angaben sehr hoch, geschuldet wohl der Befragungssituation unmittelbar nach Kriegsende.

Kurz nach Kriegsbeginn erließ die vom Propagandaministerium gesteuerte Rundfunkführung einen Aufruf, in dem die alte Parole »In jeden Haushalt ein Rundfunkapparat!« erneuert wurde.[382] Das Volk müsse gerade jetzt den politischen und militärischen Nachrichten folgen können. Auch jeder Luftschutzraum solle ein Radiogerät erhalten. Geschäftsleute wurden aufgefordert, vor ihren Läden Radioapparate aufzustellen. Die nationalsozialistische Rundfunkführung besaß genaue Vorstellungen, wie die propagandistische Funktion des Mediums aufrechtzuerhalten und zu stärken sei. Die Produktion solle sich weitgehend auf den Deutschen Kleinempfänger (DKE 1938) und auf Ersatzteile konzentrieren.[383] Jährlich müsse man mindestens 750.000 DKE fabrizieren. Das Propagandaministerium unternahm zahlreiche Vorstöße, um zugunsten dieses Ziels die Einstufung des Rundfunks als »kriegswichtig« zu erreichen – beim Reichswirtschaftsministerium, beim Ministerrat, bei General Georg Thomas (1890-1946), dem Leiter des Wehrwirtschaftsamts, und direkt bei Göring. Sämtliche Bemühungen verliefen im Sande oder scheiterten. Gängige Gegenargumente lauteten »U-Boote oder Rundfunkgeräte«[384] oder sie verwiesen auf eine angebliche Äußerung Hitlers, dass »man schliesslich mit Radioapparaten, mit Staubsaugern, Haus- und Küchengeräten keinen Krieg gegen England gewinnen kann«[385]. Besonders in den ersten Monaten 1941 jagten sich eine Reihe widersprüchlicher Entscheide.[386] Im Ergebnis wurde eine Fertigung für den heimischen Markt nur als Puffer zwischen militärischen Aufträgen oder der Herstellung von Markengeräten für den Export gestattet.

Ende 1939 kursierten Vorschläge, die Produktion von Markengeräten generell zu untersagen,[387] wogegen natürlich die Rundfunkindustrie Sturm lief. Darüber hinaus arbeitete sie an einem neuen Gemeinschaftsgerät, einem »Einheits- oder Volkssuper« in verschiedenen Ausführungen, der als »revo-

379 Latour, S. 424; Hensle, S. 123; Reuband, S. 255.

380 Pohle, S. 343 ff.; Uta C. Schmidt, Radioaneignung, S. 353 ff.; vgl. Arbeiter Zeitung (Basel) v. 4.2.1937; Diller, Haben Sie; neuerdings auf breiterer Quellenbasis Reuband, bes. S. 261-64, und Dussel, Hörfunk, S. 66 f.

381 Carsten Lenk, S. 118.

382 Nationalsozialistische Rundfunk-Korrespondenz v. 6.9.1939, S. 4 u. 8; 13.9.1939, S. 10 f.

383 Nationalsozialistische Rundfunk-Korrespondenz v. 20.12.1935, S. 5; BArch R 55/ 20 028, Bl. 200 ff. u. 275 f.; vgl. SAA Lf 720, Protokoll Delegiertensitzung am 15.12.1939, S. 5.

384 BArch R 55/ 20 672, Bl. 49.

385 BArch R 55/ 20 028, Bl. 275 f. Eine ähnliche Äußerung wird auch General Thomas zugeschrieben (Mason, Arbeiterklasse, S. 115).

386 BArch R 55/ 20 672, Bl. 11 ff., 41, 56, 76 f. u. 82 ff.

387 BArch R 55/ 20 028, Bl. 252 ff.

lutionäre Massnahme der deutschen Rundfunkwirtschaft« gefeiert wurde.[388] Außer für den Export war der neue Typ, um den es jedoch bald wieder still wurde, für deutsche Regionen mit schlechtem Empfang gedacht.[389]

Tatsächlich wurde von den Vorstellungen des Propagandaministeriums kaum etwas umgesetzt. Während des Krieges stand die Rundfunkversorgung der deutschen Bevölkerung auf der Prioritätenliste ganz hinten. An erster Stelle rangierte die militärische Produktion. Im Spätsommer 1941 erschien sogar ein angeblicher Führerbefehl glaubhaft, dass die gesamte zivile Rundfunkfertigung, auch die für den Export, zugunsten der Herstellung eines speziellen Wehrmachtrundfunkempfängers einzustellen sei.[390] In Wirklichkeit stand die Fertigung von Markengeräten für den Export nicht in Frage, weil man die erwirtschafteten Devisen für die Einfuhr kriegswichtiger Rohstoffe benötigte. Die Produktionsstatistik gab die Prioritäten deutlich wieder:[391] Zwischen 1939 und 1943 wurden mehr als 4 Millionen Markenempfänger, aber nur 2,7 Millionen Gemeinschaftsempfänger hergestellt. Damit verschoben sich die Vorkriegsrelationen dramatisch zugunsten der Markenempfänger. Ende Januar 1941 fasste das Propagandaministerium das Scheitern seiner Politik in Zahlen:[392] An sich wollte man nach Kriegsbeginn keine Markengeräte mehr herstellen lassen; produziert wurden 1,65 Millionen. Vorgesehen waren eine knappe Million DKE, fertig gestellt wurde weniger als die Hälfte. Mit dem für die Markengeräte eingesetzten Material wäre man in der Lage gewesen 6 Millionen DKE zu bauen. Die Ministerialen interpretierten dies so, dass »die Industrie zum ersten Male ihre Gewinninteressen mit Erfolg gegen die Staatsinteressen durchsetzen konnte«. Man äußerte Zweifel, ob tatsächlich alle produzierten Markengeräte in den Export gingen.[393] Die Rundfunkgerätefertigung im Reich wurde offiziell am 1. November 1943 eingestellt; in der Realität dürfte sie allmählich ausgelaufen sein.[394]

Für die Fertigung des DKE setzte das Propagandaministerium seit 1941 auf die besetzten Gebiete, da im Reich keine Kapazitäten mehr zur Verfügung standen. Gegen anfänglichen Widerstand der Industrie verfolgte man die Gründung eines Gemeinschaftsunternehmens in Warschau.[395] Ein zweites Standbein der DKE-Fertigung bildeten die polnischen Philips-Werke. Die Produktion im Gemeinschaftsunternehmen begann im Juli 1942; im Jahr 1943 wurden 80.000 DKE fertig gestellt. Die Initiative für eine DKE-Produktion in Paris ging 1942 von der Firma Lorenz aus.[396] Von Juni 1943 bis

388 BArch R 55/ 20 028, Bl. 283; Seume.
389 Nationalsozialistische Rundfunk-Korrespondenz v. 17.1.1940, S. 4 f.
390 BArch R 55/ 20 672, Bl. 157 ff.
391 Lucae, S. 165. Die Zählung umfasst das gesamte Jahr 1939, setzt also nicht mit Kriegsbeginn ein. Die genaue Kriegsproduktion dürfte für die Gemeinschaftsgeräte noch ungünstiger gewesen sein. Vgl. für die Exportradios Opperskalski.
392 BArch R 55/ 20 672, Bl. 24 ff., das Zitat auf Bl. 26.
393 BArch R 55/ 20 672, Bl. 119 ff. u. 167.
394 BArch R 55/ 401, Bl. 33 ff.
395 BArch R 55/ 20 672, Bl. 56, 128 f., 133, 136, 140 u. 162 ff.; R 55/401, Bl. 83, 97 u. 101; Rundfunkarchiv 15 (1942), S. 84.
396 BArch R 55/ 401, Bl. 28 u. 101.

Jahresende entstanden etwa 50.000 Apparate. Für Warschau und Paris sahen die Planungen für das Jahr 1944 je 150.000 DKE vor. Die erzielten Produktionsmengen sind nicht bekannt, doch standen beide Fabriken seit September 1944 nicht mehr zur Verfügung.

Gemessen am Bedarf waren die in Polen und Frankreich hergestellten DKE ein Tropfen auf den heißen Stein. Mit Ausbruch des Krieges hatte die politische Führung verkündet, dass auf dem Rundfunkmarkt keine Engpässe zu erwarten seien.[397] Wenige Monate später übte man schon größere Zurückhaltung. Klagen, dass im Handel bestimmte Rundfunkgeräte nur noch schwer zu bekommen seien, setzten bereits kurz nach Kriegsbeginn ein.[398] 1941 spitzte sich die Lage beträchtlich zu. Im Unterschied zu teuren Modellen waren Gemeinschaftsgeräte kaum noch lieferbar.[399]

Engpässe kamen beim Kauf neuer Geräte zum Vorschein, aber auch bei der Versorgung mit Ersatzteilen. Am schlimmsten traf es die Besitzer von Batteriegeräten. Seit November 1939 waren kaum noch Ersatzbatterien zu bekommen, da die Industrie mit der Produktion von Taschenlampenbatterien für das Heer ausgelastet war.[400] Die wenigen für den zivilen Bedarf hergestellten wurden auf Bezugsschein von der Partei und der Post vergeben. Die Publizistik sprach schon von einer »Wiederentdeckung des Detektors«, d.h. dem strom- und batterielosen Empfangsgerät. Seit Frühjahr 1941 war ein gravierender Röhrenmangel zu verzeichnen.[401] Ein Jahr später war die Rede davon, dass die Fertigungskapazitäten selbst für den militärischen Bedarf nicht mehr ausreichten.[402]

Seit 1940 wurden neue Rundfunkgeräte nach den Vorkriegsumsätzen auf den Groß- und Einzelhandel verteilt.[403] Im Sommer 1942 scheint der Radiohandel weitgehend zusammengebrochen zu sein. Es wird berichtet, dass Händler die Apparate nur mit Aufschlägen abgaben oder gegen Mangelware wie Lebensmittel und Zigaretten eintauschten.[404] Im November 1942 zog das Regime die Notbremse und führte eine Bezugscheinpflicht für Rundfunkgeräte ein, die im Frühjahr 1943 auf gebrauchte Radios erweitert wurde.[405] Die Verteilungsmodalitäten lassen sich nicht mehr rekonstruieren. In den Quellen ist von der Abgabe an Parteiorganisationen die Rede, aber auch an Invaliden und Ausgebombte. Jedenfalls häuften sich seitdem die Anträge auf Zuteilung von Geräten und Ersatzteilen.[406] Bei Goebbels persönlich liefen zahl-

---

397 Nationalsozialistische Rundfunk-Korrespondenz v. 4.10.1939, S. 1 f.

398 BArch R 55/ 20 028; vgl. für die Rundfunkversorgung im Krieg: Uta C. Schmidt, Radioaneignung, S. 351 f.

399 BArch NS 18/ 319, Bl. 134; Boberach, Meldungen, S. 2192.

400 BArch R 4701/ 20 771, Bl. 175 ff.; Nationalsozialistische Rundfunk-Korrespondenz v. 18.10.1939, S. 12 (hieraus das Zitat).

401 BArch R 55/ 20 672, Bl. 94; Boberach, Meldungen, S. 2192.

402 BArch NS 18/319, Bl. 113.

403 Opperskalski, S. 214.

404 BArch NS 18/319, Bl. 16 u. 51 f.

405 Rundfunkarchiv 15 (1942), S. 474 u. 487 f.; 16 (1943), S. 203 f.

406 BArch R 55/ 20 029.

reiche Schreiben ein, in denen um einen Radioapparat gebettelt wurde.[407] Der Sicherheitsdienst der SS berichtete von zunehmender Unruhe in der Bevölkerung, die an Informationen über die militärische Lage interessiert sei.[408] Die Gesamtproduktionszahlen bilden die immer schwieriger werdende Situation ab.[409] 1940 lagen sie mit an die 1,4 Millionen Apparaten bei weniger als der Hälfte von 1939. 1941 gingen sie auf etwa 850.000 zurück. Der Rückgang erfolgte vor allem bei den Markenempfängern, die 1941 knapp unter die Gemeinschaftsgeräte absackten. 1942 und 1943 wurde die Produktion von Markenempfängern wieder auf durchschnittlich 550.000 im Jahr gesteigert, während die von Gemeinschaftsempfängern weiter um mehr als die Hälfte auf unter 200.000 reduziert wurde.

Abgesehen von der verminderten Produktion an Radios und Teilen litt die Rundfunkversorgung noch unter Restriktionen für die Rundfunkreparaturwerkstätten. Zu Kriegsbeginn wurde den meisten die Erlaubnis zur Benutzung ihres Kraftfahrzeugs entzogen. Daraufhin ergoss sich eine Flut von Beschwerden in das Propagandaministerium, das sie befürwortend an die zuständigen Stellen weiterleitete. [410] Natürlich blieb das Radiogewerbe von den sich im Verlauf des Krieges verschärfenden Auskämmaktionen, der Schließung von Betrieben und der Einberufung von Besitzern und Mitarbeitern, nicht verschont. Auch hier erfolgte der entscheidende Einbruch 1942.[411] Aus verschiedenen Regionen wurde gemeldet, dass so gut wie keine Reparaturmöglichkeiten mehr bestünden. Planungen für die Umschulung von Kriegsversehrten zu Rundfunkmechanikern scheinen nicht sehr weit gediehen zu sein. Ebenso blieben Bemühungen der Partei, Gemeinschaftswerkstätten zu errichten, weitgehend erfolglos.

Eine letzte Möglichkeit, die Rundfunkversorgung zu verbessern, ergriffen die zuständigen Dienststellen seit Frühjahr 1943. In besetzten Ländern wie Polen, Norwegen und den Niederlanden waren Rundfunkgeräte beschlagnahmt worden.[412] Dabei ging es zunächst vor allem darum, die Bevölkerung von den Informationen der »Feindsender« abzuschneiden; teilweise wurden bei Deutschlandfreundlichen Ausnahmen gemacht. In den Niederlanden erfolgte die Beschlagnahme seit Mai 1943 bereits mit dem Motiv, die Radios nach Deutschland zu schaffen und dort zu verteilen.[413] Insgesamt wurden etwa 800.000 Apparate requiriert, von denen die Hälfte ins Reich gehen sollte. Die Aktion litt von vornherein unter einer Fülle von Schwierigkeiten: unter einem enormen bürokratischen Aufwand, der Konkurrenz und mangelnden Koordination mehrerer Ämter, fehlenden Lagerkapazitäten, Mangel an Verpackungsmaterial, der Entnahme von Geräten und dem Diebstahl von

---

[407] BArch R 55/ 20 029.

[408] Boberach, Meldungen, S. 5941-45.

[409] Lucae, S. 165.

[410] BArch R 55/ 20 028, Bl. 200 ff.

[411] BArch NS 18/319, Bl. 46, 134 u. 157 ff.

[412] Diller, Rundfunkpolitik, S. 387 ff.; Boelcke, Macht, S. 456-60; Reuband, S. 256 f.

[413] Das Folgende nach im Deutschen Rundfunkarchiv liegenden Kopien aus dem Sonderarchiv Moskau 1363/1/84, Bl. 3, 8, 17 f., 28, 61-66, 70-72, 101, 117 u. 206.

Röhren sowie nicht zuletzt unzureichenden Transportmitteln. Jedenfalls ging die bereits öffentlich angekündigte Maßnahme nur schleppend voran. Insgesamt dürften nur einige 10.000 Apparate in Deutschland angekommen sein. Weit weniger werden wohl die vorgesehene Zielgruppe erreicht haben, denn in Deutschland fehlten teilweise erforderliche Reparaturkapazitäten. Noch im Februar 1945 wandte sich die Reichsrundfunkkammer an die SS und forderte Facharbeiter aus den Konzentrationslagern an, um in den Niederlanden und in Norwegen beschlagnahmte Radioapparate instand zu setzen.[414]

Die in den internen Akten aufscheinenden zahlreichen Schwierigkeiten wecken Zweifel an der nationalsozialistischen Propaganda, die bis 1943 beträchtlich steigende und erst danach sinkende Teilnehmerzahlen meldete.[415] Viele solcher Meldungen verschwiegen, dass sie die vom Reich usurpierten Gebiete stillschweigend einrechneten, also an sich keinen Vergleich mit den älteren, auf das Altreich bezogenen Angaben zuließen. Tatsächlich sah sich das Propagandaministerium bereits 1941 gezwungen, sich mit der »Aufrechterhaltung der gegenwärtigen Rundfunkteilnehmerzahl« bescheidenere Ziele zu setzen.[416] Jedoch bleibt zweifelhaft, ob auch nur das erreicht wurde. Die Post erklärte nach Kriegsbeginn steigende Teilnehmerzahlen teilweise damit, dass bisherige Schwarzhörer sich jetzt aufgrund der strengen Kriegsgesetze anmeldeten.[417] Zu berücksichtigen seien außerdem die aufgrund von Ersatzteilmangel stillgelegten Geräte. Allein für 1940 bezifferte die Post deren Zahl auf 1,3 Millionen. Das Propagandaministerium gab das Ergebnis einer Umfrage bekannt, dass die »Zahl der stillgelegten Kleinempfänger in manchen Gebieten erschreckend groß« sei. Berücksichtigt man diese zeitlich frühen Aussagen und die oben ausgebreiteten Quellenbefunde, dann erscheinen die offiziösen Angaben von Ende 1942 über eine Gesamtzahl von bislang 1,5 Millionen ausgefallener Rundfunkgeräte eher zu tief gegriffen.[418] Exakte Zahlen stehen jedenfalls nicht zur Verfügung. Als wahrscheinliches Gesamtbild ergibt sich, dass es der politischen Rundfunkführung bis 1942 nur mit Mühe gelang, die Rundfunkversorgung der Bevölkerung in etwa auf dem Vorkriegsniveau zu halten. Danach kam es zu einem Rückgang unbekannten Ausmaßes.[419] Im Ernstfall des Krieges bewährte sich der als zentrales Propagandainstrument konzipierte Rundfunk jedenfalls nur bedingt.

---

414 BArch R 55/ 20 029, Bl. 485.

415 Vgl. z.B. die bei Lucae, S. 24 abgedruckten Zahlen, die auf offiziellen Angaben beruhen.

416 Rundfunkarchiv 14 (1941), S. 82.

417 BArch R 55/ 20 672, Bl. 94 f.

418 Heiber, Akten, Nr. 72 017 f., 72 053 u. 74 739-42; BArch NS 18/318, Bl. 42.

419 Die Schätzung von Reuband, S. 261, dass die Hörerquote im Laufe des Krieges auf etwa 40 % sank, ist ziemlich aus der Luft gegriffen.

DER EINHEITS-FERNSEHEMPFÄNGER: GEMEINSCHAFTSGERÄT FÜR EINEN ZUKUNFTSMARKT

Als die Nationalsozialisten an die Macht kamen, befand sich das Fernsehen in einer dynamischen Entwicklungsphase.[1] Die ersten Prototypen waren auf der Berliner Funkausstellung 1928 gezeigt worden.[2] Die kleinen schattenrissähnlichen Bilder waren alles andere als attraktiv, dennoch trafen sie auf ein interessiertes Publikum. Sie stellten eine technische Sensation dar und sie transportierten vielfältige Projektionen zur Zukunft eines neuen Mediums. 1929 begann die Reichspost in Berlin mit der Ausstrahlung von Versuchssendungen. Neben einer Reihe von Firmen wurde die Behörde mit ihrem Reichspostzentralamt zum Entwicklungszentrum für das Fernsehen. In die Zeit um 1933 fielen zwei grundlegende Entscheidungen für die zukünftige Fernsehtechnik: die Übertragung mit Ultrakurzwelle statt mit Kurzwelle und der Übergang von der mechanischen zur elektronischen Bildzerlegung und –zusammensetzung. In den folgenden Jahren bestand die wichtigste Aufgabe darin, das Fernsehbild durch eine größere Zahl von Bildpunkten schärfer und mit Hilfe einer höheren Bildwechselfrequenz flimmerfreier zu machen.

Seit 1933 befasste sich eine Reihe von Institutionen mit dem Fernsehen.[3] Die Reichspost trieb in enger Kooperation mit der Industrie die technische Entwicklung voran. Das Propagandaministerium und die Reichsrundfunkgesellschaft betrachteten sich – analog zum Rundfunk – zuständig für die Inhalte der Sendungen. Seit April 1934 intensivierten sie die Arbeiten im Studio. Mit der Gründung einer Fernsehgemeinschaft im Mai 1935 markierte die Reichsrundfunkkammer die Ansprüche der Propaganda auf das Fernsehen. Ein weiterer Fernsehinteressent war Görings Luftfahrtministerium. Die von ihm geförderten Arbeiten zielten auf das militärische Potenzial der Fernsehtechnik für die Aufklärung und Zielerfassung. 1935 taten sich Luftfahrt und Post zusammen, um die Fernsehkompetenzen unter sich aufzuteilen.[4] Dies rief heftige Proteste des Propagandaministeriums hervor. Zur Unterstützung seiner Ansprüche führte das Ministerium aus, dass das Fernsehen »für die politische und kulturelle Propaganda in der Zukunft eine *ausschlaggebende* Rolle spielen« werde.[5] Hitler entschied die Auseinandersetzungen zwischen den Ministerien im Dezember 1935 – wie so oft – durch Aufteilung der

---

1 Zum Fernsehen im Nationalsozialismus: Lerg; Zeutschner; Diller, Rundfunkpolitik, S. 184-98; Hickethier/Hoff, S. 33-59; Winker.

2 Zur Vor- und Frühgeschichte des Fernsehens: Lerg; Hickethier/Hoff, S. 24 f.; Winker, S. 13 ff.

3 Winker, S. 45 ff.

4 Winker, S. 76 ff.

5 BArch R 43 II/ 267 a, Bl. 29.

Kompetenzen. Die Luftfahrt blieb für die militärische Entwicklung zuständig, die Post für die Technik und die Propaganda für das Programm. Der Post wurden u.a. die Studiotechnik und die Empfänger zugeschlagen. Dies bedeutete eine partielle Niederlage der Propaganda und ein ständiger Konfliktherd zwischen den beiden Ministerien.

Bereits vor dem Machtkampf der Ministerien, am 22. März 1935, feierte die Reichsrundfunkgesellschaft mit einer Festveranstaltung die »Eröffnung des ersten regelmäßigen Fernsehprogrammbetriebs der Welt«.[6] Propaganda und Post hatten sich hierfür zusammengefunden – mit dem Motiv, den britischen Aktivitäten zuvorzukommen. Über den schon länger laufenden Versuchsbetrieb der Post hinaus benötigte man für das öffentliche Fernsehen ein Publikumsprogramm und vor allem Empfangseinrichtungen. Bei den hohen Preisen und der noch nicht ausgereiften Technik war an einen Geräteverkauf nicht zu denken. In dieser Situation entschied man sich für öffentliche Vorführorte. Das entsprach dem Modell des Kinos, knüpfte aber auch an entsprechende Einrichtungen in der Frühzeit des Rundfunks an.[7] Noch im Oktober 1934 war in Berlin anlässlich Goebbels' Geburtstag eine »öffentliche Rundfunkstube« eingeweiht worden.[8]

Die erste Berliner öffentliche »Fernsehstelle« der Post nahm am 9. April 1935 den Betrieb auf. Daneben richteten die Reichsrundfunkgesellschaft und anfänglich der Reichsverband Deutscher Rundfunkteilnehmer Empfangsorte unter der Bezeichnung »Fernsehstuben« ein. Bis September 1935 wuchs die Zahl der gesamten Empfangseinrichtungen auf 14.[9] Die Räumlichkeiten hatten etwa 30 Plätze. Die meisten befanden sich in Postämtern oder es handelte sich um angemietete Ladenlokale. Das Sehvergnügen hielt sich bei den winzigen Bildschirmen im Format 22 mal 18 cm in Grenzen. Die meisten Besucher dürften das Fernsehen als technische Attraktion bestaunt haben. Mehr als verdoppelt wurde die Zahl der Fernsehkinos anlässlich der Olympischen Spiele 1936, die in der ersten Augusthälfte in Berlin stattfanden.[10] Außerdem stand seit 1935 eine »Großbildstelle« mit wesentlich größerer Projektionsfläche, aber verminderter Bildqualität im Reichspostministerium zur Verfügung, welche im Endausbau an die 300 Besucher fasste.

Das Programm bestand aus einer Mischung von Wochenschau, Filmen und live gesendeter Unterhaltung.[11] Das eigentliche Live-Fernsehprogramm erhöhte mit der Zeit den Anteil. Das neue Medium setzte seine Stärke, die zeitgleiche Übertragung wichtiger Ereignisse, vor allem bei den olympischen Wettkämpfen ein. Danach fanden solche Live-Übertragungen nur noch bei den Reichsparteitagen und den Funkausstellungen statt. Dauer und Frequenz des Programms nahmen mit der Zeit zu. Anfänglich sendete man drei Mal in der Woche eine Stunde am Abend – mit Wiederholung. 1936 ging man zum tägli-

6 Winker, S. 69 ff. (das Zitat S. 69).
7 Carsten Lenk, S. 75.
8 Mitteilungen der RRG 441 v. 17.11.1934, Bl. 5.
9 Eine Zusammenstellung bei Winker, S. 507.
10 Eine Zusammenstellung bei Winker, S. 508.
11 Winker, S. 138 ff., 213 ff. u. passim.

8 Liveübertragung von den Olympischen Spielen 1936 in einer Berliner Fernsehstube. (Süddeutscher Verlag, München)

chen Sendebetrieb über. Den größten Umfang erhielt das Programm während der Spiele – mit 8 Stunden am Tag. Zuerst wechselte es nach jeder Woche, seit Herbst 1936 täglich. Eine enorme Nachfrage lösten die Olympischen Spiele aus.[12] Wegen Überfüllung mussten Fernsehkinos schließen. Insgesamt zählte man während der Spiele 162.000 Besucher, das waren etwa 10.000 am Tag. Ansonsten dürften sich die Besucherzahlen – die Angaben sind widersprüchlich – bei etwa 1000 täglich bewegt haben. Die Post sprach – der Eintritt war frei – von einem Stammpublikum aus den ärmeren Bevölkerungsschichten.

Nach anfänglichem Zögern entschlossen sich die Verantwortlichen, den Fernsehbetrieb während des Krieges weiterzuführen.[13] In Berlin und in Hamburg wurden sogar je zwei Großbildstellen zusätzlich eingerichtet. Aufgrund der zunehmenden Schwierigkeiten im Verlauf des Krieges und dem Drängen der Filmwirtschaft folgend stellten Post und Rundfunk das öffentliche Fernsehen schließlich Anfang 1942 ein. Weitergeführt wurde das 1940/41 begonnene Truppenprogramm für Lazarette, doch im September 1944 war es auch damit vorbei.

Bereits in den 1920er Jahren begleiteten das Fernsehen zahlreiche Projektionen und Visionen späterer Nutzungen. Hierzu gehörten dem Kino sowie dem

[12] Zahlenangaben bei Winker, S. 136 u. 195-97; Lerg, S. 372; Zeutschner, S. 141.
[13] Winker, S. 255 ff., 314 ff., 415 ff. u. 512 f.

Rundfunk analoge Nutzungskonzepte.[14] Wenn an eine weite Verbreitung von Fernsehapparaten in den Haushalten gedacht wurde, lag es nahe, dies mit dem Begriff »Volksempfänger« auszudrücken. Solche und ähnliche Bezeichnungen tauchten seit den späten 1920er Jahren auf.[15] Die Propagierung und Präsentierung des nationalsozialistischen Rundfunk-»Volksempfängers« heizte im Sommer 1933 die Diskussion um einen preiswerten Fernseher an. Die Publizistik, unter der sich die nationalsozialistischen Blätter besonders hervortaten, gab der Erwartung Ausdruck, dass ein öffentliches Fernsehen unmittelbar bevorstehe oder dass in Bälde mit einem billigen Empfänger zu rechnen sei.

Der nationalsozialistische Rundfunkpublizist Fritz Lindenberg meinte nach dem Besuch der Funkausstellung 1933, dass zum »Volks-Fernseh-Empfänger ... nur ein kleiner Schritt« noch fehle.[16] Unter der Überschrift »Wie steht es um den Volksfernseher?« wies ein Berichterstatter auf das von Loewe ausgestellte Modell hin.[17] Sicher nicht ohne Zutun des Unternehmens wurde das Gerät auch an anderer Stelle als »Volks-Fernseher« bezeichnet.[18] In der Folge verschwand das Thema nicht mehr aus den Gazetten. Besonders anlässlich der Funkausstellungen, aber auch unabhängig davon wurde Fernsehen als Massenmedium thematisiert. »Der Angriff« gab 1934 dem nationalsozialistischen Rundfunkaktivisten Karl Hintze Raum für die Ankündigung, dass »man in zwei bis drei Jahren zu jedem (Rundfunk-, W.K.) Apparat das *einwandfreie Fernsehgerät* liefern« könne.[19] Der »Deutsche Sender«, die Programmzeitschrift des Reichsverbandes Deutscher Rundfunkteilnehmer, hielt im gleichen Jahr die »Aussichten für ein Volks-Fernsehen ... (für) nicht ungünstig«.[20] In nicht allzu langer Zeit würden Empfänger für ein breites Publikum auf den Markt kommen.[21] Dann sei mit einer ähnlichen Verbreitung wie beim Rundfunk zu rechnen. Das gleiche Blatt verbreitete 1935 die Vision, »wie einst überall in deutschen Häusern Fernsehapparate stehen werden«,[22] bezeichnete wieder ein Loewe-Modell als »Volksfernseher«[23] und adelte die öffentlichen Fernsehstuben als »Volksfernsehen«[24]. Das Thema scheint sich auch durch Wiederholung nicht abgenützt zu haben. In einem Vorbericht zur Funkausstellung 1938 »Fernsehen – bald eine Selbstverständlichkeit« prognostizierte der Westdeutsche Beobachter, »daß auf Grund der neuen Apparate das Fernsehen in einiger Zeit bald so volkstümlich und selbstverständlich sein wird wie der allgemeine Rundfunkempfang.«[25]

---

14 Winker, S. 12 f. u. 29 ff.; Elsner/Müller/Spangenberg, S. 167 ff.

15 Winker, S. 14 u. 18; Lerg, S. 352; Hoff, S. 214.

16 N.S.-Funk v. 17.9.1933, S. 45; vgl. auch Telegraphen- und Fernsprech-Technik 22 (1933), S. 238 u. 259; Seegers, S. 265-71.

17 Nar.

18 Der Qualitätsmarkt der elektro-akustischen Industrie 15 (1933), S. 376.

19 Der Angriff 8 (1934), 27.7., 1. Beilage; vgl. auch 9 (1935), 23.3., S. 6.

20 Der Deutsche Sender v. 13.4.1934, S. 62.

21 Der Deutsche Sender v. 7.9.1934, S. 61.

22 Der Deutsche Sender v. 17.5.1935, S. 46.

23 Der Deutsche Sender v. 15.3.1935, S. 46 f.

24 Der Deutsche Sender v. 24.5.1935, S. 46.

25 Westdeutscher Beobachter v. 1.8.1938; vgl. Winker, S. 239.

Die Thematisierung des »Volksfernsehens« und des »Volksfernsehers« in der Parteipresse vermied in der Regel klare zeitliche Festlegungen. Aber jedenfalls weckte sie Erwartungen und dürfte das ohnehin vorhandene Interesse zusätzlich angestachelt haben. Das gleiche gilt für die Aufforderung des Reichssendeleiters Eugen Hadamovsky, die Verbreitung des Fernsehens mit Hilfe von »Bastelgemeinschaften« voranzubringen.[26] 1935 erließ der Reichsverband Deutscher Rundfunkteilnehmer einen Aufruf zur Bildung örtlicher »Fernsehgemeinschaften«.[27] Der Kontext bestand in dem auch im Rundfunk verbreiteten Wunsch der Parteiführung, für eine optische Wiedergabe der Reichsparteitagsveranstaltungen zu sorgen. Der Aufruf des RDR konnte so verstanden werden, dass die »Empfangsgemeinschaften« auch den Apparate- und Senderbau in die Hand nehmen sollten.

Solche Versuche zur Popularisierung des Fernsehens blieben nicht ohne Wirkung. 1935 z.B. lief bei der Reichsrundfunkgesellschaft das Schreiben eines Bastlers aus Bad Wildungen ein, der Zeichnungen anbot, wie das Fernsehen »in Form von Volksfernsehgeräten den Volksgenossen zugänglich zu machen« sei.[28] Im September 1934 reichte ein Pforzheimer Techniker beim Rundfunk einen komplett ausgearbeiteten Vorschlag ein für die »alsbaldige Einführung eines Volksfernsehempfangs« in der Region.[29] Das vom Pforzheimer Oberbürgermeister und Mitgliedern der badischen Regierung unterstützte Projekt enthielt Angaben zu den Empfängern, der Programmverteilung per Kabel und zur Finanzierung. Wahrscheinlich stand eine andere Pforzheimer Fernsehinitiative damit in Zusammenhang. Eine unter »Fernseh-Volksempfänger-Gesellschaft« firmierende Gruppe war ursprünglich gegründet worden, um ein preiswertes Empfangsgerät zu bauen.[30] 1937/38 entwickelte die von der Partei unterstützte und empfohlene Bastelgruppe ein Lehrmodell, welches das Prinzip des mechanischen Fernsehens demonstrierte. Die Reichspost hielt das Modell für brauchbar, wies aber darauf hin, dass es aufgrund des Übergangs zur elektronischen Technik überholt sei.

Die Radioindustrie und der Rundfunkhandel sahen in der öffentlichen Aufregung um den zu erwartenden »Volksfernseher« zunehmend eine Gefahr für das Radiogeschäft. In den Zeitschriften des Rundfunkhandels erschienen Artikel, die sich bemühten, die Erwartungen zu dämpfen. So konnte man 1934 in der Phonographischen und Radio Zeitschrift lesen, dass für das Geld, das ein Fernsehapparat koste, sich auch ein anständiges Auto erstehen lasse.[31] Aussichten auf schnelle Preissenkungen bestünden nicht.

---

26 Winker, S. 54.

27 Abgedruckt in Hickethier/Hoff, S. 38; vgl. Hoff, S. 217-19; Der Deutsche Sender v. 4.10.1935, S. 8.

28 BArch R 55/ 21 048, Bl. 75; vgl. Winker, S. 54 u. 108, Anm. 176.

29 BArch R 55/ 21 048, Bl. 41-57.

30 BArch R 4701/ 20 809, Bd. 6, Bl. 344-56; vgl. Winker, S. 246, Anm. 286.

31 Phonographische und Radio Zeitschrift 35 (1934), S. 491; vgl. auch Der Radio-Markt Nr. 27/28 v. 6.7.1935, S. 30.

Eine Episode in Recklinghausen verdeutlicht die Spannungen zwischen euphorischen und realistischen Einschätzungen des Fernsehmarkts.[32] In zeitlichem Zusammenhang mit der Funkausstellung 1934 präsentierte ein Radiohändler in seinem Schaufenster ein Modell von Loewe für 600 RM unter der Bezeichnung »Volksfernsehgerät«. Das Gedränge auf der Straße soll so groß gewesen sein, dass die Polizei einschritt. Die Aktion hatte etwas Fiktionales an sich, weil es in Recklinghausen gar keine Möglichkeit für Fernsehempfang gab und sich nur Tonausschnitte vorspielen ließen. Die Konkurrenz protestierte beim zuständigen Industrieverband gegen die effekthascherische Werbung. »Die Volksgenossen, die wir betreuen ..., sind froh, wenn sie sich heute einen Volksempfänger anschaffen können.« Eine Zeitungsanzeige des betreffenden Händlers, »das Volksfernsehen marschiert«, konterten sie mit einer Gegenanzeige, dass »das Fernsehen vorläufig noch ein unerfüllter Traum« sei. Die Wirtschaftsstelle der Deutschen Rundfunkindustrie wollte vor allem einen Streit »Volksfernsehgerät gegen Volksempfänger« vermeiden und versprach, in diesem Sinne bei Loewe vorstellig zu werden.

Die Nervosität des Handels kam zum Ausdruck in Protesten gegen einen 1935 im Auftrag der Post erstellten Werbefilm für das Fernsehen »Das Auge der Welt«.[33] Die Einsprüche richteten sich insbesondere gegen die Schlusspassage:[34] »Die Zeit wird kommen, wo der Fernsehempfänger Allgemeingut geworden ist, wo jeder Mensch teilnehmen kann am Erleben seiner Nation, an den Ereignissen der ganzen Welt.« Der Handel sah in dem Film gewissermaßen den Tropfen, der das über längere Zeit sich füllende Fass einer übertriebenen Propaganda, welche schon genügend Schaden angerichtet habe, zum Überlaufen brachte.[35] Er berichtete von Kunden, die mit Blick auf das Fernsehen vom Kauf hochwertiger Radioapparate Abstand genommen hätten. Der Händlerverband verlangte als Klarstellung einen Text, dass das Fernsehen noch geraume Zeit zu teuer und der Fernseher als »Zusatzgerät« zum Radio zu verstehen sei. Das Propagandaministerium und von ihm abhängige Institutionen schlossen sich den Protesten an. Für sie lag der eigentliche Stein des Anstoßes darin, dass der Film die Fernsehkompetenzen des Ministeriums nicht einmal erwähnte. Auch eine revidierte Fassung fand keine Gnade vor den Augen der Opponenten. Als die Post schließlich Anfang 1937 den Film zurückzog, hatte er seinen Zweck, auf die Fernsehaktivitäten der Reichspost aufmerksam zu machen, großenteils erfüllt.

Für die Rundfunkverantwortlichen im Propagandaministerium war es nicht leicht, die Frage des Fernsehens angemessen und politisch klug zu behandeln. Das Medium befand sich in einer dynamischen technischen Entwicklung, deren Fortgang nur schwer abzusehen war. Die durch die Presse – auch an der Parteibasis – geschürten Erwartungen waren fast schon unerfüllbar hoch. Die Auswirkungen des Fernsehens auf den Rundfunkmarkt ließen

---

32 BArch R 55/ 21 048, Bl. 29 f., 34 f. u. 38.

33 BArch R 55/ 21 050; vgl. Winker, S. 92 f., der aber die Interessen hinter der Kontroverse nur unzureichend herausarbeitet.

34 BArch R 55/ 21 050, Bl. 16.

35 Ebd., Bl. 19 f.

sich kaum abschätzen. Dazu kam die Konkurrenz zur Post, der man nicht einfach das Feld überlassen wollte. Die Situation erforderte also strategisches Denken einerseits und Fingerspitzengefühl andererseits, was beides bei der Rundfunkführung eher Mangelware war.

Besonders einem eitlen, spontanen und immer nach originellen Formulierungen suchenden Demagogen wie Eugen Hadamovsky, der als Programmleiter Rundfunk auch für das Fernsehen verantwortlich zeichnete, fiel es schwer, eine einheitliche Linie zu wahren. Bereits auf der Funkausstellung 1934 brachte er einen »Volksfernsehempfänger« ins Gespräch.[36] Überhaupt waren seine Aussagen über die unmittelbare Zukunft des Fernsehens so optimistisch und missverständlich, dass sich die Post zu einem Dementi genötigt sah. Anlässlich der Feier zur Eröffnung des regelmäßigen Programmbetriebs am 22. März 1935 stellte Hadamovsky dem Medium eine glänzende Zukunft mit »Tausende(n) und Hunderttausende(n) fernsehender Volksgenossen« in Aussicht.[37] Zur Empfängerfrage führte er aus, dass bis zur Funkausstellung desselben Jahres die Industrie »einen brauchbaren, alle heute vorliegenden Erfahrungen berücksichtigenden Empfänger – ganz gleich, welcher Preislage – in beliebig lieferbaren Mengen auf den Markt zu bringen« habe – eventuell in Gemeinschaftsfabrikation.[38] Außerdem regte er – wie schon früher – Selbstbau durch die bestehenden Bastlerorganisationen an.

Die Botschaft wurde in der Öffentlichkeit missverstanden. Bereits unmittelbar nach der Veranstaltung sah sich der Rundfunk veranlasst zu dementieren, in nächster Zeit sei mit einem »Volksfernseher« oder »Volksempfänger« zu rechnen.[39] Hadamovsky selbst beteiligte sich im Jahre 1935 an den Klarstellungen mit zahlreichen Artikeln und Reden.[40] Je nach Lust und Laune fielen sie scherzhaft oder aggressiv aus. So machte er in einem Rundfunkgespräch das Witzchen, dass er »nur ein einziges Volksfernsehgerät kenne, den Feldstecher.«[41] Bei anderer Gelegenheit wandte er sich gegen das Gerede vom »Volksfernsehempfänger«; einen Apparat, der viele Hundert oder vielleicht 1000 RM oder mehr koste, könne man nicht als »Volksgerät« bezeichnen.[42] Man könne »nicht den zweiten Schritt vor den (sic!) ersten tun und von Volksempfängern reden, wenn noch nicht einmal die genügende Anzahl teurer und großer Apparate frei auf dem Markt verkäuflich ist und den Bedarf wirklich deckt.«[43] Und schließlich griff Hadamovsky in schärferem Ton »die verantwortungslosen Gerüchtemacher (an), die den Volksfernsehempfänger für die allernächste Zeit in Aussicht stellen«.[44] »Schon der Gebrauch

36 Winker, S. 54.
37 Mitteilungen der RRG 459 v. 23.3.1935, Bl. 5.
38 Funktechnischer Vorwärts 5 (1935), Gruppe V, S. 25 f.
39 Mitteilungen der RRG 460 v. 30.3.1935, S. 3; N.S.-Funk v. 7.4.1935, S. 9; vgl. Der Angriff 9 (1935), 16.5., S. 14; 2.8., S. 15.
40 Z.B. BArch R 78/751, Rede v. 29.4.1935, S. 9 f. (vgl. Winker, S. 74); Ebd., Rede v. 2.7.1935, S. 3; Mitteilungen der RRG 472 v. 11.7.1935, Bl. 2.
41 N.S.-Funk v. 12.5.1935, Berliner Programmbeilage, S. 10; vgl. Winker, S. 74 f.
42 BArch R 78/751, Rede v. 15.5.1935, S. 1.
43 Mitteilungen der RRG 467 v. 3.6.1935, S. 8.
44 N.S.-Funk v. 26.5.1935, S. 8.

einer solchen Bezeichnung sei ein grober Bluff oder ein wissentlich angewandter Schwindel.«[45]

Die Dementis zum Volksfernseher wurden begleitet und relativiert von Visionen einer massenhaften Verbreitung des neuen Mediums, wobei der Zeithorizont bewusst offengelassen wurde. Hadamovsky sprach vom Fernsehen als »Volkssache«[46], als »Volksangelegenheit«[47] und als »Allgemeingut der Menschen«[48]. »Das Volk der Rundfunkhörer wird ... in absehbarer Zukunft ein Volk von Fernsehern sein.«[49] Mit solch doppelbödigen Bekundungen trug die nationalsozialistische Rundfunkführung im Jahre 1935 nicht gerade zur Beruhigung der Öffentlichkeit bei. In der Parole der Funkausstellung 1935 »Volkssender! Fernsehen! Volksempfänger!« hatte man beim Fernsehen bewusst das Epitheton Volk weggelassen. Aus einer Formulierung in einer der Begrüßungsansprachen machte jedoch »Der Angriff« die Schlagzeile »Ziel für die nächste Zukunft: Jeder Deutsche auch Fernseher«.[50] Und im begleitenden Katalog konnte sich der Pressechef der Reichssendeleitung nicht die Propagandafloskel verkneifen, dass das Fernsehen schon jetzt nicht mehr eine Sache der Begüterten, sondern der schaffenden Volksgenossen sei.[51]

Nach dem turbulenten Jahr 1935 wurde es um den »Volksfernseher« etwas ruhiger. Doch reagierte die Öffentlichkeit auf neue Signale sofort mit großer Aufmerksamkeit. Dies musste der neue Reichssendeleiter Hans Kriegler erfahren, der 1937 den in Ungnade gefallenen Hadamovsky ablöste. Zeitungsmeldungen zu Folge äußerte Kriegler im November 1937 auf einer regionalen Tagung der Reichsrundfunkkammer, dass mit der Inbetriebnahme weiterer Fernsehsender im nächsten Jahr der »Start zur Massenfabrikation von Fernsehempfangsgeräten gegeben (sei), denen dann bald der gute und billige Volksfernsehempfänger folgen werde«.[52] Kriegler bestritt die Äußerung und dementierte das Erscheinen eines »Fernseh-Volksempfängers« bereits im Jahre 1938.[53]

Von Goebbels selbst sind nur positive Einschätzungen der Zukunftsaussichten des Fernsehens überliefert.[54] In seinen offiziellen Verlautbarungen hielt er sich an die Strategie einer optimistischen, aber unkonkreten Zukunftsschau. In der Eröffnungsrede zur Funkausstellung 1935 prophezeite er dem Fernsehen einen »märchenhaften Aufschwung«.[55] Die Entwicklung

---

45 N.S.-Funk v. 9.6.1935, S. 3.
46 BArch R 78/751, Rede v. 15.5.1935, S. 1.
47 N.S.-Funk v. 12.5.1935, Berliner Programmbeilage, S. 10.
48 Mitteilungen der RRG 472 v. 11.7.1935, Bl. 2.
49 Ebd., Bl. 1; vgl. Winker, S. 75.
50 Der Angriff 9 (1935), 16.8., S. 1.
51 Winker, S. 76.
52 BArch NS 5 VI/ 13 726, Bl. 48 f.; dort Zeitungsausschnitte aus: National-Zeitung v. 6.11.1937 u. Der Freiheitskampf v. 6.11.1937.
53 Nationalsozialistische Rundfunk-Korrespondenz 1 (1937), 24.11., S. 2; das Dementi ist unter der Überschrift »Was ist mit dem Fernseh-Volksempfänger?« wiedergegeben in: Rundfunk-Großhändler 6 (1937), S. 368 f.; vgl. Der Angriff 11 (1937), 21.4., S. 4.
54 Fröhlich, Tagebücher, Teil I, Bd. 2, S. 460 u. Bd. 3, S. 24; Winker, S. 74.
55 Mitteilungen der RRG 476, S. 5; vgl. Winker, S. 76.

werde »vom Gemeinschaftsempfang zum Einzelempfang laufen«, von den »Volksfernsehstuben« – so konnte man sich denken – zum Volksfernseher. Auf der Funkausstellung 1938, als Post und Industrie bereits Empfängerpläne diskutierten, wurde er deutlicher:[56] »Es ist zu wünschen, daß es in absehbarer Zeit möglich sein wird, durch die Fertigstellung weiterer Fernsehsender und durch die Ausgabe eines *Volksgerätes* auch den Fernsehrundfunk in die breiten Massen hineinzutragen.«

In der Literatur findet man Wertungen, die Nationalsozialisten und insbesondere das Propagandaministerium hätten das Potenzial des Fernsehens nicht erkannt und das Medium nicht angemessen gefördert.[57] Im Angesicht der überaus zahlreichen positiven und optimistischen Äußerungen nationalsozialistischer Funktionäre über die Zukunft des Fernsehens erscheint dies wenig begründet. Gemessen am technischen Entwicklungsstand und der medialen Leistungsfähigkeit in den 1930er Jahren erfuhr das Fernsehen eher eine übertriebene Förderung. Bei den anders lautenden Aussagen in der Literatur handelt es sich um Ex-post-Urteile, gefällt vom Stand des Wissens um die Wirkungsmächtigkeit des Mediums Jahrzehnte später. Außerdem verkennen sie die Handlungsmöglichkeiten des Propagandaministeriums. Beim Fernsehen waren seine Kompetenzen wesentlich geringer als beim Rundfunk. Die Entwicklung des Fernsehens zum Massenmedium hing weniger vom Programm ab, für welches die Propaganda die Verantwortung trug, als vielmehr vom Senderbau und der Empfängerentwicklung. Sender und Empfänger gehörten jedoch zum Einflussbereich der Reichspost.

Auch aus der Reichspost gelangten von Zeit zu Zeit Verlautbarungen über die große Zukunft des Fernsehens an die Öffentlichkeit,[58] aber insgesamt verhielt sich die Behörde vorsichtiger und zurückhaltender. Nach den propagandistischen Dissonanzen des Jahres 1935 suchte die Post eine restriktive Informationspolitik durchzusetzen. So wollte sie 1937/38 Veröffentlichungen über das Fernsehen einschränken, »damit nicht unberechtigte Hoffnungen in der Öffentlichkeit erweckt oder unnötige Beunruhigungen hervorgerufen werden.«[59] Konkreter forderte man, dass Vorträge über das Fernsehen nur von Fachleuten – wohl in erster Linie aus der Post – gehalten werden sollten. In der nationalsozialistischen dissonanten Polykratie musste dies ein frommer Wunsch bleiben.

An eine weite Verbreitung des Fernsehens war nicht zu denken, solange die technischen Empfangsmöglichkeiten auf den Raum Berlin beschränkt blieben. Für die Erweiterung standen zwei Technologien zur Verfügung: die Verlegung von Koaxialkabeln oder der Bau weiterer terrestrischer Sender. Die Post beschritt beide Wege. Zwischen 1935 und 1945 verlegte sie in Deutschland mehr als 2500 km Breitbandkabel.[60] Dies erfolgte vorwiegend – im Krieg ausschließlich – für militärische Zwecke. Daneben sollte das Netz

[56] Das Archiv 53 (1938), S. 684 f.

[57] Winker, S. 445 f.; in schon skurriler Zuspitzung wird die These von Prümm vorgetragen.

[58] Vgl. z.B. Winker, S. 49; Der Angriff 8 (1934), 21.8., 1. Beilage.

[59] BArch R 4701/ 20 810, 6.12.1937 (hieraus das Zitat) u. 9.3.1938.

[60] Lerg, S. 372 f.; Winker, S. 132 ff.

der Übertragung der Bildtelefonie, des Fernsehens und des Rundfunks dienen. Auch innerhalb der Großstädte wurde mit der Verkabelung begonnen. In Berlin erhielten einzelne Empfangsstellen bis 1943 die Fernsehsendungen über Kabel. Ebenso dienten Fernkabel zwischen Berlin und Hamburg, Leipzig und Nürnberg der Fernsehübertragung.

Schätzungen besagten, dass man etwa 25 terrestrische Sender benötigen werde, um ganz Deutschland mit dem Fernsehen abzudecken.[61] Das waren Zukunftsvisionen; aber immerhin wurden in der nationalsozialistischen Zeit drei Sender, Berlin, der Brocken im Harz und der Feldberg im Taunus, weitgehend fertig gestellt, mit dem Bau zweier weiterer begonnen, München und Nürnberg, und die Planungen für drei zusätzliche vorangetrieben, Hamburg, Wien und Ruhrgebiet.[62] Für das Fernsehen gewannen sie keine Bedeutung mehr, aber jedenfalls verliehen sie den Planungen für die Ausweitung des Mediums neuen Schub. So rechnete man aus, dass die drei Sender Berlin, Brocken und Feldberg 16 bis 18 Millionen Menschen erreichen könnten.[63] Damit war eine Basis für die Abschätzung des Fernsehmarktes gegeben.

Die zweite zentrale technisch-ökonomische Größe für die Entwicklung des Fernsehens bildeten die Leistungsfähigkeit und die Preise der Empfangsgeräte. Auch nach 1933 entwickelte sich die Fernseh-Empfangstechnik dynamisch. Die Post und die Hersteller arbeiteten vor allem an der Erhöhung der Zeilenzahl und der Bildfrequenz. Bei den auf den Funkausstellungen gezeigten Fernsehern handelte es sich um handgefertigte Prototypen, die beim Umstieg auf eine neue Norm nicht mehr funktionsfähig waren. Die für die Geräte genannten Preise bewegten sich in den Größenordnungen eines Klein- oder Mittelklassewagens.[64] An einen kommerziellen Fernsehmarkt war damit nicht zu denken. Die Ausstellungsstücke gingen an die Post und an die Reichsrundfunkgesellschaft oder sie verblieben in der Industrie; sie standen bei Technikern, bei Managern und Funktionären sowie bei politischen Größen.[65]

Die Verantwortlichen bei der Post und in der Industrie waren sich darüber im Klaren, dass bei dieser Situation ein Serienbau oder gar eine Massenfertigung von Fernsehern illusorisch war. Sie suchten deshalb die durch die Presse und das Propagandaministerium geweckten übertriebenen Erwartungen zu dämpfen. Da die Technik noch im Fluss sei – so der für die Fernsehentwicklung bei der Post zuständige Fritz Banneitz 1935 –, käme ein Serienbau zu früh.[66] Für später skizzierte er die Möglichkeit eines »Gemeinschaftsempfängers« der Hersteller nach dem Vorbild des Volksempfängers. Damit ließe sich der Fernseher »auf eine erträgliche Preisstufe« bringen, wenn auch nicht zu einem »billigen« Gerät machen. Die deutlichsten Töne zur Dämpfung der Fernseheuphorie kamen aus der Industrie. So teilte Siemens den Funkhänd-

61 Siemens Rundfunk-Nachrichten für unsere Wiederverkäufer 9 (1934/35), S. 124.
62 Winker, S. 132 ff.
63 Das Archiv 43 (1937/38), S. 927; N.S.-Funk 5 (1937), 17.10., S. 44.
64 Einzelangaben bei Lerg, S. 37; Winker, S. 22 u. 76.
65 Winker, S. 91, 197 u. 509-11.
66 BArch R 78/840, Vortrag v. 9.5.1935; vgl. Winker, S. 92.

lern mit, es sei »irrig und abwegig«, dass schon die Funkausstellung 1935 »für breiteste Käuferkreise bestimmte Publikumsempfänger« bringen werde.[67]

Im Jahr 1938 änderten sich die Verhältnisse grundlegend. Die Reichspost und die Industrie legten eine neue Norm von 441 Zeilen fest. Außerdem implementierten sie das Zeilensprungverfahren, bei dem das Bild aus ineinander geschachtelten Halbbildern in schnellerer Frequenz aufgebaut und damit flimmerfreier wurde. Aufgrund der Normierung der Technik und der mittlerweile gesammelten Erfahrungen sah die Post jetzt die Zeit für den Beginn des Individualempfangs gekommen. Banneitz drängte die Hersteller zur »Entwicklung eines einfachen und besonders billigen Heimempfängers«.[68] Die Industrie nahm die Aufgabe an. Schließlich eröffnete sich ihr damit die Möglichkeit, die langjährigen Entwicklungsinvestitionen zu amortisieren. Der Leiter der zuständigen Industriegruppe kündigte zur Funkausstellung 1938 »Fernsehgeräte zu volkstümlichen Preisen« an,[69] womit Fernseher unterhalb der 1000 RM-Schwelle gemeint waren.[70] Daraus wurde zwar nichts, aber jedenfalls gab Postminister Wilhelm Ohnesorge (1872-1961) auf der Ausstellung die bevorstehende Freigabe des Fernsehens für die Öffentlichkeit bekannt.[71] Damit war der freie Geräteverkauf gemeint. Der Termin wurde mehrmals verschoben, letztendlich um ein ganzes Jahr bis zur Funkausstellung 1939. Hinter den Verschiebungen standen allgemeine technische Probleme, insbesondere aber neue Entwicklungen in der Empfängerfrage.

In Deutschland engagierten sich fünf Firmen auf dem Gebiet des Fernsehens: die drei alten Funkfirmen Telefunken, Lorenz und Loewe, die bis in die Ursprünge des deutschen Fernsehens zurückreichende Nürnberger TeKaDe[72] und die 1929 von mehreren Firmen ins Leben gerufene Fernseh AG.[73] Einzelne Gesellschafter der Fernseh AG zogen sich sukzessive aus dem Unternehmen zurück, so dass Bosch 1939 als alleiniger Besitzer übrig blieb. Bei der Konstruktion und Produktion von Fernsehgeräten stützte sich Bosch auf seine Blaupunkt-Werke. Wenige Wochen vor der Funkausstellung 1938 unterbreitete die Fernseh AG der Post eine Denkschrift »Gedanken zur Einführung des Fernsehens«.[74] Nachdem die technischen Voraussetzungen geschaffen seien, sei nun die Zeit reif für das neue Medium. Hinter der Denkschrift standen Überlegungen, auf welche Art und Weise das Risiko für die Industrie zu minimieren sei. Die Verfasser brachten eine »Finanzierungsgesellschaft« auf möglichst breiter Basis ins Gespräch. Als mögliche Beteiligte wurden genannt: die

---

67 Siemens Rundunk-Nachrichten für unsere Wiederverkäufer 9 (1934/35), S. 124; vgl. außerdem Reiss, S. 35 f.; Archiv für Funkrecht 8 (1935), S. 197; Telegraphen- und Fernsprech-Technik 23 (1934), S. 260.

68 BArch 4701/ 20 822, 28.5.1938; vgl. Telegraphen-, Fernsprech-, Funk- und Fernseh-Technik 1938, Sonderheft November, S. 481.

69 Goerz, Fersehgeräte.

70 Winker, S. 202.

71 Winker, S. 178.

72 Werk und Wirken, S. 58-63.

73 25 Jahre Fernseh GmbH; Heuss, S. 510 f.; Winker, S. 24-26.

74 BArch R 4701/ 20 816, Denkschrift v. 14.7.1938; teilweise abgedruckt bei Hempel, S. 166-68; vgl. Winker, S. 201 f.

Fernsehindustrie, die Deutsche Reichspost, die Reichsrundfunkgesellschaft, die Elektrizitätswirtschaft, die Deutsche Arbeitsfront oder Kraft durch Freude, die Letzteren »mit Rücksicht auf die bedeutenden politischen und kulturellen Aufgaben des Fernsehens«. Die »Finanzierungsgesellschaft« könnte die Abnahme einer bestimmten Zahl von Empfängern garantieren. Als weitere Absatzinstrumente erwähnte man ein Ratenzahlungs- oder ein Verleihsystem wie beim Telefon. Mit den Vorschlägen seien »zwar für den Anfang nicht die allerärmsten, aber doch schon weite Kreise der Bevölkerung« zu erreichen.

Auf Initiative von Telefunken hin setzten sich Vertreter der Reichspost und der fünf Fernsehfirmen während der Berliner Funkausstellung zusammen, um das weitere Vorgehen zu besprechen.[75] Dabei lehnte die Post das von der Industrie präferierte und dem Telefon nachempfundene Leasing-System ab, erklärte sich aber zu einer teilweisen Übernahme des Risikos bereit. In der Folge riefen die Beteiligten eine Arbeitsgemeinschaft ins Leben mit dem Auftrag, ein Gemeinschaftsmodell zu entwickeln und zu vermarkten. Im November 1938 begann die Arbeitsgemeinschaft mit ihrer Tätigkeit. Das zu schaffende Modell erhielt die Bezeichnung »Einheits-Fernsehempfänger E 1«.[76] In der Öffentlichkeit bereits weitgehend etablierte Benennungen wie »Volksfernseher« wurden vermieden. Die Gründe hierfür dürften in zweierlei zu suchen zu sein. Der ins Auge gefasste relativ hohe Preis ließ Komposita mit »Volk« als unangemessen erscheinen.[77] Und eine Bezeichnung wie »Volksfernseher« brachte das von der Post geförderte Gerät zu sehr in die Nähe des von dem konkurrierenden Propagandaministerium geschaffenen »Volksempfängers«.

Für den bis Februar 1939 als Muster gefertigten Empfänger stellten die beteiligten Firmen ihre Patente und Lizenzen zur Verfügung. Die einzelnen Hersteller steuerten verschiedene Komponenten für die Konstruktion bei. Das Tischgerät mit Holzgehäuse bestand aus zwei nebeneinander liegenden Teilen.[78] Auf der einen Seite befand sich der 19,5 mal 22,5 cm große Bildschirm, diagonal 30 cm messend; auf der anderen der gleich große Tonteil mit Lautsprecher. Wegen des kleinen Bildschirms empfahl man einen geringen Betrachtungsabstand von 1,5 bis 2 m.

Die Post wünschte sich für den Empfänger einen Preis von 500 RM.[79] In der Öffentlichkeit nannte man schließlich verbindlich 650 RM. Aber selbst das war ein politischer Preis, der bei der vorgesehenen niedrigen Auflage nicht die Kosten deckte. Bei der Post wie beim Rundfunk angestellte Überlegungen für eine Fernsehgebühr beliefen sich auf 5 RM im Monat.[80] Zum Vergleich: 2 RM betrug die Rundfunkgebühr. Die Gebührenfrage blieb je-

---

[75] BArch R 4701/ 20 809, Bd. 6, Bl. 274-78.

[76] Zum E 1: Lerg, S. 373 f.; Hempel, S. 80-82; Zeutschner, S. 143-50; Winker, S. 200-04.

[77] Dies wird in einem undatierten Schriftstück aus dem Bereich der Reichspost ausgeführt (DTM AEG-Archiv GS 4812).

[78] Gerätebeschreibungen bei: Holtschmidt, S. 96-98; Goebel; Winker, S. 203; Weiss; Wigand; LOA 11.1, Juli 1939 »Der Einheits-Fernseh-Empfänger E 1«.

[79] BArch R 4701/ 20 806, Bd. 6, Bl. 456; LOA 5.48 A I, Fernsehen I, Protokoll 3. Fernseh-Besprechung am 5.12.1938.

[80] BArch R 4701/ 20 806, Bd. 6, Bl. 451; Winker, S. 199 f.

doch in der Schwebe – nicht zuletzt, weil sich Post und Propaganda nicht über die Aufteilung einigen konnten. Bei dem hohen und dennoch nicht kostendeckenden Gerätepreis legten die Hersteller Wert auf die Möglichkeit des Direktvertriebs.[81] Außerdem wollten sie ihr finanzielles Ergebnis mit Hilfe niedriger Handelsspannen verbessern. Teil dieser Strategie war die Ausschaltung des Großhandels, die jedoch aufgrund einer Vermittlung von Loewe zurückgenommen wurde. Man plante für den E 1 ein Teilzahlungssystem – mit einem Drittel des Gerätepreises als Anzahlung und 6 Monatsraten.[82] Der Abschluss eines Kundendienstvertrags sollte hierfür obligatorisch sein. Für Rundfunkhändler war die Weiterbildung zu Fernsehrundfunk-Fachhändlern durch Kurse bei der Reichspost vorgesehen.

Die Festlegung von Produktionszahlen setzte Vorstellungen zur Größe des Gerätemarkts voraus. Mit der bevorstehenden Inbetriebnahme der drei Sender Berlin, Brocken und Feldberg gewannen solche Projektionen Profil. So rechnete im Sommer 1938 ein technischer Mitarbeiter der Reichsrundfunkgesellschaft aus, dass sich in den drei Sendegebieten – bei Annahme eines günstigen Gerätepreises – 36.000 Haushalte einen Fernseher leisten konnten.[83] Bei einem Leasing-System mit monatlichen Kosten von 12 bis 15 RM erwartete er über eine halbe Million Fernsehhaushalte. Die letztere Schätzung erscheint wenig seriös. Vor allem ging sie nicht darauf ein, wie die hohen Anfangsinvestitionen zu finanzieren seien. Bei den Überlegungen für die erste Auflage des E 1 beschränkten sich Post und Industrie auf das Berliner Sendegebiet. Die anderen Sender waren noch nicht fertig und die Termine für die Inbetriebnahme wurden ständig verschoben. Zuerst war von 3000 Einheitsempfängern die Rede.[84] Die offizielle Zahl lautete schließlich 10.000.[85] Tatsächlich bewegten sich die konkreten Planungen bei weniger als der Hälfte. Die 5 Fernsehfirmen konnten sich zunächst nicht auf einen Schlüssel für die Verteilung einigen.[86] Mit Vermittlung der Post landete man schließlich bei 4600 Geräten, wovon auf Telefunken und die Fernseh AG je 1250, Lorenz und Loewe je 800 sowie TeKaDe 500 entfielen. Kaum war dies geklärt, tauchte eine neue Schwierigkeit auf. In der Phase der Hochrüstung und Kriegsvorbereitung 1939 waren die für die Produktion erforderlichen Mengen an Eisen und Kupfer nur schwer zu erhalten. Die dringende Anfrage von Postminister Ohnesorge gelangte zu Göring als dem Beauftragten für den Vierjahresplan, zum Wirtschaftsminister und schließlich zum Oberkommando der Wehrmacht, wo die Materialzuweisung als »Sonderfall« genehmigt wurde.[87] Für die erst-

---

[81] LOA 5.48 A I, Fernsehen I, Protokoll 2. Sitzung kaufmännische Fernseh-Kommission v. 2.2.1939; ebd., Aktennotiz v. 19.1.1939.

[82] LOA 5.48 A I, Fernsehen I, Protokoll 1. Sitzung kaufmännische Fernseh-Kommission v. 14.11.1938; BArch R 4701/ 20 806, Bl. 6, Bl. 305 f.

[83] Winker, S. 198 f.

[84] LOA 5.48 A I, Fernsehen I, Protokoll 2. Sitzung der technischen Arbeitsgemeinschaft v. 29.11.1938.

[85] Z.B. Nationalsozialistische Rundfunk-Korrespondenz v. 26.7.1939, S. 1; Weiss, S. 9; Telegraphen-, Fernsprech-, Funk- und Fernseh-Technik, TFT 28 (1939), S. 245.

[86] BArch R 4701/20 809, Bd. 6, Bl. 243, 266-70, 285 u. 288.

[87] BArch R 4701/20 809, Bd. 6, Bl. 285 ff., 291, 295 u. 300 f.

mals mit dem Zusatz »Fernseh-Rundfunk« firmierende Funkausstellung kam die Genehmigung zu spät. Um die schon durch zahlreiche Andeutungen bekannt gewordene und von der Öffentlichkeit erwartete Präsentation der neuesten nationalsozialistischen Errungenschaft zu ermöglichen, stellte die Industrie 60 handgefertigte Empfänger her.[88] Die Post gewährte einen Zuschuss von 2500 RM je Apparat, also insgesamt 150.000 RM.

Seit Sommer 1938 war vielfach angedeutet worden, dass bei den Empfängern mit neuen Entwicklungen zu rechnen sei, so dass das Fernsehen – so auch der Postminister – »weite Kreise der Bevölkerung« erreichen könne.[89] Hierbei fiel auch das Wort »Einheits-Fernsehempfänger«; im allgemeinen sprach man aber neutral von »Heimempfängern«. Auf der Funkausstellung 1939 sollten dann alle Blicke auf den E 1 gelenkt werden. Die Reichspost verlangte von den Fernsehfirmen, außer ihm keine anderen Empfänger auszustellen.[90] Goebbels dagegen widmete dem Einheits-Fernsehempfänger E 1 in seiner Eröffnungsansprache kein Wort.[91] Stattdessen legte er ein Bekenntnis des Nationalsozialismus zur Technik ab und präsentierte eine umfängliche Bilanz der Errungenschaften auf dem Gebiet des Rundfunks. Am Ende seiner Rede – der Aufmarsch gegen Polen war bereits im Gange – stellte er eine Verbindung her zwischen dem Rundfunk und dem derzeitigen »Kampf um die deutschen Lebensrechte«.

Ein zur Funkausstellung erscheinender Artikel des Präsidenten der für die Fernsehentwicklung verantwortlichen Forschungsanstalt der Deutschen Reichspost ging in verklausulierter Form auf die Differenzen mit dem Propagandaministerium ein.[92] Er gab seiner Erwartung Ausdruck, »daß das Fernsehen bald eine ähnliche kulturelle Bedeutung wie der Rundfunk gewinnen wird«, denn die Wirkung des Bildes übertreffe die der Sprache. Das sei der Grund, weshalb der Führer der Reichspost den Auftrag zur Entwicklung des Fernsehens gegeben habe. Die Post arbeite dabei mit der Industrie zusammen – und dann in deutlicher Wendung gegen das Propagandaministerium: »Die Deutsche Reichspost hat nämlich auf ein freundschaftliches Zusammenarbeiten aller Entwicklungsstellen großen Wert gelegt; denn nur so lassen sich Höchstleistungen vollbringen.«

Die offiziellen Interpretationen des E 1 durch Post und Propaganda wahrten eine gewisse Zurückhaltung. Der E 1 wurde als ein »dem Fernsehvolksempfänger möglichst nahekommendes Fernsehempfangsgerät« bezeichnet.[93]

---

[88] BArch R 4701/20 809, Bd. 6, Bl. 280 f.; vgl. LOA 5.48 A I, Fernsehen I, Protokoll Sitzung technische Arbeitsgemeinschaft v. 14.12.1938.

[89] Völkischer Beobachter v. 26.7.1938 (hieraus das Zitat); BArch R 4701/ 20 810, 23.2. u. 24.5.1939; BArch R 4701/20 811, 14.8.1939; Völkischer Beobachter v. 5.8.1938 u. 28.5.1939; Der Rundfunk 2 (1939), Heft 5; Nationalsozialistische Rundfunk-Korrespondenz v. 17.8.1938, S. 10 u. 3.5.1939, S. 2.

[90] LOA 5.48 A I, Fernsehen I, Protokoll 18. Fernseh-Besprechung v. 22.5.1939.

[91] Rundfunkarchiv 12 (1939), S. 354-58 (das Zitat S. 358).

[92] Telegraphen-, Fernsprech-, Funk- und Fernseh-Technik, TFT 28 (1939), S. 245; vgl. auch Gehrts, S. 884; Wigand.

[93] Nationalsozialistische Rundfunk-Korrespondenz v. 28.7.1939, S. 1; ähnliche Formulierungen bei: Weiss, S. 9; Das Archiv 64 (1939), S. 541.

Damit sicherte man sich gegen Kritik ab und verlagerte die Erfüllung der Wünsche der Bevölkerung in die Zukunft. Andere waren weniger zurückhaltend. Die Hauszeitschrift der mit der Fernseh AG zum Bosch-Konzern gehörenden Blaupunkt-Werke verkündete:[94] »Zum Volksempfänger und zum Volkswagen tritt nun auch der Volksfernseher ...«. »Jetzt ist es jedem Volksgenossen möglich, sich einen Fernsehempfänger zu kaufen ...«. Der N.S.-Funk sah im E 1 »wieder ein technisches Wunder«.[95] Er koste nicht mehr als ein besserer Rundfunkempfänger. Damit dürfe der Fernseher »nicht mehr als Luxusgut bewertet werden ..., sondern als Gebrauchsgerät für weitere Kreise unseres Volkes. ... Viele Volksgenossen können schon bald das Weltgeschehen in den eigenen vier Wänden miterleben.« Das Fernsehen könne der »Einsamkeit des Dorfes« entgegenwirken und der »Verlebendigung des Schulunterrichts« dienen.

Die Post und die Fernsehfirmen präsentierten also auf der Funkausstellung Prototypen des E 1. Prospekte waren schon gedruckt.[96] Eine Reihe von Firmen hatte gemeinsam eine Fernsehantenne entwickelt.[97] Die Sender Brocken und Feldberg standen vor der Eröffnung. Die Produktion des Einheitsempfängers war vorbereitet. Der deutsche Überfall auf Polen und der Weltkrieg setzten all dem ein Ende. Die fertigen Sendeanlagen nahm das Militär in Beschlag. Der E 1 wurde über die Prototypen hinaus nicht produziert und kam nicht in den Handel. Die Reichspost veröffentlichte eine entsprechende Mitteilung im November 1939.[98] Die selbst angeheizten Erwartungen suchte sie mit der Formulierung zu dämpfen, dass es sich beim Fernsehen »nur um eine noch nicht lebenswichtige Bereicherung des Hörrundfunks (handele), um eine Ergänzung, die wegen der höheren Anschaffungskosten nicht sehr bald Gemeingut des Volkes werden kann.«

Während des Krieges fiel es dagegen leicht, eine Fernseh-Vollversorgung für die Zeit nach Kriegsende anzukündigen.[99] Der Programmbetrieb lief als Gemeinschaftsempfang weiter – zuerst in Fernsehstellen, Fernsehstuben und Großbildstellen, dann nur noch in Lazaretten. Doch auch die technischen Entwicklungsarbeiten und die Überlegungen zur Fernsehzukunft wurden fortgeführt.[100] So war von einer neuen 1029-Zeilen-Norm die Rede und das Leasing-System für den »Einheits- oder Volksempfänger« geriet wieder ins Blickfeld. Das waren Glasperlenspiele, während die Realitäten an den Fronten geschaffen wurden.

---

[94] Der blaue Punkt H. 9 (1939), S. 18 f.

[95] N.S.-Funk v. 30.7.1939, S. 5 u. 31.

[96] RBA G 10/2/3.

[97] Roosenstein.

[98] Zitiert nach Zeutschner, S. 150.

[99] Nationalsozialistische Rundfunk-Korrespondenz v. 31.1.1940, S. 12; 24.7.1940, S. 6; 27.5.1941, S. 5; Winker, S. 287 f.; R 55/718, Bl. 164.

[100] R 4701/20 822, »Künftige Aufgaben des Fernsehrundfunkbetriebes auf der technischen Seite« (hieraus das Zitat); DTM AEG-Archiv GS 4812, 6.9.1940; vgl. Winker, S. 311.

VOLKSWOHNUNGEN UND FÜHRERWOHNUNGEN: WOHNREALITÄT UND WOHNVISIONEN

Der nationalsozialistische Wohnungsbau und die Wohnungsbaupolitik knüpften in vielem an die vorangegangene Zeit an.[1] Allerdings reduzierte der Staat seine unmittelbare Wohnungsbauförderung. Er vergab weniger Wohnungsbaukredite, sondern übernahm stattdessen Bürgschaften für vom Kapitalmarkt bereitgestelltes Geld. Im Ergebnis lag die durchschnittliche Zahl der jährlich neu gebauten Wohnungen mit etwa 300.000 über der in der Weimarer Republik.[2] Dennoch erhöhte sich der Wohnungsmangel beträchtlich. Vor dem Krieg kamen Schätzungen zu dem Ergebnis, dass zwischen 1,5 und 3 Millionen, vor allem kleine, preiswerte Wohnungen, fehlten.[3] Der Mangel resultierte aus einer kräftig steigenden Nachfrage. Aufgrund der wirtschaftlichen Erholung, der Beseitigung der Arbeitslosigkeit und der nationalsozialistischen Familienpolitik geriet der Wohnungsmarkt unter Druck.[4] So stieg die Zahl der Eheschließungen und der Kinder. Die Neubauten hielten mit der wachsenden Nachfrage nicht Schritt. Die Fertigstellungen stagnierten und gingen vor dem Krieg zurück. Der Wohnungsbau stand in Konkurrenz mit anderen zivilen Bauvorhaben, wie den Prestigebauten von Staat und Partei, und militärischen, wie dem Westwall. Die daraus erwachsende Verknappung an Baustoffen und Bauarbeitern trieb die Kosten in die Höhe.

Die direkte staatliche Förderung in Gestalt zinsverbilligter Darlehen konzentrierte sich auf bestimmte Wohnformen. Im Mittelpunkt stand die Kleinsiedlung als Ausfluss nationalsozialistischer Ideologeme wie Heimat, Familie, Volksgemeinschaft sowie Blut und Boden. Die Kleinsiedlung bildete einen Gegenentwurf zur Großstadt, in der die bekämpften proletarischen, bürgerlichen und intellektuellen Lebensformen zu Hause waren. Zu den ein- oder zweigeschossigen Siedlerhäusern gehörte Grund und Boden für eine Kleinlandwirtschaft. Die unter rassenbiologischen Gesichtspunkten ausgelesenen kinderreichen Arbeiterfamilien sollten auf diese Art und Weise den Wert des Bodens kennen und schätzen lernen sowie einen Versorgungsbeitrag leisten. Die Siedler waren zu Eigenleistungen beim Bau verpflichtet. Gemeinschaftseinrichtungen für Versammlungen, Feiern, Sport, die Kinder usw. arbeiteten dem individualistischen Wohnen entgegen und hielten die Idee der »Volksgemeinschaft« wach.

Die Umsetzung des Konzepts hatte von vornherein mit Schwierigkeiten zu kämpfen. Der Kleinsiedlung standen hohe Kosten, Mangel an Bauland,

---

1 Zum nationalsozialistischen Wohnungsbau: Harlander; Harlander/Fehl; Kähler, bes. S. 402-52; Smelser, Sozialplanung, S. 79-82; Führer, Anspruch; Haerendel.

2 Führer, Anspruch, S. 240.

3 Vgl. z.B. Hachtmann, Lebenshaltungskosten, S. 63 f.; Führer, Anspruch, S. 234 f.; Ernst Knoll, Grundsätzliches, S. 200; Büge/Griesheimer, S. 5; Lütge, S. 288.

4 Führer, Anspruch, S. 230-35.

schlechte Verkehrsanbindungen und ein bürokratisch aufgeblähtes rassistisches Auswahlverfahren entgegen.[5] Bis einschließlich 1939 wurden im Rahmen der öffentlichen Förderung 172.500 Siedlerstellen und 37.500 Eigenheime geschaffen.[6] Das war angesichts des Wohnungsmangels ein Tropfen auf den heißen Stein. Die Kleinsiedlung blieb ein ideologisches Vorzeigeprojekt; die an sich unerwünschte Verstädterung ging weiter.

In der Wohnungspolitik konkurrierten zahlreiche Institutionen miteinander.[7] Sie vertraten unterschiedliche Interessen und verfolgten voneinander abweichende Konzepte. Für die Grundsätze und für die Umsetzung des Wohnungsbaus besaßen das Reichsarbeitsministerium sowie die Deutsche Arbeitsfront (DAF) die größte Bedeutung. In ihrem Zusammenwirken und in ihren Konflikten gelangte der die nationalsozialistische Herrschaft durchziehende »Dualismus« von Staat und Partei zum Ausdruck.[8] Das Reichsarbeitsministerium leitete der Stahlhelmführer Franz Seldte (1882-1947).[9] In der Wohnungsabteilung des Ministeriums hielten sich 1933 die personellen Veränderungen in Grenzen. Die meisten Ministerialbeamten hatten sich ihre Sporen im sozialen Wohnungsbau der Weimarer Republik verdient und pflegten weiter eine enge Zusammenarbeit mit den Institutionen des gemeinnützigen Wohnungswesens. Sie suchten die knappen zur Verfügung stehenden finanziellen Ressourcen optimal für die Wohnungsversorgung zu nutzen und hielten die Tradition rationalen Verwaltungshandelns aufrecht – wenn auch im Rahmen der neuen politischen Ordnung. Im Laufe der Zeit wurden die Wohnungsbaukompetenzen des Ministeriums mehr und mehr ausgehöhlt, um schließlich im Krieg völlig auf die Arbeitsfront überzugehen.

Der Profiteur und Erbe beim Kompetenzverlust des Reichsarbeitsministeriums war die Deutsche Arbeitsfront unter Robert Ley (1890-1945). Leys DAF versammelte recht unterschiedliche Institutionen des Wohnungsbaus und der Wohnungspolitik. Dazu gehörten die »Neuen Heimaten«, Unternehmen des sozialen Wohnungsbaus, welche die DAF von den Gewerkschaften übernommen hatte. Und hierzu gehörte das Reichsheimstättenamt, welches vor allem die Politik der Kleinsiedlung vorantrieb. Die Bemühungen der DAF liefen in der Folge darauf hinaus, die materiellen Erfordernisse des Wohnungsbaus mit den nationalsozialistischen Zielsetzungen in Übereinstimmung zu bringen.

Die Differenzen zwischen Arbeitsministerium und DAF traten bei den »Volkswohnungen« besonders markant zu Tage. Am 27. Juli 1935 veröffentlichte der Arbeitsminister einen Erlass zur »Förderung des Baues von Volks-

[5] Zusammenfassend Führer, NS-Regime; vgl. auch Friedrich Schmidt, Die neuen Bestimmungen, S. 1183-86.

[6] Der soziale Wohnungsbau in Deutschland 2 (1942), S. 653; leicht abweichende Zahlen bei Führer, NS-Regime, S. 147.

[7] Harlander, S. 11.

[8] Broszat.

[9] Teppe, S. 209 ff.; Harlander, S. 48 ff.

wohnungen«.[10] Darin führte er aus, dass mit der Kleinsiedlung »allein den dringenden Wohnungsnotständen nicht begegnet werden kann.« Mit den Volkswohnungen solle in erster Linie »das eigentliche Wohnungselend ... in Baracken, Kellerwohnungen, Elendsquartieren« beseitigt werden. »Volkswohnungen im Sinne dieser Bestimmungen sind billigste Mietwohnungen in ein- oder mehrgeschossiger Bauweise, die hinsichtlich Wohnraum und Ausstattung äußerste Beschränkung aufweisen. Einfachste Einfamilienhäuser als Doppel- oder Reihenhäuser mit Garten- oder Landzulage sollen vorzugsweise und in überwiegender Anzahl gefördert werden«. Die gesamten Herstellungskosten sollten 3000 RM, in Ausnahmefällen 3500 RM nicht überschreiten. Das vom Reich gewährte Darlehen betrage 1000 bis 1300 RM. Das Angebot richte sich an »breite Schichten der werktätigen Bevölkerung mit geringem Lohneinkommen«. Die Miete solle »keinesfalls ein Fünftel des durchschnittlichen Bruttoeinkommens dieser Kreise übersteigen.« Kinderreiche Familien und Schwerbeschädigte seien zu bevorzugen.

Dem Erlass lagen verschiedene Traditionen zu Grunde und die gewählte Bezeichnung »Volkswohnungen« war geeignet, mehrere Assoziationen zu wecken. Bereits in der Weimarer Zeit stand die Frage der Wohnungsversorgung Minderbemittelter auf der Tagesordnung. Behandelt wurde sie unter Begriffen wie »Minimal-«, »Schlicht-« und »Kleinstwohnung«; auch die Bezeichnung »Volkswohnung« tauchte in den 1920er Jahren auf.[11] Das Arbeitsministerium sah in dem Erlass eine Weiterentwicklung der im Rahmen des Arbeitsbeschaffungsprogramms 1933/34 erfolgten Förderung von »Not-, Behelfs- und Flüchtlingswohnungen«.[12] Die damaligen Provisorien sollten jetzt durch Dauerwohnungen ersetzt werden. Es ist gut möglich, dass man sich um die Konnotationen des Begriffs »Volkswohnungen« wenig Gedanken machte, sondern instinktiv zu der auf mehrerlei Weise positiv besetzten Bezeichnung griff. Als Kritik von anderen nationalsozialistischen Stellen laut wurde, erklärte ein Ministerialbeamter, der Begriff habe andeuten wollen, »daß hiermit Dienst an der breiten Masse der Bevölkerung geleistet werden soll, für die früher nicht genug geschehen ist.«[13]

Die Kritik an der Benennung »Volkswohnungen« ging von Goebbels' Propagandaministerium aus, das sich als Schöpfer des Volksempfängers und Mitinitiator des Volkswagens als Hüter der nationalsozialistischen Volksprodukte verstand. Goebbels wies »Volkswohnungen« als Bezeichnung für diese »primitivsten« und »notdürftigsten« Behausungen zurück und schlug stattdessen »Kleinstwohnungen« vor.[14] Die Antwort des Arbeitsministers suchte zunächst abzuwiegeln, indem sie die Übereinstimmung der beiden Ministe-

[10] BArch R 3901/ alt R 41/ 781, Bl. 1 f.; vgl. zu den »Volkswohnungen«: Harlander, S. 97-100; Harlander/Fehl, S. 97; Kähler, S. 660-63; Lembcke, S. 97-101; Haerendel, S. 314 f. Sämtliche Bestimmungen, auch die nachfolgenden, sind abgedruckt in: Büge/Griesheimer.

[11] Lembcke, S. 251 ff.; Harlander/Fehl, S. 34 f.

[12] Fischer-Dieskau, S. 806.

[13] Fischer-Dieskau, S. 806.

[14] Zitiert nach Harlander, S. 98. Das Schreiben datiert v. 17.8.1935.

rien hinsichtlich der Ziele herausstrich.[15] Dagegen sei die Bezeichnung »von untergeordneter Bedeutung«. Man habe »Kleinstwohnungen« in Erwägung gezogen, aber wegen der Verwechslungsgefahr mit dem etablierten Begriff »Kleinwohnungen« verworfen. Die »Volkswohnungen« sollten in Gemeinschaftssiedlungen mit anderen Wohnungen kombiniert werden, um der Klassenbildung entgegenzuwirken und eine soziale Mischung zu erreichen. Sie seien mit Garten und Feldfläche auszustatten. Später könne man sie zu größeren Wohnungen zusammenlegen. Sie seien weder »primitivst« noch »notdürftigst«, sondern »dauerhaft« und »ganz einfach und klein«, so wie »z.B. der Volksempfänger ein zwar billiger, aber gutes Rundfunkgerät ist« (sic!). Die Lage der breiten Masse der Bevölkerung sei schwierig. Die Preise stiegen, aber nicht die Löhne. In der Vergangenheit habe man vielfach am Bedarf vorbeigebaut. »Durch den Mangel an gesunden billigen Wohnungen wurden zahlreiche, z.T. in jeder Hinsicht wertvolle Volksgenossen, vor allem kinderreiche Familien, in die schlechten Wohnquartiere und sogar in die Elendsviertel gedrängt.« In späterer Zeit könne man gegebenenfalls aufwändigere Wohnungen bauen, so dass die Bedenken des Propagandaministeriums entfielen.

Das Propagandaministerium sah mit den Erläuterungen seine Bedenken nicht zerstreut.[16] Ebenso wie das Reichsheimstättenamt bat es, die Bezeichnung »Volkswohnungen« wenigstens in der Öffentlichkeit nicht weiter zu verwenden. Das Arbeitsministerium zeigte sich gegenüber diesem Wunsch unnachgiebig.[17] »Volkswohnungen« habe sich gut eingebürgert. »Verschiedenartige Bezeichnungen der Wohnungen im inneren Dienstbetrieb und in der Öffentlichkeit ist nicht durchführbar«. Die Angelegenheit sei damit erledigt. In reichlich sophistischer Weise ging später ein hoher Ministerialbeamter noch einmal auf die Begriffsfrage ein, indem er die Intentionen der Opponenten zunächst verkehrte.[18] »Manche glaubten vor allem, in dieser Bezeichnung etwas zweitrangiges, ja beinahe Entwürdigendes sehen zu können«. »Volkswohnungen« seien ausreichend groß und erschwinglich, »Kleinstwohnungen« könnten durchaus kleiner und teurer sein. »Wie das Volksauto nicht etwa eine minderwertige Qualität bedeuten wird und der Volksempfänger kein minderwertiges Erzeugnis ist, so soll auch die Volkswohnung nicht anderes bedeuten als eine Wohnung, die in jeder Beziehung technisch einwandfrei ist und auch allen sonstigen Anforderungen entspricht, deren Kosten aber so gehalten sind, daß ihr Bezug auch den Kreisen unserer Volksgenossen möglich sein muß, die nur mit geringstem Einkommen gesegnet sind.«

Die Auseinandersetzung um die Bezeichnung »Volkswohnungen« indizierte weniger Differenzen hinsichtlich der für die deutsche Bevölkerung angemessenen Wohnraumversorgung. Sie markierte vielmehr unterschiedliche

---

[15] BArch R 3901/ alt R 41/ 1027, Bl. 362 f., 30.9.1935.
[16] Heider, Nr. 101 19205 f., 25.11.1935.
[17] BArch R 3901/ alt R 41/ 1027, Bl. 332, 3.1.1936.
[18] Friedrich Schmidt, Volkswohnungen, S. 777.

Politikverständnisse im Spannungsfeld von Vision und Realität. In der Folgezeit kamen die Spannungen zur Entladung – um es hier dualistisch zuzuordnen – zwischen der Deutschen Arbeitsfront und anderen Parteistellen auf der einen Seite sowie dem Reichsarbeitsministerium und der kommunalen Wohnungswirtschaft auf der anderen. In einer Art dialektischem Prozess von Auseinandersetzung und Anpassung nahm das Arbeitsministerium Elemente der Kritik auf und suchte sie – mit begrenztem Erfolg – mit den Verhältnissen auf dem Wohnungsmarkt in Übereinstimmung zu bringen.

Noch im Laufe des Jahres 1935 kritisierten DAF-Blätter die Bezeichnung »Volkswohnungen« und trugen dabei den Streit zwischen Arbeits- und Propagandaministerium in die Öffentlichkeit.[19] Die DAF sah in der Volkswohnung eine Konkurrenz zu der von ihr favorisierten Kleinsiedlung. DAF-Blätter hatten den Begriff »Volk« schon vor dem Erlass des Arbeitsministeriums für die Kleinsiedlung benutzt – in Artikeln wie »Das deutsche Siedlerhaus – Das Volkswohnhaus« und »Die Volkssiedlung kommt«.[20] Damit war zwar keine Terminologisierungsabsicht verbunden. Doch es brachte zum Ausdruck, dass die DAF das Siedeln als die den Deutschen angemessene Wohnform betrachtete. Die DAF verband mit »Volkswohnen« ein idealisiertes Leitbild, für das Arbeitsministerium war es mehr ein technischer Begriff für eine auf die breite Bevölkerung zielende Wohnungspolitik.

In der Frage der Wohnform hatte sich das »Volkswohnungs«-Förderprogramm des Arbeitsministers nicht festgelegt. Sowohl Ein- wie Mehrfamilienhäuser wurden genannt mit einer Präferenz für Doppel- und Reihenhäuser mit Garten oder Land. Nachdem das Kind aus der Sicht der DAF in den Brunnen gefallen war, forderte man, das Programm auf »einfachste Familienhäuser« in Flachbauweise zu beschränken.[21] Diese könnten später durch Anbauten und Landzukauf zu Siedlerstellen aufgewertet werden. Wohnungen in Geschossbauten seien dagegen später im Allgemeinen nicht mehr zusammenzulegen. Jedenfalls auf dem Papier kam das Arbeitsministerium den DAF-Forderungen nach, indem es die Bevorzugung des Flachbaus betonte.

Der DAF waren die aus dem Programm entstehenden Wohnungen zu klein und zu einfach. Man widersprach der Analogie zu Volkswagen und Volksempfänger, »denn beide früheren Gegenstände des Luxus sind zu einem dem ganzen Volk zugänglichen Mittel des Gebrauchs gemacht worden. Die *fälschlich so genannte Volkswohnung* kann dagegen ihren Behelfscharakter auch in der heutigen Form noch nicht verleugnen, und bedeutet daher zweifellos einen Rückfall, denn die Volkswohnung im neuen Staat ist die Siedlung.«[22] Ein Planer im Reichsheimstättenamt fragte: »Wie müßte eine »Volkswohnung« beschaffen sein, die ihrem Namen voll gerecht wird?«[23] Die Antwort lautete, sie »müßte auch in der Zahl und Größe der Räume den

[19] Bauen, Siedeln, Wohnen 15 (1935), S. 369.
[20] Hille; Der Angriff v. 9.4.1935, S. 2.
[21] Bauen, Siedeln, Wohnen 15 (1935), S. 369; Umlauf, S. 127.
[22] Der Angriff v. 9.4.1935, S. 2; vgl. auch Stuckrad, Sozialer Wohnstättenbau, S. 724.
[23] Umlauf, S. 127 f.; vgl. Marrenbach, S. 220-23; BArch R 113/100, Bl. 12.

Bedürfnissen einer gesunden Familienentwicklung und einer dem Lebensstandard des deutschen Volkes angemessenen Wohnkultur Rechnung tragen.« Eine solche Wohnung sei die Vierraumwohnung, bestehend aus Wohnstube und Kochküche bzw. Wohnküche, dem Elternschlafzimmer, zwei Schlafkammern für die Kinder sowie Bad oder Dusche. Der Leiter des Reichsheimstättenamts ließ keinen Zweifel daran, dass nach Ansicht der DAF das Programm des Arbeitsministers »*den Ehrennamen* von Volkswohnungen« nicht verdiene.[24] Hinter der Propagierung eines darüber hinausgehenden »Volkswohnungstyps« standen in erster Linie bevölkerungspolitische Motive. Er sollte einer »Vollfamilie«, d.h. einer Familie mit mindestens vier Kindern, Platz und Entwicklungsmöglichkeiten bieten.

Die Wohnungspolitiker der DAF reagierten auf die »Volkswohnungen« noch moderat im Vergleich zu anderen Stimmen aus der Partei. Ein alter Parteigenosse und Mitglied der Bausparbewegung protestierte in äußerster Schärfe gegen die in dem Erlass zum Ausdruck kommende Wohnungspolitik.[25] Nun würden wieder Mietskasernen mit Kleinstwohnungen gebaut – »Wohnloecher in der Steinwueste«, wie sie Gottfried Feder genannt habe – als »Brutstätten des Kommunismus«. Die dafür gewählte Bezeichnung »Volkswohnungen« »beleidigt ... das ganze Deutsche Volk«. Aber nicht nur dem Arbeitsministerium, der gesamten Partei warf er Versagen in der Wohnungspolitik vor. Ein Vertreter des Beamtenheimstättenwerks reihte sich in die Phalanx der Kritiker ein:[26] »Wer heute noch die fluchbeladene Mietkaserne ... fördert, ist ein Gegner nationalsozialistischer Weltanschauung.« Die gegenwärtigen Einkommensverhältnisse seien keine Entschuldigung, denn die Wohnungen blieben über Generationen bestehen. »Unsere Rasse wird von Generation zu Generation gesundheitlich herabgedrückt. Solche Befürworter von Kleinstwohnungen in Massenmiethäusern sind Rasseschänder!« 1937 gab das Arbeitsministerium, um die Mieten niedrig zu halten, von der Kinderzahl abhängige Richtgrößen von 34 bis 42 m² für die Volkswohnungen vor. Das daraufhin einlaufende Beschwerdeschreiben des Gauleiters von Schlesien berichtete, dass dies »überall einen Sturm der Entrüstung ausgelöst« habe.[27] Eine Arbeiterwohnung könne »nicht groß und schön genug sein«. Das Ministerium wies die Beschwerde zurück, nicht ohne die besonders schlechte Wohnungsversorgung in Schlesien zu erwähnen.[28]

In solchen Kontroversen schälten sich die Alternativen heraus, zwischen denen die nationalsozialistische Wohnungspolitik zu wählen hatte. Aufgrund der Vorrangstellung der Aufrüstung standen für den Wohnungsbau nur begrenzte Mittel zur Verfügung. Mit diesen ließen sich weniger, aber größere, die Bevölkerungspolitik stützende Wohnungen bauen. Oder man baute mehr, aber kleinere Wohnungen. Mit größeren Wohnungen vermehrte man die Wohnungsnot, mit kleineren tat man das Mögliche gegen sie. 1938 vo-

24 Stuckrad, Sozialer Wohnstättenbau; Stuckrad, Heimstätte, das Zitat S. 168.
25 Heiber, Akten, Nr. 2285-99.
26 Lubahn, Sp. 169.
27 Heiber, Akten, Nr. 103 13170 f.
28 Heiber, Akten, Nr. 103 13166-69.

tierte der neue Leiter des Reichsheimstättenamts der DAF explizit für die erste Politikvariante.[29] Es sei besser, »wenige, aber ›anständige‹ Wohnungen zu bauen, als sogenannte Volkswohnungen mit 32 qm Wohnfläche und 1 1/2 Zimmern«. Das Ziel sei eine Arbeiterwohnung mit »mindestens vier Räume(n) mit allem sogenannten Komfort«. Als Konsequenz entschied sich die DAF, für ihre seit 1936 erbaute Mustersiedlung Braunschweig-Mascherode künftig keine Volkswohnungen mehr vorzusehen.[30] Eine Ausstellung der Arbeitsfront zeigte eine Musterwohnung von gut 50 m². Ein Vertreter des Rassenpolitischen Amts der NSDAP verlangte gar eine Vierraumwohnung mit einer »bewohnbaren Mindestfläche« von 70 m². Die politischen Prioritäten der DAF kamen in dem in einer Zeit größten Wohnungsmangels gezogenen Fazit zum Ausdruck:[31] »... an sogenannten Kleinwohnungen sind zur Zeit bereits 1 1/2 Millionen mehr vorhanden, als unter bevölkerungspolitischen Gesichtspunkten verantwortet werden kann.«

Allerdings war sich die DAF darüber im Klaren und gab dies auch der Öffentlichkeit kund, dass sich ihre wohnungspolitischen Ziele nur mit Hilfe höherer Staatszuschüsse realisieren ließen.[32] Außerdem löste sie sich von der Fixierung auf die Siedlung und akzeptierte den Miet- und Geschosswohnungsbau. Dahinter stand die Einsicht, dass die Lösung der Wohnungsproblematik allein mit dem Mittel der Kleinsiedlung ein Ding der Unmöglichkeit sei. Dagegen hielt die DAF an ihren Größenforderungen konsequent fest – gemäß der Formel »Volkswohnungen = Vollwohnungen« für die »Vollfamilie«.[33]

Das Reichsarbeitsministerium suchte der Kritik aus der Partei den Wind aus den Segeln zu nehmen, indem sie als Intention des »Volkswohnungs«-Förderprogramms die Linderung der Wohnungsnot herausstrich. Die Volkswohnungen seien für Volksgenossen bestimmt, »die bis jetzt infolge des Wohnungselends völlig unzureichend in Baracken, Kellerwohnungen und Elendsquartieren hausen müssen«.[34] Die Reichskanzlei wies man auf die in Oberschlesien herrschende Wohnungsnot hin:[35] »... Die vorhandenen Wohnungen können zu einem verhältnismäßig großen Teile nicht als halbwegs menschenwürdige Behausungen angesehen werden«. Man rechnete damit, dass »Jahrzehnte zur Ueberwindung der Wohnungsnot erforderlich« seien.[36] Mit Befriedigung vermerkte man die Aussage des Mannheimer Oberbürgermeisters, die in Volkswohnungen untergebrachten Familien »hätten durchweg neuen Lebensmut gewonnen und seien kaum wiederzuerkennen«.[37]

---

[29] Der deutsche Volkswirt 13 (1938/39), S. 1451; Stuckrad, Heimstätte, S. 168; vgl. Das Archiv 55 (1938), S. 1054 f.; vgl. Erbs.

[30] Bauen, Siedeln, Wohnen 17 (1937), S. 66 u. 19 (1939), S. 440 ff.; vgl. Harlander, S. 156-58; Kähler, S. 424-27.

[31] Zitiert nach Harlander/Fehl, S. 112.

[32] Wetzel; vgl. BArch R 113/100, Bl. 2; Stuckrad, Sozialer Wohnstättenbau, S. 723.

[33] Wetzel.

[34] BArch R 3901/ alt R 41/ 1027, Bl. 263, 3.4.1936.

[35] BArch R 3901/ alt R 41/ 1027, Bl. 224-27, 19.6.1936 (das Zitat Bl. 225).

[36] Bauwelt 27 (1936), S. 319.

[37] BArch R 3901/ alt R 41/ 1027, Bl. 352 f., 30.11.1935.

Gleichzeitig räumte das Arbeitsministerium ein, dass die Volkswohnung auch nicht den eigenen Idealvorstellungen entspreche.[38] Gegen die bevölkerungspolitisch motivierte Kritik stellte man sie jedoch als einzig möglichen Mittelweg dar.[39] Zu große und zu teure Wohnungen bedeuteten »Verzicht auf das Kind oder die weiteren Kinder«. »Kleinstwohnungen in Mietskasernen« könnten als »Grab der Volkszukunft« »kindermordend« wirken. Tatsächlich lag die Geburtenrate bei den Mietern der Volkswohnungen besonders hoch.[40]

Der im Arbeitsministerium angestaute Ärger über die als unberechtigt empfundene und die Realitäten des Wohnungsbaus missachtende Kritik brach sich am deutlichsten in einem 1938 veröffentlichten Artikel des zuständigen Hauptabteilungsleiters Bahn.[41] Er mahnte die Kritiker zur Zurückhaltung und Sachgerechtigkeit. Das »Volkswohnungs«-Programm sei mit den zuständigen Parteistellen – auch denen der DAF – abgesprochen worden. Die Alternative laute: »Entweder man entwickelt sich ein Wohnungsideal ... und nimmt bewußt in Kauf, daß man ... weniger Wohnungen errichten kann«.[42] »Der andere Standpunkt geht von der Tatsache aus, daß wir eine ganz schwere Wohnungsnot haben ... von solchem Ausmaße, wie (sie) Deutschland früher nie gesehen hat«. Die erfreuliche Bevölkerungsentwicklung verlange, dass »möglichst schnell möglichst viel Wohnungen geschaffen werden müssen, weil Idealwohnungen, die uns vielleicht erst in 10 oder 20 Jahren zur Verfügung gestellt werden, bevölkerungspolitisch zu spät kommen.« »Es ist deshalb selbstverständlich, daß eine verantwortungsbewußte Wohnungspolitik zur Zeit nicht einem Wunschbilde nachjagen und darüber das Volk zugrunde gehen lassen kann«. Der Verfasser ließ schließlich – in geschickter Weise, indem er die nationalsozialistische Politik nicht tadelte, sondern lobte – keine Zweifel daran, wo das Problem herrühre.[43] Er führte aus, dass die »Hauszinssteuerära« (d.h. die Weimarer Republik, W.K.) »dem Wohnungsbau das Vielfache von dem zur Verfügung stellen konnte, was nach der Entscheidung der obersten Reichsführung in den letzten und den kommenden Jahren an öffentlichen Mitteln diesem Zwecke gewidmet werden konnte und kann. Der überwiegende Unterschied ist nämlich der, daß man damals für die Wehr-, Nähr- und Rohstoffreiheit nichts übrig hatte«.

Erfuhr das »Volkswohnungs«-Programm von Parteiseite scharfe Kritik, so wurde es von den Gemeinden ausdrücklich begrüßt. In erster Linie den Gemeinden und den Wohnungsbaugesellschaften fiel die Aufgabe zu, es umzusetzen. Der Deutsche Gemeindetag sah in dem Programm eine zu begrü-

[38] Bauwelt 27 (1936), S. 319; Ernst Knoll, Kritik, S. 573.

[39] Ernst Knoll, Grundsätzliches, S. 168 f. (der Artikel erschien erstmals 1936).

[40] So in München (Haerendel, S. 324 f.).

[41] Ernst Knoll, Kritik.

[42] Ernst Knoll, Kritik, S. 574; das folgende Zitat ist im Original gesperrt.

[43] Ernst Knoll, Kritik, S. 576. In einem 1939 erfolgten Wiederabdruck des Aufsatzes wurde u.a. dieser Passus weggelassen (Ernst Knoll, Grundsätzliches, S. 175). Möglicherweise schien dem Verfasser die Formulierung zu brisant. S. auch die ähnlichen Formulierungen von Riemer, S. 122 u. Stuckrad, Sozialer Wohnstättenbau, S. 722.

ßende Maßnahme, um dem »großen Bedarf an billigsten Mietwohnungen« abzuhelfen.[44] Stimmen aus den Gemeinden brachten die vor Ort bestehenden Probleme in die Diskussion ein. Eine 1936 verfasste Denkschrift des Oberbürgermeisters »Hannovers Kampf gegen die Wohnungsnot« führte aus, dass auch in seiner Stadt »die dringend notwendigen billigsten Kleinwohnungen nicht genügend errichtet« würden.[45] In einer öffentlichen Sitzung des Essener Stadtrats wurde der Bau von Kleinstwohnungen als das einzige Mittel gegen die Wohnungsnot bezeichnet.[46] »Alle weitergehenden Wünsche scheitern an den gegebenen Verhältnissen.« Der Oberbürgermeister wies darauf hin, dass die Zahl der Wohnungssuchenden schneller wachse als der Wohnungsbau. »Wir kommen also nichts (sic!) vorwärts, wir gehen zurück.« Die Siedlung auf eigener Scholle sei »ein schönes, edles Fernziel«, aber augenblicklich nicht zu realisieren. Der Leipziger Oberbürgermeister und Preiskommissar Carl Friedrich Goerdeler (1884-1945) rechnete detailliert vor, dass in seiner Stadt die »Volkswohnungs«-Förderung nicht einmal für einfachste Wohnungen ausreiche.[47] Dennoch ergäben sich für die Mehrheit der Arbeiter unerschwingliche Mieten. Er sprach sich für eine Erhöhung der Fördermittel und gegebenenfalls für die Fertigstellung von weniger Wohnungen aus. Allerdings teilte Goerdeler dabei nicht die unrealistischen Größenvorstellungen der DAF.

Mit seinem »Volkswohnungs«-Erlass von 1935 und den nachfolgenden Überarbeitungen und Ergänzungen lavierte das Reichsarbeitsministerium zwischen Vision und Realität. Die aus der DAF kommende Forderung, den Flachbau zu bevorzugen, machte man sich zu Eigen und betonte, dass Mietskasernen auf jeden Fall vermieden werden sollten.[48] Volkswohnungen sollten nicht konzentriert, sondern zusammen mit anderen Wohnungsformen in sozial gemischten Siedlungen errichtet werden.[49] Um den Bau überhaupt zu ermöglichen bzw. eine etwas bessere Ausstattung zu erreichen, erhöhte man die maximalen Baukosten sukzessive von 3500 auf 6000 RM. Damit einher ging eine Erhöhung der Darlehenssumme und eine Reduzierung des Zinssatzes. Die größte Aufregung verursachte die 1937 erfolgte Bekanntgabe von Richtgrößen von 34 bis 42 m² für die Wohnungen. Das Ziel bestand darin, die zur Verfügung stehenden Fördermittel optimal zu nutzen und eine tragfähige Miete zu erreichen. Die Partei erblickte dagegen in solchen Wohnungen eine Gefährdung der nationalsozialistischen Bevölkerungspolitik. Dabei half es wenig, dass das Arbeitsministerium vorrechnete, dass die Richtwerte für die Wohnräume Durchschnittswerte darstellten und für kinderreiche Fa-

44 Bauwelt 27 (1936), S. 131; vgl. BArch R 113/100, Bl. 7.
45 BArch R 3101/10 340, Bl. 55-88 (das Zitat Bl. 74); vgl. als Äußerung aus dem kommunalen Bereich: BArch R 113/100, Bl. 25.
46 BArch R 113/100, Bl. 21.
47 Der Werbeleiter 11 (1936), H. 7, S. 129-31; vgl. Bellmann und für München: Haerendel, S. 315-31.
48 Fischer-Dieskau, S. 806; Die Baugilde 17 (1935), S. 777; Schmidt, Die neuen Bestimmungen, S. 1187.
49 Friedrich Schmidt, Volkswohnungen, S. 778.

milien zu einer Gesamtwohnfläche von 52 bis 54 m^2 führten.[50] Man sah sich schon bald mit »auf die Propaganda der Parteidienststellen zurückzuführende Bestrebungen nach Vergrösserung der Wohnfläche« konfrontiert.[51] 1939 verzichtete man völlig auf Größenfestlegungen.[52]

Als Folge der Maßnahmen wurden weniger Wohnungen fertig gestellt und die Mieten gingen in die Höhe. Das Programm wurde von Besserverdienenden in Anspruch genommen, für die es eigentlich nicht gedacht war.[53] Bei der Auflegung 1935 war die Rede gewesen von einer Miete zwischen 16 und gut 20 RM im Monat.[54] Nach dem hoch gehaltenen Grundsatz, dass die Mietkosten keinesfalls mehr als 20 % des Einkommens ausmachen sollten, zielte das Programm also auf Einkommensbezieher zwischen 80 und 110 RM. 1937 wurde die Höchstmiete auf 28 bzw. 32 RM festgesetzt, 1939 auf 40 bzw. 50 und 1940 auf 40 bzw. 60. Mit den Erhöhungen drang man weit in die Mittelschichten hinein. Damit kam man zwar der nationalsozialistischen Wohnungsideologie näher, vergrößerte aber die Wohnungsnot und das Wohnungselend.[55]

1939 bezeichnete das Arbeitsministerium die Vierzimmerwohnung als Normalwohnung für Familien mit mindestens drei Kindern.[56] Damit ließen sich Jungen und Mädchen in getrennten Schlafkammern unterbringen – ein vielfach thematisiertes nationalsozialistisches Verlangen. Ein Ministerialbeamter hielt folgende Anforderungen an die Volkswohnung für realistisch:[57] »Der Wohnraum muß so bemessen sein, daß die ganze Familie sich darin bequem aufhalten kann.« Der Elternschlafraum solle außer den Betten einen großen Kleiderschrank und einen Waschtisch aufnehmen, nach Möglichkeit auch ein Kinderbett. »Die *Nebenräume* müssen zugunsten der Wohn- und Schlafräume möglichst klein gehalten werden; das gilt auch für die *Kochküche*«. Jedoch schloss man auch die Wohnküche nicht aus. Warmwasser, Zentralheizung und Bad kämen für die Bewohner im Allgemeinen zu teuer. Stattdessen verwies man auf öffentliche Badeanstalten. Eine Versorgung mit Lichtstrom sei anzustreben. Es hänge von den Tarifen ab, ob Strom auch zum Kochen genutzt werden könne.[58]

Bis einschließlich 1939 wurden in Deutschland 157.500 Volkswohnungen gefördert.[59] Das lag etwas unterhalb der Siedlerstellen. Beide Fördermaßnahmen reichten bei weitem nicht aus, um die bestehende Wohnungsnot zu mildern. Bei den Volkswohnungen war die Nachfrage nach Fördermitteln grö-

---

50 Ernst Knoll, Kritik, S. 575.

51 BArch R 3901/ alt R 41/ 1027, Bl. 82.

52 Büge, Volkswohnungsbau, S. 470.

53 Vgl. Der deutsche Volkswirt 12 (1937/38), S. 774; Haerendel, S. 323 f.

54 Die Baugilde 17 (1935), S. 777.

55 Vgl. Behnken 1938, S. 1117-28; Hachtmann, Lebenshaltungskosten, S. 66 f.; Führer, Anspruch, S. 242 f.

56 Büge, Volkswohnungsbau, S. 470; Siedlung und Wirtschaft 21 (1939), S. 383; Das Archiv 64 (1939), S. 546 f.; Die Baugilde 21 (1939), S. 679 f.

57 Büge, Volkswohnungsbau, S. 470 f.

58 Vgl. dagegen: Der Werbeleiter 11 (1936), H. 2/3, S. 40.

59 Der soziale Wohnungsbau in Deutschland 2 (1942), S. 653.

ßer als das Angebot.[60] Entgegen der programmatischen Bekundungen handelte es sich bei den meisten »Volkswohnungen« – Ende 1938 bei etwa zwei Drittel – um Geschosswohnungen.[61] So sehr auch die Vierraumwohnung propagiert wurde: Unter den errichteten Wohnungen war sie deutlich in der Minderheit. Unter den 1937 von Essener Wohnungsgesellschaften in Auftrag gegebenen Volkswohnungen befanden sich nur 6,6 % Vierraumwohnungen.[62] Bei den vorgeschriebenen Baukostenmaxima waren größere Wohnungen nicht zu errichten. Kinderreiche Familien mussten in Dreiraum-, ja teilweise sogar in Zweiraumwohnungen eingewiesen werden.[63]

Die kleineren Wohnungen entsprachen durchaus der Nachfrage. Eine 1938 unter Spandauer Arbeitern durchgeführte Umfrage ergab bezeichnende Ergebnisse.[64] Unter den Interessenten für eine Sozialwohnung befanden sich nur gut 12 % Familien mit drei Kindern und nur 4,5 % mit vier und mehr Kindern. Aber auch diese optierten eher für die kleinste der angebotenen Musterwohnungen, eine Dreizimmerwohnung von 42 m². Der nahe liegende Grund war die niedrige Miete von 38 RM. Die Umfrage kam zu dem Schluss, dass die wenigsten Arbeiter bereit seien, 20 % ihres Einkommens für eine Wohnung auszugeben. Selbst die der DAF gehörenden Wohnungsgesellschaften bauten mehr kleine als größere Wohnungen. Eine führte 1939 in ihrem Geschäftsbericht dazu aus:[65] »Es ist nicht Sache eines einzelnen Wohnungsunternehmens oder auch einer Gruppe von solchen Gesellschaften, selbständig abrupt nun eine neue Wohnungspolitik zu machen.« Doch werde sich die DAF nicht davon abhalten lassen, »das Ziel nach einer größeren Wohnung immer wieder programmatisch herauszustellen«.

Im Krieg wurde der Wohnungsbau zurückgefahren, die visionären Planungen dagegen wurden intensiviert.[66] Sie richteten sich jetzt auf die Nachkriegszeit und fühlten sich befreit von allen rüstungswirtschaftlichen und damit einhergehenden finanziellen Beschränkungen. Sie erfolgten im Bewusstsein, dass der Wohnungsbau zu den gravierendsten Mängeln im nationalsozialistischen Staat gehörte. An den Beratungen wirkten vor allem drei Gruppierungen mit: Albert Speer, der als Generalbauinspekteur für Berlin den Wohnungsbau mit dem Städtebau koordinieren sollte; Robert Ley und seine DAF, die einerseits als Hüter der wohnungspolitischen Vorstellungen der Partei auftraten, andererseits unter ihrem Dach eine Reihe von Unternehmen des sozialen Wohnungsbaus versammelten; das Reichsarbeitsministerium, das offiziell für den Wohnungsbau zuständig war und die Interessen der bestehenden Wohnungswirtschaft vertrat.

60 Vgl. zum Run auf die Volkswohnungen in München: Haerendel, S. 321-23 u. 425 f.
61 BArch R 3901/ alt R 41/ 1027, Bl. 88; Harlander, S. 97 f.
62 Die Baugilde 21 (1939), S. 25; vgl. Griesheimer, S. 552; Der Vierjahresplan 5 (1941), S. 708.
63 Büge, Volkswohnungsbau, S. 470.
64 Schulze; vgl. auch Vorwerck, S. 49.
65 Bauwelt 31 (1940), S. 720.
66 Zum Wohnungsbau und den Wohnungsbauerlassen im Krieg: Recker, Nationalsozialistische Sozialpolitik, S. 128-54; Harlander, S. 194 ff.; Fehl; Kähler, S. 649-56; Kornemann/Meierling-Schacht; Haerendel, S. 407-15.

Der aus umfangreichen Beratungen entstandene Erlass Hitlers »zur Vorbereitung des deutschen Wohnungsbaues nach dem Kriege« datierte vom 15. November 1940.[67] Er ging davon aus, dass dem Wohnungsbau eine Hilfsfunktion für die Bevölkerungspolitik zukam. Dies hieß wesentlich größere Wohnungen, für welche der Erlass die Zahl und Fläche der Räume im Detail vorschrieb. Für die Realisierung wurden weitgehende Hoffnungen auf die Rationalisierung des Bauens gesetzt. Man war sich aber auch darüber im Klaren, dass viel höhere Staatszuschüsse erforderlich sein würden. Die Zuständigkeit lag bei einem neuen »Reichskommissar für den sozialen Wohnungsbau«. Für die Durchführung verwies man auf die Gemeinden und die gemeinnützigen Wohnungsunternehmen. Mit dieser Bestimmung war es der Wohnungswirtschaft gelungen, den Status quo zu wahren. Leys Vorstellungen einer Zentralisierung des Wohnungsbaus beim Reich fanden keine Berücksichtigung.

»Reichskommissar für den sozialen Wohnungsbau« wurde Ley. Die von dem Reichskommissar und von der DAF herausgegebenen Zeitschriften entwickelten sich zur ideologischen Plattform und Spielwiese für Projektionen und Planungen zum Bauen und Wohnen. Die hierfür notwendigen Kompetenzen und Kapazitäten kamen aus der DAF und sukzessive durch Verlagerung von Referaten aus dem Arbeitsministerium. Differenzen mit dem Arbeitsminister ergaben sich in der Frage der Zuständigkeit des Reichskommissars und der Reichweite des vom Erlass geregelten »sozialen Wohnungsbaus«. Ley setzte schließlich seine Lesart durch, dass damit der gesamte Wohnungsbau gemeint sei. Durch einen weiteren »Führererlaß« erhielt er am 23. Oktober 1942 umfassende Zuständigkeiten.[68]

Gleich am Anfang formulierte der Wohnungsbauerlass vom 15. November 1940 das Primat der Bevölkerungspolitik.[69] Der Wohnungsbau habe die Voraussetzungen für »ein gesundes Leben kinderreicher Familien« und für »Geburtenzuwachs« zu schaffen. Denn: »Der erfolgreiche Ausgang dieses Krieges wird das Deutsche Reich vor Aufgaben stellen, die es nur durch eine Steigerung seiner Bevölkerungszahl zu erfüllen vermag.« Man dachte dabei – wie in Kommentaren zu lesen war – an den Ausgleich der Kriegsverluste, an die Besiedlung der eroberten Gebiete, an die Unterhaltung eines großen Heers und an die dafür erforderliche Rüstung.[70]

Ein Rassenbiologe hob die mit dem Ansatz verbundene neue Denkweise hervor.[71] »Der Rassenpolitiker stellt wirtschaftliche Erörterungen, ohne ihre Bedeutung zu verkennen, hinter den Forderungen nach einer bedingungslosen Sicherung der biologischen Notwendigkeiten zurück: Es geht um Bestand und Zukunft unseres Volkes.«[72] Andere brachten die hinter dem ge-

[67] Reichsgesetzblatt v. 19.11.1940, S. 1495-98.
[68] Der Vierjahresplan 7 (1943), S. 68 f.
[69] Vgl. Siedlung und Wirtschaft 22 (1940), S. 251; Bauwelt 31 (1940), S. 767; Duis.
[70] Hans Wagner, S. 148.
[71] Duis, S. 13.
[72] Aust, S. 302; vgl. Der soziale Wohnungsbau in Deutschland 1 (1941), S. 4; Vorschlag, S. 57.

planten Wohnungsbau stehende Idee auf die Formel »Kinder statt Zinsen«.[73] Wohnungsbau sei keine auf Rendite zielende private Investition mehr, sondern eine volkswirtschaftliche Investition, deren Ertrag im Zuwachs der Bevölkerung liege. Die DAF wollte eigentlich noch weiter gehen: Sie bezeichnete die Wohnung als öffentliches Gut, das als Lehen vergeben werden sollte.

Aus den bevölkerungspolitischen und rassenbiologischen Intentionen ergaben sich die Auswahlkriterien für die Mieter.[74] Man dachte an politisch zuverlässige und »biologisch wertvolle« junge Leute, die bereits Kinder besaßen oder Kinder zu kriegen versprachen. Sollten sie die Erwartungen nicht erfüllen, müssten – so Ley – »die bevölkerungspolitischen Blindgänger« die Wohnungen wieder räumen.[75] In einer Rede im Dezember 1940 legte Ley ausführlich dar, dass die neuen Wohnungen nicht nur eine Belohnung für Kinderreiche, sondern einen Anreiz für Kinderreichtum darstellten.[76] Der »Reichskommissar für den sozialen Wohnungsbau« bemühte einen angeblichen Vergleich Hitlers zwischen den neuen Wohnungen und dem Volkswagen. Man habe ihm ursprünglich einen Zweisitzer vorgeschlagen. Er habe dies abgelehnt, weil ein solcher Wagen »nicht familienfördernd, sondern familienhindernd« gewirkt hätte. Stattdessen habe er den vier- bzw. fünfsitzigen Wagen verlangt, der eine Verpflichtung für die Eltern mit sich bringe, ihn zu füllen. Das nämliche gelte für die Wohnungen: »Wenn eine 4-Raumwohnung da ist und dann stehen da 2 Schlafzimmer leer, dann wird sie das Schicksal schon dazu zwingen, damit diese beiden Schlafzimmer voll werden. Eine solche leere Wohnung, die wird kinderfördernd sein.«

Der »Führererlaß« ließ die Geschosswohnung, das Eigenheim und die Kleinsiedlung als gleichberechtigte Bauformen zu. Blieb er hier im Allgemeinen, so machte er umso detailliertere Angaben zur Größe und Raumzahl der Wohnungen. Bei 10 % der Wohnungen solle es sich um Dreizimmerwohnungen von mindestens 62 m^2 handeln, bei 80 % um Vierraumwohnungen mit mindestens 74 m^2 und bei 10 % um Fünfraumwohnungen mit einer Minimalfläche von 86 m^2. Das entsprach den alten Vorstellungen der DAF von der Vierraumwohnung als Standardwohnung. Die Größen allerdings übertrafen beträchtlich jene der vor dem Krieg von der DAF propagierten Wohnungen, von den im Rahmen des »Volkswohnungs«-Programms gebauten ganz zu schweigen. Anscheinend stammte die Größenvorgabe von Hitler persönlich.[77] Die bei Speer und Regierungsbeamten vorhandene Skepsis konnte dagegen nicht ankommen.

Bei solch ambitionierten Zukunftsplanungen fiel das alte »Volkswohnungs«-Programm des Arbeitsministers gänzlicher Abwertung anheim. Solche bereits jetzt schon in viel zu hoher Zahl vorhandene »Liliputwoh-

---

73 Vorschlag, S. 57.
74 Aust, S. 303.
75 BArch R 4606/149, Bl. 33.
76 BArch R 4606/149, Bl. 34 f.; vgl. Harlander, S. 205.
77 BArch R 4606/149, Bl. 79 f.

nung(en)« seien nach dem Krieg nur noch für Kinderlose und Alte zu gebrauchen.[78] Die alte Wohnungsbaupolitik habe einen »rassenhygienische(n) Notstand« verursacht.[79] Das Arbeitswissenschaftliche Institut der DAF schätzte den durch schlechte Wohnverhältnisse bedingten jährlichen Geburtenausfall auf 300.000.[80] Die DAF übertrug den an sich für die Nationalsozialisten positiv konnotierten Begriff »Volkswohnung«, den der Arbeitsminister leider für die falschen Wohnungen benutzt hatte, jetzt gewissermaßen auf die echten, der Bezeichnung würdigen.[81] Das Förderprogramm lief nominell weiter, bezog sich aber jetzt auf die neuen, viel größeren Wohnungen.[82] Allerdings wandelte man für die Kriegsdauer die Mindestmaße des »Führererlasses« in Maximalmaße um und ließ Ausnahmen zu. Eine große Bedeutung besaßen solche Planspiele ohnehin nicht mehr, weil der Wohnungsbau weitgehend zusammenbrach. Wenn noch Wohnungen gebaut wurden, so von Rüstungsbetrieben wie Siemens, dachte man gar nicht daran, auf die Vorgaben des »Führererlasses« zurückzugreifen.[83]

Außer »Volkswohnungen« erhielten die Planvorgaben in den DAF-Publikationen noch die Benennung »Führerwohnungen«.[84] Damit wurde herausgestrichen, dass sich Hitler, dieser »Mensch gewordene Übermensch«[85], intensiv und mit Interesse am Detail in die Planungen eingeschaltet hatte.[86] Gleichzeitig legitimierte und stärkte die Berufung auf den »Führer als größter Bauherr und genialster Architekt«[87] das Programm und Ley als den mit der Durchführung Beauftragten. Eine kritische Diskussion des gesamten Vorhabens oder auch nur einzelner Punkte wurde damit verunmöglicht oder zumindest erschwert.

Der Erlass sprach von »tragbare(n) Mieten und Lasten«. Ley stellte für die Vierraumwohnung eine Durchschnittsmiete von 30 RM in Aussicht.[88] Die Kostenmiete lag selbst bei Annahme einer üppigen staatlichen Förderung höher. Zu den 30 RM gelangte er, indem er die für die Zeit nach dem Krieg vom Finanzminister ins Auge gefassten »mietegebundenen Beihilfen« für eine Familie mit zwei Kindern einrechnete. Die Zahl ließ sich propagandistisch ausgezeichnet verwerten. Während für die »billige Volkswohnung« von 42 bis 46 m² vor dem Krieg 40 RM verlangt wurden, werde man nach dem Krieg 74 m² für 30 RM bereitstellen.[89]

78 Marrenbach in: Deutsche Bauzeitung 74 (1940), S. 579; vgl. Aust, S. 302.
79 Duis, S. 12.
80 Jahrbuch des Arbeitswissenschaftlichen Instituts, S. 61.
81 Marrenbach in: Deutsche Bauzeitung 74 (1940), S. 578; Das Archiv 80 (1940), S. 818; BArch R 3901/ alt R 41/ 1509, Bl. 34; Baumgarten; Elektrizitätswirtschaft 40 (1941), S. 384.
82 Der soziale Wohnungsbau in Deutschland 1 (1941), S. 716-20.
83 Sachse, S. 170 u. 247.
84 Der soziale Wohnungsbau in Deutschland 1 (1941), S. 152 u. 389.
85 Hans Wagner, S. 145.
86 Vgl. z.B. Das Archiv 80 (1940), S. 818 f.; Harlander, S. 207.
87 So Ley, zitiert nach Fehl, Kleinstadt, S. 179.
88 BArch R 4606/149, Bl. 33; Hans Wagner, S. 152; vgl. Siedlung und Wirtschaft 22 (1940), S. 273 u. 286.
89 Aust, S. 303.

In der Frage der Zahl der zu bauenden Wohnungen blieb der Erlass vorsichtig. Er nannte 300.000 im ersten Nachkriegsjahr, was dem Durchschnitt der Vorkriegszeit entsprach. Allerdings hätte bereits diese Zahl eine beträchtliche Steigerung der Bauleistung erfordert, da die neuen Wohnungen ja größer sein sollten.[90] Den auf 10 Jahre berechneten Bedarf nach dem Krieg schätzten das Arbeitswissenschaftliche Institut der DAF und das Institut für Konjunkturforschung übereinstimmend auf etwa 6 Millionen.[91] Daraus leitete der Reichswohnungskommissar bis zu 600.000 im Jahr zu bauende Wohnungen ab,[92] was mehr als eine Verdoppelung der Bautätigkeit verlangte. Hitler schwadronierte gar von mehreren Millionen.[93]

Mehr Wohnungen, größere Wohnflächen, geringere Mieten – die Frage lag nahe, wie dies alles zu finanzieren sei. Der Erlass vertraute wenig konkret auf »Einrichtungen der Wirtschaft«, versprach aber auch mehr staatliche Fördermittel und verwies auf Rationalisierungsmaßnahmen. Jedenfalls waren die Initiatoren stolz, einen Systemwechsel zustande gebracht zu haben:[94] Nicht mehr wie früher würden die Wohnungen an die Einkommensverhältnisse angepasst, sondern die Finanzierung an den Wohnungsbedarf. Damit wurde die Finanzierung zur »sekundären Sorge«.[95] Ley sah in der staatlichen Finanzierungszusage eine Art Blankoscheck:[96] »... Was fehlt, wird das Reich geben«. Dies sah man in der Reichsregierung allerdings anders. Im Finanzministerium fürchtete man eine »für den Reichshaushalt untragbare ... Belastung«.[97] Auf zehn Jahre verteilt erfordere das Wohnungsbauprogramm Mittel im Umfang von 63 Milliarden RM. An die Polemik von Reichswirtschaftsminister Walther Funk (1890-1960) gegen die Redensart »Geld spielt keine Rolle« anknüpfend, machte eine Stimme aus der Wohnungswirtschaft darauf aufmerksam, dass höhere Staatszuschüsse leicht Kostensteigerungen nach sich zögen.[98]

Zeitgenössischen Schätzungen zufolge waren die Baukosten aufgrund der Rüstungskonjunktur zwischen 1935/36 und 1940 bereits um mehr als 40 % gestiegen.[99] Die Erstellung einer dem »Führererlaß« entsprechenden Vierraumwohnung hätte 1940 etwa 14.000 RM gekostet.[100] Die Behörde des

---

90 Darauf weist z.B. hin: Der deutsche Baumeister 2 (1940), H. 11, S. 7.

91 Hans Wagner, S. 147; Schönbein, S. 330; Jahrbuch des Arbeitswissenschaftlichen Instituts, S. 62. Für die unmittelbare Nachkriegszeit war von 4,2 Mio. Wohnungen die Rede (Bühler, S. 135; Lütge, S. 310; Hachtmann, Lebensbedingungen, S. 64).

92 Hans Wagner, S. 147; Der soziale Wohnungsbau in Deutschland 1 (1941), S. 348; BArch R 4606/149, Bl. 32.

93 Hitler, Monologe, S. 306; Domarus, S. 2072; Harlander, S. 286; vgl. Speer nach Fröhlich, Teil II, Bd. 10, S. 405.

94 Der soziale Wohnungsbau in Deutschland 1 (1941), S. 348; Das Archiv 80 (1940), S. 819 f.

95 Siedlung und Wirtschaft 22 (1940), S. 252.

96 BArch R 4606/149, Bl. 37.

97 Recker, Nationalsozialistische Sozialpolitik, S. 138; die DAF nannte 60-80 Milliarden RM (Jahrbuch des Arbeitswissenschaftlichen Instituts, S. 62).

98 Siedlung und Wirtschaft 23 (1941), S. 233 f.; s. auch Kokotkiewicz.

99 Kokotkiewicz, S. 276.

100 Hans Wagner, S. 152; BArch R 4606/149, Bl. 37 (hieraus die folgenden Zitate); vgl. Der soziale Wohnungsbau in Deutschland 1 (1941), S. 220.

Reichskommissars wollte die Kosten auf 10.000 RM drücken, d.h. auf den Stand von 1935/36 zurückführen. Ley sprach sogar von 7000 RM, was sein Geschäftsführer als ein weiteres vom Dritten Reich zu bewerkstelligendes »Wunder« interpretierte. Ley selbst verwies auf die Erfolge beim Volkswagen. »Ich glaube nun einmal fest daran, dass wir alle Aufgaben lösen können, die wir uns stellen. Es wird gehen, ich glaube phanatisch (sic!) daran, man muss bloss einen unerschütterlichen Willen haben und dann etwas Köpfchen und etwas Geist, dann wird man das schon machen können.«

Als Wundermittel zur Realisierung der Preisvorstellungen wurde die Rationalisierung ins Feld geführt. Der »Führererlaß« ging darauf relativ ausführlich ein. Er verlangte eine umfassende Normierung der Wohnung, nämlich der Grundrisse, der Geschosshöhen, der Wandstärken, der Dächer, Decken und Treppenhäuser, der Installationen und der Fenster und Türen. Die Arbeiten auf der Baustelle seien weitgehend zu mechanisieren. Zumindest regte dies die Phantasie der Politiker und Planer an. Die Wohnung als »Massenartikel«, als ein aus »Serienherstellung« oder »Massenproduktion« hervorgegangenes Produkt wurde ein beliebtes Thema.[101] Man verwies auf die »Herstellung fabrikgebauter Häuser« in den USA.[102] Der Volksempfänger, der Volkswagen und Ford und das dabei zur Geltung kommende »Gesetz der großen Zahlen« wurden angeführt.[103] Beim Hausbau habe der Anteil massengefertigter Teile 1938 5 % betragen, beim Volkswagen werde er 100 % ausmachen.[104] Das sei zwar im Wohnungsbau nicht zu erreichen, gebe aber jedenfalls die Richtung an. Die Rede machte die Runde vom Hausbau »am laufenden Band«.[105] Gemeint waren spezialisierte Arbeitsgruppen, »Stoßtrupps« in der Terminologie Leys,[106] die von Baustelle zu Baustelle zogen und bestimmte Arbeiten verrichteten.[107] So könnte der Reichsarbeitsdienst für Ausschachtungsarbeiten und das Legen der Fundamente herangezogen werden.

Die Rationalisierungseuphorie wurde nicht allgemein geteilt. Als sich beim Bau von Behelfsheimen die in normierte Grundrisse gesetzten Hoffnungen nicht erfüllten, wurden diese schon mal als »Amerikanismus, wenn nicht Bolschewismus« verdammt.[108] Es ist zu bezweifeln, dass hinter der Rationalisierung des Bauens eine langfristig angelegte und durchdachte Strategie stand. Jedenfalls tauchten in Erwartung des Sieges Visionen auf, dass die Eroberungen Deutschland von Rohstoff- und Arbeitskraftsorgen befreien würden. So sah Ley bereits 20 Millionen ausländische Hilfsarbeiter unter

---

101 Die Begriffe bei: Schönbein, S. 332 f.; Hans Wagner, S. 150; vgl. Harlander, S. 237-42.

102 Schönbein, S. 334.

103 Hans Wagner, S. 152; Schönbein, S. 332; Der soziale Wohnungsbau in Deutschland 2 (1942), S. 34; Hitler, Monologe, S. 95; vgl. Fehl, Eine Wohnung, S. 251; Harlander, S. 237 u. 281.

104 Schönbein, S. 332.

105 Hans Wagner, S. 152; Der soziale Wohnungsbau in Deutschland 1 (1941), S. 10; BArch R 4606/149, Bl. 37.

106 BArch R 4606/149, Bl. 37.

107 Das Archiv 80 (1940), S. 820.

108 Zitiert nach Harlander, S. 286; vgl. Harlander/Fehl, S. 37 ff.; Fehl, Kleinstadt, S. 164-75.

Führung von 2 Millionen deutscher Facharbeiter auf den Baustellen am Werk.[109]

Der »Führererlaß« ging ausführlich auf die Funktion und Größe der einzelnen Räume ein. Dazu gehörte ein Luftschutzraum als nicht unerheblicher Kostenfaktor. Die Kosten wurden weiter erhöht durch den für Geschosswohnungen vorgesehenen Balkon. Er bildete gewissermaßen das Substitut für Garten oder Land der Flachbauten. Zur Möblierung sagte der Erlass nichts. Jedoch bereitete die DAF Aktivitäten zur »Schönheit des Wohnens« vor, in deren Rahmen funktionaler »Deutscher Hausrat« entwickelt werden sollte.[110] Auch dafür war an eine weitgehende Typisierung und Normierung gedacht. Den zentralen Raum des Erlasses bildete die »Wohnküche«. Dies veranlasste zahlreiche Zuschriften aus der Bevölkerung.[111] Darin wurde unter anderem ausgeführt, dass die Wohnküche im Osten Deutschlands unbekannt sei und abgelehnt werde. Die Reichsfrauenführerin setzte die zusätzliche Option durch, Koch- und Wohnteil durch eine leichte Wand zu trennen.

Auf persönliches Betreiben Hitlers sah der Erlass einen »Duschraum mit getrenntem Abort« vor.[112] Dahinter standen hygienische Überlegungen. So wollte »der Führer« mit der Dusche vermeiden, dass mehrere Personen in demselben Wasser badeten. Nachdem man festgestellt hatte, dass die Kosten für Dusche und Bad so unterschiedlich nicht waren,[113] relativierte man die Vorgabe.[114] Zugunsten des Wannenbads wurde angeführt, dass es für Alte, Kranke und Kleinkinder Vorteile böte.

Im Reichsarbeitsministerium hatte man für die Vorkriegs-»Volkswohnungen« wegen der Kosten nur elektrisches Licht für realistisch gehalten. Beim Reichswohnungskommissar entwarf man dagegen die Vision einer darüber hinaus elektrifizierten Wohnung.[115] Für die Wohnküche der »Führerwohnungen« entwickelte die DAF einen »metallsparenden kombinierten Küchenherd« mit Kohle- und Elektroteil.[116] Für den Fall, dass es gelingen werde, die Nachkriegswohnungen mit Zentralheizung und zentraler Warmwasserversorgung auszurüsten, könne man auch auf den hygienische Vorteile bietenden reinen Elektroherd zurückgreifen. Die Warmwasserversorgung erleichtere das Baden einer großen Familie, denn für die Erwärmung des Badewassers stehe noch keine befriedigende elektrische Lösung zur Verfügung. Fahrstühle würden sich für mehr als viergeschossige Wohnhäuser durchsetzen. In Mehrfamilienhäusern sei zu erwarten, dass die Waschküche mit Waschmaschine und Schleuder ausgerüstet und das Bügeln durch einen Heimbügler erleichtert werde. Aber auch für Einfamilienhäuser dürfe man

109 Harlander, S. 287.
110 Doerr, Schönheit; Doerr, Kulturelle Lenkung; vgl. Harlander/Fehl, S. 33 f.
111 Hans Wagner, S. 148; Vorwerck, S. 49.
112 Der soziale Wohnungsbau in Deutschland 1 (1941), S. 9; Das Archiv 80 (1940), S. 819; Friedrich Schmidt, Elektrizität, S. 382; vgl. Harlander, S. 207.
113 Baumgarten.
114 Hans Wagner, S. 148; Friedrich Schmidt, Elektrizität, S. 382.
115 Friedrich Schmidt, Elektrizität; s. für das Folgende insbesondere S. 382-84.
116 Der soziale Wohnungsbau in Deutschland 1 (1941), S. 11.

auf entsprechende Produktangebote hoffen. Sache des Mieters sei die Anschaffung von Geräten wie Staubsauger, Haartrockner, Bügeleisen, Radios, elektrische Uhren, Tauchsieder und Küchenmaschinen.

Das meiste davon war unverbindliche Zukunftsmusik. Konkret kündigte die DAF einen Volkskühlschrank als Standardausrüstung der Nachkriegswohnungen an.[117] Dies ging über den »Führererlaß« hinaus, der nur von einer Speisekammer sprach. Die DAF brachte damit neue Bewegung in die Initiative für einen »Volkskühlschrank«, die von der Industrie und dem Wirtschaftsministerium ausgegangen war. Für die »Führerwohnungen« war ein abgespecktes Modell vorgesehen. Allerdings gab es davon weder Prototypen, noch war die Kostenfrage geklärt.

Der die Elektrifizierung propagierende Artikel aus dem Hause des Reichswohnungskommissars stellte abschließend die Frage, was denn eine solche weitgehend elektrifizierte Wohnung den Bewohner kosten werde.[118] Aufgrund einer eher optimistischen Schätzung gelangte er zu monatlichen Stromkosten von etwa 15 RM. Berücksichtigt man weitere Ver- und Entsorgungskosten und setzt dies in Relation zur propagierten Durchschnittsmiete von 30 RM, dann konnte man zu dem Ergebnis kommen, dass sich hier eine zweite Miete abzeichnete. Auch der Verfasser scheint vor den Zahlen erschrocken zu sein, denn er zog die Folgerung, dass die Energiekosten noch beträchtlich gesenkt werden müssten. Er setzte seine Hoffnungen auf die Elektrowirtschaft, für die sich schließlich ein Markt von »Millionen neuer Geräte« auftue.

Die Überlegungen zur Elektrifizierung der »Führerwohnungen« knüpften an eine breite öffentliche Diskussion zur Technisierung des Haushalts an.[119] Sie konnten überdies mit der ungeteilten Zustimmung Hitlers rechnen. In einem seiner im Führerhauptquartier gehaltenen Monologe verlangte er »die Errungenschaften der Technik« endlich auch zur Entlastung der Hausfrauen einzusetzen.[120] »... Sie drückt auf einen Knopf, und die Kinderschwester erscheint, die Kinder abzuholen. Die Hausfrau soll weiter nicht mehr nötig haben, Kehricht und Küchenabfall die Treppen herunterzuschleppen oder das Heizmaterial heraufzubringen, das alles muß durch Gerätschaften sich in der Wohnung selbst erledigen lassen. Der Wecker, der sie morgens weckt, soll gleichzeitig das Wasser kochen machen, das man zum Frühstück braucht, und was dergleichen Lebenserleichterung mehr ist.« Er verwies auf Robert Ley, dem er »nur aufzutragen brauche, die Haushaltsführung technisch zu modernisieren.«

Technik und Elektrizität erschienen in solchen Äußerungen Hitlers als praktische Lebenserleichterung, aber auch als Symbole von Fortschritt und Modernität. Sie gehörten zum Kulturniveau eines Volkes, das wie kein anderes eine Mission zu erfüllen habe. In solchen Bewertungen dürfte sich Hit-

117 Hans Wagner, S. 149; Friedrich Schmidt, Elektrizität, S. 383; vgl. Das Kapitel »Der Volkskühlschrank«.

118 Friedrich Schmidt, Elektrizität, S. 384; vgl. Siedlung und Wirtschaft 21 (1939), S. 287. In einer ähnlichen Wohnung lagen die gesamten Versorgungskosten für Zentralheizung, Warmwasser und Strom bei über 30 RM im Monat (Forschung, S. 32).

119 Heßler, »Mrs. Modern Woman«.

120 Hitler, Monologe, S. 306.

lers Denken mit dem der Bevölkerungsmehrheit gedeckt haben, wenn diese vielleicht auch nicht Hitlers ideologische Aufladung teilte. Die Idee des fortschrittlichen technisierten Haushalts wurde von den wirtschaftlichen Interessenten wachgehalten – wenn auch manchmal in reichlich populärer Form wie in dem als Werbebotschaft missbrauchten Knittelvers:[121]

Das Alte stürzt, das ist der Zeiten Lauf
Und nichts hält die Elektroküche auf.

Zugunsten einer Elektrifizierung des Haushalts versammelte sich eine Reihe von Interessenten. Da war die Elektroindustrie, die einen noch weitgehend unausgeschöpften Markt für elektrische Haushaltsgeräte anpeilte. Die Elektrizitätsversorgungsunternehmen verfügten in den 1930er Jahren über beträchtliche freie Kapazitäten.[122] Dabei war die Elektrifizierung, insbesondere der städtischen Haushalte, weit fortgeschritten. Die Unternehmen der Elektrizitätswirtschaft bemühten sich mit zahlreichen Maßnahmen und Instrumenten den Absatz an Haushaltsstrom zu steigern. Sie boten, u.a. für Nachtstromgeräte, günstige Tarife an, offerierten Teilzahlungskredite und Mietsysteme und beteiligten sich an der Entwicklung von Elektrogeräten. Staatliche Stellen betrachteten die Elektrifizierung als Teil der Konjunktur- und Arbeitsmarktpolitik und unterstützten die von der Wirtschaft gestarteten Werbefeldzüge. Mit dem Vierjahresplan und der Rüstungskonjunktur, als sich auf mittlere Sicht Engpässe bei der Versorgung mit elektrischer Energie abzeichneten, ging das volkswirtschaftliche Interesse zurück. Erhalten blieb der symbolische und Propagandawert.

Die Verkaufszahlen elektrischer Haushaltsgeräte bewegten sich in den 1930er Jahren kräftig nach oben – teilweise allerdings von einem sehr niedrigen Niveau aus. Der Ausstattungsgrad der Haushalte war bei den einzelnen Geräten ganz unterschiedlich.[123] Von den städtischen Haushalten dürften 1938 über 80 % ein elektrisches Bügeleisen besessen haben, etwa 60 % ein Radio, gut 30 % einen Staubsauger, gut 25 % ein Heizkissen, an die 4 % einen Elektroherd[124] – bei den meisten handelte es sich um kombinierte Kohle-Elektroherde,[125] etwa 1,5 % eine Waschmaschine und weniger als 1 % einen Kühlschrank. Der unterschiedlichen Geräteverbreitung lagen vor allem zwei Faktoren zugrunde: die Wertschätzung, welche die Haushalte den einzelnen Konsumgütern entgegenbrachten, und der Preis.[126] Am günstigsten waren

121 Der Werbeleiter 11 (1936), H. 1, S. 6.

122 Über die Elektrizitätsversorgung und Elektrizitätspolitik im Nationalsozialismus: Stier, S. 442-89.

123 Die folgenden Angaben stellen ganz grobe Schätzungen dar – auf der Basis der von Vogt, S. 11 wiedergegebenen Untersuchungen für eine Groß- und eine Kleinstadt.

124 Der Anteil der Haushalte mit Elektroherd ist errechnet aus den Verbreitungszahlen für 1938 von 700-750.000: Haase, S. 18; Leyhausen, S. 25.

125 Leyhausen, S. 33.

126 Vgl. Müller, S. 184. Die folgenden Preise entstammen alle derselben auf die Jahre 1935-38 bezogenen Untersuchung in einem sächsischen Versorgungsgebiet: Der Werbeleiter 14 (1939), H. 2, S. 25.

von den genannten Geräten das Bügeleisen mit einem Durchschnittspreis von 6 RM und das Heizkissen mit 9 RM. Die Differenz in der Verbreitung dürfte darauf zurückzuführen sein, dass das elektrische Eisen im Vergleich zu den Kohle-, Gas- oder Herdbügeleisen beträchtliche Nutzungsvorteile besaß. Das Heizkissen leistete dagegen nur im Winter und dann nur in den ungeheizten Räumen gute Dienste. Das Radio mit 100 RM und der Staubsauger mit 80 RM lagen im mittleren Preissegment. Die deutlich größere Verbreitung des Rundfunkapparats spiegelt dessen höhere Wertschätzung wider. Preislich darüber befanden sich der Elektroherd mit 150 RM und die Waschmaschine mit 155 RM. Außer dem relativ hohen Preis dürfte zur geringen Verbreitung beigetragen haben, dass man sich durchaus darüber streiten konnte, ob sie überhaupt Vorteile gegenüber alternativen Technologien mit sich brachten. Der Kühlschrank erleichterte die Vorratshaltung und seine Anschaffung war politisch erwünscht, aber mit 400 RM für das Kompressormodell befand er sich außer Reichweite der allermeisten Haushalte.

Die beiden Haushaltsgeräte, die im Nationalsozialismus am meisten in der Diskussion waren, der Kühlschrank und der Elektroherd, besaßen eine ausgesprochen geringe Verbreitung. Ihre Thematisierung erwuchs aus Visionen, Projektionen, Propaganda und Selbsttäuschung. In der Haushaltspraxis ging es um anderes: um die Lebensmittelversorgung und –zubereitung und die sonstigen Tag für Tag anfallenden Arbeiten. Es war deshalb nur konsequent, wenn sich die nationalsozialistischen Frauenorganisationen[127] relativ wenig um die haushaltstechnischen Hochpreisprodukte kümmerten. Zuständig hierfür wären die Abteilung Volkswirtschaft – Hauswirtschaft im Deutschen Frauenwerk gewesen, deren »Versuchsstelle für Hauswirtschaft« in Leipzig und die »Hauswirtschaftliche Rationalisierungsstelle« in Berlin. Die Aufgabe der Abteilung Volkswirtschaft – Hauswirtschaft bestand darin, die Hausfrauen zu einem der nationalsozialistischen Autarkiepolitik angepassten Verhalten zu erziehen.[128] Die Arbeiten der Versuchsstelle besaßen eine bis in die Weimarer Republik reichende Tradition.[129] Sie untersuchte Haushaltsprodukte und vergab ein Prüfsiegel, das »Sonnenzeichen«. Unter dem Nationalsozialismus wurden die Warentests fortgeführt, wobei zunehmend autarkiepolitische Kriterien Berücksichtigung fanden. Publikationen des Frauenwerks propagierten die Rationalisierung des Haushalts, warnten aber davor dies mit Technisierung gleichzusetzen.[130]

Die hauswirtschaftlichen Aktivitäten der Frauenorganisationen waren praxisnah – jedenfalls unter den im Nationalsozialismus vorgegebenen wirtschaftlichen Rahmenbedingungen. Man gewinnt den Eindruck, dass sich die Frauen auf den hauswirtschaftlichen Alltag konzentrierten, die Männer – in Wirtschaft, Behörden und Partei – sich dagegen die Zukunftsvisionen der Haushaltstechnisierung vorbehielten. Drangen die Frauen in diese männliche

127 Vgl. Stephenson; Klinksieck, S. 115-24; Dammer.

128 Deutsche Frauen-Kultur 39 (1935), H. 9, S. 14 f.; 41 (1937), H. 4, S. 10. f.; Vorwerck; vgl. außerdem ihr Organ, die Zeitschrift »Deutsche Hauswirtschaft«.

129 Vorwerck, S. 87 ff.; vgl. Heßler, »Mrs. Modern Woman«, S. 235 ff.

130 Z.B. Frauenkultur 47 (1943), Mai-Heft, S. 7 f.

Domäne ein, dann wurden sie nicht gehört. So ging es dem Frauenwerk, als es dem Reichswohnungskommissar mit Hilfe eines Preisausschreibens entstandene Musterküchen für die »Führerwohnungen« empfahl.[131] Die Vorschläge blieben unberücksichtigt. Einzig wurde die Wohnküche als Norm aufgrund einer Intervention der Reichsfrauenführerin relativiert.

Die Technisierung und die Elektrifizierung des Haushalts gaben Wohnvisionen wieder, die Wohnrealität sah eher trist aus. Dies galt schon in der Zeit vor dem Krieg mit Millionen fehlender Wohnungen und Millionen schlechter. Im Krieg öffnete sich die Schere zwischen Wunsch und Wirklichkeit weiter. Die Wohnvisionen des »Führererlasses« von 1940 vertrösteten die Bevölkerung auf die Zeit nach dem Sieg. Sie ließen die bestehenden Realitäten hinter sich und rechneten von vornherein mit nahezu unermesslichen Ressourcen. Der Krieg dagegen verknappte die für den Wohnungsbau zur Verfügung stehenden Mittel schnell und nachhaltig. Die angefangenen Wohnbauten wurden im Allgemeinen zu Ende gebracht. Neubauten von Wohnhäusern unterlagen dagegen einem generellen Bauverbot.[132] Ausnahmen bezogen sich vor allem auf die Unterbringung von Rüstungsarbeitern. Hierfür gelangten dem Erlass entsprechende »Führerwohnungen« zur Ausführung. Der Reichswohnungskommissar ließ eine Reihe von »Erprobungstypen« erstellen. Wie viele davon gebaut wurden, ist unklar; Schätzungen sprechen von maximal einigen 10.000.

Mit den Bombardierungen deutscher Städte rückten seit Sommer 1942 andere Bauaufgaben in den Vordergrund. Zu den Millionen fehlender Wohnungen kam jetzt eine ständig zunehmende Zahl durch Fliegerangriffe zerstörter. Die Ausgebombten wurden aufs Land verlagert oder sie mussten in der Stadt untergebracht werden. Vorhandene Wohnungen wurden überbelegt, die Wohnungen vertriebener oder abtransportierter jüdischer Bürger genutzt, Gewerberäume umgewidmet, Dachgeschosse hergerichtet und halb zerstörte Wohnungen wieder in Stand gesetzt. Eine mehr und mehr präferierte Option bestand im Bau von Behelfsheimen.[133] Sie sollten in den Außenbezirken und im städtischen Umland den Bombenangriffen weitgehend entzogen sein. Zuständig war Ley als Wohnungskommissar. In seiner Behörde fand man nichts dabei, die konstruktiven Schwierigkeiten mit denen beim Volkswagen zu vergleichen.[134] Die Planungen, in die Hitler persönlich eingriff, landeten schließlich bei etwa 20 m^2 pro Wohnung. Die Behelfswohnung bestand aus einem Wohn-Koch-Raum, einem Eltern- und einem Kinderschlafzimmer. Sie besaß weder Wasser-, noch Kanalisations-, noch Elektroanschluss. Das Wasser musste von einem Brunnen oder einer Wasserleitung geholt werden, die Körperpflege fand in der Wohnküche statt. Ein Trockenklo stand neben

[131] Vorwerck, S. 52.

[132] Der Vierjahresplan 5 (1941), S. 709.

[133] Zum Bau von Behelfsheimen: Recker, Nationalsozialistische Sozialpolitik, S. 250-65; Harlander, S. 261 ff.; Haerendel, S. 415-21; vgl. die zahlreichen Bemerkungen dazu in den Goebbels-Tagebüchern: Fröhlich, Teil II, Bd. 9, S. 245, 256, 269, 328, 415 u. 517 f.; Bd. 10, S. 120, 211, 390 u. 405; Bd. 11, S. 96; Bd. 13, S. 484.

[134] Der Wohnungsbau in Deutschland 4 (1944), S. 52.

dem Haus. Das Licht lieferte eine Karbid- oder eine Petroleumlampe. Zur Aufbewahrung der Lebensmittel diente eine Frischhaltegrube.

Die in Leys Wohnungsbehörde angestellten Überlegungen zur Industrialisierung des Bauens schienen in den Behelfsheimen ein ideales Objekt zu finden:[135] »ein Kriegserzeugnis mit allen den charakteristischen Kennzeichen des kurzlebigen Massenverbrauchsgutes, wie Serienfertigung, weitestgehender Einsatz der Normierung, äußerste Werkstoffausnutzung, Ersatz der Handarbeit durch Maschinenfertigung, Verbrauch in Massen, kurze Lebensdauer«. Es war die Rede von mehreren Millionen zu erstellender Behelfsheime; geschaffen wurden schließlich einige Hunderttausend.[136] Die Ausführungsformen waren vielfältig; von Einheitlichkeit konnte keine Rede sein. Nachdem die nationalsozialistischen Wohnungsplaner 1940 geräumige und gut ausgestattete »Führerwohnungen« entworfen hatten, bestand die Baurealität in der Baracke, der eigentlichen »Volkswohnung« während des Krieges.

---

135 Der Wohnungsbau in Deutschland 4 (1944), S. 3.
136 Recker, Nationalsozialistische Sozialpolitik, S. 255, 260 u. 264.

DER VOLKSKÜHLSCHRANK: WAFFE IM »KAMPF DEM VERDERB«

Lebensmittel besitzen nur eine begrenzte Haltbarkeit. Mit traditionellen hauswirtschaftlichen Konservierungstechniken, wie Kochen, Einsalzen, Dörren, Räuchern, Trocknen, Backen, Einlegen oder Kühlen ließ sich der Zeitpunkt des Verderbs hinausschieben. Außerdem verfügten die meisten Haushalte über eine saubere und relativ kühle Speisekammer zur Aufbewahrung der Nahrungsmittel. Seit der Mitte des 19. Jahrhunderts wurden Kühlmaschinen entwickelt, mit denen sich tiefere Temperaturen erzielen ließen. Die Kühlmaschinen arbeiteten entweder, mit einem Motor versehen, nach dem Kompressionsprinzip, oder, ausgestattet mit einer Wärmequelle, nach dem Absorptionsprinzip. Sie nutzten bei der Änderung des Aggregatzustandes des Kältemittels freiwerdende bzw. aufgenommene Wärme. Mit solchen Groß-Kältemaschinen ließ sich z.B. Wassereis künstlich herstellen, was den Haushalten zusätzliche Möglichkeiten der Kühlung eröffnete. So gab es in Berlin nach dem Branchenbuch von 1935 fast 100 Eishändler.

Haushaltskühlschränke entstanden durch Downscaling industrieller Kälteanlagen. Die ersten, vor dem Ersten Weltkrieg angebotenen kosteten noch astronomische Summen. Erst um 1930 erreichten Kühlschränke relevante Verkaufszahlen. Zuerst war dies in den USA der Fall, wo das Klima, die hohe Kaufkraft und niedrige Preise dank Massenproduktion die Entwicklung und Verbreitung begünstigten. Zwischen 1933 und 1939 stieg die Zahl der Haushaltskühlschränke von gut 4,5 Millionen, was knapp einem Viertel der Haushalte mit elektrischem Stromanschluss entsprach, auf mehr als 12 Millionen, womit etwa jeder zweite dieser Haushalte einen Kühlschrank sein Eigen nannte.[1] Vorausgegangen war eine beträchtliche Preisreduzierung. Seit 1933 blieben die Preise mit etwa 170 Dollar für einen 120 l-Schrank nahezu unverändert.[2]

In Deutschland sah der Kühlschrankmarkt viel ungünstiger aus. Gingen in den USA die Verkaufszahlen in die Millionen, so bewegten sie sich in Deutschland im Bereich von Zehntausenden. Der Wunsch nach gekühlten Lebensmitteln, wie Erfrischungsgetränken und Eiskrem, war in Deutschland noch nicht so ausgeprägt wie in den USA. Die geringere Kaufkraft erlaubte weniger Haushalten die Anschaffung eines Kühlschranks, und aus den kleineren Stückzahlen resultierten höhere Preise. 1933 standen in den deutschen Haushalten etwa 20.000 elektrische Kühlschränke; bis 1939 stieg ihre Zahl auf etwa 200.000.[3] Diese Ziffern erhöhen sich durch gasbetriebene Kühl-

---

1 Pohlmann, Kühlschrankumsatz, S. 18; Schnaus, S. 118; Die Kälte-Industrie 32 (1935), S. 47; 33 (1936), S. 57; 36 (1940), S. 62; Nickels.

2 Pohlmann, Kühlschrankumsatz, S. 19; Seebauer, Ziele, S. 84.

3 Die zahlreichen in den Fachzeitschriften auftauchenden Schätzungen weisen alle die gleiche Größenordnung auf. Die Schätzungen für 1933 und 1939 nach: H. Braun, S. 256 f.; Bosch-

schränke um gut 10 %.[4] Insgesamt verfügten 1933 etwa 0,1 % aller Haushalte über einen Kühlschrank, 1939 etwa 1 %. Kühlschränke fanden also in Deutschland nur in einer kleinen Marktnische Aufnahme. Selbst in den Großwohnungen wohlhabender Familien gehörten sie nicht zur Standardausstattung.[5]

Auf dem Kühlschrankmarkt herrschte zwischen den Elektro- und den Gasinteressen eine heftige Konkurrenz, die mit Haken und Ösen ausgetragen wurde.[6] Beide hatten sich zudem gegen den Eisschrank, einen mit Kunsteis zu füllenden Isolierschrank, durchzusetzen.[7] Verbreitungszahlen der Eisschränke sind nicht bekannt, doch dürften sie bei einem Vielfachen jener der Kühlschränke gelegen haben.[8] Bei den reinen Betriebskosten, das Eis gegen den Strom gerechnet, wiesen Eisschrank und elektrischer Kühlschrank anfänglich nur geringe Unterschiede auf.[9] In späterer Zeit unterboten die Betriebskosten der Kühl- die der Eisschränke.[10] Für beide ließ sich ins Feld führen, dass die Betriebskosten durch Einsparungen bei den Lebensmitteln, die seltener verdarben, mehr als wettgemacht wurden.[11] Die Verfechter der maschinellen Kühlung konnten auf den Bedienungsaufwand beim Eisschrank verweisen. So musste das Eis alle paar Tage oder mindestens einmal in der Woche nachgefüllt werden. Die kritische Kostendifferenz lag in den Anschaffungspreisen. Ein elektrischer Kühlschrank kostete etwa das Vierfache eines gleich großen Eisschranks.[12] Seit etwa 1935 bewegten sich die Preise bei elektrischen Kühlschränken mit einem Fassungsvermögen von 60 l um die 300 RM, bei 90 l um gut 400 RM und bei 120 l um die 500 RM.[13] Das Letztere entsprach etwa drei Monatseinkommen eines durchschnittlichen Haushalts.

War die wirtschaftliche Bedeutung des elektrischen Kühlschranks in den 1930er Jahren auch gering, so versammelte er dennoch hinter sich eine nicht gerade einflusslose Lobby. Hierzu gehörten vor allem die industriellen Her-

---

Zünder 18 (1936), S. 167; Müller, S. 135 u. 216; Elektrizitätswirtschaft 38 (1939), S. 107; Der Werbeleiter H. 4/5 (1939), S. 61.

4 Bosch-Post für den Kühlschrank-Handel H. 8 (1938), S. 12; Der Werbeleiter H. 14 (1939), S. 62.

5 Vogt, S. 35-39.

6 Vgl. Der Werbeleiter H. 14 (1939), S. 62.

7 Außerdem gab es noch »Frischhalteschränke«, die mit Luft-, Wasser- und Verdunstungskühlung arbeiteten. Fachleute schätzten ihre Wirkung als vernachlässigbar ein. Besonders im Jahre 1938 gerieten sie unter Beschuss, weil sie das Vertrauen in das Programm »Kampf dem Verderb« und in die Kühlschrank-Pläne bedrohten. Kämmerer, H. 12, S. 6; Die Kälte-Industrie 35 (1938), S. 91.

8 Angeblich verfügten etwa 91 % der Berliner Haushalte über keinerlei Kühleinrichtungen (RTA-Nachrichten v. 30.5.1934, S. 2). Daraus lässt sich die grobe Relation zwischen Eis- und Kühlschränken erschließen.

9 Geissler; Pohlmann, Technische Entwicklung; Pohlmann, Untersuchungen.

10 Heiss, Aufgaben, S. 34; Elektro-Markt v. 1.6.1935, Beilage Licht und Kraft, S. 27.

11 Elektrizität in Haus und Hof 11 (1936), H. 2, S. 6 f.

12 Geissler, S. 85; Pohlmann, Technische Entwicklung, S. 26; Pohlmann, Untersuchungen, S. 79.

13 Pohlmann, Statistik, S. 17; Elektrizitätswirtschaft 35 (1936), S. 285; Der Werbeleiter H. 14 (1939), S. 61; Zeitschrift für die gesamte Kälte-Industrie 46 (1939), S. 98.

steller und die Elektrizitätsversorgungsunternehmen, welche den amerikanischen Kühlschrankboom aufmerksam beobachteten und Überlegungen für die Erschließung des deutschen Marktes anstellten. Die Kühlschrankindustrie bestand aus zahlreichen mittelständischen und einigen Großunternehmen. Die Hersteller entstammten der Elektroindustrie, der Metallverarbeitung und dem holzverarbeitenden Gewerbe. In den 1930er Jahren wurden mehr und mehr jene Großunternehmen zu Wortführern, die – teilweise unter amerikanischem Einfluss – in die Kühlschrankproduktion einstiegen oder diese ausbauten. Hierzu gehörten Siemens, Bosch und die AEG. Siemens baute seit 1930 einen elektrischen Absorptions-Kühlschrank und erweiterte sein Angebot 1938 um zwei größere Kompressormodelle.[14] Für Bosch gewannen Kühlschränke im Rahmen einer um 1930 ergriffenen Diversifizierungsstrategie an Bedeutung.[15] Die ersten Modelle entstanden in Auftragsfertigung, seit 1938 produzierte man in den eigenen Hallen. Die AEG brachte zunächst Kühlschränke von General Electric unter dem Namen »Santo« auf den Markt und startete 1936 eine eigene Fertigungslinie.[16] Die amerikanische Firma Frigidaire arbeitete seit 1937 mit Opel zusammen, wo die Kühlschrankproduktion die Stätten der aufgegebenen Fahrradfertigung in Besitz nahm.[17] Die industriellen Interessen wurden in der Fachabteilung »Elektrische Kühlschränke« der Wirtschaftsgruppe Elektroindustrie gebündelt.

Das Interesse der Elektrizitätsversorgungsunternehmen am Kühlschrank lag beim Stromabsatz.[18] Zwar rangierte der elektrische Kühlschrank beim Verbrauch elektrischer Arbeit deutlich hinter dem Elektroherd, doch ließ sich z.B. darauf hinweisen, dass in den USA bereits mehr Kühl- als Lichtstrom verbraucht werde.[19] Über die Wirtschaftsgruppe Elektrizitätsversorgung setzten sich die Stromproduzenten für den elektrischen Kühlschrank ein.

Neben den Wirtschaftsinteressen entstand in den 1920er Jahren ein umfängliches Netz wissenschaftlicher Institutionen der Kältetechnik.[20] Hierzu gehörten Professuren, Institute, Fachzeitschriften und wissenschaftliche Gesellschaften. Den größten Stellenwert in deren Arbeiten besaßen Großkälteanlagen und die von der Erzeugung bis zu den Kühlhäusern reichende Kühlkette. Mit der Zeit wuchs das Interesse an Haushaltskühlschränken, welche als letztes Glied die Kühlkette bis zum Verbraucher verlängerten. Die Vertreter der wissenschaftlichen Kältetechnik nutzten die im Rahmen der nationalsozialistischen Autarkiepolitik durch den Vierjahresplan 1936 forcierten Be-

---

[14] Bieling/Scholl, S. 96-98; SAA 15/ Lg 961, Geschäftsberichte der Abteilung Kleinfabrikate 1932/33 u. 1937/38, S. 41.

[15] Fünfzig Jahre Bosch, S. 191-94; Bosch-Post für den Kühlschrank-Handel 1932-39; Bosch-Zünder 18 (1936), S. 164-67 u. 21 (1939), S. 43; RBA HG 1/ 4; Heßler, Mrs. Modern Woman, S. 128-30.

[16] Heßler, Mrs. Modern Woman, S. 116 f.

[17] Der Opel-Kamerad 10 (1939), S. 50 f.

[18] Vgl. z.B. Arnola; Elektrizitätswirtschaft 38 (1939), S. 304.

[19] Hans Schmidt, Elektrische Kühlung.

[20] Vgl. hierzu Dienel.

strebungen, den Verderb von Lebensmitteln zu reduzieren, für den Ausbau ihrer Institutionen. Der Nestor der deutschen Kälteforschung, Rudolf Plank (1886-1973),[21] erreichte es 1936, dass seinem Kältetechnischen Institut an der TH Karlsruhe ein vom Reichsministerium für Ernährung und Landwirtschaft finanziertes »Reichsinstitut für Lebensmittelfrischhaltung« angegliedert wurde.[22] Leiter des Instituts wurde sein Assistent Rudolf Heiss (geb. 1903), der sich als Aktivist des nationalsozialistischen Kampfbunds Deutscher Architekten und Ingenieure[23] profiliert hatte.[24] Nachdem Heiss, der sich mit Plank zerstritt, an das heereseigene Institut für Lebensmittelforschung in München gewechselt war, wurde das Karlsruher Reichsinstitut 1942 zur Reichsforschungsanstalt für Lebensmittelfrischhaltung unter erneuter Leitung Planks ausgebaut.[25]

Es waren nicht etwa Reichs- oder Parteistellen, sondern die genannten wirtschaftlichen und wissenschaftlichen Interessen, welche zuerst die Idee eines Volkskühlschranks propagierten.[26] Bereits 1933 wies Rudolf Heiss in dem nationalsozialistischen Zentralorgan für Fragen der Technik, »Deutsche Technik«, auf die enormen Verluste hin, welche dem »Volk ohne Raum« durch den Verderb von Lebensmitteln entstünden.[27] Heiss bezifferte sie auf etwa 10 % der gesamten Erzeugung, was einem Wert von etwa 1,5 Milliarden Reichsmark entspreche und mehr als die gesamte deutsche Eisenerzeugung ausmache. Davon – so in einem späteren Beitrag – gehe ungefähr die Hälfte in den Haushalten verloren.[28] In dem Artikel warb Heiss vor allem für den Ausbau der wissenschaftlichen Kältetechnik. Eher als Nebenbemerkung verlangte er »eine intensive Arbeit an der Entwicklung von Haushaltskühlschränken« mit dem »wichtige(n) Ziel ... eines Volkskühlschrankes«. Dabei traute Heiss dem mit Wassereis gefüllten Eisschrank noch am ehesten eine Verbreitung in »Volksschichten mit verhältnismäßig geringem Einkommen« zu.[29] »Ob man bei maschinellen Kühlschränken ... mit der gleichen Verbreitung rechnen kann, ist noch nicht gesichert«.

Auch Heiss' Chef, Rudolf Plank, führte mindestens seit 1934 den »Volkskühlschrank« im Munde.[30] Im Unterschied zu Heiss zielte er von vornherein auf Kältemaschinen. Analog zum Volkswagen müsse ein niedriger Preis den »Massenabsatz« ermöglichen. Auch das »Vordringen des maschinellen Kühlschrankes ... bedeutet einen Schritt vorwärts in der Motorisierung Deutsch-

---

21 Zu Plank: Dienel, S. 406-10, 501 f. u. passim; GLA 235/ 30 655 u. 30 656.

22 GLA 235/ 30 656; Zeitschrift des Vereines Deutscher Ingenieure 80 (1936), S. 637-42; Eis- und Kälteindustrie 29 (1936), Nr. 6, S. 6 f.; Zeitschrift für die gesamte Kälte-Industrie 43 (1936), S. 185 f. u. 49 (1942), S. 147 f.

23 Willecke, S. 217.

24 GLA 235/ 2076.

25 GLA 235/ 30 656; Die Kälte-Industrie 39 (1942), S. 87.

26 Vgl. allgemein zum Volkskühlschrank: Hellmann, S. 109-17; Heßler, Mrs. Modern Woman, S. 366-79; Heßler, »Elektrische Helfer«, S. 217-23.

27 Heiss, Neuzeitliche Aufgaben; die Zitate und Zahlenangaben auf den S. 106, 169 u. 170.

28 Heiss, Aufgaben, S. 5.

29 Heiss, Aufgaben, S. 39.

30 Plank/Kuprianoff, S. 2; Plank, Kälte, S. 143 f. u. 151.

lands«. Plank dachte im Interesse einer weiten Verbreitung an wesentlich kleinere Schränke, als sie in den amerikanischen Haushalten üblich waren.

Die Stellungnahmen der Kältetechniker spiegelten die herrschenden Unsicherheiten wider, wie die Kühlung am besten in die Haushalte zu bringen sei. Die Benutzung des Leitmotivs »Volkskühlschrank« lag dagegen nahe. Vor der nationalsozialistischen Machtergreifung signalisierten das Epitheton »Volk« und ähnliche Wendungen bei zahlreichen Konsumgütern den Wunsch einer erfolgreichen Marktausweitung. Nach 1933 erhielt der Volksbegriff zusätzliche nationalsozialistische Weihen und durch Volksempfänger und Volkswagen beispielhafte Konkretisierungen. Bereits ein Artikel von 1929, der die auf der »Grünen Woche« ausgestellten Kühlschränke besprach, hatte die Hersteller zur Schaffung eines »deutschen Einheitsschranks« aufgefordert.[31] 1932 brachte Elektrolux einen »Volkskühlschrank« auf den Markt.[32] Der kleine Absorptionsschrank mit einem Fassungsvermögen von 32 l kostete 335 RM. 1934, als die Nationalsozialisten verstärkt gegen solche von Industrieseite platzierten Volksprodukte vorgingen, firmierte er nur noch unter »Kühlschrank«.

Nationalsozialistische Untersagungen missachtend,[33] verzichteten andere Firmen jedoch auch in der Folgezeit nicht auf die Bezeichnung »Volkskühlschrank« oder »Volkseisschrank« in Produktnamen und Werbeanzeigen.[34] Firmenintern liefen Entwicklungsarbeiten an preiswerten Modellen ebenfalls unter »Volkskühlschrank«.[35] Sie wurden auch noch fortgesetzt, als seit 1937 auf staatliches Drängen hin an einem Gemeinschaftsmodell, dem eigentlichen »Volkskühlschrank«, gearbeitet wurde. Bei Siemens beobachtete man diese als Konkurrenz empfundene Produktentwicklung aufmerksam.[36] Ebenso wie sie kamen auch die eigenen Arbeiten schleppender voran als erwartet. Erst 1942 meldete man der Geschäftsleitung: »Unser Modell des Volkskühlschrankes ist seit Februar 1942 prüfungsbereit«.

Tatsächlich war man in der Industrie hinsichtlich der Marktchancen von Kühlschränken sehr unsicher. 1934 wurde in der Zeitschrift »Der Werbeleiter« der amerikanische Absatz von jährlich fast einer Million als Vorbild beschworen.[37] Seriöser waren 1935 in der Zeitschrift »Elektrizitätswirtschaft« angestellte Überlegungen.[38] Der Verfasser relativierte die gängigen Verweise auf den amerikanischen Verkauf. Ein deutscher Arbeiter müsse für die Anschaffungskosten eines 60 l-Schrankes vier Mal so lange arbeiten wie sein amerikanischer Kollege. In den Jahren 1933 und 1934 seien in Deutschland

[31] Krause, S. 53.
[32] Deutsche Hausfrau 18 (1933), S. 15 u. 19 (1934), S. 47; vgl. für Bosch: Heßler, Mrs. Modern Woman, S. 130.
[33] Die Kälte-Industrie 32 (1935), S. 95 u. 35 (1938), S. 23 f.
[34] Beispiele bei Hellmann, S. 112; Heiss, Aufgaben, S. 36 f.; vgl. Der Elektro-Markt v. 1.6.1935, Beilage Licht und Wärme, S. 31; Tölk; Die Kälte-Industrie 34 (1937), S. 113-16.
[35] So bei Teves: Eckermann, S. 178 u. 181 f.
[36] SAA 15/ Lg 961, Geschäftsberichte der Abteilung Kleinfabrikate 1936/37, S. 38; 1937/38, S. 41; 1938/39, S. 51; 1940/41, S. 41; 1941/42, S. 39 (hier das Zitat); vgl. Bieling/Scholl, S. 98.
[37] Der Werbeleiter (1934), S. 82 f.; Heßler, Mrs. Modern Woman, S. 107.
[38] H. Braun, S. 258 f.; vgl. Friedrich, Entwicklungsmöglichkeiten.

jeweils gut 120.000 Rundfunkgeräte in der gleichen Preisklasse wie ein üblicher Kühlschrank verkauft worden. Doch müsse man berücksichtigen, dass sich das Radio einer höheren Wertschätzung erfreue. Derartige in Fachzeitschriften angestellte Zahlenspiele deckten illusionäre Elemente bei der Rede vom »Volkskühlschrank« auf, identifizierten aber dennoch ein beträchtliches Marktpotenzial. In einem 1935 veröffentlichten Artikel zog denn auch der stellvertretende Leiter der Wirtschaftsgruppe Elektroindustrie das Fazit, dass »der »*Volkskühlschrank*«, wie man ihn wünscht und erträumt, noch nicht geschaffen« sei.[39] In den kommenden zwei oder drei Jahren gelte es, »*größere und besser ausgestattete* Kühlschränke in die kaufkräftigen Bevölkerungsschichten« hineinzubringen. Damit ließen sich auch die Ausfuhr steigern und Devisen erwirtschaften. Ein Kältetechniker fand zur gleichen Zeit noch deutlichere Worte:[40] »Gänzlich verfehlt wäre es aber, dem *Volkskühlschrank* das Wort zu reden denn viel braves Volk hat nach langen Jahren einer nur langsam zu behebenden Not nichts Eß- oder Trinkbares zu kühlen, braucht demzufolge auch keinen Kühlschrank.«

Rückenwind erhielten die Kühlschrankhersteller durch die im Frühjahr 1936 anlaufende Aktion »Kampf dem Verderb«.[41] Sie stand im Zeichen der Bestrebungen, die Lebensmittelversorgung aus dem eigenen Land zu sichern, mit dem Ziel, Devisen zu sparen und Deutschland konflikt- und kriegsfähig zu machen. Die Aktion arbeitete mit den von den Agrarwissenschaftlern und Kältetechnikern seit 1933 gelieferten Zahlen über Einsparmöglichkeiten. Höhepunkt war eine in Köln im Herbst 1936 stattfindende Ausstellung »Kampf um Eineinhalb Milliarden«. In der Berichterstattung darüber tauchte auch wieder der »Volkskühlschrank« auf.[42] Im Anschluss wurden mit eigens vom Werberat der deutschen Wirtschaft abgesegneten Kampagnen die Hausfrauen zum sorgsamen Umgang mit Nahrungsmitteln angehalten. Die Kühlschrankindustrie und der Handel integrierten die politischen Parolen in ihre Anzeigen und Schaufenstergestaltungen.[43] Den Käufern wurde jetzt nicht nur nahegebracht, dass sie mit dem Kauf eines Kühlschranks ihren Haushalt modernisierten und Geld sparten, sondern auch, dass sie eine volkswirtschaftlich nützliche Tat vollbrachten.

Anfang 1937 erteilte das Reichswirtschaftsministerium im Einverständnis mit dem Reichskommissar für die Preisbildung dem Reichskuratorium für Wirtschaftlichkeit (RKW) den Prüfungsauftrag, ob ein »Volkskühlschrank« die Erreichung des volkswirtschaftlichen Ziels der »Nahrungsfreiheit« befördern könne.[44] Es lässt sich nicht rekonstruieren, wie es zu dem Auftrag kam. Der Zusammenhang mit dem Vierjahresplan und der Aktion »Kampf

---

39 Bitter, S. 254.

40 Elektro-Markt v. 1.6.1935, Beilage Licht und Kraft, S. 28.

41 Vgl. Corni/Gies, S. 355 f.; Müller, S. 122 f.

42 Der Angriff v. 24.10.1936, S. 11.

43 Heßler, Mrs. Modern Woman, S. 189 f. u. 368 f.; Heßler, »Elektrische Helfer«, S. 218-20; Hellmann, S. 108, 112, 114 u. 116; RBA HG 1/2 u. 1/3; Bosch-Post für den Kühlschrank-Handel (1939), H. 1, S. 9.

44 Die zentrale Quelle hierfür ist: Seebauer; vgl. Rundschau Technischer Arbeit v. 7.4.1937.

dem Verderb« ist offensichtlich. Darüber hinaus ist die Machtkonkurrenz zwischen den nationalsozialistischen Institutionen zu berücksichtigen. Der Volksempfänger war zwar von der Wirtschaft, aber unter Anleitung des Propagandaministeriums auf den Weg gebracht worden. Die Volkswagenplanungen hatte Hitler gerade der Wirtschaft entzogen und der DAF übereignet. Der Volkskühlschrank hätte auch von der Vierjahresplanbehörde, dem Reichsnährstand, dem Landwirtschaftsministerium oder der DAF vorangetrieben werden können. Die Blätter der DAF machten jedenfalls in der Kühlschrankfrage kräftig Druck.[45] In im Spätjahr 1936 erscheinenden Artikeln »Wo bleibt der Volkskühlschrank?« forderten sie die Hersteller, die Elektrizitätswirtschaft und den Elektrohandel auf den Kampf gegen den Verderb durch ein Gemeinschaftsmodell zu unterstützen.

Mit dem RKW betraute das Wirtschaftsministerium eine industrienahe, aber von ihm abhängige Einrichtung. Das RKW war 1921 von Staat und Industrie gegründet worden, um die Rationalisierung voranzutreiben und damit die Konkurrenzfähigkeit der deutschen Wirtschaft zu erhöhen. 1934 wurde es nach dem Führerprinzip organisiert und direkt an das Reichswirtschaftsministerium angebunden.[46] Georg Seebauer (geb. 1897),[47] der das RKW seit 1935 leitete, war ein alter Parteiaktivist. Nach der Machtergreifung engagierte er sich in der Elektrizitätswirtschaft. Seit Mai 1935 hatte er das Amt eines stellvertretenden Leiters der Reichsgruppe Energiewirtschaft inne.

Mit dem Vorhaben eines Volkskühlschranks ging er im Jahre 1938 an die Öffentlichkeit.[48] Ausdrücklich verwies Seebauer auf das Vorbild des Volksempfängers. Auch der Volkskühlschrank solle aus einer »*Gemeinschaftsarbeit* der in Frage kommenden Hersteller« hervorgehen. Nach einem im Einvernehmen mit dem Werberat ergangenen Erlass des Reichswirtschaftsministers vom 28.10.1937[49] dürften andere Modelle die Bezeichnung »Volkskühlschrank« nicht tragen. Dies galt zwar bereits seit 1933/34, doch das Bekanntwerden der Volkskühlschrankplanungen hatte eine Reihe von Herstellern veranlasst, eigene Produkte erneut mit der publikumswirksamen Benennung zu versehen. Seebauer versäumte es nicht, auf gravierende Unterschiede zwischen Volkskühlschrank und Volksempfänger hinzuweisen und damit vor überzogenen Erwartungen zu warnen. Der Volksempfänger sei aus einer weit fortgeschrittenen Radiotechnik erwachsen, beim Volkskühlschrank sei dagegen mit einem »wesentlich längeren Zeitraum« zu rechnen, ehe ein zeitbeständiges Gerät zur Verfügung stehen werde. Die USA eigneten sich aufgrund ihrer ganz anderen wirtschaftlichen und klimatischen Verhältnisse nicht als Vorbild. Die Zielgruppe des Volkskühlschranks müsse vorerst viel enger gefasst werden. »Phantasiepreise von etwa 100 RM je Gerät« seien »Il-

---

[45] DAK 4 (1936), Nr. 270 v. 20.11., Bl. 3; Der Angriff v. 4.12.1936, S. 11 f.

[46] Manfred Pohl, S. 90-93.

[47] Zu Seebauer: Stier, S. 449-53.

[48] Seebauer. Die Fassungen des Beitrags in Elektrizitätswirtschaft und Das Gas- und Wasserfach sind identisch.

[49] Abgedruckt in: Die Kälte-Industrie 35 (1938), S. 23 f.; vgl. hierzu den Kommentar in: Berliner Tageblatt und Handelszeitung v. 29.12.1937, S. 18.

lusionen von Zeitgenossen, deren Ansichten von keinerlei Sachkenntnis belastet sind.« Bislang habe die Kühlschrankindustrie die etwa eine halbe Million Einkommensbezieher von 8000 RM und mehr angepeilt. Der Volkskühlschrank könne die 3 Millionen über 3000 RM Verdienenden erreichen. Er müsse durch die existierenden Hersteller gebaut und durch den bestehenden Handel vertrieben werden. Unter Anspielung auf das Volkswagenwerk bezeichnete es Seebauer als »abwegig ..., daß unabhängig von der bisherigen Kühlschrankindustrie ein neues Großunternehmen zur Fabrikation des Volkskühlschranks aufgezogen wird.« Technisch wollte er keine einzige zeitgenössische Kältemaschinenentwicklung ausschließen, also weder den elektrischen noch den Gasantrieb, weder das Absorptions- noch das Kompressionsprinzip. Mit den vorhandenen Konstruktionsprinzipien seien zweckmäßigerweise drei Größenklassen zu entwickeln. Den Besitzern von Eisschränken solle die Möglichkeit geboten werden, die Gehäuse nachzurüsten.

Seebauers Ankündigung eines Volkskühlschranks fand sowohl in der Fachöffentlichkeit[50] wie in der Tagespresse breite Aufmerksamkeit. Weitere Nahrung erhielt sie, als Rudolf Plank auf der Hauptversammlung des Deutschen Kälte-Vereins eine Prüfung anmahnte, »ob die Vorteile der maschinellen Kühlung nicht auch den minderbemittelten Volksschichten geboten werden können«.[51] Als einige Zeitungen meldeten, dass das Erscheinen des Volkskühlschranks unmittelbar bevorstehe, sahen sich der Deutsche Kälte-Verein im Verein Deutscher Ingenieure und das RKW[52] zu offiziellen Dementis veranlasst. Die Industrie klagte, dass die öffentliche Diskussion um den Volkskühlschrank zu Verkaufszurückhaltungen geführt habe.[53]

Das RKW hatte den Prüfungsauftrag für einen Volkskühlschrank im Frühjahr 1937 an die Wirtschaftsgruppe Elektroindustrie weitergegeben, welche eine Untergliederung für Elektrische Kühlschränke besaß.[54] Gegen die Proteste von Mitgliedsfirmen, wie Siemens, die darin eine Gefährdung ihrer eigenen Entwicklungsarbeiten sahen, erklärte die Wirtschaftsgruppe ihre alleinige Zuständigkeit. Die Überlegungen gingen in Richtung einheitlicher Gehäusetypen, in welche unterschiedliche Maschinen eingebaut werden konnten. Das dem RKW am 23. Juli 1938 übermittelte Angebot von 210 RM für einen 75 l-Schrank[55] wurde mit Enttäuschung und Unwillen aufgenommen. Der dem Wirtschaftsministerium erstattete Bericht des RKW vermied klare

50 Auszugsweise Wiedergaben von Seebauers Artikel finden sich in: Kältetechnischer Anzeiger 13 (1938), Februar, S. 15; Die Kälte-Industrie 35 (1938), S. 15 f.; Zeitschrift für die gesamte Kälte-Industrie 45 (1938), S. 33.

51 Zeitschrift für die gesamte Kälte-Industrie 45 (1938), S. 219; Kältetechnischer Anzeiger 13 (1938), S. 66; Die Kälte-Industrie 35 (1938), S. 72.

52 Der Werbeleiter 13 (1938), H. 1, S. 15; H. 7, S. 127.

53 SAA 15/Lg 961, Geschäftsberichte der Abteilung Kleinfabrikate 1937/38, S. 40 f.; BArch R 13 V/212, Niederschrift F 24/ VII/21 v. 20.6.1938, S. 3 f.; Der Werbeleiter 14 (1939), H. 4/5, S. 61; Elektro-Markt (1939), H. 5 v. 4.2., S. 10.

54 Das Folgende nach BArch R 13 V/212, Niederschrift F 24/ VII/ 21 v. 20.6.1938, R 13 V/219, S. 2 f. und vor allem nach BArch R 13 V/16, Niederschrift F 24/ VII/ 25 v. 27.9.1938 (hieraus, S. 1, das Zitat).

55 Nach StA Chemnitz AU 3881, Sitzungsprotokoll v. 28.3.1939.

Aussagen und konnte als partielle Distanzierung vom Projekt interpretiert werden. Das RKW schlug die Schaffung eines Absorber- und eines Kompressormodells als »verbilligte Gemeinschaftskühlschränke« vor. Eventuell sei daneben auch ein Volkskühlschrank »nach ähnlichen Grundsätzen wie beim KdF-Wagen« zu entwickeln. Die Kühlschrankhersteller erfuhren, dass das Ministerium mit den Vorschlägen alles andere als zufrieden war und sahen die »Gefahr, dass die Schaffung des Volkskühlschrankes auf anderen Wegen – etwa denen, die der Volkswagen gegangen sei – vollbracht werde. Mithin sei es ein Gebot der Selbsterhaltung der Privatwirtschaft, alles zu tun, um das Problem des Volkskühlschrankes schnell einer Lösung zuzuführen.«[56]

Dass die Befürchtungen der Kühlschrankindustrie nicht aus der Luft gegriffen waren, dokumentiert der 1939 erschienene Artikel eines Unterabteilungsleiters im Reichsnährstand, der nationalsozialistischen Organisation der landwirtschaftlichen Interessen.[57] Der Reichsnährstand war bei den bisherigen Planungen – offensichtlich zu seinem Missfallen – außen vor geblieben. »Der Reichsnährstand (habe) bereits seit Jahren sich bemüht, die Industrie zu veranlassen, einen Kühlschrank zu einem Preis herauszubringen, der für den größten Teil der Haushalte erschwinglich ist.« Der Volksempfänger und der Volkswagen, »dessen Preis fast in der Größenordnung von dem des jetzigen Kühlschrankes kommt« (sic!), bewiesen, dass das Ziel erreichbar sei, wenn »sich alle Beteiligten der volkswirtschaftlichen Bedeutung der Aufgabe bewußt und zu ihrer Lösung Opfer zu bringen gewillt« wären. »Die zur Wahrnehmung der gesamtwirtschaftlichen Belange der Volksgemeinschaft berufenen Stellen (könnten sich) des Eindrucks nicht erwehren, daß die beteiligte Industrie nicht mit dem gebotenen Ernst der Aufgabe gegenübersteht und die sonst bewährte Tatkraft hier sehr vermissen lässt.« Der Verfasser drohte, »dass bei einer Nichtbeachtung dieser Gesichtspunkte durch die Beteiligten weitergehende Schritte unausbleiblich sind, die weniger Rücksicht auf die Belange der Werke nehmen und die Angelegenheit wirksamer als bisher fördern.« Abschließend fasste er noch einmal die Erwartungen an die Industrie zusammen: »durch den Volkskühlschrank in Millionen Haushalten die Möglichkeit schaffen, die unermesslichen Werte zu erhalten, die jetzt verloren gehen, und deren Verlust im Einzelfall von unabsehbarer Bedeutung werden kann.«

Die Industrie hatte bereits 1937 angeregt, die Kräfte für die Entwicklung eines Volkskühlschranks in einer Studiengesellschaft zu bündeln.[58] In der verfahrenen Situation des Jahres 1938 erneuerte sie ihren Vorschlag und bot eine Finanzierung durch die beiden Wirtschaftsgruppen Elektroindustrie und Elektrizitätsversorgung[59] an. Über die konkrete Vorgehensweise herrschte noch weitgehende Unklarheit; genannt wurden unter anderem ein

[56] BArch R 13 V/16, Niederschrift F 24/VII/25 v. 27.9.1938, S. 4.

[57] Dumrath.

[58] BArch R 13 V/16, Niederschrift F 24/ VII/25 v. 27.9.1938.

[59] Die Wirtschaftsgruppe Elektrizitätsversorgung hatte sich schon vorher in die Beratungen eingeschaltet. Elektrizitätswirtschaft 38 (1939), S. 291 f.

Preisausschreiben und eine Auftragsvergabe an einen unabhängigen Konstrukteur. Das Reichswirtschaftsministerium griff die industriellen Vorschläge auf und richtete »im Einvernehmen mit den Parteistellen«[60] zur Koordination und Weiterführung der Arbeiten eine »Geschäftsstelle Volkskühlschrank« in Göppingen ein unter Leitung des dortigen Oberbürgermeisters Erich Pack (1895-1958).[61] Es ist aus den Quellen nicht zu ersehen, wie der diplomierte und promovierte Maschinenbauer Pack[62] zu dieser Ehre kam. Seit 1931 NSDAP-Mitglied, wurde der Gießereifachmann 1933 in das Amt des Oberbürgermeisters berufen. Den Weg zum Volkskühlschrank könnte ihm die Partei, aber auch – Pack war Aufsichtsratsmitglied der Neckarwerke Esslingen – die Elektrizitätswirtschaft eröffnet haben.

Pack versammelte die industriellen Interessen am 28. März 1939 in Göppingen zur konstituierenden Sitzung der »Arbeitsgemeinschaft ... zwecks Schaffung des deutschen Volkskühlschranks«.[63] Von vornherein suchte er klarzumachen, dass er nicht gewillt war, seine Überlegungen zerreden zu lassen: Eine Diskussion war ausdrücklich nicht vorgesehen. Als Ziel nannte er ein elektrisch betriebenes Kompressormodell sowie ein gasbetriebenes Absorptionsmodell. Gegenüber den früheren Angeboten aus der Industrie müsse der Volkskühlschrank größer und billiger werden. Als Größe legte er – auch unter Exportgesichtspunkten – 90 l und als Maximalpreis 150 RM fest. Und unter Verweis auf Volksempfänger und Volkswagen charakterisierte er seine Vorgehensweise, »die Preishöhe nicht nach den bisher rein kalkulatorischen Methoden zu bestimmen, sondern von der willensmässigen Seite aus festzulegen. ... Das Wort »unmöglich«, das bisher einer solchen Preisgestaltung immer entgegenklang, darf es nicht geben, wenn der geschlossene Wille einer von ehrlichen Absichten beseelten Gemeinschaft dahinter steht und wird es nicht geben, wenn der Staat und die Partei von sich aus sich genötigt sehen würden, dieses ihnen wichtig genug erscheinende Problem anzupacken und zu lösen.« Als noch zu klärende Fragen führte Pack an: die Trägerschaft für den Volkskühlschrank, seine Finanzierung, die Produktionszahlen, deren Aufteilung auf die einzelnen Firmen, die Werbung, der Kunden- und Reparaturdienst. Er präferiere einen Vertrieb und die Finanzierung durch die Elektrizitäts- und Gaswerke bei einer Anzahlung von 30 RM und 24 Monatsraten von 5 RM. Bei 500.000 Kühlschränken jährlich – insgesamt ging er von 7 Millionen aus – bedeute dies einen Kapitalaufwand von 50 Mio. RM.

Pack wollte in seiner Göppinger Geschäftsstelle das Kühlschrankgehäuse entwickeln. Für das notwendige Konstruktionsbüro veranschlagte er auf zwei Jahre verteilt 250.000 RM, welche die Hersteller nach eigenem Ermessen aufbringen sollten. Dies war ein erster Schwachpunkt der Pläne. Tatsäch-

[60] So Pack in einem Gespräch mit einem Industriemanager. StA Chemnitz AU 3881, Niederschrift v. 6.8.1941.

[61] Kältetechnischer Anzeiger 16 (1941), S. 82; SAA 15/ Lg 961, Geschäftsberichte der Abteilung Kleinfabrikate 1938/39, S. 51.

[62] Zu Pack: BDC PK Pack, Erich 11.8.95; StA Ludwigsburg EL 902/8 Bü 16/1/25258.

[63] StA Chemnitz AU 3881, Protokoll v. 28.3.1939.

lich dürften wesentlich geringere Mittel geflossen sein.[64] Das Gehäuse der Geschäftsstelle ließ bis 1942 auf sich warten und war auch dann alles andere als produktionsreif.[65]

Eine neue Lage entstand, als sich die DAF Ende 1940 in die Überlegungen und Arbeiten einschaltete. Durch Führererlass vom 15. November 1940 hatte Ley als Reichskommissar für den sozialen Wohnungsbau den Auftrag erhalten, für die Zeit nach dem Krieg ein gigantisches Neubauprogramm – die Rede war von 600.000 bis 1 Million Wohnungen jährlich – vorzubereiten.[66] Jede Wohnung sollte eine Speisekammer erhalten.[67] Ley veranlasste eine Änderung der Planungen: An die Stelle der Speisekammer trat der Volkskühlschrank. Ein neuer Arbeitsausschuss wurde gebildet, der aus der vom Reichswirtschaftsministerium und der Industrie getragenen Göppinger Geschäftsstelle sowie der DAF und dem Reichskommissar für den sozialen Wohnungsbau bestand, beide durch Ley als Leiter verbunden.[68]

Bereits nach kurzer Zeit verkündete der Geschäftsführer des Reichskommissars für den sozialen Wohnungsbau beträchtliche Erfolge.[69] Die industriellen Bemühungen hätten zu dem Angebot von 150 RM für den Volkskühlschrank geführt, während »in dem Augenblick, wo der Reichskommissar für den sozialen Wohnungsbau einen Kleinkühlschrank suchte, die Angebote auf einen Preis von 50 bis 60 RM herabsanken.« Er wertete dies als Beleg für die von der DAF behaupteten und von der Fachwelt angezweifelten Kostensenkungsmöglichkeiten beim Wohnungsbau: »Der Führer hat uns aber in den letzten acht Jahren bewiesen, daß es im nationalsozialistischen Deutschland den Begriff »unmöglich« nicht gibt.« Die Industrie sah sich genötigt, die Behauptungen in der Fachpresse zu dementieren:[70] »Preise von 60 bis 70 RM, wie sie zuweilen genannt wurden, sind Herstellungspreise für Frischhaltungsapparate; ein technisch vollkommener, leistungsmäßig wertvoller, transportabler Volks-Kühlschrank von 90 Liter Inhalt mit möglichst hoher Lebensdauer wird nach den bisher geleisteten Vorarbeiten anstatt für 425 RM bereits für 150 RM geliefert werden können. Der Einbauschrank, der in die nach dem Führererlaß zu errichtenden Wohnungen eingebaut werden wird,

[64] Die später eingestiegene Deutsche Kühl- und Kraftmaschinengesellschaft überwies bis Mai 1941 insgesamt 5000 RM (StA Chemnitz AU 3881, Aktennotiz v. 22.5.1941).

[65] Das Militär lehnte am 13.2.1940 eine von Pack beantragte UK-Stellung ab, »da die Kältemaschine durch die beauftragten Fachleute konstruktiv so weit beendet ist, dass nach dem Krieg an die Fabrikation herangetreten werden kann.« (StA Ludwigsburg EL 902/9 Bü 16/1/25258, Schreiben v. 7.5.1940); im Sommer 1941 schätzte man bei der Deutschen Kühl- und Kraftmaschinengesellschaft den VKS-Kühlschrank als nicht produktionsreif ein (StA Chemnitz AU 3881, Niederschrift v. 6.8.1941); bei Siemens notierte man, dass der eigene »Volkskühlschrank ... seit Frühjahr 1942 prüfungsbereit« sei, aber nicht das Konkurrenzmodell von VKS, d.h. der Göppinger Geschäftsstelle (SAA 15/ Lg 961, Geschäftsberichte der Abteilung Kleinfabrikate 1941/42, S. 39).

[66] S. hierzu das Kapitel »Volkswohnungen und Führerwohnungen«.

[67] Simon, Der deutsche Wohnungsbau, S. 9.

[68] Kältetechnischer Anzeiger 16 (1941), S. 82 f.

[69] Hans Wagner, Neuordnung, S. 152; Stegemann, S. 138; Der Angriff v. 21.3.1941, S. 6.

[70] Kältetechnischer Anzeiger 16 (1941), S. 83.

liegt in der Kalkulation noch günstiger, es wird jedoch erst nach Festlegung der Fabrikationsdetails möglich sein, einen endgültigen Preis zu bestimmen.« Hierzu kam es jedoch nicht mehr.[71]

Die Spannungen zwischen Leys DAF und Wohnungsbaubehörde sowie der industriellen Arbeitsgemeinschaft und der Göppinger Geschäftsstelle resultierten daraus, dass Leys Vertreter und einzelne Hersteller wie Siemens, Teves und Elektrolux hinter dem Rücken der Arbeitsgemeinschaft miteinander verhandelten.[72] Dabei sah sich Elektrolux durch Indiskretionen veranlasst zu dementieren, dass die Firma dem Reichskommissar für den sozialen Wohnungsbau ein Angebot von 125 RM für den 90 l und von weniger als 100 für den 60 l-Schrank unterbreitet habe.[73] All dies sorgte für Misstrauen zwischen den Herstellern und trug nicht zu einer gedeihlichen Zusammenarbeit mit den beteiligten Staats- und Parteistellen bei.

1941 konzentrierten sich die Arbeiten demnach auf zwei Modelle:[74] einen 90 l-Kühlschrank für den freien Markt und für die Vierraumwohnungen von Leys Wohnungsbauprogramm sowie ein 60 l-Modell für die kleineren Wohnungen.[75] Die Göppinger Geschäftsstelle zeichnete für die Gehäuse verantwortlich. Die deutschen Hersteller waren aufgerufen, sie mit ihren Aggregaten, Kompressoren oder Absorbern, auszurüsten und vergleichende Tests zu unterwerfen. Die meisten optierten für den 90 l-Schrank. Andere wie Siemens und Teves dachten gar nicht daran, die eigenen Entwicklungsarbeiten zugunsten des Gemeinschaftsmodells aufzugeben. So entwickelte Siemens ein innovatives 75 l-Modell mit Schwefeldioxid als Kältemittel.

Wie prekär die Kooperation zwischen Industrie und DAF war, wurde anlässlich einer Präsentation der Kühlschrankmodelle von Siemens, Teves sowie der Göppinger Geschäftsstelle vor Ley im Oktober 1941 in Berlin offenbar.[76] Ley sprach sich ohne Wenn und Aber für ein einziges Modell aus und stellte damit vorangegangene Absprachen wieder in Frage. Es zeigte sich, dass die Vorstellungen des Reichskommissars und der Industrie hinsichtlich der Produktionszahlen weit auseinander klafften. Der ursprünglich bei 1 Million Kühlschränken im Jahr angesetzte Bedarf – so Ley – müsse auf 1,5 bis 2 Millionen erhöht werden. »Man plane ein Gesetz, daß jede Neubauwohnung mit einem Kühlschrank ausgestattet werden soll, auch die Altwohnungen sollen durch einen Kühlschrank ergänzt werden.« Diese Produktionszahlen müssten bereits im ersten Jahr nach dem Krieg erreicht werden.

[71] Spätere Publikationen erwähnen zwar noch den Volkskühlschrank für die Sozialwohnungen, nennen aber keine Einzelheiten: Friedrich Schmidt, Elektrizität, S. 383; Duis, S. 12; Der soziale Wohnungsbau in Deutschland 1 (1941), S. 702; Bauwelt 35 (1944), S. 90.

[72] StA Chemniz AU 3881, Niederschrift v. 6.8.1941.

[73] StA Chemniz DKK 30985/19, Protokoll Arbeitsgemeinschaft v. 18.9.1941; Aktennotiz Konstrukteursbesprechung v. 16./17.10.1941.

[74] Das Folgende nach: AEG Hausgeräte, Nürnberg, Ordner »Volkskühlschrank 1938-1943«; StA Chemnitz DKK 30985/19.

[75] AEG Hausgeräte, Nürnberg, Ordner »Volkskühlschrank 1938-1943«, Sitzungsprotokoll Entwicklung VKS v. 9. u. 10.7.1941 in Göppingen.

[76] StA Chemnitz AU 3881, Aufzeichnung v. 19.11.1941.

Damit konterte Ley Erklärungen der Kühlschrankindustrie erst im zweiten Friedensjahr die Produktion mit 125.000 Schränken aufnehmen zu können und dann bis zum fünften Jahr auf 300.000 hochzufahren.[77]

Das Kooperationsvorhaben litt also unter abweichenden Vorstellungen und Interessen der Beteiligten. Außerdem wurde es mehr und mehr durch die Kriegsverhältnisse erschwert. Man stellte schnell fest, dass man im Grunde langwierige Forschung und Entwicklung hätte betreiben müssen. So verfügte man über kein geeignetes Substitut für Kork als Isoliermaterial. Man war sich über die Brauchbarkeit der zur Diskussion stehenden Kältemittel Schwefeldioxid und Frigen im Unklaren.[78] Nach dem damaligen Stand der Technik erschien es sinnvoll, 10 Jahre Haltbarkeit anzustreben. Leys Vertreter reichte dies jedoch nicht aus; er verlangte 20 Jahre.[79] Er war sich offensichtlich nicht bewusst, dass eine Verdoppelung der Lebensdauer aufwändige Entwicklungsarbeiten erforderte. Jemand brachte hierfür ein Keramikgehäuse in die Diskussion. Nachdem der Vertreter des Reichskommissars für den sozialen Wohnungsbau die betreffende Sitzung verlassen hatte, beschloss man jedenfalls, das Ziel 10 Jahre Haltbarkeit weiter zu verfolgen.

Eine Kommission erarbeitete Prüfvorschriften für die von den Firmen zu bauenden Prototypen.[80] Die für die Prototypen ins Auge gefasste Zahl schrumpfte rapide – von jeweils 1000 auf 10. Die AEG erhielt schließlich für diesen Zweck aus Göppingen vier Gehäuse, welche man ausrüstete und intern testete. Davon gelangte ein Kühlschrank zurück zur Erprobung, gab aber nach wenigen Tagen seinen Geist auf.[81] Seit 1942 wurden die Tests durch Verbote nicht unbedingt kriegsnotwendiger Arbeiten unterbrochen und mit Hilfe von Sondergenehmigungen wieder in Gang gesetzt.[82] 1943 scheinen dann die Entwicklungsarbeiten und Erprobungen endgültig eingestellt worden zu sein.

Die Industrie ging davon aus, dass die verschiedenen Ausführungen des Volkskühlschranks von ihr produziert würden. Ley hatte dies anlässlich seiner Besichtigung der Prototypen im Oktober 1941 bestätigt, aber auch Produktionsquoten für die von Partei und Staat kontrollierten Wilhelm-Gustloff-Werke, eine Waffenfabrik im thüringischen Suhl, und das Volkswagenwerk eingefordert.[83] Darüber hinausgehend spielte er mit dem Gedanken eines neu zu errichtenden Volkskühlschrankwerks. Im März 1941 hatte sich der Wiener Bürgermeister an den Leiter der DAF gewandt und um Ansied-

[77] StA Chemnitz DKK 30985/19, Protokoll Arbeitsgemeinschaft v. 18.9.1941.

[78] Zum Kältemittel: AEG Hausgeräte, Nürnberg, Ordner »Volkskühlschrank 1938-1943«, Aktennotiz Konstrukteursbesprechung am 16./17.10.1941 in Göppingen, S. 1-4.

[79] Nach anderer Quelle verlangte die DAF sogar 30 Jahre (StA Chemnitz AU 3881, Aufzeichnung v. 6.8.1941).

[80] StA Chemnitz DKK 30985/21.

[81] AEG Hausgeräte, Nürnberg, Ordner »Volkskühlschrank 1938-1943«, Schreiben v. 2.10.1942 u. 15.1.1943.

[82] StA Chemnitz DKK 30985/20.

[83] StA Chemnitz AU 3881, Aufzeichnung v. 19.11.1941.

lung des geplanten »Volkstraktorenwerks« gebeten.[84] Als ihm Ley mitteilte, dass hierfür Waldbröl – Leys Heimatort – vorgesehen war, brachte er Wien als Standort für den Bau des Volkskühlschranks ins Gespräch. Ley zeigte sich dem Vorschlag gegenüber aufgeschlossen. Zu konkretisierenden Vorgesprächen scheint es jedoch nicht gekommen zu sein.

Mit den Übernahmeansprüchen der DAF nahm das Projekt des Volkskühlschranks den gleichen Weg wie vorher das des Volkswagens. Als die Industrie die nationalsozialistischen Erwartungen nicht erfüllte, trat mit der DAF eine Parteiorganisation als Konkurrent auf. Hinter dem Engagement der DAF standen – abgesehen von machtpolitischen Bestrebungen – die gigantischen – und illusionistischen – Planungen für den Wohnungsbau nach dem Krieg. Der Volkskühlschrank wurde als Baustein in eine umfassend angelegte totalitäre Sozial- und Familienpolitik integriert.

Martina Heßler interpretiert den Volkskühlschrank als Maßnahme der Kriegsvorbereitung.[85] Eine solche Interpretation ist nicht falsch, aber unzureichend. Wohl stand der Beginn des staatlichen Engagements für den Volkskühlschrank ganz im Zeichen des Vierjahresplans und der Aktion »Kampf dem Verderb«. In allen Beiträgen über den Volkskühlschrank wurde betont, dass er dem Ziel der »Nahrungsfreiheit« Deutschlands diene, Lebensmittelimporte reduziere und damit Devisen spare; eine Reihe von Autoren sprach konkret seine Funktion für den Konflikt- und Kriegsfall an. Auf der anderen Seite handelte es sich jedoch bei dem Volkskühlschrank um keine nationalsozialistische Idee. Mit der Bezeichnung strebte die Industrie eine Erweiterung des Kühlschrankmarkts an. Die wissenschaftliche Kältetechnik verwandte das Leitbild des Volkskühlschranks, um einen institutionellen Ausbau zu erreichen. Damit schufen Industrie und Wissenschaft eine Erwartungshaltung, welcher die nationalsozialistischen Instanzen relativ spät nachkamen. Erst danach wurden die beträchtlichen Interessensgegensätze zwischen Wirtschaft und Politik sichtbar. Der Industrie ging es darum, mit dem langlebigen Konsumgut Kühlschrank Geld zu verdienen. Die nationalsozialistische Politik wollte aus autarkie- und sozialpolitischen Gründen eine weite Verbreitung. Dies war aber nur zu realisieren, wenn die Industrie weitestgehend auf Gewinne verzichtete.

Der Volkskühlschrank blieb bei der Wirtschaftskraft Deutschlands und bei den von den Nationalsozialisten gesetzten politischen Prioritäten eine Illusion. Nach dem Krieg lebte die Bezeichnung »Volkskühlschrank« zunächst fort[86] und transportierte mit ihr verbundene Konsumwünsche in die Bundesrepublik. Auf der Wunschliste der Frauen stand der Kühlschrank ganz oben. Dennoch dauerte es in der bundesdeutschen Wohlstandsgesellschaft bis in die 1970er Jahre, dass ein Kühlschrank zur Standardausstattung der Haushalte gehörte.[87]

---

84 BArch NS 22/679 (unter W), Schreiben v. 28.3., 15.4., 25.4. u. 2.5.1941; s. o. S. 236-38; vgl. Ley, Die wirtschaftlichen Unternehmungen, S. 1094.

85 Heßler, Mrs. Modern Woman, S. 366 ff.

86 Hellmann, S. 112.

87 König, Geschichte, S. 233 f.

DER VOLKSWAGEN: ILLUSION EINER NATIONALSOZIALISTISCHEN MASSENMOTORISIERUNG

In Deutschland hielt sich die Verbreitung des Automobils in der Zwischenkriegszeit aufgrund der niedrigen Kaufkraft und der Wirtschaftskrisen in Grenzen.[1] Die Kraftwagendichte blieb deutlich hinter Großbritannien und Frankreich zurück, wenn sich der Abstand auch verringerte. Dennoch stiegen die Zulassungszahlen mehr oder weniger kontinuierlich an. Davon ausgenommen waren nur – als Folge der Weltwirtschaftskrise – die Jahre 1931 bis 1933. Die im internationalen Vergleich niedrige Kaufkraft wurde durch das Sinken der Autopreise und in geringerem Umfang der Unterhaltungskosten nicht wettgemacht. Die Preise sanken aufgrund der Einführung von Elementen der rationellen Massenproduktion, begleitet von einem Konzentrationsprozess. 1933 gab es noch etwa 10 Automobilproduzenten. Sie boten – entsprechend der Nachfrage – ein relativ großes Modellspektrum an. Insgesamt ging die Tendenz in Richtung kleinerer Fahrzeuge mit guten Fahreigenschaften und niedrigem Verbrauch.

Vor dem Ersten Weltkrieg waren Sport und Prestige zentrale Antriebe des Automobilkaufs. In der Zwischenkriegszeit handelte es sich beim ganz überwiegenden Teil der Fahrzeuge um Geschäftswagen, wobei offen bleiben muss, in welchem Umfang sie auch in der Freizeit genutzt wurden. Der gewerbliche Mittelstand war an der Expansion des Kraftwagenmarkts maßgeblich beteiligt.

Die nationalsozialistische Machtübernahme im Januar 1933 fiel in das Konjunkturtief der Automobilindustrie, wobei sich eine Erholung bereits abzeichnete. Hitlers Rede zur Automobilausstellung am 11. Februar 1933 gehörte zu seinen ersten großen öffentlichen Auftritten als Reichskanzler. Darin führte er aus, dass das Automobil eine zweite große »Verkehrsumwälzung« nach jener der Eisenbahn mit sich gebracht habe.[2] Er kündigte die Aufhebung von Restriktionen und eine Förderung des Kraftfahrzeugverkehrs an. Konkretisiert wurde dies in vier Punkten, die später zum nationalsozialistischen Motorisierungsprogramm stilisiert wurden: (1) die »Herausnahme der staatlichen Interessenvertretung des Kraftwagenverkehrs aus dem Rahmen des bisherigen Verkehrs.« Tatsächlich wurden die Kompetenzen aufgespalten. Ein Teil verblieb im Verkehrsministerium, ein Teil kam zum neuen »Generalbevollmächtigten für das deutsche Straßenwesen«, anderes, wie der Volkswagen, wurde federführend von der Reichskanzlei behandelt. (2) »Allmähliche steuerliche Entlastung«. Beginnend mit April wurden neu

---

1 Die instruktivsten Überblicke bieten: Edelmann, Vom Luxusgut; Flik; Fack; Merki.

2 Kraftfahrt, S. 7-11.

zugelassene Personenkraftwagen und Motorräder von der Kraftfahrzeugsteuer befreit. Für ältere Wagen war eine Ablösung durch Einmalzahlung möglich. (3) »Inangriffnahme und Durchführung eines großzügigen Straßenbauplanes«. Umgesetzt wurde das Versprechen vor allem durch den Bau der Reichsautobahnen, insgesamt bis 1940 3800 km. Erkauft wurde es teilweise durch Vernachlässigung der nachrangigen Straßen. (4) »Förderung der sportlichen Veranstaltungen.« Hierzu gehörte der Rennwagenbau bei Daimler-Benz und der Auto Union. Hitler setzte dabei auf die psychologische Wirkung deutscher Siege.

Die Motive hinter der Förderung der Motorisierung waren vielfältig. Hitlers persönliches Interesse und sein Engagement sicherten dem Kraftwagen einen hohen Stellenwert in der nationalsozialistischen Politik. Seine Rede auf der Automobilausstellung 1933 begann er mit einem persönlichen Bekenntnis zum Automobil. Sein Wort »Ich liebe den Kraftwagen über alles, denn er hat mir Deutschland erschlossen!« diente der Autolobby zur Legitimation.[3] Für Hitler und die Nationalsozialisten war das Automobil vor allem Bestandteil und Ausdruck eines höheren Kulturniveaus. Als Maßstab für die »Lebenshöhe eines Volkes« nannte Hitler die Straßenkilometer.[4] Jakob Werlin (1886-1965), Daimler-Benz-Manager und persönlicher kraftfahrzeugtechnischer Berater Hitlers, bezeichnete den »Motorisierungsgedanke(n) als Symbol der nationalsozialistischen revolutionierenden Zukunftsentwicklung«.[5] Hitler – so Werlin – gehe es um »die Bedeutung der Motorisierung als eines hochbedeutsamen Faktors kultureller, politischer und wirtschaftlicher Natur für die Erreichung seines Lebensziels, dem deutschen Volke wieder diejenige Stellung in der Welt zu schaffen, auf die es nach Rasse, Charakter und Geschichte einen unabdingbaren Anspruch hat.«[6] Auf diese Art und Weise wurde die Motorisierung geradezu zur Messlatte für den Erfolg der nationalsozialistischen Bewegung. Auf der anderen Seite schufen die Nationalsozialisten mit der Massenmotorisierung eine Zukunftsvision, die geeignet war, zur Akzeptanz des Regimes in der Bevölkerung beizutragen.

Im Fahrzeugwesen sahen die Nationalsozialisten eine Schlüsselindustrie, die bei der Bekämpfung der Arbeitslosigkeit gute Dienste leisten und die gesamte Wirtschaftsentwicklung positiv beeinflussen werde. Im auf Konflikt und Expansion angelegten nationalsozialistischen Staat wurde natürlich immer auch die militärische Bedeutung der Motorisierung mitgedacht.[7] Dies hieß jedoch nicht, dass das gesamte Motorisierungsprogramm oder gar einzelne Elemente wie das Volkswagenprojekt oder der Autobahnbau primär rüstungs- oder militärpolitisch motiviert waren.

Als Folge der konjunkturellen Erholung, aber auch der staatlichen Förderung stieg in Deutschland der PKW-Bestand von gut einer halben Million

[3] Z.B. Werlin, Fünf Jahre, S. 79.
[4] Kraftfahrt, S. 10 f.; vgl. z.B. auch Die Deutsche Volkswirtschaft 3 (1934), S. 240; Parole, S. 3.
[5] Werlin, Acht Jahre, S. 316.
[6] Werlin, Forderung, S. 1228.
[7] Vgl. zum Stellenwert militärischer Motive für das Motorisierungsprogramm: Kluke; Henning; Overy, Transportation; Flik, S. 95 ff.

1933 auf 1,4 Millionen 1939. Dabei zeigte sich zunächst ein deutlicher Trend zum Kleinwagen bis 1,5 l, der sich aber nach 1936 abschwächte. Verantwortlich für die Abschwächung waren zum einen die Volkswagen-Pläne, welche Hersteller zum Rückzug aus diesem Marktsegment veranlassten. Zum anderen stand dahinter eine durch die forcierte Rüstung verursachte Materialverknappung. Mit größeren Wagen ließen sich höhere Gewinne erzielen und sie waren mehr im Export gefragt, wofür das devisenhungrige Reich Sonderzuweisungen an Material gewährte. Die Preissenkungen für Automobile hielten an. Das größte Aufsehen erregte Opel, das seinen Kleinwagen P 4 1936 für nur noch 1450 RM anbot.

Mit der Zurückdrängung von Importwagen setzten die Nationalsozialisten die von den deutschen Regierungen seit der Weltwirtschaftskrise verfolgte Politik fort.[8] 1929 besaßen ausländische Marken mit 38,5 % ihren höchsten Zulassungsanteil. In der ersten Hälfte der 1930er Jahre wurde dieser mit Hilfe von Zöllen, Kontingentierungen und Marktdiskriminierungen kräftig zurückgedrängt. So schrieb das Reichsverkehrsministerium 1931 den Behörden den Kauf von Wagen vor, bei denen drei Viertel der Wertschöpfung in Deutschland erbracht wurden.

Den deutschen Markt teilten sich zwischen 1933 und 1939 etwa 10 relevante Hersteller. Die größten Anteile an den Zulassungen – nach Stück gerechnet – besaßen aufgrund ihrer starken Stellung bei den Kleinwagen Opel mit zwischen 35 und 43 % sowie die Auto Union mit ihrer Hauptmarke DKW mit zwischen 20 und 25 %.[9] Auf Adler entfielen 7 bis 10 %. Daimler-Benz mit 6 bis 11 % sowie Ford mit 4,5 bis 8 % legten in den 1930er Jahren zu.

Materialengpässe gab es bei hochwertigen Stählen, Kupfer und Gummi zeitweise schon 1934,[10] seit 1936 wurden sie Normalität.[11] Dennoch gelang bis 1938 eine Produktionssteigerung, erst 1939 gingen die Zahlen zurück. Gleichzeitig stiegen die Exporte steil an,[12] womit das Inlandsangebot – besonders bei Kleinwagen – zusätzlich verknappt wurde. Die sich auftuende Schere zwischen Angebot und Nachfrage führte zu langen Lieferzeiten. Auf dem Gebrauchtwagenmarkt trieb sie die Preise in die Höhe. 1939 sah sich die nationalsozialistische Wirtschaftsführung veranlasst, die Notbremse zu ziehen, indem sie ein totales System der Preisfestsetzung und –überwachung installierte.[13]

Die sich seit 1936 verstärkende Ressourcenverknappung, an Material wie an Arbeitskräften, ließ Rationalisierungsüberlegungen mehr in den Vordergrund treten. Sie zielten auf die gesamte Wirtschaft, auf einzelne Industrie-

---

[8] Flik, S. 176 ff.

[9] Die Marktanteile nach: Rundschau Technischer Arbeit v. 21.10.1936; Die Deutsche Volkswirtschaft 5 (1936), S. 677; Dohrn, S. 620; Tatsachen, S. 40; Meyer-Berkhout, S. 36.

[10] Stirl, Symptomatische Kraftverkehrswirtschaft, S. 892 f.; Stirl, Strukturfragen, S. 858.

[11] Kirchberg, Typisierung, S. 129 ff.

[12] Tatsachen, S. 67.

[13] Die Deutsche Volkswirtschaft 8 (1939), S. 530; Kraftfahrzeug. Handel und Bewirtschaftung 1940, S. 417.

zweige und natürlich auch auf das Einzelunternehmen. In der Automobilindustrie schoss sich die nationalsozialistische Politik vor allem auf die relativ große Typenzahl ein. In seiner Eröffnungsrede zur Automobilausstellung 1937 machte Hitler die »Typenbegrenzung« zum Programm.[14] Durch eine Reduzierung sollten die zur Verfügung stehenden Ressourcen besser ausgenutzt werden; verringerte Auswahlmöglichkeiten der Kunden wurden in Kauf genommen. Die Wirtschaftsgruppe Fahrzeugindustrie gab dem politischen Druck nach und unterzog sich im Herbst 1937 der Aufgabe.[15] Vor allem wollte man die Typenreduzierung in der Hand behalten und schärfere staatliche Reglementierungen vermeiden. Das Ergebnis entsprach jedoch nicht den Erwartungen. Unter den beteiligten Firmen kam es zu erheblichen Differenzen und die Regierung war mit den Vorschlägen unzufrieden.

Die Einsetzung eines »Generalbevollmächtigten für das Kraftfahrzeugwesen« im November 1938 stand unter modifizierten Vorzeichen.[16] Dem beim Generalstab des Heeres für die Heeresmotorisierung zuständigen Oberst Adolf v. Schell (geb. 1893) ging es in erster Linie um ein reduziertes, auf den militärischen Bedarf zugeschnittenes Lastwagenprogramm. Bei den Personenkraftwagen standen die Anforderungen des Exports im Vordergrund. Bei den PKW unterschieden sich die Vorstellungen Schells nicht dramatisch von denen der Industrie. Überhaupt griff v. Schell auf die Kapazitäten und Kompetenzen der Wirtschaftsgruppe Fahrzeugindustrie zurück, die das Typenprogramm unter seiner Oberaufsicht ausarbeitete. Das im März 1939 veröffentlichte Ergebnis sah eine Reduzierung der Zahl der LKW-Typen von 113 auf 19 vor, dagegen bei den PKW nur von 52 auf 30. Mit dem Krieg wurden die Pläne Makulatur und durch ein realistischeres, in der Folge mehrfach modifiziertes Kriegsprogramm ersetzt. Die PKW-Produktion für den zivilen Bedarf kam ohnehin bald zum Erliegen. Die Typisierungsprogramme hatten also auf die Herstellung von Personenkraftwagen keinen unmittelbaren Einfluss. Selbst die indirekten Wirkungen, durch Vorwegnahme von Planungsforderungen, dürften gering gewesen sein. Der stark restringierte Markt selbst verlangte schon genügend Anpassungsleistungen.

Bei seiner Eröffnungsrede zur Automobilausstellung 1933 führte Hitler aus, dass das Kraftfahrzeug von einem »Luxusfahrzeug« zu einem »nüchterne(n) Verkehrsmittel« geworden sei. Auf den späteren Ausstellungen wiederholte er diese Wendung in vielfacher Form. Das Automobil sei jetzt »Allgemeingut«, »Gebrauchsobjekt« (1936),[17] »allgemeines Verkehrsmittel« (1938)[18] oder »Gebrauchsartikel« (1939)[19]. Damit knüpfte er an Projektionen und Erfahrungen der Individualmotorisierung an. Erfahrungen mit der Mas-

14 Kraft, S. 15.

15 Kirchberg, Typisierung; Pohl/Habeth/Brüninghaus, S. 65 ff.; Brunn, S. 256-61; Kraftverkehrs-Wirtschaft v. 30.9.1937 u. 18.8.1938; Das Archiv 59 (1939), S. 1803; Meyer-Berkhout, S. 46 f.

16 Kirchberg, Typisierung, S. 131 ff.; Studer, S. 87-92; Schell, Nationalsozialistische Wirtschaftsformen; Schell, Neue Wege; Schell, Grundlagen, bes. S. 212-17; Völkischer Beobachter, Norddeutsche Ausgabe v. 26.3.1939, S. 1; Stahl, Autoausstellung; Der Vierjahresplan 3 (1939), S. 530 f.; Gentsch; Thönissen.

17 Schrittmacher, S. 13 f.

18 Kraftfahrzeug, S. 19.

19 Kräfte, S. 15.

senmotorisierung gab es bislang nur in den USA. Hitler sprach sie 1936 explizit an:[20] »Das deutsche Volk hat genau dasselbe Bedürfnis, sich des Kraftwagens zu bedienen, wie, sagen wir, das amerikanische.«

1933 gebrauchte Hitler das Wort »Volkswagen« noch nicht.[21] Dies war auch nicht nötig, denn der Begriff war schon lange fest etabliert.[22] Bereits vor dem Ersten Weltkrieg bezeichneten Metaphern wie »Volksautomobil« preiswerte Fahrzeuge für größere Bevölkerungsteile. Der Begriff war nicht auf ein einzelnes Modell beschränkt, sondern er zielte auf eine Wagenklasse. Dabei waren Billigkeit und Verbreitung relative und zeitlich variante Begriffe, die – für heutige Vorstellungen – sehr großzügig interpretiert wurden. Der »Volkswagen« war mehr Anspruch als Wirklichkeit, mehr soziotechnische Utopie als Realität. Vor dem Ersten Weltkrieg kosteten solcherart apostrophierte Modelle zwischen 2000 und 4500 RM, in der Zwischenkriegszeit um die 2000 RM.

Nach dem Ersten Weltkrieg fanden die Phantasien in der Fordschen Massenproduktion und der amerikanischen Massenmotorisierung konkretere Anknüpfungspunkte.[23] Besonders die Arbeiter pflegten den »Mythos Ford«, dieser habe durch Erhöhung der Kaufkraft den Arbeitern den Weg zum Automobil frei gemacht. Als General Motors 1929 Opel übernahm, begrüßte dies ein Gewerkschaftsorgan wegen der Aussicht, so den »längst erwünschten wohlfeilen Volkswagen« zu erhalten.[24] Der Autor einer 1931 erschienenen Broschüre »Das Volksauto« setzte dagegen seine Hoffnungen auf Ford.[25] Das Unternehmen, welches das »amerikanische Volksauto« geschaffen habe, war gerade dabei, in Köln ein neues Werk aufzubauen. Eventuell käme – so der Verfasser der Broschüre – auch ein Zusammenschluss deutscher Firmen in Frage. Ein Volksauto müsse aber – bei jährlichen Stückzahlen von 100 bis 200.000 – von vornherein auf den europäischen und nicht nur auf den deutschen Markt zielen. Ein anderer Autor verdeutlichte in seinem zur gleichen Zeit erschienenen »Beitrag zur Volkswagenfrage« die Relativität des Begriffs.[26] Seiner Meinung nach hatten deutsche Hersteller mit ihren »Kleinwagen« bereits den »Volkswagen« geschaffen. Nach der Weltwirtschaftskrise finde jener jedoch nicht genügend Käufer. Die Hoffnungen ruhten jetzt auf dem »Kleinstwagen« als »letzte Möglichkeit, die Volkswagenfrage lösen zu helfen«. Unter »Kleinwagen« verstand man vierrädrige Fahrzeuge von 0,5 bis gut 1 l Hubraum, welche die grundlegenden Fahr- und Gebrauchseigenschaften größerer Wagen besaßen, bei denen aber alle Möglichkeiten der Kostenreduzierung ausgenutzt wurden.[27] Der Begriff »Kleinstwagen« bezog sich auf dreirädrige Wagen mit einem Motorradmotor.

---

20 Schrittmacher, S. 15 (im Original fett gedruckt).

21 Zum Volkswagen: Wiersch; Kluke; Gudjons, S. 151 ff.; Reich, S. 151 ff.; Edelmann, Vom Luxusgut, S. 179 ff. u. 202 ff.; Hickethier/Otten; Mommsen/Grieger, bes. S. 51-202.

22 Gudjons; Wiersch, S. 9 ff.; Edelmann, Traum; Fack, S. 140-42 u. 224 f.

23 Vgl. Michel, S. 227 u. 239-43.

24 Edelmann, Vom Luxusgut, S. 118.

25 Betz.

26 Seher.

27 Nach Zeitschrift des Vereines Deutscher Ingenieure 79 (1934), S. 319.

Besonders anlässlich der Automobilausstellungen wurde die Frage thematisiert, ob mit einem Durchbruch beim billigen, für eine weite Verbreitung geeigneten Wagen zu rechnen sei. Die Automobilausstellung 1933 machte davon keine Ausnahme. In einem noch vor der nationalsozialistischen Machtergreifung erschienenen Artikel gab die Allgemeine Automobil-Zeitung, das offizielle Organ des Automobilclubs von Deutschland, ihrer Erwartung Ausdruck, dass auf der Ausstellung mit der »Geburtsstunde des europäischen Volkswagens« zu rechnen sei.[28] In Anzeigen und auf der Ausstellung selbst präsentierte – wie schon früher – eine Reihe von Firmen ihre Erzeugnisse als »Volkswagen«.[29] So bewarben die Framo-Werke, Frankenberg, ihren dreirädrigen, zweisitzigen Piccolo, der 850 RM kostete, mit »Das neue Volksfahrzeug«.[30] Später mokierte man sich über solche »letzte(n) Versuche« auf der Automobilausstellung 1933, »das Problem ›Volkswagen‹ durch unzulängliche Kleinautos lösen zu wollen«.[31] 1933 dachte man darüber noch anders. Unmittelbar nach der Ausstellung, aber ohne expliziten Bezug auf Hitlers Eröffnungsrede, machte sich der Völkische Beobachter Gedanken, wie ein »Volkswagen« auszusehen habe, um »Wege zu Deutschlands Motorisierung« zu eröffnen.[32] Der Völkische Beobachter lobte ältere Konstruktionen wie Opels Laubfrosch und Hanomags »Kommißbrot«. Als den heutigen Verhältnissen entsprechende Lösung empfahl er einen »Kleinwagen ... mit geringem Komfort«, angetrieben durch einen 600 ccm-Viertakt-Einzylindermotor.

Weniger die nationalsozialistische Motorisierungspropaganda als die Ankündigung und Präsentation des Volksempfängers im Sommer 1933 scheinen das Dauerthema Volkswagen weiter angeheizt zu haben. Jedenfalls erschienen wieder Volkswagen-Artikel seit Herbst 1933 und im Vorfeld der Automobilausstellung 1934.[33] In einem Beitrag »Was ist ein Volksauto ....?« wurde zunächst festgestellt: »Über diese Frage ist viel Geist und noch mehr Tinte verspritzt worden.«[34] Der antikapitalistisch angehauchte Aufsatz forderte, »an die Stelle abgewirtschafteter Wirtschaftskapitäne Fachkräfte und Techniker als Führung der Industrie« zu setzen. Unter Berufung auf den Volksempfänger wünschte er sich »auch in der Automobilindustrie ... einen Josef Geobbels«. Ein anderer Artikelschreiber sah dagegen das »Problem des Volkswagens heute in überraschender Vollkommenheit gelöst«.[35] »Gleich wie im Funkwesen durch den Volksempfänger breite Kreise dem Rundfunk neu erschlossen wurden, strebt die deutsche Automobilindustrie durch ganz besonders preiswerte und zugleich absolut billige *Volkskraftfahrzeuge* die

[28] Allgemeine Automobil-Zeitung 34 (1933), 14.1., S. 4.
[29] Edelmann, Vom Luxusgut, S. 157.
[30] Mitteilungen des Reichsverbandes des Kraftfahrzeughandels und -gewerbes E.V. 1933, S. 137.
[31] Motor-Schau 4 (1940), S. 103.
[32] Völkischer Beobachter, Norddeutsche Ausgabe v. 24.2.1933, 2. Beiblatt, S. 3.
[33] Kraftverkehrs-Wirtschaft v. 5.10. u. 2.11.1933; Allgemeine Automobil-Zeitung 35 (1934), 13.1., S. 9 f.
[34] Das Auto und Kraftrad 22 (1934), S. 23.
[35] Ostwald.

Motorisierung neuer deutscher Volksschichten an.« Tatsächlich warb auf der Automobilausstellung eine ganze Reihe Hersteller, u.a. Opel, Ford, Daimler-Benz, Adler, BMW und Hanomag, für ihre Erzeugnisse mit »Volkswagen« oder ähnlichen Bezeichnungen.[36] Bei Daimler-Benz liefen Entwicklungsarbeiten an einem 1,3 l Modell unter »Volkswagen«.[37]

Die Präsenz des Themas in der Öffentlichkeit und die positive Rezeption des Volksempfängers veranlassten die Regierung, den »Volkswagen« auf die Tagesordnung zu setzen. Seit Anfang 1934 – die treibende Kraft war das Propagandaministerium – stellte sie Überlegungen zur Förderung des Baus von Kleinstwagen im Preisbereich von 1000 RM an.[38] Hieraus erwuchsen die – relativ vorsichtigen – Formulierungen Hitlers in seiner Eröffnungsrede am 7. März zur Automobilausstellung.[39] Er führte aus, dass »ein Volk, das wie das deutsche von Geburt aus zu Höherem bestimmt« sei, mindestens ebenso wie andere den Kraftwagen brauche. Das Problem und die Aufgabe der Industrie bestehe darin, »seinen Preis an(zu)passen dem finanziellen Leistungsniveau der hierfür in Frage kommenden Millionenmasse der Käufer.« Hitler nahm den Begriff »Volkswagen« nicht in den Mund, stellte aber den Zusammenhang in eindeutiger Weise durch Verweis auf den Rundfunk her: »Vor wenigen Monaten erst ist es der deutschen Industrie gelungen, durch die Fabrikation eines neuen Volksempfängers eine enorme Anzahl von Radioapparaten auf den Markt zu bringen und abzusetzen.« Der Angriff ging denn auch auf die Rede unter der Schlagzeile ein: »Der billige Volkswagen für Millionen kommt«.[40]

Hitlers Rede und spätere öffentliche Andeutungen und Bekanntmachungen, dass sich die Regierung und die Automobilindustrie des Volkswagens angenommen hätten, riefen eine Flut von Veröffentlichungen, Initiativen und Projekten hervor.[41] Die Automobil- und Flugtechnische Gesellschaft widmete dem Thema am 19. April eine Veranstaltung.[42] Fahrberichte gingen der Frage nach, ob den getesteten Modellen die Bezeichnung »Volkswagen« zukomme. Bei dem 1,2 l-Opel kam eine Autozeitschrift zu einem positiven, bei dem 1 l-Ford »Köln« eine andere zu einem negativen Ergebnis.[43] Die Sport-Seite des »Angriff« wollte auf der Automobilausstellung 1935 eine ganze Reihe »Vorläufer des Volkswagens« gesehen haben.[44]

---

[36] Edelmann, Traum, S. 284; vgl. Kraftverkehrs-Wirtschaft v. 25.1.1934.

[37] Roth, Weg, S. 198 f.

[38] Mommsen/Grieger, S. 58 ff.

[39] Vollgas, S. 7-13, die Zitate S. 8 u. 12.

[40] Der Angriff v. 8.3.1934, S. 1.

[41] Außer den im Folgenden konkret angesprochenen Quellen verweise ich noch pauschal auf: Allgemeine Automobil-Zeitung 35 (1934), H. 11, S. 13 u. 36 (1935), H. 7, S. 13; Kraftverkehrs-Wirtschaft v. 10.5. u. 17.5.1934; Mitteilungen des Reichsverbandes des Kraftfahrzeughandels und -gewerbes E.V. 1934, S. 650.

[42] Allgemeine Automobil-Zeitung 35 (1934), H. 17, S. 3; StA Chemnitz AU 866, S. 189 f.

[43] Motor und Sport 11 (1934), H. 23, S. 23 f.; Allgemeine Automobil-Zeitung 35 (1934), H. 29, S. 8 f.; vgl. auch H. 33, S. 13 f.

[44] Der Angriff v. 15.2.1935, S. 13.

Andere Publikationen machten sich mehr Gedanken über die Konstruktion.[45] Diskutiert wurden die Alternativen Klein- oder Kleinstwagen, Vierrad- oder Dreiradfahrzeug, Viersitzer oder Zweisitzer, Viertakt- oder Zweitaktmotor, der Hubraum, die Lage des Motors, die Karosserieform, der Gepäckraum, die Höchstgeschwindigkeit. Techniker und Kleinunternehmer boten – bis in das Jahr 1936 hinein – ihre Volkswagenentwürfe an oder baten um finanzielle Unterstützung für den Bau von Prototypen.[46] Wesentlich weiter ging die Berliner Industrie- und Handelskammer, die am 7. Juni 1934 eine bis in Details ausgearbeitete »Arbeitsbeschaffungseingabe« vorlegte, von deren Umsetzung sie sich 200.000 neue Arbeitsplätze versprach.[47] Analog zum Volksempfänger solle der »Volkswagen« – »kein Kleinwagen« – gemeinschaftlich von der Automobilindustrie und kontrolliert durch eine unabhängige Zentralstelle in über das Reich verteilten Montagewerken entstehen. Die Kammer, die ihre Vorschläge auch an die Öffentlichkeit brachte, dachte an jährliche Stückzahlen von 100.000 und an einen Wagenpreis von 1000 bis 1100 RM. Als Kunden peilte man solche mit einem Jahreseinkommen zwischen 3000 und 8000 RM an. Der in Aussicht stehende Volkswagen rief auch weniger seriöse Geschäftemacher auf den Plan. So inserierte 1934 eine »Zwecksparunternehmung unter Reichsaufsicht auf völkischer Grundlage«:[48] »Mit monatlich 23,50 RM sichern Sie sich heute schon das Volksauto, das 1935 zum Preise von rund 1000 RM auf den Markt kommt.« Die Automobilzeitschriften und –verbände distanzierten sich von solchen »Geschäfte(n) mit ›ungelegten Eiern‹«.

Selbst in den meisten Automobilzeitschriften wurde betont, dass der Volkswagen kein technisch-konstruktives, sondern ein wirtschaftliches Problem sei.[49] Hierbei bezog man sich auf die drei Größen Kaufkraft, Anschaffungs- und Unterhaltungskosten. Indem sie der Kaufkraft und den Unterhaltskosten entscheidende Bedeutung zumaßen, widersprachen nicht wenige Kommentatoren indirekt Hitlers Äußerungen auf der Automobilausstellung. So konnte man in der »Kraftverkehrs-Wirtschaft« lesen, dass die Kaufkraft über die Verbreitung des »Volksautos« entscheide, die Preise seien ohnehin schon stark zurückgegangen.[50] Andere Autoren identifizierten die Haltungskosten, insbesondere die Benzinpreise, als zentralen Punkt.[51] Dabei

---

45 Z.B. Fauner; Gottschalk.

46 BArch R 5/8000, Bl. 305/06; R 43 II/753, Bl. 36 u. 93; Heiber, Akten, Nr. 124 01143 f.

47 BArch R 43 II/753, Bl. 15-25; abgedruckt in: Kraftverkehrs-Wirtschaft v. 21.6.1934, deren Redaktion die Überlegungen für unrealistisch hielt; referiert in Völkischer Beobachter v. 17./18.6.1934, Beiblatt; Die Deutsche Volkswirtschaft 3 (1934), S. 552 f.; Mitteilungen des Reichsverbandes des Kraftfahrzeughandels und -gewerbes E.V. 1934, S. 609 u. 625. Der Reichsverband der Automobilindustrie hielt die Zeit für noch nicht reif, um solche Fragen in der breiten Öffentlichkeit zu erörtern. Vgl. auch Kluke, S. 569-73.

48 Mitteilungen des Reichsverbandes des Kraftfahrzeughandels und -gewerbes E.V. 1934, S. 770.

49 Allgemeine Automobil-Zeitung 35 (1934), H. 19, S. 4 u. H. 20, S. 3; Motor und Sport 11 (1934), H. 12, S. 7.

50 Kraftverkehrs-Wirtschaft v. 6.4.1934; vgl. ebd. v. 20.12.1934.

51 Kraftverkehrs-Wirtschaft v. 15.11.1934 u. 20.12.1934; Allgemeine Automobil-Zeitung 35 (1934), H. 21, S. 10 f. u. 36 (1935), H. 1, S. 5 f.; Motor und Sport 11 (1934), H. 24, S. 21; Der deutsche Volkswirt 8 (1933/34), S. 1228.

wurde z.B. auf das Vorbild der USA verwiesen oder konkret eine Halbierung der Kraftstoffsteuern verlangt.

Andere bliesen in das gleiche Horn wie Hitler, indem sie sich auf die Autopreise konzentrierten.[52] Sie wandten sich entschieden gegen Stimmen aus der Industrie, Volkswagen seien bereits auf dem Markt. Bei Preisen um die 2000 RM könne von einem »Volksauto« nicht die Rede sein. Geäußerte Preisvorstellungen gingen jedoch auseinander. Während die einen um die 1000 RM verlangten,[53] hielten die anderen etwa 1500 RM für realistisch.[54]

Die Zeitgenossen selbst notierten ein eindrucksvolles, aber auch verwirrendes und manchmal wenig kompetentes Stimmengewirr. Die »Kraftverkehrs-Wirtschaft« stellte unmittelbar nach der Automobilausstellung 1934 fest:[55] »Das Wort Volkswagen ist ... tief in das Bewußtsein der Käuferschichten hineingetragen«. Die Allgemeine Automobil-Zeitung resümierte, dass die Rede des Reichskanzlers »zu einer förmlichen Inflation an Vorschlägen zur Lösung dieser Frage geführt« habe.[56] Ein Beobachter urteilte rückblickend:[57] »Volkswagenprojekte schossen wie Pilze aus der Erde«. Das Organ des Reichsverbandes des Kraftfahrzeughandels und –gewerbes mokierte sich über die publizistische Hausse:[58] »Nun ist aber bedauerlicherweise eine gewisse Neigung ausgebrochen, den Volkswagenplan zur mehr oder minder notwendigen Auffüllung des Zeitungstextes zu verwerten«.

Obwohl die Nationalsozialisten die Parallelen zum Volksempfänger herausstrichen, erfolgte die öffentliche Bekanntmachung des Volkswagens auf ganz andere Weise. Mit dem Volksempfänger ging die Rundfunkpolitik relativ spät an die Öffentlichkeit, als die Vorgespräche mit der Industrie weit gediehen waren. Außerdem stellten sich die konstruktiven und wirtschaftlichen Aufgaben beim Radio wesentlich einfacher dar als beim Auto. Beim Volkswagen dagegen wandten sich die Regierung und Hitler an die Öffentlichkeit, als noch so gut wie alle Fragen ungeklärt waren. Sie ließen sich von der erfolgreichen Implementierung des Volksempfängers und der Attraktivität des Projekts Volkswagen zu wenig vorbereiteten Initiativen hinreißen. Die Resonanz war überwältigend. Dies ließ sich als propagandistischer Erfolg verbuchen, baute aber auch Erwartungen und damit auf Industrie und Politik wirkenden Druck auf. Seit Anfang 1935 arbeitete Goebbels' Propagandaministerium dem entgegen, um das Regime zu entlasten und Handlungsfreiräume zu schaffen. Es suchte, meist durch einzelne Artikel aktiviert, die freie Berichterstattung und Diskussion über den Volkswagen mit dem Instrument der Presseanweisungen zu unterbinden.[59] Auch in den Geschäftsberichten

52 Die Deutsche Volkswirtschaft 3 (1934), S. 243; Der deutsche Volkswirt 8 (1933/34), S. 1228.
53 Der deutsche Volkswirt 8 (1933/34), S. 1228; Gottschalk.
54 Allgemeine Automobil-Zeitung 35 (1934), H. 12, S. 21; Fauner, S. 1243.
55 Kraftverkehrs-Wirtschaft v. 22.3.1934.
56 Allgemeine Automobil-Zeitung 35 (1934), H. 14, S. 1.
57 Stirl, Symptomatische Kraftverkehrswirtschaft, S. 822.
58 Mitteilungen des Reichsverbandes des Kraftfahrzeughandels und -gewerbes E.V. 1934, S. 770.
59 Bohrmann/Toepser-Ziegert, Bd. 3, S. 37 f., 332 f., 429, 523; Bd. 4, S. 5, 175, 468 f.; Bd. 5, S. 347 u. 806 f.

der Automobilindustrie sollte es nicht mehr erörtert werden.[60] »Der Begriff ›Volkswagen‹ soll allmählich aus der öffentlichen Diskussion überhaupt verschwinden.«[61] Selbst als Hitler sich auf der Automobilausstellung 1936 wieder ausführlich dem Volkswagen widmete, wurden die Verbote bekräftigt.[62] Allein die häufige Wiederholung zeugte von der begrenzten Wirkung der Anweisungen. Der leichtfertig platzierte Volkswagen war so leicht nicht mehr aus der öffentlichen Meinung zu entfernen.

Als Hitler die Industrie im März 1934 zur Schaffung eines preisgünstigen Volkswagens aufforderte, waren die Vorstellungen der Regierung zu dem Fahrzeug noch diffus. Dies zeigte sich bei einer ersten Besprechung am 11. April, wie die Vorgaben umzusetzen seien.[63] Teilnehmer waren die Reichskanzlei, die Ministerien für Verkehr, Wirtschaft und Propaganda sowie der Reichsverband der Automobilindustrie (RDA). Von Regierungsvertretern wurde ein dreirädriges Fahrzeug mit Heckmotor ins Gespräch gebracht. Der Industrievertreter verbat sich daraufhin »konstruktive Vorschriften«. Als Ergebnis hielt man schließlich einige technisch-ökonomische Parameter fest, vor allem dass der Volkswagen 3 Erwachsenen und einem Kind Platz bieten und höchstens 1000 RM kosten solle. Als der zuständige Ministerialdirektor im Verkehrministerium gut drei Wochen später die Anforderungen anlässlich einer Tagung der Deutschen Gesellschaft für Mineralölforschung vortrug, rief die Preisvorstellung allgemeine »Heiterkeit« hervor.[64]

Im Gegensatz zu den gerade erfolgten Verabredungen sprachen sich Hitler und der RDA für einen vierrädrigen, vollwertigen Viersitzer aus.[65] Ein solcher Wagen entsprach eher Hitlers Vorstellungen von der dem deutschen Volk angemessenen Motorisierung. Er durfte sich darin von Ferdinand Porsche (1875-1951) bestätigt sehen, der damals ein großes privates Konstruktionsbüro leitete.[66] Porsche hatte im Januar 1934 ein »Exposé betreffend den Bau des deutschen Volkswagens« verfasst, darin für ein »vollwertiges Gebrauchsfahrzeug« votiert und seine Gedanken im März Hitler vorgetragen. Im RDA hatten sich die federführenden Firmen bislang aus dem Kleinstwagenbau weitgehend herausgehalten. Mit Blick auf im Ausland erfolgreiche Wagen bezweifelte man die Exportfähigkeit des Kleinstwagens. Die konstruktiven Zielvorstellungen veränderten sich also vom Kleinstwagen zum Kleinwagen. Es hatte weitreichende Konsequenzen, dass die Zielrevision nicht von einer Preisrevision begleitet wurde. Sowohl Porsche als auch der RDA gingen davon aus, dass der Preis bei gut 1500 RM liegen müsse und werde. Doch niemand wollte zu diesem Zeitpunkt Konflikte riskieren und

[60] Bohrmann/Toepser-Ziegert, Bd. 3, S. 429.
[61] Bohrmann/Toepser-Ziegert, Bd. 4, S. 5.
[62] Bohrmann/Toepser-Ziegert, Bd. 4, S. 175.
[63] DCK, Bestand Kissel, 11.15 »Aktenvermerk über die Besprechung am 11. April 1934, betreffend Schaffung eines Volkswagens«.
[64] Kraftverkehrs-Wirtschaft v. 3.5.1934; Informationsdienst 2 (1934), Nr. 103 v. 6.5., Bl. 4.
[65] BArch R 43 II/753, Bl. 6; DCK, Bestand Kissel, 11.15, 4.4.1934, Allmers »Gedanken zum Problem ›Volkswagen‹«; vgl. Mommsen/Grieger, S. 69.
[66] Wiersch, bes. S. 15-17; Mommsen/Grieger, S. 71 ff.; bes. S. 76 f.

den Preis zum politischen Thema machen. Auf diese Weise wurde eine Preisvorgabe, die im Hinblick auf einen Kleinstwagen entstanden war, auf ein ganz anderes Modell übertragen. In der öffentlichen Diskussion um das Volkswagenprojekt und bei der propagandistischen Vermarktung durch die Nationalsozialisten wurde der Preis von 1000 RM festgeschrieben und war später kaum noch zu revidieren.

In der Automobilindustrie waren die Meinungen geteilt, ob man sich des Volkswagenprojekts annehmen solle oder nicht. Der Vorsitzende des RDA Robert Allmers (1872-1951) fasste im April 1934 seine Auffassungen hierzu in einem vertraulichen Papier zusammen.[67] Allmers stellte die wirtschaftlichen Rahmenbedingungen in Deutschland für einen Volkswagen als eher ungünstig hin. Das Kostenniveau sei zu hoch, der Markt zu klein, der angestrebte Preis nicht zu erzielen; ohnehin käme den Unterhaltskosten die größere Bedeutung zu. Wichtig sei, dass der Volkswagen den von der Industrie angebotenen Wagen keine Konkurrenz machen, sondern zusätzliche Käufer finden werde. Auf der anderen Seite sei damit zu rechnen – Allmers nannte explizit Opel –, dass andere Unternehmen mit eigenen Volkswagen auf den Markt drängten. Bei dieser Sachlage sei ein Gemeinschaftsunternehmen der Automobilindustrie, für welches Allmers sich finanzielle Hilfen des Verkehrsministeriums und eventuell der Reichswehr versprach, das kleinere Übel. Im Unterschied zu Allmers sprach sich später Franz Popp (1896-1954), Generaldirektor von BMW, gegen die Übernahme des Projekts durch den RDA aus.[68] Es gebe bereits genügend Kleinwagen auf dem Markt. Der Schlüssel zum Volkswagen liege bei den Betriebskosten, für welche in erster Linie die Regierung verantwortlich zeichne. Letzten Endes setzte sich Allmers mit seinen Überlegungen durch. Auf einer Sitzung am 28. Mai 1934, an der Adler, die Auto Union, Daimler-Benz und Opel vertreten waren, wurde eine Arbeitsgemeinschaft zur Entwicklung des Volkswagens ins Leben gerufen.[69] Die zugrundeliegenden Motive lassen sich nicht im Detail rekonstruieren. Wahrscheinlich wollten die Hersteller das Heft des Handelns in der Hand behalten und nicht an die Politik abgeben. Und sie fürchteten, dass einzelne Mitglieder aus dem Kartell der Automobilindustrie ausbrechen und eigene Volkswagenprojekte platzieren könnten.

In der Automobilwerbung war der »Volkswagen« im Jahre 1934 präsent wie nie zuvor. Eine Autozeitschrift berichtete, dass am Tag nach Hitlers Eröffnungsrede auf der Automobilausstellung »in den Zeitungsinseraten mindestens ein halbes Dutzend Firmen ihre Klein- und Kleinstwagen als den schon vorhandenen Volkswagen anpriesen«.[70] Zu diesen Firmen gehörte auch Ford.[71] Das Unternehmen, das sein Kölner Werk in der Zeit der schlimmsten Wirtschaftskrise gegründet hatte, wurde erst 1934 durch den Mutterkonzern finanziell saniert. Außerdem hatte Ford beträchtliche

67 DCK, Bestand Kissel, 11.15, 4.4.1934, Allmers »Gedanken zum Problem, ›Volkswagen‹«.
68 5.6.1934, Popp an Kissel (Roth/Schmid, S. 153 f.); vgl. Pohl/Habeth/Brüninghaus, S. 50-54.
69 Mommsen/Grieger, S. 70.
70 Motor und Sport 11 (1934), H. 24, S. 21.
71 Zu Ford in den 1930er Jahren: Rosellen; Reich, S. 107 ff.; Flik, S. 187 ff.

Schwierigkeiten, die für Behördenfahrzeuge aufgestellten Forderungen zu erfüllen, gemäß derer die überwiegende Zahl der Teile in Deutschland hergestellt sein musste. Es dauerte bis Anfang 1936, dass die Firma ihre Wagen als »deutsche Erzeugnisse« bezeichnen durfte. Beim Volkswagenprojekt ließen die anderen Produzenten das amerikanische Unternehmen von vornherein außen vor. Bis zu dessen Start bewarb Ford seine Modelle exzessiv als »Volkswagen«.[72] Die billigste Ausführung des Modells »Köln«, die knapp 2000 RM kostete, erhielt die Bezeichnung »Volkstyp«. Nach Hitlers Rede gab Ford, teils freiwillig, teils vom RDA gedrängt, die Werbeformel »Volkswagen« sukzessive auf.[73] Das sehr gut verkaufte Nachfolgemodell des »Köln«, der »Eifel«, bewegte sich mit 2650 RM aufwärts ohnehin in einer höheren Klasse.

Nicht nur Ford, sondern auch die Mitglieder der Volkswagen-Arbeitsgemeinschaft – besonders nachdrücklich Opel – präsentierten ihre Wagen im Sommer 1934 als »Volkswagen«. Adler pries seinen 1 l-Viersitzer als »der durchaus neuwertige Typus des Volkswagens« an.[74] Selbst Daimler-Benz sah in seinem Typ 130, dessen billigste Ausführung stolze 3425 RM kostete, »ein(en) wirklich volkstümliche(n) Wagen!«[75] Der RDA wollte all dem einen Riegel vorschieben und beantragte im Oktober 1934 beim Patentamt den Schutz der Bezeichnung »Volkswagen«.[76] Außerdem forderte er von den Mitgliedsfirmen die Selbstverpflichtung, von nun an auf entsprechende Werbung zu verzichten. Die Aktion rief lebhafte Schriftwechsel hervor. Eine Reihe von Firmen erklärte sich zur Abgabe der verlangten Erklärung bereit, aber unter der Voraussetzung, dass alle anderen ebenso verführen. Nach längerem Hin und Her unterzeichneten die meisten Firmen den verlangten Revers – jedoch nicht alle und einige mit Einschränkungen. So kam von Daimler-Benz der Vorschlag, die einzelnen Firmen sollten ihre Modelle durch Voransetzung des eigenen Namens kennzeichnen, z.B. »Daimler-Benz-Volkswagen«.[77] Ford behielt sich eine spätere Verwendung für den Fall vor, dass der Volkswagen bei Ford gebaut werde.[78] Obwohl die RDA-Initiative von Wilhelm v. Opel (1871-1948) ausgegangen war, verhielt sich das Unternehmen eine gewisse Zeit ablehnend.[79] Offensichtlich gab es Differenzen in der Geschäftsführung. BMW verweigerte die Unterschrift und ließ sich selbst durch großen Druck nicht umstimmen.[80] Das Unternehmen verwies auf die bekannte Auffassung seines Generaldirektors Franz Popp, dass »das Volkswagenproblem allein durch die Förderung des Omnibusbaues und die Ver-

[72] Rosellen, S. 93 u. 107; Edelmann, Traum, S. 284; UVW, VDA-Depositum 73/27/1, s.u. Ford.
[73] UVW, VDA-Depositum 73/26, Briefe v. 21.6., 22.6. u. 2.7.1934; 73/27/1, s.u. Ford, 29.5.1934.
[74] UVW, VDA-Depositum 73/26, 22.6. u. 2.7.1934.
[75] Motor und Sport 11 (1934), H. 33.
[76] UVW, VDA-Depositum 73/26 u. 73/27/1; Edelmann, Traum, S. 285.
[77] UVW, VDA-Depositum 73/27/1, s. u. Daimler-Benz, 24.10.1934.
[78] Ebd., s.u. Ford, 20.11.1934.
[79] Ebd. 73/26, 1.11.1934; 73/27/1, s. u. Daimler-Benz, 14.3.1935; s. u. Opel, 30.11.1934 u. 12.1.1935.
[80] Ebd. 73/27/2, s.u. BMW, das Zitat im Schreiben v. 9.1.1935.

stärkung des Omnibusliniennetzes ... zu lösen ist«. Der Kleinstwagenhersteller Framo widerstand beträchtlichem Drängen und hielt an seiner ablehnenden Haltung selbst nach Erteilung des Warenzeichens an den RDA fest.[81] Seinen mit 2 Normal- und 2 Notsitzen ausgestatteten Piccolo zum Preis von 1295 RM bewarb die Firma weiter als »Volkswagen«.

Formaljuristisch war dies in Ordnung, denn die im Frühjahr 1935 in die Warenzeichenliste eingetragenen Schutzrechte umfassten nur die Bezeichnungen »RDA Volksautomobil«, »RDA Deutscher Volkswagen« und »RDA Deutsches Volksautomobil«.[82] Damit und mit der Selbstverpflichtung der meisten Hersteller verschwand »Volkswagen« nicht völlig und nicht sofort aus der Wirtschaftswerbung. Es dauerte lange, in Einzelfällen bis 1937, dass der Handel den etablierten Begriff aus seinen Werbeanzeigen strich.[83] Die Produzenten beobachteten die Werbung der Konkurrenz, auch des Vertragshandels, mit großer Aufmerksamkeit. Entdeckten sie Anzeigen mit der Bezeichnung »Volkswagen«, dann machten sie üblicherweise den RDA darauf aufmerksam. Der RDA leitete die Beschwerde unterstützend an das jeweilige Unternehmen weiter, welches dann den Händler anmahnte. Völlig ließ sich das Problem auch mit solch beträchtlichem Aufwand nicht aus der Welt schaffen. In Ersatzteillisten für ältere Modelle, die früher als Volkswagen bezeichnet wurden, war der Name noch länger präsent.[84] Oder die Händler bewiesen ihre Kreativität, indem sie Assoziationen herstellten. »Der Volkswagen ist noch ein Problem! Aber bis jetzt ist DKW immer noch der beste und billigste Kleinwagen!«, lautete ein Werbetext.[85] Alle Schutzmaßnahmen konnten nicht verhindern, dass der Begriff »Volkswagen« in der Öffentlichkeit immer in zweifacher Hinsicht verwendet wurde: als Bezeichnung für das Projekt des RDA und später der Deutschen Arbeitsfront sowie als Gattungsbezeichnung für kleine, preiswerte Gebrauchswagen.[86]

Die Automobilproduzenten hielten sich an die 1934/35 eingegangene Selbstverpflichtung. Gleichzeitig strapazierten sie diese aber bis an die Grenze, indem sie in der Werbung »Volkswagen« durch ähnlich klingende Bezeichnungen ersetzten. So konnte man in den Opel- und DKW-Anzeigen an Stelle von »Volksautomobil« »Vollautomobil« lesen und statt »Volkswagen« »volkstümlicher Wagen«.[87] Opel und die zur Auto Union gehörende DKW waren die beiden Firmen, denen die Konkurrenz und die Fachleute noch am ehesten die Produktion und Vermarktung eines Volkswagens zutrauten.[88] Als im Sommer 1936 der Volkswagen ziemlich festgefahren schien,

[81] Ebd. 73/27/2, s. u. Framo.
[82] Ebd. 73/26, 3.4.1935.
[83] Ebd. 73/27/2, s. u. BMW, Ford, Framo, Hanomag, Opel.
[84] Ebd., s. u. Opel; vgl. Bohrmann/Toepser-Ziegert, Bd. 7, S. 91.
[85] Ebd., s. u. Auto Union.
[86] Vgl. Die Deutsche Volkswirtschaft 5 (1936), S. 182.
[87] StA Rüsselsheim 3.3.3; Kraftverkehrs-Wirtschaft v. 21.2. u. 5.12.1935; Völkischer Beobachter, Norddeutsche Ausgabe A v. 1.11.1936, S. 15.
[88] BArch R 43 II/ 753, Bl. 35, Bericht Allmers v. 5.2.1936; 24.6.1936, Volkswagendenkschrift Popps (Roth/Schmid, S. 155-57); vgl. die Äußerungen Adolf Hühnleins, des »Führers« des

schrieb der Verkehrsminister an die Reichskanzlei:[89] »Diejenigen Firmen, welche bisher kleine und billige Wagentypen mit gutem Erfolge hergestellt haben und über weitgehend abgeschriebene Fabrikationseinrichtungen verfügen, also etwa Opel und Auto-Union (DKW), würden möglicherweise unter Verwendung bewährter Aggregate in 15 Monaten in der Lage sein, einen Wagen herauszubringen, dem das Prädikat »Volkswagen« zugebilligt werden könnte.« Bei DKW war hier in erster Linie an die mit einem 600 ccm-Zweitaktmotor ausgestattete DKW-Reichsklasse zu denken, firmenintern als »DKW-Volkswagen« bezeichnet, bei der die viersitzige Limousine 1795 RM kostete.[90]

Wie kein anderes Unternehmen verstand sich Opel als für die Schaffung des Volkswagens prädestiniert.[91] Auch nach der Übernahme durch General Motors 1929 pflegte Opel sein im Unterschied zu Ford vorhandenes Image als deutsches Unternehmen. So verkündete die Hauszeitschrift 1932 über die Opel-Wagen, dass sie »von deutschen Arbeitern aus deutschem Material in Deutschland hergestellt« seien.[92] Opel profitierte sowohl von der nationalsozialistischen Motorisierungspolitik als auch vom Trend zum Kleinwagen. Um die Mitte der 1930er Jahre betrug sein Anteil an den Zulassungen deutlich über 40 %. Der hohe Marktanteil und die durch umfängliche Exporte erwirtschafteten Devisen sicherten Opel eine anerkannte Stellung im Nationalsozialismus. Der Verbot von Gewinntransfers ließ das Unternehmen umfangreiche Modernisierungsinvestitionen in den Produktionsapparat vornehmen. Auf diese Weise wurde Opel zur modernsten deutschen Automobilfabrik.

Am Volkswagenprojekt beteiligte sich Opel unter Vorbehalten und schloss ein eigenes Vorgehen nicht aus. Als 1936 die Schwierigkeiten mit Porsche kulminierten, sah sich Opel in seiner Skepsis bestätigt, dass der Volkswagen nicht als »noch so geistvolle Neukonstruktion« geschaffen werden könne, sondern sich aus dem Markt heraus entwickeln werde.[93] Es ist offensichtlich, dass die Firma die Volkswagenplanungen als Konkurrenz zur eigenen Produktpalette und ihrer Fortentwicklung verstand, genauer zu den mit Vierzylindermotoren und einem Hubraum von etwa 1 l ausgestatteten Kleinwagen. Auf der Automobilausstellung 1933 nahm Opel die in der Presse benutzte Bezeichnung »Volkswagen« für sein 1 l-Modell mit Befriedigung zur Kenntnis.[94] Das Nachfolgemodell, den 1,2 l, präsentierte das Unternehmen selbst

Nationalsozialistischen Kraftfahr-Korps (NSKK) hierzu (Handke, S. 29); außerdem Edelmann, Vom Luxusgut, S. 205 f.; Mommsen/Grieger, S. 62 ff. u. 96; Roth, Weg, S. 203; Handke, S. 29.

89 BArch R 43 II/ 753, Bl. 41 f.; vgl. Kluke, S. 383.

90 Kirchberg, Entwicklungstendenzen, Anhang, Tab. 2; StA Chemnitz AU 866, Bl. 181.

91 Zu Opel: Reich, S. 110 ff. u. 146 ff.; Schneider, Autos; Neliba; Flik, S. 180 ff.

92 Der Opel-Geist 3 (1932), Nr. 7, S. 3.

93 Kluke, S. 355; Handke, S. 38 u. 44; Mommsen/Grieger, S. 100 u. 107; Pohl/Habeth/Brüninghaus, S. 52. Es sei dahingestellt, ob – als Reaktion auf die Volkswagenpläne – tatsächlich ein Opel-Manager Hitler 1934 das Angebot unterbreitete, seinen eigenen Kleinwagen wesentlich zu verbilligen (vgl. Handke, S. 38).

94 Der Opel-Geist 4 (1933), Nr. 2, S. 4.

auf den Ausstellungen 1934 und 1935 als »Volkswagen«.[95] Die Werkzeitschrift stellte insbesondere das Interesse Hitlers heraus und suggerierte, dass er durch seinen Besuch das Modell quasi als Volkswagen geadelt habe. So 1934: »Großes Interesse bei dem Führer fand unser Volkswagen, den er genauestens besichtigte.«[96] Und 1935 legte man ihm den Ausspruch in den Mund: »Sie sind der Idee des Volkswagens bisher am nächsten gekommen.«[97] Einen – nach eigenem Bekunden – weiteren großen Schritt auf dem Wege zum »Volkswagen«, zum Automobil als »Volksgut«[98], machte Opel mit dem im November 1935 auf den Markt gebrachten P 4, dessen 1,1 l-Motor 23 PS leistete. Größtes Aufsehen erregte es, als dessen Preis im September 1936 auf 1450 RM gesenkt wurde. Wenig später teilte das für den Verkauf zuständige Vorstandsmitglied mit, dass der P 4 in der 1 l-Klasse einen Marktanteil von 61 % errungen habe.[99] Wiewohl der P 4 zu den schönsten Hoffnungen berechtigte, fuhr Opel 1937 die Produktion zurück und nahm den Wagen 1938 vom Markt.[100] Das Unternehmen reagierte damit auf die beginnenden Werkstoffkontingentierungen und machte Platz für den mittlerweile von der DAF übernommenen Volkswagen. Es wich auf den seit Ende 1936 fabrizierten modernen, aber in einem höheren Preissegment angesiedelten Kadett aus.

1934 kam der RDA dem Wunsch der Regierung Hitlers nach und machte sich das Volkswagenprojekt zu eigen. Für die Konstruktionsarbeiten dachte man zunächst an die eigenen Kapazitäten. Mit dem letztendlich gefassten Entschluss, Ferdinand Porsche zu beauftragen, glaubte man, Hitlers Vorstellungen entgegenzukommen.[101] Ein erster Vertrag mit Porsche wurde im Juni 1934 geschlossen. Allmers war in einem vertraulichen Papier von 8 bis 12 Monaten für die Konstruktion und Erprobung ausgegangen.[102] In der Öffentlichkeit legte man sich später auf zwei Jahre fest – mit dem Hinweis, dass es sich um eine völlige Neukonstruktion handele.[103] Tatsächlich benötigte Porsche allein zwei Jahre bis zum Abschluss der konstruktiven Vorarbeiten. Die Erprobung sowie die Feinarbeiten nahmen noch einmal mehr als zwei Jahre in Anspruch. Ebenso liefen die Kosten völlig aus dem Ruder. Insgesamt investierte der RDA 1,75 Millionen RM in das Volkswagenprojekt.

Die Gründe für die Zeitverzögerung und die Kostenüberschreitung waren vielfältig. Porsche arbeitete gründlich und aufwändig und war nicht bereit, sich einer Zeit- und Kostenkontrolle zu unterwerfen. Mehrfach änderte er konstruktive Grundsatzentscheidungen. So begann er erst 1936 mit Entwicklungsarbeiten am luftgekühlten Viertaktmotor. Alle Bemühungen, das

---

95 StA Rüsselsheim, Sammlung Opel I, 3.3.3; Der Opel-Geist 5 (1934), Nr. 1, S. 3.
96 Opel-Werksgemeinschaft 5 (1934), Nr. 4, S. 2.
97 Der Opel-Kamerad 7 (1936), Nr. 2, S. 2.
98 Der Opel-Kamerad 7 (1936), Nr. 2, S. 2 u. 180; Der Angriff v. 30.8.1935, S. 5.
99 StA Rüsselsheim, Opel-Sammlung I, 14.1.
100 Zu den Produktionszahlen: StA Rüsselsheim, Sammlung Opel I, 4; vgl. Der Opel-Kamerad 9 (1938), S. 7 u. 12; Brunn, S. 257 u. 266.
101 Dies und das Folgende vor allem nach Mommsen/Grieger, S. 79 ff.
102 DCK, Bestand Kissel, 11.15, 4.4.1934, Allmers »Gedanken zum Problem ›Volkswagen‹«, S. 8.
103 Allmers in: Wille, S. 6 f.; Wesemann, Stand, S. 24.

Modell in dem vorgegebenen Kostenrahmen von etwa 1000 RM zu halten, blieben unergiebig. Sowohl Porsche wie der RDA gelangten schließlich zu der Auffassung, dass man ohne eine Senkung der Preise für die Vorprodukte das Ziel verfehlen werde. Entsprechende Gespräche verliefen jedoch wenig Erfolg versprechend. Anfang 1936 herrschte im RDA die Meinung vor, dass das Projekt mit Porsche gescheitert sei. In einem an die Reichskanzlei geleiteten Bericht brachte man Alternativen ins Gespräch, wie »ein hoch dotiertes Preisausschreiben unter den Konstrukteuren aller Werke, insbesondere auch denen der Motorradfabriken«.[104] Die Nennung der Motorradfabriken lässt sich als Fingerzeig auf ein Fahrzeug einfacherer Bauart deuten. In einer Nebenbemerkung führten Allmers und der Verband aus, »dass die Erfahrungen der Radio-Industrie mit dem ›Volksempfänger‹ zu besonderer Vorsicht mahnen.« Sie spielten damit auf das kritische Radiojahr 1935 an, als mehrere Firmen Vergleich anmelden bzw. in Konkurs gehen mussten. Dies konnte nur so verstanden werden, dass die Produktion eines nicht kostendeckenden Volkswagens einzelne Autobauer ruinieren könnte.

1934 hatte der RDA die Öffentlichkeit informiert, dass die Automobilindustrie am Volkswagen arbeite. In den Jahren danach blieb dem Verband nichts anderes übrig, als die den Wagen erwartende Öffentlichkeit zu vertrösten. So verfuhr Allmers auf den Automobilausstellungen 1935 und 1937, 1936 ging er erst gar nicht auf den Volkswagen ein.[105] Der RDA betonte den hohen Anspruch des Projekts und versäumte es nicht, auf außerhalb seines Einflussbereichs liegende Probleme hinzuweisen, wie die geringe Kaufkraft der Bevölkerung und die hohen Kosten der Fahrzeughaltung. Der Automobilindustrie nahe stehende Kreise lobten den Verband ob seiner Sorgfalt und warnten vor zu großer Eile.[106] Aber es waren auch andere Stimmen zu vernehmen, die dem RDA weniger recht sein konnten. So legte das Institut für Konjunkturforschung 1935 eine Berechnung vor, dass aufgrund des PKW-Ersatzbedarfs das Erscheinen des Volkwagens in ein bis zwei Jahren günstig, danach eher ungünstig zu beurteilen sei.[107] Eine österreichische Motorradzeitschrift bezweifelte, dass es der Industrie mit dem Volkswagenprojekt überhaupt ernst sei.[108] Und daneben ging die breite öffentliche Diskussion um das Projekt und seine Aussichten weiter. Dabei wurden auch immer wieder die Verzögerungen kritisch angesprochen. So wird es die Verbandsoberen wenig beglückt haben, dass die Allgemeine Automobil-Zeitung den Bericht über ein Spielzeugauto überschrieb mit:[109] »Hurra! Der Volkswagen ist da!«

Hitler spielte beim Volkswagenprojekt in der Öffentlichkeit die Rolle des Initiators, der die Industrie mit der Durchführung beauftragt hatte. Mit der Zeit mussten Verzögerungen oder Rückschläge auf ihn zurückfallen. Dies

104 BArch R 43 II/ 753, Bl. 33-35.
105 Wille, S. 6 f.; Kraft, S. 6; s. auch Wesemann, Stand.
106 Strohmayer, S. 150; Deutsche Technik 3 (1935), S. 139.
107 Wochenbericht 8 (1935), Nr. 33, Sonderbeilage, S. 3 f.
108 Das Motorrad (Wien) 11 (1935), S. 1.
109 Allgemeine Automobil-Zeitung 36 (1935), H. 10, S. 15 f.

lässt sich an seinen immer drängender werdenden Formulierungen auf den Automobilausstellungen der Jahre 1935 bis 1937 ablesen. 1935 zeigte er noch Verständnis für den erforderlichen Zeitaufwand, bekräftigte aber, »die Aufgabe muß gelöst werden und daher wird sie auch gelöst«.[110] Er bekannte sich zu dem »glänzenden Konstrukteur« Porsche und der Preisstellung unter 1000 RM, indem er ein »mittleres Motorrad« als Richtgröße nannte. 1936 schlug sich der Ärger über den unbefriedigenden Stand des Projekts in der Ankündigung nieder, dass er es »mit rücksichtsloser Entschlossenheit ... *zum erfolgreichen Abschluß*« führen werde.[111] 1937, als das Projekt vor dem Scheitern stand, wurden die Töne noch schärfer.[112] Zunächst mahnte er einen baldigen Produktionsbeginn an. Dann sprach er auch überzogene Aufwendungen für die Haltung des Volkswagens an, speziell die Garagenkosten. In der Industrie noch vorhandenen Vorstellungen, durch Marktkonkurrenz zum Volkswagen zu kommen, erteilte er eine eindeutige Absage: »Es kann ... in Deutschland nur *einen* Volkswagen geben und nicht zehn.« Eingestreute drohende Formulierungen standen primär im Kontext der Ersatzstoffproduktion, ließen sich aber auch auf den Volkswagen beziehen: »Möge niemand an meiner Entschlossenheit zweifeln, einmal vorgefaßte Pläne so oder so auch zu verwirklichen. ... Entweder die sogenannte freie Wirtschaft ist fähig, diese Probleme zu lösen, oder sie ist nicht fähig, als freie Wirtschaft weiterzubestehen.«

Mit solchen Formulierungen setzte sich Hitler mehr und mehr als letztendlich für das Projekt Verantwortlicher in Szene. 1938, als die DAF den Volkswagen übernommen hatte, fühlte er sich denn auch zu Erklärungen bemüßigt, warum »wir bisher diese Aufgabe nicht mit jener Vehemenz vorwärtsgetrieben zu haben scheinen«.[113] Zuerst hätten die wohlhabenderen Käuferschichten motorisiert werden müssen, nun seien die anderen dran. Die Zeit habe man genutzt, um einen sowohl billigen wie arbeitssparend zu produzierenden Wagen zu entwickeln. Auf der Automobilausstellung 1939 wurde ein Prototyp des Volkswagens dann erstmals gezeigt. Hitler versprach – wahrscheinlich aufgrund der vorangegangenen Erfahrungen in vorsichtiger Formulierung – sich dafür einzusetzen, »in kürzester Zeit in die Massenproduktion eintreten zu können.«[114]

In der deutschen Öffentlichkeit wurde der Volkswagen unter Hitlers »Steckenpferde und Lieblingsideen« eingeordnet.[115] In den Deutschland-Berichten der Sopade war die Rede von seinem »Auto- und ... Autobahnfimmel«. Auch die Industrie dürfte das Interesse Hitlers – mit gemischten Gefühlen – ähnlich eingeschätzt haben. Als die Kölnische Zeitung im April 1936 einen Artikel ihres New Yorker Korrespondenten über Henry Ford als »Vater des Volkswagens« brachte, wurde der RDA deswegen im Propagandaministe-

---

110 Wille, S. 14 (Zitat im Druck gesperrt).
111 Schrittmacher, S. 16.
112 Kraft, S. 15 f., 18 u. 20.
113 Kraftfahrzeug, S. 16 f.
114 Kräfte, S. 20.
115 Behnken, 1939, S. 488.

rium vorstellig.[116] Die Arbeiten Fords und des Führers seien nicht miteinander zu vergleichen, da hier »materielle gegen ideelle Gesichtspunkte« stünden. Goebbels' Ministerium erteilte der Zeitung prompt eine Rüge: »Eine derartige Darstellung ist völlig unmöglich. Bekanntlich soll über das Thema des Volkswagens überhaupt nichts geschrieben werden, aber abgesehen davon, kann als Schöpfer des deutschen Volkswagens in späterer Zeit nur Adolf Hitler genannt werden.« Damit – wie auch in zahlreichen Presseartikeln – wurde Hitler in die zentrale Rolle beim Volkswagenprojekt gerückt. Solche Zuschreibungen wurden durch eine vielfach reproduzierte mythische Episode unterlegt:[117] Als der Führer in den 1920er Jahren mit seinem Wagen bei Regen und Wind einen Motorradfahrer mit Beifahrerin überholt habe, habe er den Plan gefasst: »Der Kraftwagen muß Verkehrsmittel *aller* Volksschichten werden.«

Ferdinand Porsche schmeichelte seinem »Führer«, indem er einen Teil seines Ruhms als Konstrukteur des Volkswagens an Hitler weiterleitete.[118] Zur Idee des Kleinwagens und seiner Realisierungsmöglichkeiten führte er aus, »daß es in der stolzen Reihe deutscher Konstrukteure bisher keinen einzigen gegeben hat, der diese Dinge mit jener Klarheit und Grundsätzlichkeit gesehen hat, wie sie uns der Führer in seinen mehrfachen Reden zum Volkswagen vorgetragen hat.« Seine eigenen Arbeiten hätten »immer ... unter der freundlichen und wohlwollenden Kontrolle des Führers« gestanden. In Unterhaltungen habe Hitler die Gestaltung des Volkswagens maßgeblich beeinflusst. Publikationen zur Automobilgeschichte räumten dem »Führer« die gebührende Stellung ein. Vor allem ist hier Wilfrid Bade (1906-1945) zu nennen, Autoschriftsteller und leitender Mitarbeiter in Goebbels' Propagandaministerium. Sein Buch »Das Auto erobert die Welt« enthielt zwei als Elogen auf Hitler verfasste Kapitel »Der Führer und der Kraftwagen« und »Der Volkswagen«. Es schloss mit dem Satz:[119] »Auch spätere Werke werden wie dieses in der Geschichte des Automobils drei Namen vor allen anderen nennen: Karl Benz, Gottlieb Daimler, Adolf Hitler!«

Während die Konstruktionsarbeiten langsam vorangingen, blieb die Frage der Produktion weitgehend offen. Die vielfach bemühte Analogie zum Volksempfänger implizierte, dass die Herstellung unter die einzelnen Firmen aufgeteilt werde. Der RDA hielt an diesem Modell bis 1936 jedenfalls in den Grundzügen fest.[120] Hitler scheint sich vor allem für die Konstruktion interessiert zu haben; zur Produktion sind widersprüchliche Äußerungen überliefert.[121] Dagegen wurden in der Öffentlichkeit alternative Modelle disku-

[116] Bohrmann/Toepser-Ziegert, Bd. 4, S. 468 f.; UVW, VDA-Depositum 73/27/1, s. u. Ford, 30.4. u. 25.5.1936. Weitere Beispiele dafür, dass man im Propagandaministerium eine Konkurrenz zwischen Ford und dem Volkswagenwerk sah, in: Bohrmann/Toepser-Ziegert, Bd. 6, S. 787 f. u. 957; Bd. 7, S. 29.

[117] Z.B. Motor-Schau 2 (1938), S. 494; Werlin, Zur Grundsteinlegung.

[118] Porsche.

[119] Bade, S. 362.

[120] Mommsen/Grieger, S. 100, 108 ff. u. 121 f.

[121] Mommsen/Grieger, S. 79 u. 93.

tiert. Zu Recht wurde darauf hingewiesen, dass unter Kostengesichtspunkten *eine* Fabrik günstiger sei.[122] Andere Autoren skizzierten ein Produktionsmodell, bestehend aus dezentraler Komponentenfertigung und einem – oder mehreren – zentralen Montagewerk.[123]

Im Sommer 1936 drohte das Projekt zu scheitern. Damit erhielten Überlegungen Auftrieb, wie es ohne den RDA und die Automobilfirmen, z. B. durch ein selbständiges Unternehmen, zu realisieren sei.[124] Die für den Fortgang der Angelegenheit entscheidende Anregung kam von Franz Popp, dem Generaldirektor von BMW.[125] Popp hatte aus seiner Skepsis gegenüber dem Volkswagenprojekt nie einen Hehl gemacht. Er hielt es schlicht bei der in Deutschland vorhandenen Kaufkraft auf »privat-wirtschaftlichem Wege« für nicht zu realisieren.[126] In einer im Juni 1936 verfassten Denkschrift formulierte er, dass der Volkswagen »nicht in erster Linie ein industrielles Problem ist, sondern ein volkspolitisches Problem«, das »nur durch ausserordentliche Massnahmen« zu lösen sei.[127] Die von ihm vorgeschlagene außerordentliche Maßnahme bestand in der Übertragung des Projekts an die Deutsche Arbeitsfront (DAF). Die DAF verfüge – Popp verwies auf die KdF-Schiffe und die geplanten Ostseebäder – über die notwendigen finanziellen Mittel. Ihre organisatorischen Kapazitäten könnten den »Vertrieb und die Unterhaltung« des Volkswagens mit übernehmen. Popp wollte, »dass dieser Volkswagen nur an Mitglieder der Arbeitsfront in Deutschland verkauft werden darf, sodass also der übrige Markt der heutigen Automobilindustrie erhalten bleibt«.[128]

Popp ließ seine Denkschrift innerhalb der Industrie kursieren, übermittelte sie aber auch einem Verbindungsmann zur DAF. Der leitete sie prompt an die Berliner Zentrale weiter, wo kontroverse Diskussionen ausgelöst wurden.[129] Dabei setzte sich die politische Spitze mit Robert Ley (1890-1945) über das negative Gutachten ihres Arbeitswissenschaftlichen Instituts hinweg und optierte für das Projekt. Der Volkswagen konnte als Krönung der vor allem mit der KdF verfolgten sozialpolitischen Bestrebungen verstanden werden, die Arbeitenden an den bislang den Besitzenden vorbehaltenen Gütern und Dienstleistungen teilhaben zu lassen.[130] Und mit der Übernahme stärkten Ley und die DAF ihre angeschlagene Stellung im Machtgefüge des Nationalsozialismus. Hitler, der sich durch den bisherigen Gang der Ereignisse von der Industrie düpiert und unter Druck gesetzt fühlen musste, stimmte der Übernahme Anfang 1937 zu. Der RDA dürfte es zunächst als Erleichterung empfunden haben, das risikoreiche Unternehmen, das Kon-

122 Allgemeine Automobil-Zeitung 35 (1934), H. 20, S. 3.
123 Völkischer Beobachter, Norddeutsche Ausgabe A v. 11./12.3.1934; Berliner Börsenzeitung v. 17.4.1934.
124 Mommsen/Grieger, S. 105 f.
125 Roth/Schmid, S. 153-61; vgl. Mommsen/Grieger, S. 117ff.
126 So Popp in einem später, am 28.10.1938, gehaltenen Vortrag bei der Deutschen Bank (Roth/Schmid, S. 158).
127 Volkswagendenkschrift Popps v. 24.6.1936; abgedruckt bei Roth/Schmid, S. 155-57.
128 So Popp in einem Schreiben an Werlin v. 29.7.1936 (Roth/Schmid, S. 157).
129 Dies und das Folgende vor allem nach Mommsen/Grieger, S. 124 ff.
130 Vgl. hierzu Informationsdienst 2 (1934), Nr. 103 v. 6.5., Bl. 4.

flikte mit der nationalsozialistischen Führung heraufbeschwor, loszuwerden. Ende Mai 1937 gründete die DAF die »Gesellschaft zur Vorbereitung des Deutschen Volkswagens (Gezuvor)«. Geschäftsführer wurden der automobiltechnische Vertrauensmann Hitlers und Daimler-Benz-Manager Jakob Werlin, Ferdinand Porsche und der KdF-Funktionär Bodo Lafferentz (1897-1974).

Die Gezuvor legte bei den Planungen für ein Volkswagenwerk ein hohes Tempo vor.[131] Noch im Sommer 1937 fiel die Entscheidung für ein Gelände in der Nähe von Fallersleben, dort wo sich das heutige Wolfsburg befindet. Produktionstechnische Vorbilder lieferten die amerikanische Automobilindustrie, welcher Porsche zwei Besuche abstattete, insbesondere die Ford-Fabriken.[132] Ford und die USA fanden in der Volkswagenpropaganda und -publizistik durchaus Erwähnung, aber man setzte sich sozialpolitisch von ihnen ab und suchte sie zu übertrumpfen. So häuften sich in einem Bericht über die Grundsteinlegung zum Volkswagenwerk am 26. Mai 1938 die Superlative in selbst für nationalsozialistische Verhältnisse extremer Weise:[133] Deutschland besitze bereits »die besten Autostraßen der Welt«. Es sei »im Kraftwagenrennsport unbestritten das führende Land der Welt«. Nun komme »das modernste Werk der Welt«, das »größte Kraftwagenwerk der Erde« hinzu. »Damit ist eine Planung wahrhaft gigantischen Ausmaßes in die Tat umgesetzt worden, wie sie in der Entwicklungsgeschichte der Menschheit bisher ohne Beispiel ist.« Nach Überwindung von Finanzierungsschwierigkeiten hatte der Bau schon früher begonnen.[134] Die nachvollzogene Grundsteinlegung diente der Propaganda für das Projekt und für die DAF. Hitler gab bekannt, dass der Volkswagen den Namen »KdF-Wagen« tragen werde.

In der Folge litt der Baufortschritt unter Mangel an Arbeitskräften und Baustoffen.[135] Bei Kriegsbeginn war der erste Bauabschnitt des Werken noch unvollendet. Man traf die Entscheidung weiterzubauen und die Fabrik in die Rüstungsproduktion einzubeziehen. Überlegungen zur kriegswirtschaftlichen Verwendung reichten bis 1937/38 zurück. Dennoch nutzte man während des Krieges das Potenzial des Werkes bei weitem nicht aus. Gebaut wurden – zunehmend unter Einsatz von Zwangsarbeitern – neben anderem Flugzeugteile, VW-Kübelwagen, Wehrmachtsöfen und eine Zeitlang die Flugbombe Fi 103. Doch auch die Planungen für den Volkswagen wurden bis kurz vor Kriegsende weitergeführt.

Weiter als das Werk war zu Kriegsbeginn der Wagen gediehen. 1936 waren die ersten Prototypen fertig. Bald danach begann eine groß angelegte Erprobung.[136] Der Volkswagen erhielt in der Presse überschwängliches Lob, Por-

131 Mommsen/Grieger, S. 155 ff.
132 Mommsen/Grieger, S. 167 ff. u. 250 ff.; Grieger.
133 Deutsches Nachrichtenbüro, Zweite Morgen-Ausgabe v. 27.5.1938; s. auch Der Fremdenverkehr 3 (1938), 4.6., S. 11.
134 Mommsen/Grieger, S. 181 ff. u. 203 ff.
135 Mommsen/Grieger, S. 338 ff.
136 Mommsen/Grieger, S. 148 ff.

9 Hitler in einem Volkswagen bei der Grundsteinlegung des Volkswagenwerks am 26. Mai 1938. An der Wagentür Porsche, links daneben Ley. (Volkswagen AG)

10 Der Volkswagen auf der ständigen Ausstellung der DAF in Berlin 1939. (Leistungen der Deutschen Arbeitsfront. Amtlicher Führer..., Berlin 1939)

sche für die Konstruktion 1938 den Deutschen Nationalpreis.[137] Bis zum Krieg nicht gesichert war die Materialversorgung für die vorgesehene Massenproduktion. Während des Krieges entstand als Ausfüllung von Produktionslücken eine Anzahl von Volkswagen. Seit 1940 stellte das Werk Kübelwagen für den militärischen Bedarf her; insgesamt mehr als 50.000. Die nationalsozialistische Publizistik stilisierte ihren Einsatz zum gigantischen Großversuch unter ernstesten Bedingungen.[138] Der Kübelwagen transportierte nicht nur Soldaten, sondern auch das Friedensversprechen des Volkswagens:[139] »Nach dem Kriege aber, da wird einer dieser kleinen Teufel mein werden. Schöner wird er aussehen als jetzt: lackglänzend, hübsch verschalt, mit zurückschiebbarem Verdeck, Aschbecher und Blumenvase – aber das weiß ich, sein Herz wird dasselbe bleiben!«

Die Kriegsberichterstattung setzte damit die Friedenspropaganda für den Volkswagen fort. Zeitungen, Zeitschriften, der Rundfunk[140] – der Volkswagen füllte die Spalten und Sendeminuten. Fotos, Zeichnungen und Plakate zeigten ihn im Gebirge, in den Flusstälern, an der See. In den Städten und Dörfern scharten sich Neugierige um die Versuchswagen. Auf der ständigen Ausstellung der DAF in Berlin war er zu besichtigen; Modelle zeigten die geplanten Ausbaustufen des Werks.[141] Bei der Automobilausstellung 1939 zierte er nicht nur eine Halle, sondern auch eine Sonderbriefmarke.[142] Selbst die politische Opposition räumte ein:[143] »Es entstand eine wahre KdF-Wagen-Psychose. Lange Zeit war in Deutschland innerhalb aller Schichten der Bevölkerung der KdF-Wagen ein Hauptgesprächsthema.« Bei den Motorzeitschriften häuften sich Anfragen – auch während des Krieges.[144]

Die Frage, wer in der Lage war, sich den KdF-Wagen anzuschaffen, entschieden Kaufkraft, Preis und Unterhaltskosten. Die größte öffentliche Resonanz fand der Anschaffungspreis. Die politische Vorgabe von unter 1000 RM stammte von Anfang 1934 und hatte bis Kriegsende Bestand. Dies war schon allein deswegen problematisch, weil sich der Preis ursprünglich auf einen Kleinstwagen bezogen hatte, dann aber auf einen Kleinwagen und auf die Konstruktion Porsches übertragen wurde. Spätestens mit Hitlers Eröffnungsrede zur Automobilausstellung 1935 besaß der Preis den Charakter eines Versprechens. Die in der Fachpresse geäußerten Zweifel wurden nicht beachtet. Porsche, der RDA und die meisten Fachleute waren sich einig, dass

[137] Das Archiv 54 (1938), S. 820 f.

[138] Kraftverkehrs-Wirtschaft v. 12.9.1940 u. 20.3.1943; Motor-Schau 5 (1941), S. 725 u. 729; 6 (1942), S. 108; Kraftfahrzeug. Handel und Bewirtschaftung 1941, S. 649; Großdeutscher Verkehr 36 (1942), S. 205; Der Angriff v. 10.8.1941, S. 3; 15.1.1942, S. 4; 15.12.1942, S. 1; vgl. Hitler, Monologe, S. 289.

[139] Motor-Schau 5 (1941), S. 729; der Artikel wurde auch abgedruckt in Ley, Die große Stunde, S. 293-98.

[140] Vgl. z. B. Nationalsozialistische Rundfunk-Korrespondenz v. 2.8.1939, S. 9 f.

[141] Leistungen, S. 55-72.

[142] Motor und Sport 16 (1939), H. 5, S. 9.

[143] Behnken, Bd. 6, S. 480-90, das Zitat S. 488.

[144] Motor und Sport 17 (1940), H. 7, S. 4.

11 Der Volkswagen bei einer Erprobungsfahrt.
(Reichsamtsleitung Kraft durch Freude, Hrsg.: Unter dem Sonnenrad. Ein Buch von Kraft und Freude, Berlin 1938)

der versprochene Preis nicht zu realisieren sei. Die Autoindustriellen und ihr Konstrukteur hielten es jedoch zunächst nicht für opportun, ihre Bedenken zur Geltung zu bringen; später verpassten sie den geeigneten Zeitpunkt. Wenn Robert Ley anlässlich der Eröffnung der Volkswagen-Sparaktion den schließlich auf 990 RM festgesetzten Betrag als »Preiswunder« bezeichnete,[145] dann vergaß er hinzuzufügen, dass das »Preiswunder« die DAF und die deutsche Volkswirtschaft notwendigerweise zu einem Subventionswunder zwang. Wie hoch die erforderlichen Subventionen pro Wagen gewesen wären, lässt sich nicht sagen. Dies hing von den noch weitgehend ungewissen Kosten für die Produktionseinrichtungen sowie von den Stückzahlen ab.

Preis und Stückzahlen bildeten die Angelpunkte der nationalsozialistischen Motorisierungspolitik sowie der Volkswagenpläne. Ein Kommentator sah darin einen »grundsätzlichen Wandel ökonomischen Denkens. Nicht Lohnerhöhungen und Hebung der Kaufkraft werden zum Ausgangspunkt der kommenden Motorisierung, sondern die Schaffung einer neuen Produktion auf einer unerhörten *Serienkapazität*«.[146] Opel, der erfolgreichste deut-

[145] Das Archiv 53 (1938), S. 625; vgl. Stahl, Wagen, S. 1733.
[146] Schley, S. 971.

sche Autobauer, erreichte in der zweiten Hälfte der 1930er Jahre mit seinen bestverkauften Modellen, dem 1,2 l, dem P 4, dem Kadett und dem Olympia, jeweils maximale Produktionszahlen in einer Größenordnung von 40.000 im Jahr.[147] Ähnlich lagen die Vorstellungen des RDA für den Volkswagen.[148] Porsche träumte bereits 1934 von 300.000.[149] Hitler dagegen hantierte in der Öffentlichkeit mit ganz anderen Zahlen. Als sich der PKW-Bestand in Deutschland um eine Million bewegte, malte er für die Zukunft zwischen 3 und 7 Millionen aus.[150] Allein der Volkswagen werde »Millionenzahlen neuer Käufer« bringen.[151]

Die Planungen für das Volkswagenwerk richteten sich an Hitlers Vorgaben aus. Die Geschäftsleitung ging von drei Ausbaustufen aus, von denen jede eine Produktionskapazität von an die 500.000 Wagen besitzen sollte.[152] Propagandistisch vermarktete man die dritte Ausbaustufe mit 1,5 Millionen Wagen, das waren mehr als bei Ford. Ley verkündete bei der Eröffnung der Sparaktion, dass der Volkswagen damit »nicht nur die größte Automobilfabrik, sondern die größte Fabrik der Welt überhaupt« sein werde.[153] Die Produktionsplanungen dagegen bezogen sich nur auf den in Bau befindlichen ersten Bauabschnitt. Beginnend 1940 mit 100.000 Autos sollte dessen volle Kapazität in fünf Jahren erreicht werden.[154] Selbst dabei handelte es sich um utopische Vorstellungen. Die im August 1938 begonnene und bis Kriegsende fortgeführte Volkswagen-Sparaktion erbrachte insgesamt nur etwa 340.000 Kunden, weniger als die Jahreskapazität der ersten Ausbaustufe. Es gab zwar auch Überlegungen für den Export, doch diese blieben diffus.[155] Das war kein Wunder, hätte doch jeder exportierte Wagen eine Subvention ausländischer Volkswirtschaften bedeutet.

Während des Krieges keimten neue Hoffnungen mit Blick auf den erwarteten deutschen Sieg. Die früher auf Deutschland bezogenen Planungen schienen jetzt für einen vom Reich beherrschten Großraum realistisch. Hitler jedenfalls operierte weiter mit Produktionszahlen von jährlich 1 bis 1,5 Millionen Volkswagen, sprach aber jetzt vom »europäische(n) Volkswagen«.[156] Sein Rüstungsminister Albert Speer (1905-1981) behauptete gar, Hitler habe nach dem Krieg überhaupt nur noch Volkswagen herstellen lassen wollen.[157] In völliger Abkehr von Hitlers auf den Automobilausstellungen gehaltenen Reden ließ sich jetzt auch die amerikanische Massenmotori-

147 StA Rüsselsheim, Sammlung Opel I, 4, Opel Production 1929-1944.

148 Handke, S. 63 f.

149 Mommsen/Grieger, S. 80 ff.

150 So auf der Automobilausstellung 1936 und bei der Grundsteinlegung für das VW-Werk 1938 (Schrittmacher, S. 15; Domarus, S. 867).

151 So auf der Automobilausstellung 1937 (Kraftfahrzeug, S. 18).

152 Mommsen/Grieger, S. 166, 173, 190 u. 251 f.

153 Das Archiv 53 (1938), S. 625; zur öffentlichen Rezeption s. z.B. Richter, S. 11; Kraftverkehrs-Wirtschaft v. 4.8.1938.

154 Mommsen/Grieger, S. 164 u. 251.

155 Mommsen/Grieger, S. 336 f.; vgl. Allgemeine Automobil-Zeitung 40 (1939), S. 151.

156 Picker, S. 374.

157 Nach Edelmann, Vom Luxusgut, S. 215.

sierung anders deuten. Sie resultiere einzig aus der Lohnhöhe, welche sich ein solcher »Kontinent ... mit einem ungeheuren Reichtum an allen Rohstoffen« leisten könne.[158] Ähnliche Verhältnisse nach dem Krieg, »ein gewaltiges, einheitliches kontinentales Wirtschaftsgebiet, das Europa, Afrika und die verbindenden Teile des nahen Ostens umschließt«, würden der Motorisierung und dem Volkswagen eine neue Basis bieten.

Mit der Volkswagenidee war von vornherein die Frage verbunden, mit welchen Käuferschichten zu rechnen war. Die bestehende Situation auf dem Automobilmarkt beleuchtete eine vom Statistischen Reichsamt 1937 durchgeführte Analyse der PKW-Besitzer.[159] Die Erhebung bestätigte Schätzungen, dass etwa 80 % der Wagen geschäftlich genutzt wurden.[160] Arbeiter tauchten unter den Käufern mit 1,1 %, Angestellte mit 13,7 % auf. Die Zeitschrift Soziale Praxis resümierte:[161] »Das bestätigt, daß die große Millionenmasse der Arbeiter trotz des bereits stark gesenkten Preisstandes noch nicht in der Lage ist, sich einen Wagen zu erwerben. ... Uebrigens sind auch andere Volkskreise mit mittlerem Einkommen heute noch nicht in der Lage, sich einen Wagen zu leisten.« Im Jahr davor, 1936, hatte das Institut für Konjunkturforschung auf der Basis der Gewerbestatistik eine Schätzung zur Zahl der potenziellen Kraftfahrzeugkäufer vorgelegt.[162] Das Institut landete bei etwa 1,6 Millionen. Als relevante Gruppen zählte es – in dieser Reihenfolge – Selbständige, Angestellte und Beamte auf. Arbeiter tauchten – da irrelevant – noch nicht einmal auf.

Bei dieser Lage war es realistisch, dass in der Automobilwirtschaft der Volkswagen zunächst als »Wagen des Angestellten« und für Einkommensbezieher von 7 bis 8000 RM im Jahr gehandelt wurde.[163] »Der deutsche Volkswirt« rechnete vor, dass Hitlers Projektionen von 3 bis 4 Millionen Autos dagegen die Einkommensbezieher bis zu 3000 RM umfasste.[164] Das Blatt nannte als unumgängliche Voraussetzungen zur Erreichung solcher Zahlen steigende Einkommen und sinkende Unterhaltskosten. Auch in der Automobilindustrie war man skeptisch, ob ein Einkommen von 3000 RM für die Unterhaltung eines Volkswagens ausreiche.[165] Die Nationalsozialisten dehnten die Zielgruppe des Autos und insbesondere des Volkswagens propagandistisch wesentlich weiter aus. Hitler beließ es in seinen Reden bei unbestimmten Begriffen wie »breite Masse« oder »Volksverkehrsmittel«,[166] die aber jedenfalls implizit die Arbeiterschaft einbezogen. Andere nannten explizit die Arbeiter und sicherten sich durch Einschränkungen ab. Bei Goebbels hieß es

---

158 Roggatz, die Zitate S. 471 u. 474; vgl. Der soziale Wohnungsbau in Deutschland 2 (1942), S. 83.

159 Die Deutsche Volkswirtschaft 6 (1937), S. 1030 f.

160 Weinberger, S. 16 f.

161 Soziale Praxis 47 (1938), Sp. 731 f.

162 Wochenbericht 9 (1936), Nr. 19, S. 1-6, bes. S. 4 f.

163 Auto und Kraftrad 22 (1934), S. 203.

164 Der deutsche Volkswirt 10 (1936), S. 945.

165 Handke, S. 51.

166 Vollgas, S. 11; Wille, S. 14; Schrittmacher, S. 16; Kraftfahrzeug, S. 19; Domarus, S. 867.

»jeder fleißige deutsche Arbeiter«,[167] bei Ley »alle schaffenden Menschen in Deutschland«.[168] Die DAF-Zeitung »Arbeitertum« bezeichnete den Volkswagen als »Das Fahrzeug für jeden Volksgenossen«.[169] Die Korrespondenz der DAF stellte die Planungen bereits als Realität hin:[170] »Nun ist auch die stille Sehnsucht des deutschen Arbeiters, ein Auto zu besitzen, in Erfüllung gegangen.«

Ein weiteres Problem bestand darin, den Volkswagen mit der nationalsozialistischen Politik der kinderreichen Familie in Einklang zu bringen. Die Frage barg keine geringe Brisanz. Bevölkerungspolitiker wiesen mit der Parole »Auto oder Kinderwagen« darauf hin, dass sich gerade kinderreiche Familien keinen Volkswagen leisten konnten.[171] Anfang 1939 wandte sich ein Dortmunder Kranführer mit einem persönlichen Schreiben an Goebbels.[172] Er berichtete, ihn ziehe es an Sonntagen mit seiner Familie ins Grüne. Dabei transportiere er von seinen 8 Kindern – seine Frau sei gerade mit dem neunten schwanger – 7 mit seinem »selbstgebauten Volkswagen«, einer Art Leiterwagen. Dies werde ihm allmählich zu schwer, er spüre es im Rücken. Der Kranführer bat, ihm einen richtigen Volkswagen zu schenken, denn mit seinem Lohn von 180 RM im Monat und 100 RM Kinderbeihilfe könne er sich keinen kaufen. In den Regierungsbehörden war man zunächst geneigt, dem Wunsch dieses idealen Propagandasubjekts zu willfahren und ihm durch Hitler einen Volkswagen schenken zu lassen. Letztendlich sah man davon ab, weil man den Präzedenzfall fürchtete.

Der Kranführer hätte seine 9 Kinder wohl schwerlich in einem Volkswagen untergebracht. Die Umplanung vom Kleinst- zum Kleinwagen war schon dadurch motiviert, dass der Volkswagen ein Familienwagen sein sollte. Die offizielle – und in zahlreichen Bildern dokumentierte – Lesart lautete, dass der Volkswagen Platz für vier Erwachsene oder zwei Erwachsene und drei Kinder böte. Für nationalsozialistische Vorstellungen handelte es sich dabei immer noch um eine Kleinfamilie. Ley löste das Dilemma in seiner Rede zum Volkswagen-Sparen damit, dass er dem »technische(n) Wunder« kurzerhand Platz »für eine Familie mit vier bis fünf Kindern« zuschrieb.[173]

In der Automobilindustrie gab es Wünsche, den Volkswagenkauf an Einkommensgrenzen zu binden.[174] Dahinter stand die Absicht, die eigenen Modelle vor Konkurrenz zu schützen. In der Öffentlichkeit kursierende Gerüchte nannten Einkommen bis 300 bzw. 500 RM im Monat.[175] Die Natio-

---

167 Das Archiv 59 (1939), S. 1798.

168 Das Archiv 53 (1938), S. 625 f.

169 Arbeitertum 8 (1938/39), Folge 6, S. 5-7; vgl. Informationsdienst 2 (1934), Nr. 103 v. 6.5., Bl. 4.

170 DAK 6 (1938), Nr. 178 v. 7.8., Bl. 3.

171 Roggatz, S. 489; Rosenberg, S. 178; vgl. Brunn, S. 272.

172 BArch R 43 II/ 751, Bl. 8-12.

173 Das Archiv 53 (1938), S. 625. In anderen DAF-Publikationen war die Rede von einer »Familie mit drei, vier Kindern« (DAK 6, 1938, Nr. 178 v. 7.8., Bl. 3).

174 Roth/Schmid, S. 157.

175 Allgemeine Automobil-Zeitung 39 (1938), S. 900 f.; Behnken, Bd. 6, S. 486.

nalsozialisten lehnten dies – wie schon bei anderen Volksprodukten – entschieden ab. Eine solche Beschränkung hätte der Idee und dem Begriff des »Volkswagens« Gewalt angetan. Und jenseits der Propaganda war man sich wohl im Klaren, dass dies den Absatz des Wagens minimiert hätte. In der Arbeiterschaft waren die Meinungen über den Volkswagen geteilt.[176] Die meisten dürften nüchtern kalkuliert haben, dass er sich außerhalb ihrer wirtschaftlichen Möglichkeiten befand. Vertreter der Wirtschaft kamen mit Hilfe volkswirtschaftlicher Überlegungen zum gleichen Ergebnis. In einem 1938 bei der Deutschen Bank gehaltenen Vortrag schätzte der BMW-Generaldirektor Franz Popp die seit 1933 erfolgten Reallohnsteigerungen auf 3 bis 4 %.[177] Popp führte aus, dass die Aufrüstung der Volkswirtschaft an anderer Stelle Mittel entziehe. Er rechne damit, »dass daher die volle Verwirklichung des Volkswagen-Problems (sic!) eine starke Verzögerung erfahren wird.«

Die Verwirklichung der Volkswagenpläne hätte eine weitgehende Umstrukturierung des Individualverkehrs bedeutet. Der Charakter des Automobils hätte sich verändert: vom Geschäftswagen zum Privatwagen, vom Produktionsmittel zum Konsumgut. Das Eine schloss das Andere allerdings nicht aus. So vermutete man, dass auch die geschäftlich zugelassenen Wagen in nicht unerheblichem Umfang für Freizeit und Vergnügen Verwendung fanden.[178] Die Volkswagenpläne weckten und intensivierten Wünsche der Freizeitgestaltung. Im Fahrzeughandel beklage man bestehende Restriktionen für den »Volkskraftwagen«, dessen »eigentlicher Zweck (darin liege), der Erholung zu dienen«.[179] Da es verboten sei, in die Wälder hineinzufahren, forderte man – eventuell von der KdF anzulegende – »Waldlagerplätze« bzw. »Camping-Plätze«. Selbst im Krieg verlangten Fachzeitschriften die serienmäßige Ausstattung des KdF-Wagens mit Liegesitzen.[180] Ein Leser der Allgemeinen Automobil-Zeitung fragte an, ob der Volkswagen auch einen Wohnwagen ziehen könne.[181] Die Redaktion gab eine positive Antwort und das Volkswagenwerk fühlte sich bemüßigt, die dabei angegebenen maximalen Steigungswerte nach oben zu berichtigen.

Die Nationalsozialisten propagierten den Volkswagen exzessiv als Freizeitgefährt. So berief sich ein der DAF nahe stehendes Organ auf Hitler:[182] Der Führer wolle, »daß der Kraftwagen dem einzelnen die Freizeitgestaltung erweitert, er will ihn die nähere und weitere Heimat durch den Wagen kennenlernen« lassen. Mit zunehmendem Wohlstand werde man »die Sehnsucht der Deutschen nach der Ferne, die sich in ihrem Wander- und Entdeckertrieb

176 Behnken, Bd. 6, S. 486-89.

177 Roth/Schmid, S. 158-61, das Zitat S. 160.

178 Suhr, Mensch, S. 1360; Brüstle, S. 32.

179 Mitteilungen des Reichsverbandes des Kraftfahrzeughandels und -gewerbes E.V., Anlage: Kraftverkehrsblätter. Beiträge zu Tagesfragen der Kraftfahrzeughaltung 8 (1934), Nr. 1, S. 55.

180 StA Chemnitz AU 319, Bl. 31.

181 Allgemeine Automobil-Zeitung 41 (1940), S. 324, 409 u. 650; vgl. Motor und Sport 16 (1939), H. 4, S. 5.

182 Der soziale Wohnungsbau in Deutschland 2 (1942), S. 83; vgl. auch S. 86; tatsächlich waren die Bemerkungen Hitlers zur Freizeitnutzung des Automobils eher dünn gesät; vgl. z. B. Domarus, S. 702; Hitler, Monologe, S. 192; Vollgas, S. 10.

in der Geschichte immer wieder zeigt, weitgehend erfüllen können«. Ähnlich der Autoschriftsteller und Hitler-Apologet Wilfrid Bade:[183] Die Deutschen »wollen einen Wagen, mit dem man wandern kann. ... Sie müssen sogleich und unter allen Umständen damit gleich aufs Land hinaus, über Täler und Höhen, an Burgen vorbei und durch alte Städte und Dörfer, an den verträumten Flüssen entlang und durch schweigende Wälder«.

Die veröffentlichten Volkswagenbilder zeigten den Wagen in attraktiven Ferienlandschaften.[184] Glückliche Ausflügler und Urlauber schauten in die Landschaft oder winkten den Menschen am Straßenrand zu. Rundfunk- und Bildreportagen wie »Autoschlosser Specht und sein Volkswagen« präsentierten den einfachen Volkswagensparer und formulierten seine Zukunftswünsche:[185] »... und gar nicht so lange wird es mehr dauern, dann sieht man auch den Autoschlosser Specht im eigenen Kraftwagen mit seiner Familie dem großen Häusermeer entfliehen und draußen in freier Natur Sonne, Kraft und Frohsinn für die neue Arbeitswoche tanken«.

Die Reiseorganisation der KdF bereitete sich auf das Erscheinen des Volkswagens vor. Ihr oberster Leiter und in Personalunion Volkswagen-Chef, Bodo Lafferentz, erwartete eine »vollkommene Revolutionierung der Freizeit- und Urlaubsbetreuung, die durch den KdF-Wagen zwangsläufig herbeigeführt wird«.[186] Die Anreise werde mehr und mehr mit dem eigenen Wagen erfolgen. Das Ostseebad Prora sollte eine Garage für 5000 KdF-Wagen erhalten. Man spielte mit dem Gedanken, dass die stolzen Besitzer eines Volkswagens einmal im Jahr noch nicht automobilisierte Urlauber zu ihren Ferienorten bringen sollten.[187] Die KdF dachte aber auch über völlig neue, mehr individuelle Reiseformen nach. Die Betreuung sollte nach dem Krieg durch ein neues Referat »Urlaubs- und Wochenendfahrten für KdF.-Wagen-Besitzer« mit den drei Unterabteilungen »Programmgestaltung«, »Rundreisen« und »Rastplätze und Rasthäuser« übernommen werden.[188] Die Rede war von Spezialkarten und Unterkunftsverzeichnissen für die Individualtouristen sowie von KdF-eigenen Rastplätzen und »leichte(n) Blockhütten« als Rasthäuser entlang der auch als Freizeitstraßen konzipierten Autobahnen.[189] Damit knüpfte man an Bemühungen an, das Autobahnreisen attraktiver und angenehmer zu machen, unter anderem durch die Anlage von Badeplätzen in der Nähe.[190]

Während für den Volksempfänger ein Abzahlungssystem galt, schuf die KdF für den Volkswagen ein Ansparsystem. Die NS-Presse machte daraus »das viel zweckmäßigere, billigere und volkswirtschaftlich richtigere Aufstottern« (statt

183 Zitiert nach Graeb-Könneker, S. 198.
184 Z. B. Bennersdorfer, S. 118 f.; Allgemeine Automobil-Zeitung 41 (1940), S. 650; Die Woche v. 7.9.1938, S. 24 f.; vgl. Wirtschaft, Technik, Verkehr 13 (1937), Nr. 6, S. 5 f.
185 N.S.-Funk v. 12.2.1939, S. 2 f.
186 BArch R 43 II/556 b, Bl. 19.
187 Wiersch, S. 147 f.
188 BArch NS 22/333, Organisationsplan v. 22.1.1941 sowie Nr. 10.
189 Schütz/Gruber, S. 122 ff. u. 141 ff.
190 Motor-Schau 3 (1939), S. 620.

12 Der Volkswagen im Gebirge. Werbung für den KdF-Wagen. (Wie Abb. 11)

13 Werbung für das Volkswagensparen 1938. (Volkswagen AG)

Abstottern), bei dem der Erwerber »tatsächlich Besitzer, und nicht nur ein Benützer auf Kosten seiner künftigen Lebenshaltung« wird.[191] Das System hatte sein Vorbild im – allerdings unspezifischeren – Reisesparen der KdF. Beim Volkswagen wollte die KdF die Nachfrage ankurbeln und Planungsdaten für die Produktion gewinnen.[192] Ley hatte im Vorfeld der Aktion für Verwirrung gesorgt, als er unausgereifte Überlegungen in die Öffentlichkeit trug, »daß in der Wochenrate für den Volkswagen von 5 RM die Kosten für Versicherung, Garage und vierteljährliche Überholung eingeschlossen seien, so daß die wöchentliche Abzahlung nur 2,90 RM betrage.«[193] Offensichtlich hielt dies genaueren Kalkulationen nicht stand; später war davon keine Rede mehr. Auch Leys offizieller Startschuss für das Sparsystem, den er durch eine Rede am 1. August 1938 im IG-Farben-Werk Leverkusen gab, enthielt in der Versicherungsfrage noch Unklarheiten.[194] Tatsächlich betrug die Mindestsparrate 5 RM in der Woche.[195] Insgesamt waren 990 RM für den geschlossenen Wagen, der mit Verdeck kostete 60 RM mehr, sowie 200 RM für 2 Jahre Haftpflicht- und Teilkaskoversicherung und gegebenenfalls Überführungskosten zu entrichten. Das angesparte Geld wurde nicht verzinst. Dies lief auf eine Ansparzeit von gut viereinhalb Jahren hinaus, wobei die Auslieferung schon vorher erfolgen konnte.

Bis Kriegsbeginn kamen etwa 270.000 VW-Sparer zusammen, bis Kriegsende gut 330.000.[196] Nach dem Stand von 1942 befanden sich unter ihnen 29 % Angestellte und 17 % Beamte.[197] Lohnempfänger wurden mit 10 % angegeben, Arbeiter mit 5 %. Das Durchschnittseinkommen der Sparer bewegte sich – wie nicht anders zu erwarten – deutlich über dem der Industriearbeiter. Ein Drittel der Sparer hatte bereits vorher einen Wagen besessen.[198] Da anzunehmen ist, dass auch ein Teil der Neukäufer sich ohnehin ein Auto angeschafft hätte, ließ sich beides als Verluste der Automobilindustrie verbuchen. Mehr als 40 % der Sparverträge zielten auf den Volkswagen als Geschäftswagen. Ganze Betriebe wollten einen Teil ihrer Fahrzeugflotte auf das preiswerte Fahrzeug umstellen.[199] Die DAF strich besonders heraus, wenn Betriebe die Motorisierung ihrer Mitarbeiter förderten, indem sie Zuschüsse gewährten, langjährige Belegschaftsmitglieder mit dem KdF-Wagen beschenken wollten oder planten, Betriebsfahrzeuge am Wochenende auszuleihen.[200]

[191] Das Schwarze Korps v. 25.8.1938.

[192] Mommsen/Grieger, S. 189 ff.

[193] Kraftfahrzeug. Handel und Bewirtschaftung v. 7.7.1938, S. 737. Das entsprach innerhalb der KdF angestellten Überlegungen: UVW, Akte »Volkswagensparer-Prozess« 13/69, (Bodo Lafferentz) »Die Verwirklichung des Volkswagens«, S. 8 f.

[194] Das Archiv 53 (1938), S. 625 f.; Der Angriff v. 2.8.1938, S. 1 f.

[195] Das Archiv 53 (1938), S. 626 f.; Die Deutsche Volkswirtschaft 7 (1938), S. 852 f. (Der Artikel wurde im Propagandaministerium als Polemik gegen das Sparsystem interpretiert: Bohrmann/Toepser-Ziegert, Bd. 6, S. 810); Der deutsche Volkswirt 12 (1937/38), S. 2190 f.

[196] Mommsen/Grieger, S. 1024.

[197] Wiersch, S. 165; vgl. Mommsen/Grieger, S. 201.

[198] Gudjons, S. 253.

[199] Z.B. Der Angriff v. 12.7.1938, S. 2; 9.3.1939, S. 6; 14.7.1939, S. 2; 20.5.1941, S. 4.

[200] Motor und Sport 15 (1938), H. 34, S. 5; Der Angriff v. 12.7.1938, S. 2; 11.8.1938, S. 1; 4.9.1938, S. 2; 2.7.1941, S. 4; DAK 6 (1938), Nr. 190 v. 21.8., Bl. 6 u. Nr. 201 v. 3.9., Bl. 5.

Zusammenfassend kann man das Fazit ziehen, dass die Volkswagenaktion die Motorisierung des Mittelstands geringfügig verbreitert hätte, ein »Volkswagen« war der KdF-Wagen nicht.

Die Sicherheitsdienste hatten schon früh das Desaster des Volkswagengeschäfts gemeldet.[201] Die Bestelleingänge entsprächen nicht den Erwartungen. Die Beteiligung der Arbeiter und Bauern sei überaus gering. Die KdF machte daraus propagandistisch das Beste, indem sie immer wieder neue Zahlen abgeschlossener Sparverträge veröffentlichte, günstig klingende Teilstatistiken zu den Einkommen der Sparer erstellte und anderes mehr. So verkündete Lafferentz z. B. auf der Reichstagung der KdF 1939, dass 60 % der Sparer Familien mit Kind oder Kindern seien.[202] Eine solche Angabe führte mehrfach in die Irre. Sie teilte auch die Geschäftswagen auf die zufälligen Familienverhältnisse der Besteller auf. Und sie verschwieg, dass bei den Sparern eine negative Relation zwischen Kinderzahl und Volkswagenkauf bestand.[203] Je weniger Kinder, desto größer der Anteil an den Sparern. Die Familien mit vier und mehr Kindern – dies entsprach den nationalsozialistischen Vorstellungen von einer »Vollfamilie« – machten gerade 5,3 % der Volkswagensparer aus.

Von den Alliierten abgeworfene Flugblätter behaupteten, die Sparbeiträge würden in die Rüstung fließen.[204] Tatsächlich blieben sie bis Kriegsende unangetastet, hatten aber dann keinen Wert mehr. Von den wenigen produzierten Volkswagen wurde kein einziger an einen Sparer ausgeliefert. Bei einem Teil der Sparer sind Zweifel angebracht, ob sie den Volkswagen hätten unterhalten können. Die Unterhaltskosten des Kraftfahrzeugs nahmen in der Motorisierungsdiskussion einen prominenten Platz ein. Geradezu gebetsmühlenartig wurde in der Fachpresse, aber auch in nationalsozialistischen Blättern auf ihre Bedeutung hingewiesen. Andere machten sogar in aller Deutlichkeit den Erfolg von Hitlers Motorisierungspolitik von der Entwicklung der Betriebskosten abhängig.[205] Die Relevanz der laufenden Kosten ergab sich zwanglos aus der Kostenstruktur der Kraftfahrzeuganschaffung und -haltung. Bei Kleinwagen der 1 l-Klasse bezifferten alle vorgelegten Rechnungen den Anteil, der auf die Abschreibung der Anschaffungskosten entfiel, auf etwa ein Viertel, den der laufenden Kosten auf etwa drei Viertel.[206] Selbst eine erhebliche Senkung des Anschaffungspreises, wie beim Volkswagen, ließ also die Gesamtkosten nur unerheblich zurückgehen.

An den laufenden Kosten hatten Benzin und Öl den größten Anteil.[207] Danach kamen die Garagenkosten. Reifen, Reparaturen und Versicherung bil-

---

201 Boberach, Meldungen, S. 177 u. 206.

202 BArch R 43 II/556 b, Bl. 19.

203 Wiersch, S. 164.

204 Boberach, Meldungen, S. 854 f.

205 Als kleine Auswahl: Mickwitz, S. 236; Kienlen, S. 239; Der deutsche Volkswirt 10 (1936), S. 945; 12 (1937/38), S. 965; Die Deutsche Volkswirtschaft 5 (1936), S. 135; 7 (1938), S. 1150; Der Angriff 10 (1936), 16.2., S. 5; Haltungskosten, S. 3; Wienkötter, S. 726.

206 Flik, S. 300; Dohrn, S. 628.

207 Die Haltungskosten vor allem nach Flik, S. 300; vgl. auch S. 55 ff. Auf die Angabe von Prozentanteilen wird hier bewusst verzichtet, denn die Angaben, nicht nur in den von Flik herangezogenen Quellen, sind uneinheitlich.

deten kleinere, etwa gleich große Kostenfaktoren. Zwischen den einzelnen Kostenblöcken erfolgten im Zeitraum von 1933 bis 1939 beträchtliche Verschiebungen.[208] Die Kraftwagenpreise sanken, bei Kleinwagen um gut 20 %.[209] Damit gingen auch die Kapitalkosten und die erforderliche Abschreibung zurück. Für die gesamte Kostenrechnung hieß dies, dass der ohnehin untergeordnete Anteil der Abschreibung sich weiter reduzierte. Aufgrund der nationalsozialistischen Autarkiepolitik stiegen die Kosten für Benzin, Öl und Reifen. Für die Entwicklung der Reparaturkosten ergibt sich kein eindeutiges Bild.[210] Die Garagen-[211] und in besonders großem Umfang die Versicherungskosten[212] sanken. Im erweiterten Rückblick auf ein Jahrzehnt gelangte das Institut für Konjunkturforschung zu der Aussage, dass alle Kosten zurückgegangen seien mit Ausnahme der Treibstoffkosten.[213]

Die Treibstoffkosten machten bei Kleinwagen 1933 etwa ein Drittel der laufenden Kosten aus, 1936 fast die Hälfte und 1939 deutlich mehr als die Hälfte.[214] In der Öffentlichkeit wurde eine Preissenkung gefordert und die Bedeutung des Benzinpreises als Schlüssel der Motorisierung herausgestrichen.[215] »Die *Höhe des Treibstoffpreises ... entscheidet* über die Frage, ob in Deutschland gewichtige und umfassende *Fortschritte in der Motorisierung* erzielt werden können. ... Eine Ermäßigung des Treibstoffpreises ist ... die unumgängliche Voraussetzung für das Ziel stärkerer Kraftfahrzeugverwendung.«[216] Selbst im »Angriff« konnte man 1936 lesen, dass der Benzinpreis überhöht sei:[217] »Es scheint jedenfalls jetzt geboten, daß der Benzinpreis gesenkt wird, damit die weitere Motorisierung voranschreitet.«

Die Tankstellenpreise differierten je nach Jahreszeit und Region.[218] Für die Jahre 1933 und 1936 finden sich Angaben zwischen 34 und 39 Pfennig pro Liter. Nach einem Rechenbeispiel für das Jahr 1933 entfielen von einem Tankstellenpreis von 37 Pfennig 4,5 Pfennig auf den Abgabepreis der Raffinerie, 17 auf Zoll und Steuern, 3 auf den Spritbeimischungszwang und 12,5 auf den Handel.[219] Damit floss mehr als die Hälfte des Benzinpreises in die Taschen des Staates. Die Einnahmen, die vor allem aus dem Treibstoffzoll

---

208 Diesbezüglich findet man in den Quellen sehr unterschiedliche Angaben. Falls nicht ausdrücklich anders vermerkt, folgt die Darstellung der vom Institut für Konjunkturforschung durchgeführten Untersuchung: Haltungskosten.

209 Haltungskosten, S. 91 ff.

210 Haltungskosten, S. 107 ff.; Flik, S. 300.

211 Flik, S. 300; Der Angriff v. 16.2.1936, S. 5.

212 Haltungskosten, S. 97 ff.; Flik, S. 300.

213 Haltungskosten, S. 123.

214 Flik, S. 300; Der Angriff v. 16.2.1936, S. 5; Die Deutsche Volkswirtschaft 7 (1938), S. 1150; vgl. Edelmann, Vom Luxusgut, S. 180 ff.

215 Z.B. Mickwitz, S. 236; Opel-Werksgemeinschaft 5 (1935), 10.4., S. 8; Die Deutsche Volkswirtschaft 5 (1936), S. 135; 6 (1936), S. 183; 7 (1938), S. 1150; Der deutsche Volkswirt 8 (1933/34), S. 1074; Kühn.

216 Kienlen, S. 239.

217 Der Angriff v. 16.2.1936, S. 5.

218 Angelberger, S. 247; Haltungskosten, S. 123.

219 Angelberger, S. 247; davon z.T. abweichende Zahlen in Die Deutsche Volkswirtschaft 5 (1936), S. 183.

stammten, entlasteten den Staatshaushalt und dienten dazu, die heimische Erdölförderung und die Erzeugung von Synthesebenzin zu subventionieren. Die Vorschriften zur Beimischung von aus Pflanzen gewonnenen Kohlenwasserstoffen (»Sprit«) und später von Methanol bezweckten eine Einsparung von Devisen.[220]

Die nationalsozialistische Politik kam den Forderungen auf Senkung des Benzinpreises nicht nach – im Gegenteil.[221] Im Dezember 1936 wurde der Einfuhrzoll für Mineralölerzeugnisse erhöht, was das Benzin um etwa 4 Pfennig verteuerte. Begründet wurde die Preiserhöhung autarkiepolitisch sowie mit dem Autobahnbau. Die psychologischen Folgen der Maßnahme sind schwer abzuschätzen. Von allen Kostenfaktoren wurden die Autofahrer mit dem Benzin am häufigsten – nämlich bei jedem Tanken – konfrontiert. Gegebenenfalls reagierten sie mit Einschränkung der Fahrleistung. Bereits für 1933 hatten Beobachter darauf hingewiesen, dass die Fahrleistungen nicht in gleichem Maß gestiegen seien wie die Zahl der Kraftwagen.[222] Nach der Preiserhöhung 1936/37 notierte das Tankstellengewerbe »Gemecker« an den Zapfsäulen.[223] 1938 liefen Gerüchte um, dass man für den Volkswagen verbilligtes Benzin bekommen werde.[224]

Der Benzinpreis indiziert Widersprüche und Zielkonflikte der nationalsozialistischen Politik. Motorisierung, Volkswagen, Autarkie, Aufrüstung – alles auf einmal ging schlecht zusammen. Das blieb auch den Zeitgenossen nicht verborgen. So legte eine 1934 veröffentliche Abhandlung über den »Treibstoffpreis« den Finger in die offene Wunde und verlangte die Setzung von Prioritäten:[225] »Es sind zuviel der Aufgaben, die heute dem Kraftverkehr zugemutet werden. Er soll sich entwickeln und durch diese Entwicklung eine große Rolle in der Beseitigung der Arbeitsnot spielen, er soll wesentliche Einnahmen für allgemeine Finanzzwecke schaffen, er soll Wirtschaftszweige unterstützen, mit denen er in keinerlei direkter Verbindung steht, und er soll darüber hinaus auch noch die großen Kosten für die Eigenversorgung mit Kraftstoffen übernehmen.«

Nach den auf das Jahr 1936 bezogenen Erhebungen des Instituts für Konjunkturforschung betrugen die monatlichen Gesamtkosten für einen Kleinwagen bei einer Fahrleistung von 15.000 km zwischen 97 und 125 RM.[226] Die von verschiedener Seite angestellten Überlegungen für einen Volkswagen nannten gut die Hälfte, zwischen 60 und 75 RM, damit dieser eine einigermaßen weite Verbreitung finden könne.[227] Das Konjunkturforschungsinsti-

220 Aureden, S. 98-102; Kühn, S. 30-34; Flik, S. 77 ff.
221 Flik, S. 76 u. 78; Haltungskosten, S. 82 ff.
222 Angelberger, S. 248.
223 Kraftfahrzeug. Handel und Bewirtschaftung 1937, S. 597.
224 Motor und Sport 15 (1938), H. 25, S. 39.
225 Angelberger, S. 248. Eine Dissertation (Kühn) suchte nachzuweisen, dass eine Aufhebung der Treibstoffzölle und sonstigen Belastungen zu volkswirtschaftlichen Gewinnen führen würde.
226 Haltungskosten, S. 40.
227 Fauner, S. 1245; Rasmussen, nach Weinberger, S. 35; Stahl, Wagen, S. 1734; Die Deutsche Volkswirtschaft 7 (1938), S. 1150.

tut wies in seinen Rechnungen auch Grenzkosten für die damaligen Wagen in Höhe von 43 RM aus.[228] Diese waren allerdings erkauft durch Verzicht auf eine Garage, durch Wagenpflege als Eigenleistung und niedrige jährliche Fahrleistungen von 10.000 km. In der NS-Presse wurde dagegen suggeriert, die wöchentlichen Ansparraten, also gut 20 RM im Monat, genügten, um den Volkswagen zu unterhalten.[229] Doch dies waren propagandistische Entgleisungen und Milchmädchenrechnungen, weil ja gleichzeitig ein Nachfolgemodell angespart werden musste. Die Bevölkerung dürfte die zentrale Bedeutung der laufenden Kosten einigermaßen realistisch eingeschätzt haben.[230] Allerdings wurde in solchen Rechnungen auch ein grundlegendes Problem des Volkswagen-Sparsystems deutlich – im Vergleich zum üblichen Ratenkauf. Die maximale Kostenbelastung fiel nicht am Anfang an, sondern erst in einer späteren Phase. Es bestand also die Gefahr, dass Leichtgläubige und Rechenschwache in das Volkswagengeschäft gelockt wurden und sich den Wagen später nicht mehr leisten konnten.

Die Industrie, die das Volkswagenprojekt zunächst an sich gezogen hatte, machte wiederholt auf den großen Stellenwert der Betriebskosten aufmerksam. In dieser Frage sei die Regierung gefordert. Diese blieb untätig und der KdF scheint der volle Umfang des Problems erst im Laufe des Jahres 1938 klar geworden zu sein. Über die grundsätzlichen Schwierigkeiten des überraschend an die DAF gelangten Volkswagenprojekts scheint man sich dagegen von vornherein keine Illusionen gemacht zu haben. In einem internen Papier führte Bodo Lafferentz aus, dass der angepeilte Wagenpreis für die »grosse Menge unseres Volkes« unerschwinglich sei.[231] Noch schlimmer sei es mit den Unterhaltskosten. Die von ihm mit 50 bis 80 RM sehr niedrig veranschlagten Betriebskosten eines heutigen Kleinwagens seien »völlig untragbar«. Lafferentz stellte eine Reihe von Überlegungen an, wie die Kosten durch Eigenarbeit und mit KdF-Hilfe zu senken seien. Bei der Grundsteinlegung des Volkswagenwerks im Mai 1938 kündigte er Maßnahmen zur Kostenreduzierung an und nannte Versicherung, Garagenmiete und Werkstattkosten.[232] Damit akzeptierte er, dass an dem mit Abstand größten Kostenfaktor, Benzin und Öl, nicht zu rütteln war.

In Deutschland bestand für Automobile keine Versicherungspflicht.[233] 1937 verfügte etwa die Hälfte der Wagenbesitzer über eine Haftpflichtversicherung. Für den Volkswagen hielt die KdF eine Haftpflicht- und eine Kaskoversicherung für unbedingt notwendig – wohl um der Zahlungsunfähigkeit verunfallter Besitzer und dem darin liegenden sozialen Sprengstoff vorzubeugen.[234]

---

[228] Haltungskosten, S. 42 f.

[229] Das Schwarze Korps v. 25.8.1938; Der Angriff v. 10.8.1938, S. 1 f.; Richter, S. 12.

[230] Behnken, Bd. 6, S. 486 f.

[231] UVW, Akte »Volkswagensparer-Prozess« 13/69, (Bodo Lafferentz) »Die Verwirklichung des Volkswagens« (die Zitate auf S. 2 u. 10).

[232] Deutsches Nachrichtenbüro, Zweite Morgen-Ausgabe v. 27.5.1938.

[233] Haltungskosten, S. 97 ff.

[234] Zu den Versicherungsüberlegungen der KdF: UVW, Akte »Volkswagensparer-Prozess« 13/69, (Bodo Lafferentz) »Die Verwirklichung des Volkswagens«, S. 12 ff.; Stahl, Wagen, S. 1734; Wiersch, S. 144 f.

Auch hier ging man mit der Ankündigung einer Versicherung für 1 RM in der Woche vorschnell an die Öffentlichkeit und musste wieder zum Rückzug blasen. Die schließlich auf den Ansparpreis des Wagens aufgeschlagenen 200 RM für Haftpflicht und Teilkasko auf zwei Jahre stellten immer noch ein attraktives Angebot dar. Die Teilkaskoversicherung schloss einzig Schäden an den Kotflügeln und Lampen aus.[235] Es handelte sich um eine politische sowie juristisch verbindliche Zusage der KdF, welche aber noch nicht wirtschaftlich abgesichert war. Jedenfalls waren die Verhandlungen mit der Versicherungswirtschaft 1939 noch nicht abgeschlossen.[236] Außerdem blieb ungeklärt, wie es nach Ablauf der zwei Jahre weitergehen sollte.

Um die Lebensdauer zu verlängern war es üblich, das Auto in einer Garage unterzubringen.[237] Nach einer 1937 in Berlin durchgeführten Zählung nutzten nur 9 % der Autobesitzer eine »Laternengarage«, sie stellten ihre Wagen im Freien ab. In den Großstädten zahlte man für eine Sammelgarage 15 bis 17 RM im Monat. Hitler selbst hatte das Thema auf der Automobilausstellung 1937 zur Sprache gebracht.[238] Die KdF wollte die Garagenkosten für den Volkswagen auf 3 bis 5 RM drücken.[239] Dies setzte normierte Großgaragen voraus, eine Deregulierung der Bauvorschriften und kostenlosen Baugrund durch die Gemeinden. Das KdF-Amt »Schönheit der Arbeit« erhielt den Auftrag »Volksgaragen« zu konzipieren.[240] Einige Städte begannen mit dem Bau.[241] Daten, ob die ambitionierten Kostenziele erreicht wurden, liegen nicht vor.

Über 90 % der Kraftfahrzeughändler verfügten über ein Ersatzteillager und eine Werkstatt, die Reparatur- und Wartungsarbeiten vornahm.[242] Bis 1938 machten sich die Händler Hoffnungen, den Vertrieb des Volkswagens zu übernehmen.[243] Als die KdF die Entscheidung für einen Verkauf in eigener Regie traf, rief dies in den Reihen des Handels bittere Enttäuschung hervor.[244] Die Geschäftslage war ohnehin unbefriedigend und die Kunden luden ihre Unzufriedenheit über die langen Lieferfristen auf dem Rücken der Händler ab. Der Handel wollte sich mit dem Vertrieb des Volkswagens durch die KdF nicht für alle Zeiten abfinden. Aber man war jedenfalls erleichtert über die Zusage des Volkswagenwerks, bei der Wartung mit den privaten Werkstätten zusammenzuarbeiten.[245] In einem wenig transparenten

235 Der Angriff v. 29.12.1938, S. 6.

236 BArch R 43 II/ 749, Bl. 195 f.

237 Haltungskosten, S. 114 ff.; Dohrn, S. 631.

238 Kräfte, S. 15.

239 UVW, Akte »Volkswagensparer-Prozess« 13/69, (Bodo Lafferentz) »Die Verwirklichung des Volkswagens«, S. 10 f.; Kraftfahrzeug. Handel und Bewirtschaftung 1937, S. 596 f.; Wiersch, S. 143.

240 Kraftfahrzeug. Handel und Bewirtschaftung 1939, S. 475 f.; Der Angriff v. 10.3.1939, S. 6.

241 S. z.B. Motor und Sport 16 (1939), H. 19, S. 8; Der Angriff v. 29.12.1938, S. 6; 18.6.1939, S. 14.

242 Kraftfahrzeug. Handel und Bewirtschaftung 1939, S. 711.

243 Kraftfahrzeug. Handel und Bewirtschaftung 1936, S. 206; 1937, S. 594; 1938, S. 696.

244 Zur Situation und Stimmung im Handel: Kraftfahrzeug. Handel und Bewirtschaftung 1939, S. 674 f.; 1940, S. 416 f.

245 Kraftfahrzeug. Handel und Bewirtschaftung 1939, S. 146; Kraftverkehrs-Wirtschaft v. 20.7.1939; Die Volkswagen Werkstatt 4 (1941), S. 62; StA Chemnitz AU 319, Bl. 28 u. passim;

Prozess wählten hierfür die VW-Kundendienstorganisation, die Gauorganisationen der KdF und der Handel geeignete Werkstätten aus. Bedeutung gewann dies nicht mehr und Konflikte bei der Preisgestaltung waren zu erwarten. Dies deutete sich an, wenn der Generalbevollmächtigte für das Kraftfahrwesen »*den Dienst am Volkswagen als eine Ehrenpflicht* ..., aber nicht als eine zusätzliche ... billige Erwerbsquelle« des Handels bezeichnete.[246]

Verwendet man zeitgenössische Daten, dann lassen sich die monatlichen Kosten des KdF-Wagens mit etwa 70 RM bestimmen,[247] zusammengesetzt aus 21 RM Abschreibung,[248] 35 RM Betriebskosten (Benzin, Öl, Reifen, Wartung, Reparaturen usw.),[249] 8 RM Versicherung[250] und 5 RM Garage[251]. Die Rechnung beruht großenteils auf optimistischen Angaben der KdF, enthält nach unten nur geringe Spielräume, nach oben dagegen beträchtliche. Welche Einkommensgruppen kamen für diesen Volkswagen in Frage? Eine interessante Überlegung hierzu stammt aus der Frühzeit der Volkswageninitiative Anfang 1934.[252] Der Verfasser bezog sich auf die über eine Million Haushalte, die mehr als 425 RM im Monat verdienten. Die durchschnittlichen Verkehrsausgaben dieser Haushalte betrügen gut 10 RM im Monat. Wenn sie die Ausgaben für Versicherungen, Vergnügungen und Erholung halbierten, kämen noch gut 32 RM dazu. Diesen Betrag könne also eine Familie für ein Auto erübrigen. Die Ausgaben für einen Volkswagen schätzte der Verfasser aber auf – wie sich später zeigte – realistische 77 RM. Seine Folgerung lautete, dass die Kosten weiter reduziert werden müssten. Der Artikel kann als Gegenargument zum Hinweis der KdF dienen, der Volkswagen erspare den Familien andere Fahrausgaben.[253] Zumindest handelte es sich dabei um keine relevanten Größen.

Nimmt man Hitlers Zielgrößen zur Zahl der Automobilbesitzer als Ausgangspunkt, dann gelangt man zu ganz anderen Einkommensgruppen. Bei den 1936 genannten 3 bis 4 Millionen landet man bei Haushaltseinkommen unterhalb von 250 RM.[254] Tatsächlich soll es einzelne Einkommensbezieher von 200 RM gegeben haben, die einen KdF-Wagen ansparten. Der überwiegende Teil verfügte jedoch über Einkommen zwischen 300 und 360 RM.[255]

DAK 6 (1938), Nr. 263 v. 16.11., Bl. 7 u. 7 (1939), Nr. 152 v. 4.7., Bl. 7; Der Angriff v. 17.5.1939, S. 2; 29.6.1939, S. 6.

246 Kraftfahrzeug. Handel und Bewirtschaftung 1939, S. 712.

247 Zu diesem Ergebnis gelangte auch ein von der Auto Union beauftragter Sachverständiger (StA Chemnitz AU 7113, 30.5. u. 4.8.1938).

248 Vgl. Stahl, Wagen, S. 1734. Tatsächlich dauerte die Ansparzeit länger als von Stahl angegeben.

249 Nach Angaben von Lafferentz (Das Archiv 64, 1939, S. 480); auf eine monatliche Fahrleistung von 1000 km berechnet, was Kommentatoren als nicht viel bewerteten (Der deutsche Volkswirt 13, 1938/39, S. 2172).

250 Die von der KdF für 2 Jahre garantierten Versicherungskosten fortgeschrieben.

251 Aus den von der KdF genannten 3-5 RM übernommen.

252 Kienlen. Der Artikel enthält einen Rechenfehler bei den der Familie für ein Auto zur Verfügung stehenden Kosten. Er gibt (S. 238) 35 RM statt 43 RM an.

253 So Lafferentz (Das Archiv 64, 1939, S. 480).

254 Solche Überlegungen stellten zeitgenössische Kommentatoren an, wie Kienlen, S. 237 u. Stahl, Wagen, S. 1733.

255 Mommsen/Grieger, S. 201.

Betrachtet man die Struktur der Haushaltsausgaben, wird deutlich, dass selbst diese Einkommen sich den KdF-Wagen nur durch Einschränkungen an anderer Stelle erkaufen konnten. Das Phänomen wurde schon von den Zeitgenossen thematisiert. Der Angriff vermerkte, »daß viel mehr Menschen Autos kauften, als sie statistisch eigentlich gekonnt hätten«.[256] Das Blatt wollte dies psychologisch damit erklären, »daß das Auto zur Verkörperung der Unabhängigkeit und Freiheit geworden ist.«

Die Nationalsozialisten machten aus der für den Volkswagen notwendigen Konsumverlagerung und -einschränkung eine politisch gewollte Kaufkraftlenkung. Hitler führte 1938 auf der Automobilausstellung aus, dass der Volkswagen die deutsche Lebensmittelerzeugung entlaste.[257] Das Schwarze Korps, die Zeitschrift der SS, griff die Bemerkung unter der Überschrift »Volkswagen oder Schlagsahne?« auf und suggerierte, dass ein geänderter Lebensstil ausreiche, sich einen Volkswagen zu leisten.[258] Exemplifiziert wurde dies durch Gegenüberstellung der nationalsozialistischen Familie Müller und der Vergangenem verhafteten Familie Schulze. »Der rückschrittliche Schulze (wird) seine Dreizimmerwohnung mit pompösen Möbeln aus sibirischer Birke voll stopfen, mit gestickten Pantinen über garantiert unechte Perser schlürfen (sic!), für seine klimpernde höhere Töchter einen Flügel für tausend Mark abstottern, täglich einige Pfunde Fleisch und Berge von Kuchen verzehren, am Stammtisch den Humpen kreisen lassen und die Frau mit Kaninchenfellen behängen, die beinahe echt aussehen. Müllers hingegen werden sich schlicht und zweckmäßig mit deutschen Hölzern einrichten, ihr Fußbodenbelag wird nicht mehr scheinen als sein, da sie ohnehin nicht Klavier spielen können, wird ihnen ein Volksempfänger genügen, und ihre Speisekarte wird mehr kultiviert als teuer, mehr gesund als reichhaltig sein. Und für das, was sie dabei ersparen, und was sie an Stammtischen, Kaffeegesellschaften und Saufreisen nicht ausgeben, werden sie sich ihren kleinen Wagen halten.« Eine andere Rechnung kam zu dem Ergebnis, dass der Verzicht auf alkoholische Getränke zur Finanzierung des Volkswagens ausreiche.[259] Statistisch vertränken die Deutschen im Jahr 3,8 Millionen Volkswagen. Die implizite Botschaft solcher Ausführungen war klar: Wenn jemand glaubte, sich keinen Volkswagen leisten zu können, dann lag dies an seiner verfehlten Lebensführung und nicht etwa an Wirtschaft und Politik.

Der Völkische Beobachter stellte volkswirtschaftliche Überlegungen zum Einfluss der durch den Volkswagen ausgelösten Kaufkraftlenkung auf die angestrebte nationalsozialistische »Überflußwirtschaft« an.[260] Der Volkswagen werde zu Einschränkungen bei anderen Waren und Lebensmitteln führen. In jenen Branchen münde dies in verschärften Wettbewerb und Rationalisierungsmaßnahmen, was die Preise sinken und die Einkommen wachsen lasse.

---

256 Der Angriff v. 16.2.1936, S. 5.

257 Kraftfahrzeug, S. 18 f.; vgl. Der deutsche Volkswirt 12 (1938), S. 1725 f.

258 Das Schwarze Korps v. 9.6.1938, S. 1 f.

259 Richter, S. 12 f.

260 Völkischer Beobachter, Norddeutsche Ausgabe v. 10.7.1938, S. 11.

»So fährt uns der KdF-Wagen in eine neue Teilstrecke unseres wirtschaftlichen Aufstiegs hinein.«

Ein allgemeiner Diskussionspunkt waren die Auswirkungen des Volkswagens auf die Kraftfahrzeugindustrie. Die Automobilindustriellen hatten beim Volkswagenprojekt Vorsicht und Zurückhaltung walten lassen, weil sie Rückgänge beim eigenen Geschäft befürchteten. Hitler persönlich suchte auf den Automobilausstellungen 1936 und 1937 die Bedenken zu zerstreuen.[261] Der Volkswagen – so die ausgegebene Parole – werde keine Konkurrenz für die teureren Wagen darstellen, sondern der Industrie neue Käuferschichten erschließen. In der Öffentlichkeit wurde als weitere heilsame Wirkung erwartet, dass der Volkswagen die Industrie zu gesteigerten Rationalisierungsmaßnahmen zwinge.[262]

Andere Kommentatoren teilten die nationalsozialistischen Erwartungen nicht. Sie gingen sehr wohl von einer Abwanderung aus den höheren Preissegmenten aus[263] und sie sahen eine weitgehende Umstrukturierung der Kraftfahrzeugwirtschaft voraus.[264] Die Produzenten müssten, wie dies Opel bereits getan habe, den Marktbereich der Kleinwagen räumen. Im Hinblick auf Opels P 4 wurde bedauert, dass die Firma damit nicht bis zum Erscheinen des Volkswagens gewartet habe.[265] Eine Stimme empfahl den Automobilherstellern sogar, außer Autos noch andere Produkte in ihr Fertigungsprogramm aufzunehmen.[266]

Schon früh wurde mit Verweis auf die Volkswagenpläne von Kaufzurückhaltung gesprochen;[267] nach Ankündigung des Sparsystems durch die KdF nahm sie beträchtliche Ausmaße an.[268] In Rüsselsheim beobachtete die Opel-Geschäftsleitung die Entwicklung mit großer Aufmerksamkeit. In fast jedem Monatsbericht an den Aufsichtsrat fand der KdF-Wagen Erwähnung. Man meldete Auftragsrückgänge, besonders bei den Kleinwagen, aber auch in der Mittelklasse.[269] Dennoch werde der hohe Auftragsbestand erhalten bleiben, denn die Materialknappheit lasse ohnehin keine Ausschöpfung der Produktionskapazitäten zu.

Tangierte der Volkswagen nach oben die Kleinwagen, so nach unten die Motorräder.[270] Dabei stellte sich die Situation in den einzelnen Kraftradklassen ganz unterschiedlich dar. Der Motorradmarkt lässt sich untergliedern in

---

261 Schrittmacher, S. 16; Kraft, S. 16; darauf Bezug nehmen z.B.: Schley, S. 971; Die Deutsche Volkswirtschaft 7 (1938), S. 619.

262 Stahl, Automobilverbilligung; Kraftverkehrs-Wirtschaft v. 1.12.1938.

263 Suhr, Volksempfänger, S. 740; Die Deutsche Volkswirtschaft 7 (1938), S. 1096.

264 Kraftverkehrs-Wirtschaft v. 9.6.1938; Der deutsche Volkswirt 13 (1938/39), S. 759; Stahl, Autoindustrie.

265 Die Deutsche Volkswirtschaft 7 (1938), S. 619.

266 Die Deutsche Volkswirtschaft 7 (1938), S. 1095.

267 Die Deutsche Volkswirtschaft 4 (1935), S. 82.

268 Der deutsche Volkswirt 13 (1938/39), S. 759.

269 HWA 112/548 »Monatlicher Situationsbericht ...«, bes. Mai 1937, Juni 1938, August 1938, September 1938.

270 Sofern nicht anders vermerkt stützen sich die Ausführungen über das Motorrad auf die Magisterarbeit von Steinbeck.

Motorfahrräder, Kleinkrafträder, mittlere und schwere Maschinen. Motorfahrräder hatten ihre Herkunft im Fahrrad und besaßen einen Motor von etwa 100 ccm. Vor dem Krieg kosteten sie zwischen 290 und 350 RM. Kleinkrafträder bildeten die Hubraumklasse bis 200 bzw. 250 ccm. Bis 1938 waren Maschinen bis 200 ccm führerscheinfrei. Als Preis kann man für diese Klasse gut 500 RM ansetzen. Mittlere Maschinen bewegten sich in der Preisklasse von knapp 1000 RM, schwere Maschinen darüber. Preisüberschneidungen mit dem Volkswagen gab es also nur bei den mittleren und schweren Maschinen. Deren Anteil an den Zulassungen betrug allerdings 1938 nur noch 10 %.[271] Die Auswirkungen des Volkswagens auf den Motorradmarkt dürften sich also in Grenzen gehalten haben. Außerdem schnitten bei den Unterhaltungskosten die mittleren Maschinen wesentlich günstiger ab als der KdF-Wagen.[272] Und für die Fahrer, die sich ein Motorrad als Sportfahrzeug anschafften, stellte der Volkswagen ohnehin keine Alternative dar.

Im Unterschied zu anderen Ländern besaß das Motorrad in Deutschland während der gesamten Zwischenkriegszeit eine ausgesprochen große Bedeutung. Als in Großbritannien und in den USA die Marktanteile des Motorrads sanken, stiegen sie in Deutschland weiter. Seit Mitte der 1920er Jahre waren in Deutschland mehr Motorräder als Autos zugelassen; 1938 betrug das Verhältnis 1,5 zu 1,3 Millionen,[273] 1936 entfielen auf Deutschland 35 % des Welt-Motorradbestands,[274] 1939 waren es 45 %.[275] Die Expansion des deutschen Motorradmarkts in den 1930er Jahren wurde ausschließlich durch das Motorfahrrad und das Kleinkraftrad getragen. 1931/32 war zwischen Großkraftmaschinen – in unserer Terminologie: mittlere und größere Motorräder – und kleineren Gleichstand erreicht. Danach stagnierte die Zahl der Großkrafträder, während die der kleineren stark anstieg. 1938 betrug der Anteil der Großmaschinen am Motorradbestand von 1,5 Millionen noch 29 %, der der kleineren 71%, davon etwa 50 % Kleinkrafträder und 20 % Motorfahrräder. Zeitgenossen kommentierten das Phänomen lapidar, an Hitlers Äußerung anknüpfend, dass die Deutschen in mindestens dem gleichen Maß den Willen zur Motorisierung besäßen wie die Amerikaner:[276] »Das deutsche Volk der weniger zahlungsfähigen Schichten hat eben, weil es vier Räder nicht bezahlen kann, sich auf die zwei Räder geworfen, um motorisiert zu sein.« Hinsichtlich seiner Verbreitung war das Motorrad im Unterschied zum Automobil und zum KdF-Wagen ein Volksfahrzeug. 1938 entfielen von den Zulassungen 48,7 % auf Arbeiter, beim Automobil waren es 1,3 %.[277] Die Angestellten und Beamten waren in den beiden Fahrzeugarten in etwa

---

271 Kraftfahrzeug. Handel und Bewirtschaftung 1939, S. 544.
272 Zur Konkurrenzdiskussion Volkswagen – Motorrad: Die Deutsche Volkswirtschaft 7 (1938), S. 619; Kraftfahrzeug. Handel und Bewirtschaftung 1939, S. 544-46; Das Motorrad 16 (1936), S. 479 f. u. 576 f.; 18 (1938), S. 1128; 19 (1939), S. 220 u. 280.
273 Die Zulassungszahlen in der Zwischenkriegszeit finden sich bei Flik, S. 280.
274 Die Deutsche Volkswirtschaft 5 (1936), S. 182.
275 Kraftfahrzeug. Handel und Bewirtschaftung 1939, S. 543.
276 Die Deutsche Volkswirtschaft 5 (1936), S. 182.
277 Kraftfahrzeug. Handel und Bewirtschaftung 1939, S. 543.

mit den gleichen Anteilen vertreten. Die KdF trug der zunehmenden Motorisierung und entsprechenden Forderungen aus der Gruppe der Motorradfahrer Rechnung, indem sie 1939 auch das »Motorwandern« an Wochenenden und gemeinsame Urlaubsfahrten in ihr Programm aufnahm.[278] Am »Motorwandern« beteiligten sich mehr Motorradfahrer als Autofahrer.

Für das Motorrad galt das gleiche wie für den Kraftwagen. Ebenso wie »Volkswagen« markierte lange vor der nationalsozialistischen Herrschaft der Begriff »Volksmotorrad« den Wunsch nach weiter Verbreitung. Die »Machtergreifung« kurbelte die Konjunktur des Begriffs weiter an.[279] Seit 1929 boten Firmen wie DKW, Hecker und Favorit »Volksmotorräder« an. Die Bezeichnung tauchte in Typenlisten selbst noch 1939 auf.[280] Möglicherweise lag dies an Unklarheiten über die Zuständigkeiten. Im Jahre 1935 beschwerte sich Opel beim Reichsverband der Automobilindustrie über die DKW-Werbung »Deutsche Volksmaschinen«.[281] Der RDA erklärte sich für unzuständig, weil sich das von ihm erwirkte Warenzeichen nur auf den Kraftwagen bezog.[282]

Anlässlich der 1934 durchgeführten Besprechungen über das Projekt eines Volkswagens bekundete Adolf Hühnlein (1881-1942), Führer des Nationalsozialistischen Kraftfahr-Korps, Skepsis.[283] Er brachte zum Ausdruck, »daß er den Volkswagen insofern überhaupt für uninteressant fände, als das Volkskraftfahrzeug für die nächsten Jahre das Motorrad bliebe«. 1938, als der KdF-Wagen scheinbar vor der Tür stand, wurden die Forderungen nach einem »Volksmotorrad« »neben dem Volkswagen« lauter – oder in anderer Formulierung – nach einem »Volksmotorrad ..., das unter den Motorrädern das gleiche darstellt wie der Volksempfänger unter den Radios«.[284] Auf einer Tagung der Motor-HJ wurde hierfür eine Preisvorstellung von 250 RM genannt, wodurch »die Motorisierung noch weiter nach unten vorangetrieben werden soll«.[285] In der Formulierung waren implizite Zweifel enthalten, ob der Volkswagen die hoch gesteckten Ziele einer Massenmotorisierung werde erreichen können. Andere machten ihre Skepsis und Kritik explizit. In einer Motorradzeitschrift konnte man 1936 lesen, »dass nur beide Fahrzeuge gemeinsam Deutschland mit hundertprozentigem Erfolg motorisieren können. Das Motorrad ist das volkstümliche Kraftfahrzeug ...«.[286]

Das mit Abstand am weitesten verbreitete Individualverkehrsmittel war mit an die 20 Millionen Exemplaren 1939 das Fahrrad.[287] Die Zeitschrift des

---

278 Das Motorrad 18 (1938), S. 1164 u. 1532; 19 (1939), S. 1135-37, 1174 u. 1318.

279 Möser, S. 208; Fack, S. 140; Der Angriff v. 20.2.1933, 2. Beilage; 20.3.1934.

280 Kraftfahrzeug. Handel und Bewirtschaftung 1939, S. 863.

281 Vgl. Knittel, S. 35 u. 41.

282 UVW, VDA-Depositum 73/27/1, s. u. Auto Union, 20.4.1935,

283 Nach einer Aktennotiz über eine Volkswagenbesprechung im RDA. Zitiert nach Handke, S. 28 f.

284 Das Motorrad 18 (1938), S. 366-68 u. 588.

285 Kraftfahrzeug. Handel und Bewirtschaftung 1938, S.1226.

286 Das Motorrad 16 (1936), S. 479 f.

287 Wolff, S. 10.

Kraftfahrzeughandels verwies 1939 auf das Potenzial des Motorfahrrads:[288] »Hier liegen wohl überhaupt die Anfänge einer restlosen Motorisierung des deutschen Volkes verborgen. ›Jedem Deutschen seinen Motor!‹ Dieser Wahlspruch läßt sich durch das Motorfahrrad am ersten verwirklichen.« Solche Überlegungen wurden auch in der Industrie angestellt. Am weitesten ging dabei DKW, das bis 1941 einen Fahrradhilfsmotor »Hummel« entwickelte.[289] Eine Motorisierung vieler Millionen könne der Volkswagen nicht bewirken. Auch in den Spezialkonstruktionen der Motorfahrräder sah man einen Irrweg. Stattdessen müsse man die vielen Millionen bereits vorhandener Fahrräder in den Blick nehmen. Die zu einem Preis von unter 100 RM zu produzierende »DKW-Hummel«, nichts anderes als ein motorisiertes Fahrrad-Hinterrad, könne jeder Radfahrer selbst montieren. Damit entstehe ein »wirkliche(s) Volksrad«.

In der nationalsozialistischen Führung stießen solche Stimmen auf taube Ohren. Das Motorrad entsprach weder ihrer Vorstellung eines den Deutschen angemessenen Kulturniveaus noch ihrer Familienpolitik. Das Gleiche galt für das Fahrrad.

---

288 Kraftfahrzeug. Handel und Bewirtschaftung 1939, S. 605 f.

289 StA Chemnitz AU 3752, bes. Bl. 126-30.

DAS »SEEBAD DER 20.000«: KONZEPTE DES MASSENTOURISMUS

In der Zeit vor dem Ersten Weltkrieg beschränkte sich das Reisen auf Angehörige der Oberschicht und höheren Mittelschichten.[1] In der Zwischenkriegszeit erweiterte es sich trotz der schwierigen ökonomischen Wechsellagen sozial nach unten. Hierzu leisteten günstigere touristische Angebote einen Beitrag: Reiseveranstalter lockten die Urlauber mit preiswerten Pauschalreisen in deutsche Feriengebiete. Einige verwandten hierfür die Bezeichnung »Volksreisen«.[2] Die Reichsbahn senkte für Urlauberzüge die Preise. Teile der Bevölkerung wandten Einkommensverbesserungen für Ferienreisen auf. Andere ermöglichten sich Urlaubsfahrten durch Sparen oder Umschichtungen im Haushaltsbudget. Arbeiter tauchten als nennenswerte Minderheit in den Urlaubsgebieten auf; Christine Keitz schätzt ihren Anteil im Jahr 1929 auf 10 %.[3] Wie weit entfernt von der Normalität eine Arbeiterreise aber auch noch Jahre später war, dokumentiert eine von der Kraft durch Freude-Organisation Anfang 1934 unter Berliner Siemens-Mitarbeitern durchgeführte Umfrage.[4] Von den Befragten – darunter befanden sich auch die Angestellten – gaben über zwei Drittel an, dass sie noch nie eine Urlaubsreise gemacht hätten.

Die soziale Expansion des Reisens setzte vor allem Urlaub voraus.[5] In Tarifverträgen festgeschriebener Urlaub war vor dem Ersten Weltkrieg eine große Ausnahme; in der Zwischenkriegszeit wurde er zum Standard. Unter dem Nationalsozialismus wurde Urlaub weiter verallgemeinert und die Möglichkeiten einer finanziellen Abgeltung wurden reduziert. Ein bis zwei Wochen waren üblich; eine Umfrage unter den Teilnehmern an den Berufswettkämpfen 1938 und 1939 wies eine durchschnittliche Urlaubsdauer von 10 bis 12 Tagen aus.[6]

Im Mai 1933 trat die von Hitlers treu ergebenem Paladin Robert Ley (1890-1945) geführte »Deutsche Arbeitsfront« (DAF)[7] an die Stelle der aufgelösten Gewerkschaften. Sie versammelte unter ihrem Dach Arbeiter, Angestellte und Unternehmer. Damit sollte die sozialpolitische Dichotomie zwischen Kapital und Arbeit überwunden und in der nationalsozialistischen »Volksgemeinschaft« aufgehoben werden. Die Aufgabe der DAF bestand da-

---

1 Diese knappe Skizze zum Reisen in der Weimarer Republik stützt sich vor allem auf Keitz, Reisen.

2 Keitz, Reisen, S. 124-26.

3 Keitz, Reisen, S. 176.

4 Siemens-Mitteilungen 151 (1934), S. 113; vgl. Buchholz, S. 20f.; Sachse, S. 200.

5 Reulecke; Spode, Arbeiterurlaub; Keitz, Reisen, S. 219-23: Frese, S. 374-83.

6 Der Urlaub, S. 2.

7 Als Einstieg in die DAF-Geschichte: Mason, Arbeiterklasse; Smelser, Robert Ley; Heuel; Michael Schneider.

rin, die erwerbstätige Bevölkerung, und darunter insbesondere die Arbeiter, für den Nationalsozialismus zu gewinnen bzw. fester an ihn zu binden.

Da die Nationalsozialisten eine Politik stabiler Löhne und Preise verfolgten, entfiel die Möglichkeit, politische Akzeptanz mit Hilfe von Lohnerhöhungen zu befördern. Es blieben die Optionen, zusätzliche sozialpolitische Leistungen anzubieten oder Produkte und Dienstleistungen zu verbilligen. Im Rahmen dieser politischen Strategie rückte neben der Arbeit zunehmend die Freizeit der Arbeitnehmer ins Blickfeld.

Zur Beeinflussung und Gestaltung der Freizeit ihrer Mitglieder gründete die DAF im November 1933 die »Nationalsozialistische Gemeinschaft Kraft durch Freude« (KdF).[8] Zwischen 1934 und 1937/38 stand sie unter der Führung des bereits im nationalsozialistischen Rundfunk in Erscheinung getretenen Horst Dreßler-Andreß (1899-1979). Die Freizeitangebote der KdF sollten – daraus machten die Nationalsozialisten kein Hehl – instrumentell den Zielen der Bewegung dienen:[9] Sie waren dazu gedacht, die Arbeiter in die »Volksgemeinschaft« zu integrieren. Sie förderten die »Volksgesundheit« und fundierten damit die nationalsozialistische Bevölkerungspolitik. Die KdF, so Ley in seiner Gründungsrede, war eine Antwort auf die Frage Hitlers:[10] »Wie erhalten wir dem Volke die Nerven, in der Erkenntnis, daß man nur mit einem nervenstarken Volk Politik treiben kann.«

Die Freizeit war den Nationalsozialisten weniger ein eigenständiges Gut, denn eine notwendige Unterstützung der Arbeit. In der Freizeit gewinne der Arbeiter Kraft, um sich dann wieder seiner Arbeit im Interesse der nationalsozialistischen Politik zuzuwenden. »Wir schickten unsere Arbeiter nicht auf eigenen Schiffen auf Urlaub oder bauen ihnen gewaltige Seebäder, weil uns das Spaß machte oder zumindest dem einzelnen, der von diesen Einrichtungen Gebrauch machen kann. Wir taten das nur, um die Arbeitskraft des einzelnen zu erhalten und ihn gestärkt und neu ausgerichtet an seinen Arbeitsplatz zurückkehren zu lassen«.[11]

Neben anderen Gliederungen, wie dem »Amt Feierabend« oder dem »Sportamt«, besaß die KdF ein »Amt Reisen, Wandern und Urlaub«.[12] Seine Angebote fanden die größte Resonanz, und es trug mit etwa 80 % zum Gesamtumsatz der KdF bei.[13] Die von der KdF für ihre touristischen Leistungen verlangten Preise deckten in der Regel die Fremdkosten; die etwa 20 % der Gesamtkosten ausmachenden Selbstkosten, d.h. die Verwaltungskosten, schoss die DAF zu. Die KdF agierte also als eine Art Reisebüro, aber ohne Gewinnabsichten und ohne die Selbstkosten hereinholen zu müssen.

Grundsätzlichen Anspruch auf Leistungen der KdF besaßen alle DAF-Einzelmitglieder und deren nächste Angehörige. Hierzu zählten unter ande-

---

8 Zur KdF: Buchholz; Moyer; Merritt; Heuel, S. 418-37; Weiß; Michael Schneider, S. 228-35.
9 Vgl. hierzu Frommann, S. 110 ff.
10 Unter dem Sonnenrad, S. 16.
11 Starcke, S. 10.
12 Zum KdF-Tourismus außer der bereits genannten Literatur noch Knebel, S. 57-66; Spode, »Der deutsche Arbeiter reist«; Spode, Arbeiterurlaub; Keitz, Reisen, S. 209-57; Frommann.
13 Buchholz, S. 216.

rem die Kinder bis zum Alter von 18 Jahren sowie die Eltern über 60, sofern sie in demselben Haushalt wohnten. Für die Mitgliedschaft von Beamten galt ein Maximaleinkommen. Hinzu kamen Mitglieder jener der DAF korporativ angeschlossenen Verbände, die mit der KdF eine entsprechende Vereinbarung abgeschlossen hatten. Aufgrund dieser komplexen Situation lässt sich die Größe der KdF-Zielgruppe nur schwer bestimmen. Die DAF gab 1935 über 16 Millionen Einzelmitglieder an, 1939 22,4 Millionen.[14] Rechnet man die Zahl der berechtigten Familienmitglieder sowie korporative Mitgliedschaften ein, so lässt sich schätzen, dass etwa drei Viertel der deutschen Bevölkerung, welche vor dem »Anschluss« Österreichs an die 70 Millionen Einwohner zählte, zur KdF-Zielgruppe gehörte.

Gemessen daran, nahmen sich die touristischen Aktivitäten der KdF eher bescheiden aus.[15] Zwischen 1934 und 1938 machten jährlich im Schnitt eine gute Million Deutsche – Mehrfachzählungen sind darin enthalten – mit der KdF Urlaub; das Maximum entfiel mit 1,4 Millionen Urlaubern auf das Jahr 1937. Hinzu kamen 5,1 Millionen Wochenend- und Kurzreisen von ein bis zwei Tagen; das Maximum 1937 betrug 6,8 Millionen. Weiter sind mehr als 900.000 Wanderer zu nennen, im besten Tourismusjahr 1937 waren es 1,6 Millionen. An den propagandistisch besonders wertvollen Hochseefahrten nahmen jährlich mehr als 100.000 Personen teil.

Bei den Seereisen brüstete sich die KdF, weit mehr Passagiere zu befördern als sämtliche Kreuzfahrtschiffe deutscher und englischer Reedereien zusammen.[16] Bei den Landreisen sah die Situation anders aus. Vergleiche zwischen den KdF-Fahrten und dem sonstigen Tourismus stehen allerdings vor einer Reihe von Schwierigkeiten.[17] Hierzu gehört, dass in den 1930er Jahren die Erfassungsbasis der Fremdenverkehrsstatistik verbreitert wurde, so dass zu große Wachstumsraten ausgewiesen werden. Unter Berücksichtigung dessen lassen sich Schätzungen anstellen, dass der allgemeine Fremdenverkehr während der nationalsozialistischen Zeit, d.h. zwischen 1933 und 1939, um gut zwei Drittel anstieg, dabei aber die Ende der 1920er Jahre erreichten Frequenzzahlen nur wenig übertraf.[18]

Ein weiteres Problem der offiziellen Fremdenverkehrsstatistik besteht darin, dass sie Berufs- und Geschäftsreisende sowie Urlauber nicht trennt. In der Literatur vorfindliche Angaben, dass die KdF-Reisen etwa 10 % des deutschen Fremdenverkehrs ausgemacht hätten,[19] führen deswegen auch in die Irre. Sie setzen nämlich KdF-Urlaubsreisen in Relation zu dem Berufs-

[14] Buchholz, S. 37; abweichende Angaben bei Hachtmann, Lebenshaltungskosten, S. 41.

[15] Die gegebenen Zahlen basieren auf den gut begründeten Berechnungen von Spode, Arbeiterurlaub, S. 298; vgl. Buchholz, S. 287.

[16] Leisegang, S. 8; N.S.K. Nr. 55 v. 6.3.1938 (BArch NS 5 VI/ 19474).

[17] Zu den Problemen der Fremdenverkehrsstatistik am besten Keitz, Reisen, S. 210-14; vgl. auch Menges, S. 7 ff.; Sorge, S. 53-71; Spode, Arbeiterurlaub, S. 298 f.

[18] Dieser Aussage liegen folgende Statistiken und Schätzungen zugrunde: Keitz, Reisen, S. 212 u. 330; Spode, Arbeiterurlaub, S. 299; Buchholz, S. 286; Menges, S. 23; Der Fremdenverkehr 3 (1938), 23.4., S. 3.

[19] Spode, Arbeiterurlaub, S. 299; Michael Schneider, S. 672.

14 »Jux an Bord« eines KdF-Schiffes.
(Werner Kahl, Der deutsche Arbeiter reist, Berlin 1940)

und Geschäftsreisen einschließenden gesamten Fremdenverkehr. Geeignetere Anhaltspunkte vermitteln andere zeitgenössische und retrospektive Schätzungen. So kam ein Artikel in der Zeitschrift »Der deutsche Volkswirt«, auf 1935 und 1936 bezogen, auf eine jährliche Zahl von etwa 6 Millionen Ferienreisenden.[20] Dies entsprach der Differenz zwischen dem Sommer- und dem Winterreiseverkehr. Der Verfasser war sich bewusst, dass die Sommerzahlen auch den Kongress- und Tagungstourismus enthielten, meinte aber, dass dies durch die Ferienreisenden im Winter kompensiert werde. Folgt man diesen Überlegungen, dann hätte die KdF zu etwa einem Fünftel zu den Urlaubsreisen in Deutschland beigetragen.[21] Sabine Keitz dagegen schätzt die Urlaubsreiseintensität der Deutschen für 1937 mit etwa 18 % wesentlich höher ein.[22] Wenn man dies akzeptiert, dann gelangt man zu niedrigeren KdF-Anteilen.

Auf jeden Fall übertraf der private oder über Reisebüros abgewickelte Urlaubsverkehr den der KdF um ein Mehrfaches. Bei den Wanderungen dürfte die Differenz noch größer gewesen sein. Der organisatorische und finanzielle Aufwand für eine private Wanderung war so gering, dass das KdF-Angebot nur geringe Anziehungskraft besaß. Es ist zu vermuten, dass die im jährlichen Durchschnitt 900.000 KdF-Wanderer das Gemeinschaftserlebnis suchten und dem Nationalsozialismus nahestanden. Bei den ein- und zweitägigen Wochenend- und Kurzfahrten organisierte die KdF jedenfalls mehr Touristen als die Reisebüros.[23] Im Unterschied zu den Urlaubsreisen und den Kreuzfahrten waren die preiswerten Kurzreisen auch für weniger gut Verdienende erschwinglich. Größenordnungen für den Stellenwert der KdF bei Reisen und Ausflügen ergeben sich aus der Analyse von Haushaltsausgaben. Danach gab 1937 eine Stichprobe von Arbeiterhaushalten für privat und kommerziell organisierte Touren vier Mal so viel aus wie für solche der KdF.[24]

Mit ihren Reiseaktivitäten tangierte die KdF das Arbeitsgebiet des traditionellen Fremdenverkehrsgewerbes.[25] Hierzu gehörten am Vorabend des Zweiten Weltkriegs etwa 5000 spezialisierte Reisebüros, von denen etwa 1000 auch als Reiseveranstalter auftraten.[26] Dazu kamen zahlreiche weitere nebenamtliche Vermittler. Die Gesamtzahl der in Hotels und Gaststätten Beschäftigten wurde auf eine Million geschätzt.[27] Verkehrsunternehmen, wie

---

20 Der deutsche Volkswirt 11 (1937), S. 2115.

21 Die 6 Millionen des »Volkswirts« zu den von Spode, Arbeiterurlaub, S. 298 errechneten Zahlen in Relation gesetzt. Allerdings nennt »Der deutsche Volkswirt« für 1935 weit mehr, nämlich 2 Millionen, KdF-Urlauber.

22 Keitz, Reisen, S. 59 f.

23 Die KdF zählte 6,2 (1936) bzw. 6,8 (1937) Millionen Wochenend- und Kurzfahrten (Spode, Arbeiterurlaub, S. 298). Die deutschen Reisebüros veranstalteten 1937 etwa 77.000 Gesellschaftsreisen (einschließlich Ausflugsfahrten) mit insgesamt mehr als 2 Millionen Teilnehmern (Der Fremdenverkehr 4, 1939, 4.2., S. 8).

24 Wirtschaft und Statistik 19 (1939), S. 123.

25 Vgl. hierzu Keitz, Reisen, S. 230 f.

26 Jahrbuch des Deutschen Fremdenverkehrs ^{2}1939, S. 267.

27 Esser, Der Fremdenverkehr, S. 1236.

die Reichsbahn, Schifffahrtslinien und Omnibusunternehmen, machten beträchtliche Umsätze mit den Urlaubern.

Die Nationalsozialisten anerkannten die ökonomische Bedeutung des Fremdenverkehrsgewerbes. Doch hatte es sich politischen Zielen unterzuordnen und hierfür gegebenenfalls wirtschaftliche Einbußen in Kauf zu nehmen.[28] Hierunter ist eine im Rahmen der Autarkiepolitik und im Zeichen der Devisenknappheit erfolgte Zurückdrängung der Auslandsreisen zu rechnen. Besonders nach den Olympischen Spielen 1936 in Berlin forderte die Politik von den Reisebüros, die Kunden von ausländischen auf deutsche Zielgebiete umzulenken.[29] Und die von der KdF verfolgte soziale Erweiterung des Reisens ging zu nicht unerheblichen Teilen zu Lasten des Fremdenverkehrsgewerbes.

Für das Fremdenverkehrsgewerbe verblieben da zunächst nur symbolische Politik und die Utopie einer glänzenden Zukunft. Als Hitler persönlich am 14. Juni 1938 den Grundstein für ein monumentales »Haus des Deutschen Fremdenverkehrs« in Berlin legte, stellte er einen »unermeßliche(n) Zustrom von Fremden« in Aussicht, welche dereinst das Reiseland Deutschland besuchen würden.[30] Mit der Grundsteinlegung an der geplanten Nord-Süd-Achse gab Hitler das Signal für den Bau der neuen Reichshauptstadt, den Höhepunkt seiner und seines Architekten Albert Speer megalomanischen Bauplanungen.

Das »Haus des Deutschen Fremdenverkehrs« sollte die verschiedenen Fremdenverkehrsorganisationen aufnehmen.[31] An sich war dem bereits 1933 ins Leben gerufenen und von Goebbels' Propagandaministerium gesteuerten »Reichsausschuß für Fremdenverkehr« die zentrale Rolle in der Fremdenverkehrspolitik zugedacht. Eine Zentralisierung der Kompetenzen scheiterte jedoch mehrfach am Widerstand anderer interessierter Ministerien. Erst 1939 wurde eine typisch nationalsozialistische Lösung gefunden, indem der »alte Kämpfer« Hermann Esser (1900-1981) in Personalunion die Leitung der wichtigsten Institutionen erhielt. Hierzu gehörte als politische Zentralstelle eine neu geschaffene Abteilung Fremdenverkehr im Propagandaministerium, als wirtschaftliche Vertretung die »Reichsgruppe Fremdenverkehr« und für die Werbung der die regionalen Interessen bündelnde »Reichsfremdenverkehrsverband«. Der »Reichsgruppe Fremdenverkehr« gehörten auch die Reisebüros und Hotels an.

Am meisten empfanden die Reisebüros die KdF, die wie ein großes, wenn auch nicht gewinnorientiertes Reisebüro agierte, als Konkurrenz. Anfang 1935 bescheinigte ihnen Hermann Esser, der ranghöchste Tourismusverantwortliche des »Dritten Reiches«, eine »fast verzweifelte Lage«.[32] Und noch im Herbst 1936 gestand der Verbandsleiter »Hilfsgewerbe des Verkehrs« auf

---

[28] So z.B. Der Fremdenverkehr 3 (1938), 19.2., S. 10.

[29] Z.B. Der Fremdenverkehr 3 (1938), 12.11., S. 3; vgl. Tihanyi, Nazi-Machtpolitik, S. 340.

[30] Der Fremdenverkehr 3 (1938), 18.6., S. 1-3, Zitat S. 3.

[31] Zur Organisationsgeschichte des Fremdenverkehrs im Nationalsozialismus: BArch R 43/ 770 u. 770a, R 3101/ 9288, 17.3.1939; Esser, Der Fremdenverkehr; Keitz, Reisen, S. 230 f.

[32] Das Reisebüro 8 (1935), Nr. 5/6, S. 2.

dem »Ersten Deutschen Reisebüro-Tag« ein, dass ihm »manche blasse Reisebüroexistenz« Sorgen bereite.[33] Außer der KdF-Konkurrenz traf die Devisenbewirtschaftung das Gewerbe empfindlich, welches über ein Drittel seines Geschäfts mit Auslandsreisen machte.[34] Einen Ausweg suchte es zunächst vor allem in berufsregulierenden Maßnahmen. Seit 1937 besserte sich die Situation etwas, ohne dass »Gesellschaftsreisen«, der zeitgenössische Begriff für Pauschalreisen, daran einen Anteil hatten.[35]

Klagen und Beschwerden über die KdF tauchten unmittelbar auf, nachdem die Unterorganisation der DAF 1934 ihre touristischen Aktivitäten aufgenommen hatte.[36] Die Beschwerdeführer begrüßten zwar die Erweiterung des Arbeitsbereichs der mächtigen Parteiorganisation und räumten ein, dass die KdF-Fahrten den Gedanken des Reisens in der Bevölkerung verbreiteten und verankerten. Indirekt profitiere also auch das traditionelle Reisegewerbe von der KdF. Aber jenseits dieser häufig als pflichtgemäße politische Rhetorik anmutenden Bekundungen warf man der KdF vor, ihre sozialpolitische Aufgabe zu überschreiten und in das Arbeitsgebiet des Reisegewerbes einzudringen. »Diese Reisen, die nur für unbemittelte Volksgenossen gedacht waren, die unter gewöhnlichen Verhältnissen niemals in der Lage gewesen wären, sich eine Erholungsreise zu leisten, erfuhren in letzter Zeit aber eine weitere Ausdehnung dadurch, daß laut Veröffentlichungen verschiedener Gaustellen im Reich die Teilnahme an diesen Reisen allen Mitgliedern der »Deutschen Arbeitsfront« ohne Rücksicht auf ihre Einkommensverhältnisse freigestellt wurde« – so die öffentliche Klage des Vorsitzenden der »Nationalen Vereinigung Deutscher Reisebüros«.[37]

Die Frage schien so brisant, dass die vom Propagandaministerium gesteuerte Zeitschrift »Die deutsche Werbung« 1935 Stellungnahmen von acht Vertretern der betroffenen Verbände und Reichsstellen einholte und veröffentlichte.[38] Dabei kam die schärfste Kritik aus dem Reisebüro-Verband und von dem für den Tourismus zuständigen Referenten des Ministeriums. Der Geschäftsführer des Verbandes bezeichnete es als »eine Lebensfrage« für die Reisebüros, dass die KdF ihre Aufgaben nicht überschreite.[39] Die beklagten Missstände war er bereit, den »bei einer solchen Riesenorganisation unvermeidlichen Aufbauschwierigkeiten« zuzuschreiben. Und er forderte die Mitglieder des eigenen Verbandes auf, dem Missbrauch durch Angebote möglichst preiswerter Pauschalreisen die Grundlage zu entziehen. »Umso geringer wird auch der Anreiz für asoziale Elemente sein, die Vergünstigungen, die nach dem Willen des Führers und der von ihm beauftragten leitenden Stellen dem bedürftigen Volkgenossen vorbehalten bleiben sollen, sich ungerechtfertigt zu erschleichen.«

---

[33] Das Reisebüro 9 (1936), Nr. 17/20, S. 8.

[34] Der Fremdenverkehr 3 (1938), 28.5., S. 9; vgl. 4.6., S. 10.

[35] Keitz, Reisen, S. 230-33; Frommann, S. 261.

[36] Plum; Hoffmann, Wirtschaftsfragen, und die im folgenden zitierten Quellen; vgl. Spode, Arbeiterurlaub, S. 300f. u. 307f.

[37] Das Reisebüro 7 (1934), Nr. 11/12, S. 2.

[38] Die deutsche Werbung 28 (1935), S. 1112-19.

[39] Ebd. S. 1117 f.

Der Ministerialvertreter äußerte Verständnis für die »Besorgnisse der gewerblichen Reiseunternehmungen«, die zu Recht »eine große Gefahr« darin erblickten, »wenn es nicht gelang, die vorgesehene Beschränkung auf bedürftige Volksgenossen streng durchzuführen.«[40] Der »einfachere Zuschnitt« der KdF-Reisen werde nicht von sich aus die Interessenten auf »wirklich »bedürftige« Volksgenossen« einschränken. Es liege in der Verantwortung der örtlichen KdF-Stellen, »jeden, der sich für eine solche Urlaubsreise meldet, auf Herz und Nieren (zu) prüfen, ob er die soziale Bevorzugung der verbilligten Reise wirklich verdient oder auf Kosten ärmerer Volksgenossen schmarotzen will.« Die KdF sollte – entgegen der derzeitigen Praxis – »keinen Pfennig für Werbung im üblichen Sinne ausgeben.« Ein Anschlag am schwarzen Brett der Betriebe müsse genügen.[41]

Zum Zeitpunkt der Veröffentlichungen hatten schon Verhandlungen zwischen der KdF und Verbänden des Reisegewerbes stattgefunden, wie offenkundigen Missbräuchen zu steuern sei. Dabei erkannte die KdF-Führung bereits 1934 grundsätzlich die Monita der Verbände an und bestätigte, dass die KdF-Reisen nur für jene Mitglieder bestimmt seien, »die im Hinblick auf ihre Einkommensverhältnisse nicht in der Lage sind, reguläre Urlaubsreisen zu unternehmen«.[42] Jedenfalls was die Mitgliedschaft anbelangt, war die Äußerung eindeutig. Doch auch hier kamen Umgehungen vor. 1936 wurde die gerichtliche Verurteilung einer Frau aus Gera wegen Betrugs zu 100 RM Geldstrafe gemeldet, die an einer KdF-Reise teilgenommen hatte, ohne der Organisation anzugehören.[43]

Weniger eindeutig war die Frage der Bedürftigkeit. In den Verhandlungen hatte die KdF kategorisch die Festsetzung von Einkommensobergrenzen in der Größenordnung von 150 bis 200 RM im Monat abgelehnt.[44] Statt solcher schematischer Grenzen müssten die individuellen Verhältnisse Berücksichtigung finden. So besitze »ein geplagter Familienvater mit drei bis vier in der Ausbildung stehenden Kindern auch bei wesentlich höherem Einkommen« Anspruch auf eine KdF-Urlaubsreise.[45] Andererseits könnten »eine Sekretärin von 200 RM., die das ganze Gehalt für ihren eigenen Bedarf verwenden kann« oder »junge Leute ..., die unter Berücksichtigung aller Vergünstigungen vom Elternhause her auch bei weniger als 200 RM. Monatseinkommen sich sehr wohl eine normal bezahlte Urlaubsreise bescheidenen Umfanges leisten«.[46]

---

40 Ebd. S. 1112 f.

41 Vgl. zur Tourismuswerbung der KdF: Pasewaldt.

42 Die Formulierung entstammt einem Rundschreiben der KdF-Zentrale an die Gaureferenten des Reichsamts für Reisen, Wandern und Urlaub vom 14.4.1934. Dieses und Auszüge aus weiteren Rundschreiben vom 11.6.1934 u. 26.7.1934 abgedruckt in Das Reisebüro 7 (1934), Nr. 15/16, S. 2 f.; vgl. Informationsdienst 3 (1935), Nr. 34 v. 3.2., Bl. 4; DAK 4 (1936), Nr. 288 v. 11.12., Bl. 4; Der Angriff v. 28.11.1935, S. 6; Lafferentz, Urlaub, S. 374; Lexikon, S. 56.

43 Der Fremdenverkehr 1 (1936), 19.12., S. 8; 2 (1937), 30.1., S. 5; DAK 4 (1936), Nr. 288 v. 11.12., Bl. 4.

44 Die deutsche Werbung 28 (1935), S. 1114; Leisegang, S. 11; Hoffmann, Wirtschaftsfragen, S. 2181; Hoffmann, Fortschritt; Die Deutsche Volkswirtschaft 4 (1935), S. 1079.

45 Die deutsche Werbung 28 (1935), S. 1114.

46 Leisegang, S. 11; Die deutsche Werbung 28 (1935), S. 1114.

Solche Argumente waren nachvollziehbar, öffneten aber der Willkür der Entscheider vor Ort, nämlich in den Betrieben und den KdF-Kreisdienststellen, Tür und Tor.

Das gleiche galt für eine weitere Aufweichung der Kriterien. Die KdF wollte auf ihren Reisen die »Volksgemeinschaft« inszenieren, mit Teilnehmern aus allen Regionen und Ständen sowie beider Geschlechter. So gab sie den Anteil der Frauen und Mädchen mit 40 bis 45 % vor.[47] »Unternehmer, Angehörige der freien Berufe und andere Personen mit höheren Gehaltsstufen« seien mitzunehmen, wenn sie »durch ihre Teilnahme der praktischen Förderung des Gemeinschaftsgedankens dienen« wollten, wie bei Reisen der Betriebsgemeinschaft. Bei Opel in Rüsselsheim konkretisierte die KdF den Willen, »an der Gestaltung der wahren Volksgemeinschaft aktiv mitzuarbeiten«, so:[48] »1. dadurch, daß er nicht von dem Handarbeiter abrückt, sondern engste Verbindung mit ihm sucht und 2. daß er bei der Anmeldung zu einer Urlaubsfahrt sich verpflichtet, eine seinen Einkommensverhältnissen entsprechende Spende zu geben. Sie soll ermöglichen, einen wirklich bedürftigen Volksgenossen ebenfalls an einer Fahrt teilnehmen zu lassen.« Mit solchen Auslegungen wurden natürlich die Interessen des Reisegewerbes konterkariert. Sie ließ die Zahl der KdF-Reisenden anschwellen und entzog dem Reisegewerbe einen Teil seiner Klientel.

Das von der KdF-Führung bekundete Verständnis für die Sorgen des Reisegewerbes war also das eine, die Praxis des Umgangs mit Reisekandidaten das andere. Die Verantwortung hierfür schob die Berliner Leitung den KdF-Geschäftsstellen vor Ort zu, welche davon freizügig Gebrauch machten. Im Allgemeinen waren die von der Zentrale ausgehenden Direktiven interpretationsfähig und interpretationsbedürftig. Immerhin verbot man im Juli 1934 explizit und mit scharfen Worten die in Bekanntmachungen der Gaue und Kreise weit verbreitete Formulierung: »Alle Volksgenossen können an dieser Fahrt teilnehmen«.[49] Dies änderte jedoch z.B. bei Opel nichts daran, dass man dort noch 1936 mit einer analogen Formulierung arbeitete und sie dann – wie gerade gezeigt – in unbefriedigender Weise konkretisierte.[50] Abgesehen von der Verantwortung der örtlichen KdF-Stellen bot die Reichsbahn ihre Dienste bei der sozialen Kontrolle der Reisenden an.[51] »In mittleren und kleineren Orten ist das Bahnpersonal meist ganz gut über die Verhältnisse der Fahrgäste unterrichtet. ... Auch das Begleitpersonal der Züge erwirbt in seinem langjährigen Verkehr mit dem Reisepublikum einen gewissen Blick dafür.« Das KdF-Amt für Reisen, Wandern und Urlaub sei entsprechenden Hinweisen stets nachgegangen.

Die sich an der Diskussion zum Missbrauch der KdF-Reisen Beteiligten waren sich einig, dass Appelle an die individuelle soziale Verantwortung

47 KdF-Rundschreiben v. 14.4. u. 11.6.1934 (Das Reisebüro 7, 1934, Nr. 14/15, S. 2 f.).
48 Der Opel-Kamerad 7 (1936), Nr. 2, S. 46; vgl. Der Angriff v. 1./2.1.1938, S. 6; Lafferentz, Urlaub, S. 374.
49 Rundschreiben v. 26.7.1934 (Das Reisebüro 7, 1934, Nr. 14/15, S. 3)
50 Wie Anm. 46.
51 Die deutsche Werbung 28 (1935), S. 1115.

nicht ausreichten. Doch ging die KdF auch diesen Weg – und sicherte sich gleichzeitig politisch ab –, indem sie Anrechtsscheine für die Reisen mit dem Aufdruck versah:[52] »Mir ist bekannt, daß ich nur an dieser Fahrt teilnehmen darf, wenn ich mir diese Fahrt ohne die Vergünstigungen der NS.-Gemeinschaft »Kraft durch Freude« nicht leisten kann«.

Es spricht einiges dafür, dass sich die Berliner KdF-Zentrale der Widersprüche zwischen der propagierten Ideologie der Sozialreise und der Praxis der vom Mittelstand dominierten »Volksreise« bewusst war, sie aber nicht auflösen wollte und konnte. Das gemeinsame Reisen breiter Schichten entsprach weit mehr als die Sozialreise der Ideologie der »Volksgemeinschaft«. Es wird noch zu diskutieren sein, ob die letzte Konsequenz der KdF-Aktivitäten und Planungen nicht ohnehin in einer weitgehenden Vergesellschaftung der Urlaubsreise bestand. Eine tatsächliche Einschränkung des KdF-Reisens auf die »Bedürftigen« hätte die Teilnehmerzahlen drastisch reduziert, was weder propagandistisch noch politisch erwünscht war. Der aus dem Reisegewerbe kommende Vorschlag, die KdF solle einfach auf Reisen verzichten, »die nach ihrer Kostenhöhe für den minderbemittelten deutschen Volksgenossen überhaupt nicht in Frage kommen können«,[53] betraf unter anderem die propagandistisch besonders ertragreichen Seereisen. Von ihrem Standpunkt aus betrachtet, blieb der KdF also gar nichts anderes übrig, als das Reisegeschäft ohne große Änderungen weiter zu betreiben, gleichzeitig aber den Kritikern zur Beruhigung Scheinzugeständnisse zu machen.

Die 1934 und 1935 gemachten Zugeständnisse ließen jedoch zunächst die Kritik nicht verstummen. Der um eine Erweiterung seiner tourismuspolitischen Kompetenzen kämpfende Hermann Esser hörte auch 1936 nicht auf, Missstände anzuprangern, und dokumentierte damit, dass die Maßnahmen der KdF-Zentrale kaum gegriffen hatten.[54] Dabei schlug er auch schärfere Töne an. Personen mit einem Monatseinkommen über 400 RM hätten in den KdF-Zügen nichts zu suchen.[55] »Solche Herrschaften, die sich heute hereinschmuggeln, werden wir herausholen.« Im KdF-Tourismus wollte er nur eine Übergangserscheinung sehen, solange sich viele noch keine normale Urlaubsreise leisten könnten. Zu den dahinterstehenden wirtschaftspolitischen Vorstellungen führte er aus:[56] »Es ist nicht der Sinn nationalsozialistischer Wirtschaftsentwicklung, aus Deutschland eine Wohlfahrtsanstalt zu machen; wir sind vielmehr bemüht, Leistungen und Lebensstandard des einzelnen auf immer höhere Stufen zu führen.«

Am längsten und hartnäckigsten – bis in das Jahr 1938 hinein – klagte einer der führenden Vertreter des deutschen Reisebürogewerbes, Carl Degener, in der Fachöffentlichkeit über die unlautere Konkurrenz der KdF-Reisen. Bei den Pauschalreisen hätten die Reisebüros seit 1934 nur bescheidene

[52] Der Fremdenverkehr 3 (1938), 16.4., S. 10.
[53] Der Fremdenverkehr 2 (1937), 11.12., S. 8.
[54] Der Fremdenverkehr 1 (1936), 4.7., S. 3; 15.8., S. 1; 26.9., S. 22; 2.10., S. 2; Esser, Wirtschaftsfragen.
[55] Der Fremdenverkehr 1 (1936), 4.7., S. 3.
[56] Esser, Wirtschaftsfragen, S. 696.

Umsatzsteigerungen erzielt.[57] Dies sei vor allem darauf zurückzuführen, dass »die KdF-Reisen noch nicht in dem gewünschten überwiegenden Maße mit *den* Volksgenossen besetzt sind, für die sie gedacht sind«. Arbeiterreisen stünden immer noch psychologische und wirtschaftliche Hemmnisse entgegen. Wenig erfreut dürfte die politische Führung von Degeners historischer Einschätzung gewesen sein:[58] »Der revolutionäre Gedanke des Volksreisens, also der Gemeinschaftsreise, stammt weder von den zünftigen alten Reisebüros noch von »K.d.F.«, sondern wurde schon Jahre vor dem Umbruch durch »Nicht-zur-Zunftgehörige« verwirklicht«.

Die KdF sah sich genötigt auf eine der Reden unmittelbar zu reagieren.[59] Zunächst versuchte man in moderater Weise zu begründen, dass sich die touristischen Aktivitäten der KdF und der Reisebüros nicht überschnitten, sondern ergänzten. Man teilte Zahlen mit, die belegen sollten, dass nur wenige Bessergestellte an den KdF-Reisen teilnähmen. Zum Abschluss schlug man auch schärfere Töne an: »... es wäre eine Unding, etwa *schematisch* auf seiner (des Anteils der Bessergestellten, W.K.) völligen Ausmerzung zu bestehen, weil die NSG. »Kraft durch Freude« ihrer Zielsetzung gemäß *auch auf nationalpolitische Belange Rücksicht nehmen* muß und nicht grobmaterialistisch auseinanderreißen darf, was – beispielsweise im Rahmen einer geschlossenen Betriebsgemeinschaft – *organisch zusammengehört*!« Den Reisebüros gab man den Rat nach dem Vorbild der KdF mehr Gewicht *»auf die Förderung des volkskameradschaftlichen Gemeinschaftsgefühls unter den Gästen ihrer Gesellschaftsreisen«* zu legen.

Im Vergleich zu jener der Reisebüros war die Kritik des Hotel- und Gaststättengewerbes moderater.[60] Die Verbandsvertreter rechneten vor, dass die von der KdF gewährten Sätze für Übernachtung und Verpflegung noch nicht einmal die Selbstkosten deckten. Aus diesem Grund brachte die KdF ihre Urlauber mehr und mehr in Pensionen und Privatquartieren unter. Ein Dorn im Auge war dem in einer Krise befindlichen Hotelgewerbe die zunehmende Zahl öffentlicher und privater Ferienheime. Damit markierten die Hoteliers einen potentiellen Konfliktpunkt mit Planungen der KdF, von denen aber bis zum Krieg kaum etwas verwirklicht wurde.

Es konnte nicht im Interesse der Nationalsozialisten sein, dass die KdF-Reisen und damit ein propagandistisch wertvoller Teil der Sozialpolitik, von einzelnen Gruppen, wenn auch beschränkt auf die Fachöffentlichkeit, kritisch kommentiert wurde. Bereits Ende 1935 hatte Ley auf einer großen Fremdenverkehrstagung klar gemacht, wohin die Reise ging:[61] »Die Fremdenverkehrsindustrie muß sich diesem großen Gedanken »Kraft durch Freude« unterordnen. Je eher sie das tut, ... um so besser ist es für sie.« Es

[57] Der Fremdenverkehr 2 (1937), 11.12., S. 8 (hieraus das Zitat); vgl. auch 3 (1938), 1.1., S. 4; 12.2., S. 10; 26.2., S. 10.

[58] Der Fremdenverkehr 3(1938), 30.4., S. 10.

[59] DAK 6 (1938), Nr. 26 v. 2.2., Bl. 3.

[60] Hoffmann, Wirtschaftsfragen; Der deutsche Volkswirt 11 (1937), S. 2048f.; Der Fremdenverkehr 3 (1938), 5.3., S. 7; 16.4., S. 10; 23.4., S. 3f.; Suhr, Hotel.

[61] Der Angriff v. 5.11.1935, S. 13.

fällt auf, dass die Tourismusfunktionäre in den Jahren 1938 und 1939 ihre Kritik weitgehend einstellten oder sich sogar ausdrücklich weitere Kritik verbaten. Das tourismuspolitische Zentralorgan »Der Fremdenverkehr« führte im Januar 1938 unter der Überschrift »Wahrheit und Klarheit. Schluß mit dem Stänkern!« aus, dass, obwohl Deutschland »seit 1937 im Fremdenverkehr der Welt an der Spitze« stehe, »die Leistungen des Nationalsozialismus von einem Grüppchen Miesmacher wider besseres Wissen bekrittelt und bemängelt« würden.[62] Auf der Jahrestagung der »Reichsgruppe Hilfsgewerbe des Verkehrs« im Januar 1939, zu welcher die Reisebüros gehörten, wurde die kritische Diskussion als beendet erklärt. In seinem Redeteil über die KdF äußerte der Leiter der Reichsgruppe:[63] »Fruchtlose Debatten über vermeintliche Bedrohungen für das deutsche Reisebürogewerbe haben früher einen allzu breiten Raum in unseren Beratungen eingenommen«. Die KdF zitierte die Rede mit Genugtuung, aber nicht ohne einen Passus zu rügen, »daß die Reichsverkehrsgruppe Hilfsgewerbe des Verkehrs auch in Zukunft darüber wachen werde, daß die berechtigten Interessen seiner Mitglieder durch Kraft durch Freude keinen Schaden litten«[64] »Der Fremdenverkehr« griff die neuen Töne in seiner Berichterstattung bereitwillig auf:[65] »Verstummt sind die Angstrufe des Gastgewerbes und der Reisemittler, die in dem KdF.-Urlauber Schädigung, zum Teil sogar Vernichtung ihrer Existenz erblickten.«

Die Verbände und ihre Zeitschriften vertraten fortan noch deutlicher die schon länger ausgegebene offizielle politische Parole, dass es eine klare und fruchtbare Arbeitsteilung zwischen KdF und Reisegewerbe gebe und die KdF-Reisen zusätzlichen Verkehr darstellten.[66] Die Zielgruppe der KdF bezifferte man auf 40 Millionen, die der Reisebüros auf 20 bis 30 Millionen.[67] Dem Reisegewerbe wurde nahegelegt, sich auf ihre bei weitem nicht ausgeschöpfte Zielgruppe zu konzentrieren.

Tatsächlich klaffte bei den KdF-Reisen zwischen politischer Theorie und sozialer Praxis eine gewaltige Kluft. Die Reisenden sollten die nationalsozialistische »Volksgemeinschaft« repräsentieren, das heißt nach Klassen, Geschlecht und »Gauen« der Zusammensetzung der Bevölkerung entsprechen. Während die politische Vorgabe bei der regionalen Herkunft und der Repräsentation der Geschlechter[68] annähernd erreicht wurde, wurde sie hinsichtlich der sozialen Zusammensetzung weit verfehlt. Gemäß dem politischen Programm hätten die Arbeiter die Mehrheit unter den Reisenden bilden müssen. Dies war jedoch nicht der Fall, und der Propaganda fiel die Aufgabe zu, das Missverhältnis zwischen Anspruch und Wirklichkeit zu verschleiern

---

62 Der Fremdenverkehr 3 (1938), 29.1., S. 1-3, die Zitate S. 1.
63 Der Fremdenverkehr 4 (1939), 4.2., S. 8.
64 DAK 7 (1939), Nr. 32 v. 7.2., Bl. 2 f.
65 Der Fremdenverkehr 4 (1939), 11.2., S. 2.
66 Das Reisebüro 9 (1936), Nr. 17/20, S. 7-9; Der Angriff v. 27.4.1937, S. 11; Der Fremdenverkehr 4 (1939), 11.2., S. 4.
67 Das Reisebüro 9 (1936), Nr. 17/20, S. 8; Der Fremdenverkehr 2 (1937), 11.12., S. 8.
68 Keitz, Reisen, S. 251.

— Haltet aus, deutsche Genossen, bald befreien wir euch aus den Klauen des Hitlerismus! —
— Laßt euch nur Zeit, Kinder, es eilt nicht! —

15 Karikatur: Begegnung von Marxisten und KdF-Reisenden (Der Angriff, 6. Mai 1936).

bzw. glatt abzustreiten. In immer neuen Wendungen bestritten die Verantwortlichen in DAF und KdF eine Dominanz des Mittelstands bei den Reisen.[69] Die meisten Reisenden seien Arbeiter, und auch »der ärmste Volksgenosse« könne mitfahren. Die KdF hätte es »jedem schaffenden Deutschen möglich (gemacht) ..., für wenig Geld einmal den Urlaub in den berühmten Luxusbädern der Ost- und Nordsee zu verbringen.«[70]

Die Realität sah anders aus. Bei den KdF-Reisen waren die Angestellten, Selbständigen und Beamten in der Mehrheit, also der Mittelstand. Auswertungen von Teilnehmerlisten ergeben bei den Landreisen einen Arbeiteranteil zwischen 23 und 39 %, bei den teureren Seereisen von etwa 17 %.[71] Den Arbeiterreisen dürften mentale Hürden entgegengestanden haben. Vor allem aber konnten sich die meisten Arbeiterfamilien eine Urlaubsreise nicht oder nur schwer leisten. Die überaus günstigen Preise der KdF-Reisen änderten daran nichts Grundsätzliches, sondern nur Graduelles. Die KdF bot ihre Urlaubsreisen für zwischen 35 und 50 RM an und halbierte damit in etwa die Preise der gewerblichen Veranstalter.[72] Ermöglicht wurden die günstigen Angebote durch Verzicht auf Gewinne, Übernahme der Verwaltungskosten und mit den Anbietern touristischer Dienstleistungen ausgehandelte Niedrigpreise. Aufgrund der totalen Auslastung der Kapazitäten kamen die Verkehrsunternehmen, wie die Reichsbahn, die Pensionen, Gaststätten und privaten Zimmervermieter dennoch auf ihre Kosten. Allerdings stand die KdF unter Druck, auf touristische Randgebiete und Zeiten außerhalb der Saison auszuweichen. Die Reisepreise waren also die kritische Größe für den Erfolg des KdF-Angebots. Die DAF bemühte sich denn auch, Betriebe zur Subventionierung von Urlaubsreisen der Mitarbeiter zu bewegen.[73] Bereits 1934 etablierte sie ein Ansparsystem,[74] bei dem Sparmarken auch gleich durch zu-

[69] S. z.B. Krapfenbauer, S. 22-28; Ley, Deutschland, S. 87f.; Tätigkeitsbericht KdF 1935 von Ley (BArch NS 22/ 781, 53.5.0), hieraus die Formulierung »der ärmste Volksgenosse«.
[70] Krapfenbauer, S. 28.
[71] Spode, Arbeiterurlaub, S. 299-305; Keitz, Reisen, S. 249-54 u. 334f.; Frommann, S. 266-70; Michael Schneider, S. 674; Frese, S. 382.
[72] Spode, Arbeiterurlaub, S. 303; Keitz, Reisen, S. 239 f.
[73] Z.B. BArch NS 5 VI/ 3246, Bl. 104; vgl. Keitz, Reisen, S. 217 f.
[74] Der Angriff v. 28.2.1935, S. 15; 26.3.1935, S. 10; 9.6.1936, S. 14.

rückbehaltene Lohnanteile erworben werden konnten. Alle diese Maßnahmen verfehlten im Endeffekt das gewünschte Ergebnis. Reisen blieb im Nationalsozialismus trotz der KdF ein Privileg des Mittelstands. Mit ihren Angeboten gelang es der KdF nur, die Urlaubsreise in begrenztem Umfang in die Arbeiterschicht hinein sozial zu erweitern.

Im Unterschied zum ersten gab die KdF das zweite sozialpolitische Defizit ihres Reiseprogramms offen zu.[75] Bei den meisten KdF-Reisenden handelte es sich um Alleinstehende oder ein Elternteil, meist der Mann, fuhr allein in den Urlaub. Die verheirateten Frauen blieben häufig zu Hause, Kinder tauchten auf den KdF-Reisen nur selten auf. Dahinter stand natürlich wieder die Kostenfrage. Fiel es den meisten Arbeiterfamilien schon schwer, für eine Person einen Urlaub zu finanzieren, so war dies für zwei und mehr Personen eine Unmöglichkeit. Die KdF sah darin durchaus ein »Mißverhältnis zu der vom Nationalsozialismus stark ausgebauten Bevölkerungs- und Familienpolitik«, das nur schwer zu beseitigen sei.[76]

Arbeiter und Minderbemittelte sowie kinderreiche Familien waren also bei den KdF-Reisen stark unterrepräsentiert. Dem abzuhelfen entwickelte die KdF bis 1935 eine offensive Strategie. Sie bestand darin – wie man heute sagen würde –, die KdF vom Reisevermittler zum Touristikkonzern umzugestalten. Nur mit Hilfe großbetrieblicher Rationalisierung ließen sich für die angepeilten Zielgruppen erschwingliche Reisepreise realisieren. So schwärmte eine KdF-Schrift über die geplanten Groß-Seebäder, dass »deren Wirtschaftlichkeit sich zu einem normalen Seebadbetrieb etwa verhält, wie die einer Fabrik aus der zweiten Hälfte des vorigen Jahrhunderts zu einem unter Zuhilfenahme aller technischen Fortschritte durchrationalisierten Großbetrieb vom Jahre 1940.«[77]

Die KdF wollte also eigene touristische Anlagen, Schiffe, Feriendörfer, Hotels, bauen und betreiben. Die dabei in die Öffentlichkeit gebrachten Zahlen differierten beträchtlich; sie repräsentierten konkrete Planungen, aber auch weitreichende Visionen und politische Propaganda. Im Gleichschritt mit dem Größenwahn des »Dritten Reiches« steigerten sich auch bei der KdF die Ankündigungen und Versprechungen, um schließlich mit den militärischen Erfolgen in den ersten beiden Kriegsjahren zu kulminieren. Im Rahmen des Reichsparteitags 1935 hielt die DAF am 14. September ihre Jahrestagung ab.[78] Dabei führte Robert Ley über die zukünftigen Aufgaben aus: Die KdF habe das Ziel, 14 Millionen Menschen,[79] also die gesamte Industrie-

---

[75] Aufzeichnung über ein Gespräch mit v. Dorp aus der KdF-Amtsleitung am 2.3.1936 (BArch R 3901/ alt R 41/ 644, Bl. 148 f.); Kahl, S. 32-36; Lafferentz, Urlaub, S. 374 f.; Jahrbuch des Arbeitswissenschaftlichen Instituts, S. 59; vgl. Röchling, S. 82 f.

[76] Kahl, S. 34.

[77] Kahl, S. 36; zu den Prinzipien der Rationalisierung und Massenproduktion im Tourismus vgl. König, Geschichte, S. 294 u. 331 f.

[78] Das Archiv 18 (1935/36), S. 846 f. Der Bericht wird von mir wörtlich zitiert, allerdings von der im »Archiv« gewählten direkten in indirekte Rede übertragen. Eine etwas abweichende Fassung in: Ley, Deutschland, S. 45-79.

[79] Die 14 Millionen von der KdF zu betreuenden Menschen tauchten in der Folge in zahlreichen KdF-Publikationen auf, so z.B. von Dreßler-Andreß gebraucht in: Ley, Deutschland, S. 92 f.;

arbeiterschaft, Handwerker, Händler und Kleinbauern, zu erfassen. Dazu müssten weitere eigene Massenregiebetriebe, eigene Landheime, eigene Seebäder und eigene Schiffe, eingerichtet werden. Nach einem vom Führer angeregten Plan werde ein Massenseebad mit 20.000 Betten gebaut. Zu Land sollten weitere Erholungsheime mit insgesamt 50.000 Betten erstellt werden. Weiter sei der Bau mehrerer Schiffe mit je 1500 Betten vorgesehen. Die Finanzierung werde zu zwei Dritteln aus eigenen Mitteln der DAF sichergestellt, der Plan sei in zehn Jahren auszuführen. Anlässlich der Grundsteinlegung des ersten Seebades auf Rügen am 2. Mai 1936 sprach Ley von vier weiteren zu errichtenden Bädern.[80] »... 14 Millionen jedes Jahr auf 10 Tage zur Erholung auf Ferien zu schicken, ist der große Plan, dessen Durchführung beschlossen ist.« In einer bei der AEG am 5. November 1940 gehaltenen Rede kündigte Ley, »da heute der Sieg bereits sicher ist«, umfangreiche soziale Wohltaten für die Zeit nach Kriegsende an.[81] So sollten im Laufe eines Jahrzehnts 6,5 Milliarden RM in touristische Einrichtungen investiert werden, für den Bau von 20 KdF-Hotels mit je 2400 Betten, für 10 Seebäder und 60 KdF-Schiffe.

Wie entwickelten sich die Maßnahmen, Planungen und Visionen für das touristische Imperium der KdF im Einzelnen? Die Schiffsreisen bildeten das Aushängeschild des KdF-Tourismus.[82] Auf den Schiffen konnte das – so die Propaganda – »Volk der Seefahrer« die »Volksgemeinschaft« besonders intensiv und in Kontrast zur Weite des Ozeans und zur exotischen Ferne erfahren. Die KdF begann 1934 mit gecharterten Schiffen. Niedrige Preise erreichte man, indem man die Schiffe überbelegte, teilweise bis zum Dreifachen des bei komfortableren Kreuzfahrten Üblichen. Die für drei Klassen gebauten Schiffe boten recht unterschiedliche Quartiere, welche von der engen Vierbettkabine bis zum Massenschlafsaal reichten. Da aus ideologischen Gründen einheitliche Fahrpreise zu entrichten waren, musste es zu Beschwerden kommen. Die von der KdF gezogene Konsequenz bestand in der Verlosung der Plätze, womit man zudem die angestrebte Mischung der »Volksgemeinschaft« erreichte. In der Folgezeit kaufte die KdF vier Schiffe auf und baute sie teilweise um, wodurch sich die Unterbringung vereinheitlichte.

Die »klassenlose«[83] Seereise der »Volksgemeinschaft« ermöglichten dann die 1938 bzw. 1939 in Dienst gestellten KdF-Neubauten »Wilhelm Gustloff« und »Robert Ley«. Hitler selbst verkündete beim Stapellauf der »Robert Ley«, dass der Nationalsozialismus »unseren Volksgenossen alles das zu-

Ley in: Der Angriff v. 5.11.1935, S. 13; 29.11.1935, S. 4; 17.3.1936, S. 10. Da diese Zahl bereits 1935 unter der KdF-Mitgliedschaft lag, von deren Angehörigen ganz zu schweigen, stellt sich die Frage, ob Ley damit vor allem auf die bedürftigen Mitglieder zielte.

80 Das Archiv 26 (1935/36), S. 212; vgl. Völkischer Beobachter, Norddeutsche Ausgabe, Ausgabe A v. 3.5.1936, S. 2.

81 Völkischer Beobachter, Norddeutsche Ausgabe, 6.11.1940, S. 4.

82 Zu den KdF-Schiffsreisen außer der bereits zitierten allgemeinen Literatur: Frommann, S. 233 ff.; Kludas, Bd. 5, S. 125-40; Schön.

83 Vgl. Hitlers Polemik gegen das Klassensystem auf Schiffen bei Zitelmann, Hitler, S. 179 f.

16 Stapellauf der »Wilhelm Gustloff«. (Blohm und Voss, Hamburg)

gänglich« machen wolle, »was früher Vorrecht einer begrenzten Lebens- und Volksschicht war.«[84] Tatsächlich entsprach der technische Standard und der Komfort der Neubauten dem moderner Kreuzfahrtschiffe – die Luxusklasse einmal ausgenommen. Sie boten bei über 400 Besatzungsmitgliedern Platz für gut 1500 Passagiere, welche überwiegend in Zwei- und Vierbettkabinen untergebracht waren. Die Kreuzfahrten gingen nach Norwegen, Portugal, Madeira, die Azoren, nach Nordafrika, ins Baltikum, nach Griechenland, Italien – im Rahmen eines mit der faschistischen Freizeitorganisation Dopolavoro abgeschlossenen Abkommens –;[85] eine Reise nach Japan war für 1940 geplant, entfiel aber wegen des Krieges. Im Schnitt unternahmen jährlich mehr als 100.000 Deutsche eine Seereise mit der KdF.

Gemessen an den erzielten Passagierzahlen muten die KdF-Planungen gigantisch an. Robert Ley sah schon »jährlich Millionen deutscher Arbeiter auf die Meere hinausfahren«.[86] Und Bodo Lafferentz, der führende Tourismusmanager der KdF, gab die Parole aus, »jedem Volksgenossen eine Urlaubsfahrt zur See« – gemeint war: einmal im Leben.[87] Für die zu schaffende

[84] Marrenbach, S. 357.
[85] Vgl. Liebscher.
[86] Völkischer Beobachter v. 3.5.1936; Das Archiv 26 (1935/36), S. 213.
[87] Völkischer Beobachter v. 30.3.1938.

»Flotte des Volkes«[88] wurden bis zu 60 Schiffe genannt. In dieser Zahl waren allerdings nicht nur Hochseeschiffe wie die »Wilhelm Gustloff« und die »Robert Ley« enthalten, sondern auch kleinere, die auf der Ostsee den Urlaubern der KdF-Seebäder kürzere Fahrten ermöglichen sollten,[89] sowie Flussdampfer für Donau und Elbe.[90] Als Revier der Donau-Flotte war der gesamte Fluss bis zum Schwarzen Meer vorgesehen. Mit Hilfe von Wohnschiffen auf der Donau für 800 bis 1000 Menschen wollte man die eintreffenden und zurückreisenden Flusskreuzfahrer rationell abfertigen.[91]

Die »Wilhelm Gustloff« und die »Robert Ley« waren auf Hamburger Werften gebaut worden. Den Bau zweier weiterer Schiffe wollte die KdF nach Danzig vergeben.[92] Da die Marinerüstung zu Kapazitätsengpässen geführt hatte, tauchte 1938 die Idee auf, eine eigene KdF-Werft zu errichten.[93] Die Wahl fiel auf den in der Weltwirtschaftskrise stillgelegten Stettiner Vulcan. Dabei war sich Ley durchaus darüber im Klaren, dass die Werft nach erfolgter Rekonstruktion zunächst wohl von der Marine in Beschlag genommen würde.[94] Jedenfalls setzte auch hier der Krieg den Ausbauplänen ein Ende.

Selbst mit einer gewaltigen Urlauberflotte ließen sich nur die Reisewünsche von Minderheiten der KdF-Zielgruppe befriedigen. Für eine grundlegende Abhilfe kamen nur große Ferienanlagen an Land in Frage. Die von der KdF ins Auge gefassten Seebäder und Landerholungsheime sollten eine Kapazität bis zu je 20.000 Betten besitzen. Die Dimension dieser Planungen eröffnet sich erst, wenn man sich bewusst macht, dass die zur Zeit größte Ferienanlage der Bundesrepublik, das im Jahr 2000 eröffnete Fleesensee in Mecklenburg, über 1500 Betten verfügt. Nur mit solchen Großanlagen glaubte die KdF, das Ziel erreichen zu können, Millionen von Urlaubern einen attraktiven, familienfreundlichen und erschwinglichen Urlaub zu ermöglichen.[95] Bei den Landerholungsheimen war von vieren die Rede,[96] die Zahl der angekündigten Seebäder pendelte zwischen 3 und 5,[97] ehe Ley sie während des Krieges großzügig auf 10 verdoppelte. Die Anzahl der dort unterzubringenden Urlauber hing von der Bettenkapazität, der Länge der Sai-

88 In Artikelüberschriften in: Der Führer v. 12.3.1938 u. Westdeutscher Beobachter v. 9.3.1938.

89 Pommersche Zeitung v. 27.6.1938; Berliner Börsen-Zeitung v. 29.3.1938; Deutsche Allgemeine Zeitung v. 29.3.1938.

90 Berliner Börsen-Zeitung v. 29.3.1938; Deutsche Allgemeine Zeitung v. 29.3.1938; DAK 6 (1938), Nr. 209 v. 13.9., Bl. 3; Der Fremdenverkehr 4 (1939), 15.4., S. 6.

91 Unter dem Sonnenrad, S. 197; Der Angriff v. 1.11.1938, S. 1.

92 Rechenschaftsbericht Ley anlässlich der 4. Jahrestagung der KdF 1937 (BArch R 43 II/ 556b, Bl. 10).

93 Zur KdF-Werft: Schön, S. 84; The Motor Ship 19 (1938), S. 24; Frommann, S. 289-91; Deutsche Wochenschau v. 28.12.1938; Ley, Die wirtschaftlichen Unternehmungen, S. 1098f.; Völkischer Beobachter, Norddeutsche Ausgabe, 19.7.1938, S. 11; Hamburger Tageblatt v. 18.12.1938, S. 1.

94 BArch R 58/ 950, Bl. 247.

95 Kahl, S. 34-36 u. 63.

96 Der Angriff v. 16.3.1938.

97 Ley, Deutschland, S. 75; Der Angriff v. 31.7.1935, S. 1; 16.9.1935, S. 18; 17.3.1936, S. 10; 8.6.1937, S. 1; Völkischer Beobachter, Norddeutsche Ausgabe, Ausgabe A, 3.5.1936, S. 2.

son und der Aufenthaltsdauer ab, was alles noch nicht endgültig festgelegt war. Geht man von den am häufigsten genannten Angaben aus, 20.000 Betten pro Anlage, 8 Monate Saison und eine Woche Aufenthalt, dann kommt man pro Feriensiedlung auf eine Jahreskapazität von etwa 700.000 Urlauber[98]. Verglichen mit dem existierenden Badetourismus waren die Planungen gigantisch: 1937 kamen an die 9000 KdF-Urlauber auf Rügen.[99] Im Sommer 1936 zählten alle Ferienorte an der deutschen Ost- und Nordseeküste zusammen fast 1 Million Badegäste.[100] Gemessen an den sozialpolitischen Zielen der KdF waren selbst die utopischsten Planungen noch unzureichend. Die Landerholungsheime und Seebäder hätten zwar Millionen einen Urlaub ermöglicht, aber bei weitem nicht den 14 Millionen als Zielgruppe genannten Mitgliedern, ganz zu schweigen von deren Angehörigen. Dies zeigt, dass schon eine dramatische Differenz zwischen den sozialpolitischen Zielen und den utopischen Planungen bestand; noch erheblich größer war sie zu den faktischen Möglichkeiten der KdF in einer Zeit, als die deutsche Wirtschaft durch Aufrüstung und Autarkie an den Grenzen ihrer Kapazitäten arbeitete.

Die konkreten Aktivitäten der KdF blieben weit hinter den Ankündigungen und visionären Planungen zurück. Von den Landerholungsheimen wurde vor Kriegsbeginn nur eines in Königswinter[101] und eines in Leys Heimatort Waldbröl[102] begonnen. Königswinter mit 5000 und Waldbröl mit 1000 Betten waren vor allem für Kurzaufenthalte von Arbeitern aus den nahen Ballungszentren an Rhein und Ruhr gedacht. Das Erholungsheim Königswinter nahm in einer der schönsten Rheingegenden 200 m des Flussufers in Anspruch. Die Rede war von einem eigenen Kino, einem Theater, einem großen Bad mit zu öffnendem Dach, überdachten Terrassen und von Restaurationsbetrieben. Der Aufenthalt sollte 2 RM pro Tag und Person kosten.

Bei den Seebädern fand eine zum Teil öffentlich geführte Standortdiskussion statt.[103] Doch nur für das Seebad bei Kolberg (Pommern) scheinen die Planungen weiter gediehen zu sein.[104] 1937 wurde gemeldet, dass ein in Kolberg eingerichtetes DAF-Büro »bereits in den nächsten Tagen« das Gelände kaufen werde. Der zum Architekten bestimmte Clemens Klotz habe schon den Ort für die für 20.000 Urlauber bestimmte Anlage besichtigt und Überlegungen zur Lage der Bauten angestellt. Danach wurde es jedoch wieder still um das Kolberger Bad.

---

98 Für das Seebad Prora sprach die KdF von über einer halben Million Urlauber im Jahr (Leistungen, S. 36), Hitler von 800-900.000 (Domarus, S. 695).

99 Der Angriff v. 3.9.1937, S. 9.

100 Der deutsche Volkswirt 11 (1937), S. 2115.

101 Der Angriff v. 15.7.1936, S. 9 u. 21.7.1939, S. 9.

102 Der Angriff v. 20.8.1939, S. 6.

103 Z.B. Bauen, Siedeln, Wohnen 16 (1936), S. 206; Behnken, 1939, S. 469; Spode, Seebad, S. 42.

104 Völkischer Beobachter, Norddeutsche Ausgabe, 28.10.1937, S. 2; Leistungen, S. 37; Das Archiv 43 (1937/38), S. 851; Bauen, Siedeln, Wohnen 17 (1937), S. 611; Die Baugilde 19 (1937), S. 1087; Siemens-Mitteilungen 193 (1938), S. 28; Der Angriff v. 28.10.1937, S. 1.

Gebaut wurde schließlich nur in Prora auf Rügen.[105] Robert Ley kündigte den Bau des Seebads im Juli 1935 im »Der Angriff«[106] und dann am 14. September auf der Jahrestagung der DAF im Rahmen des Nürnberger Reichsparteitags 1935 an.[107] Die mitgelieferte und später ausgebaute Legende lautete, die Idee stamme von Hitler selbst.[108] Dieser habe gesehen, dass sich die KdF-Urlauber im mondänen Seebad Heiligendamm nicht wohl fühlten. Überhaupt tat sich die DAF auf die Neuartigkeit des Bads einiges zugute:[109] »Die alten Bäder passen nicht so ganz für unsere Arbeiterurlauber. Die Unzahl und Verschiedenheit der Hotels und Pensionen – das ist der liberalistische Stil«; Prora dagegen werde »den Charakter eines sozialistischen Seebades« besitzen. Von ihm würden »gewaltige kulturelle Impulse« ausgehen, indem man z.B. Reklame verbannen und geschmackvolle Reiseandenken anbieten werde. Der bereits in Nürnberg ausgestellte Entwurf stammte von dem Kölner Architekten Clemens Klotz (1886-1969)[110], einem von Ley besonders geschätzten Baumeister. Es bleibt unklar, aufgrund welcher Überlegungen oder Interventionen das Bauvorhaben danach dennoch begrenzt ausgeschrieben wurde. Albert Speer lud als Leiter des DAF-Amtes »Schönheit der Arbeit« 11 Architekten zum Wettbewerb ein, darunter namhafte wie Emil Fahrenkamp und Heinrich Tessenow. Die Vorentwürfe und grundsätzlichen Richtlinien stammten von der unter Leitung Julius Schulte-Frohlindes (1894-1968) stehenden Bauabteilung der DAF. Die im Berliner Marstall ausgestellten Wettbewerbsergebnisse wurden während der Olympischen Spiele 1936 von Hitler, Robert Ley und Albert Speer besichtigt. Die Entscheidung fiel zugunsten des von Klotz eingereichten eher sachlichen Entwurfs, der allerdings mit der dazu wenig passenden monumentalen klassizistischen Festhalle von Erich zu Putlitz kombiniert wurde. Ein etwa 15 m langes Modell des Bads präsentierte in der Folgezeit auf Ausstellungen die nationalsozialistischen Urlaubsvisionen.

Den Grundstein für die Anlage hatte Ley bereits vor der Wettbewerbsentscheidung, am 2. Mai 1936, gelegt. Ein aus zahlreichen Baufirmen bestehendes Konsortium begann mit den Arbeiten Ende 1936.[111] Zeitweise waren mehr als 2000 Beschäftigte, darunter italienische Fremdarbeiter, auf der Bau-

---

105 Sekundärliteratur zu Prora: Buchholz, S. 283 f.; Leser, S. 214-32; Frommann, S. 292-96; Harlander, S. 122-25; Rostock/Zadnicek; Lichtnau; Spode, Seebad; wichtige Quellen: Bender, Wettbewerb; Bender, Das KdF.-Seebad; Bender, Das Seebad; Heidrich; Marrenbach, S. 361-63; Leistungen, S. 31-38; Kahl, S. 62 f.; Das Archiv 26 (1935/36), S. 212; Der Angriff v. 17.3.1936, S. 10; 17./18.10.1936, Anlage »Wir sind im Bilde«, S. 1-3; Bauen, Siedeln, Wohnen 16 (1936), S. 206; Baugilde 20 (1938), S. 105 f.

106 Der Angriff v. 31.7.1935, S. 1.

107 Das Archiv 18 (1935/36), S. 846f.; Ley, Deutschland, S. 74 f.

108 Am ausführlichsten in: Völkischer Beobachter, Norddeutsche Ausgabe, Ausgabe A, 3.5.1936, S. 2; nach Dreßler-Andreß' – unzuverlässigen – Erinnerungen soll Ley selbst die Idee zum Bau des Seebads Prora gehabt haben (Spode, Seebad, S. 31).

109 Der Angriff v. 3.5.1936, S. 1.

110 Über Klotz: Leser.

111 Die ausführlichste Darstellung durch den Bauleiter Heidrich; vgl. DAK 6 (1938), Nr. 111 v. 18.5., Bl. 5.

17 Modell des KdF-Seebads Prora, 1936 (Dokumentationszentrum Prora – Stiftung Neue Kultur)

18 Das KdF-Seebad in Prora im Bau. (Wie Abb. 14)

stelle tätig. Jedoch litten die Arbeiten zunehmend unter dem Abzug von Material und Arbeitskräften für die Rüstung.[112] Die Fertigstellung musste mehrmals verschoben werden.[113] Schließlich war an eine Inbetriebnahme in Etappen gedacht. Die monumentale Festhalle hatte man zugunsten eines zentralen Festplatzes zurückgestellt. Im September 1939, als das nationalsozialistische Deutschland in Polen einfiel, waren die Unterkunftshäuser und Teile der Gemeinschaftshäuser im Rohbau fertig. Die jetzt woanders benötigten Firmen machten noch die Dächer dicht, danach ruhte der Bau. Im Krieg dienten die Häuser als Notunterkünfte für evakuierte Hamburger.

Die Ferienanlage bestand aus zwei mal vier durch den Festplatz getrennten Bettenhäusern. Randlich und dazwischen sprangen 10 Gemeinschaftshäuser rechtwinklig zum Strand hin vor. Insgesamt erreichte der entlang der geschwungenen Küstenlinie angeordnete Häuserbogen eine Länge von 4,5 Kilometer. Die 8 Bettenhäuser waren 500 m lang, aber nur 7 m breit. Damit erhielten alle in 5 Geschossen über einem Untergeschoss mit Liegehalle angeordneten Zimmer Meerblick. Der Zugang erfolgte über auf der Rückseite kammartig vorspringende Treppenhäuser und die Landseite einnehmende Flure. Die 12,5 m^2 großen Zimmer enthielten zwei Einzelbetten, einen Waschtisch mit fließendem Wasser, einen Kleiderschrank und eine Wohnecke mit Tisch, Stühlen und einer Liege, die von einer dritten Person zum Schlafen benutzt werden konnte. Eine Tür verband zwei Zimmer zu einer Wohneinheit, in der eine Familie mit vier Kindern – nach Ley mit fünf bis sechs Kindern[114] – Platz finden konnte.

In den dreigeschossigen Gemeinschaftshäusern befanden sich Wirtschafts- und Vorratsräume sowie die Küchen. Die Mahlzeiten sollten die Gäste in Speisesälen mit je 820 Plätzen sowie in Kaffeeräumen einnehmen. Schreib-, Lese- und Spielräume, Kegelbahnen, Billardzimmer und Liegehallen waren für Entspannung und Erholung gedacht. Überhaupt lag den Planern viel an Unterhaltungsmöglichkeiten für die Urlauber. Um den Festplatz herum gruppierten sie einen »Vergnügungspark«[115], Bauten mit Bierrestaurants, Kleinkunstbühnen, Theater, Kino, Leseräumen, Läden und einen

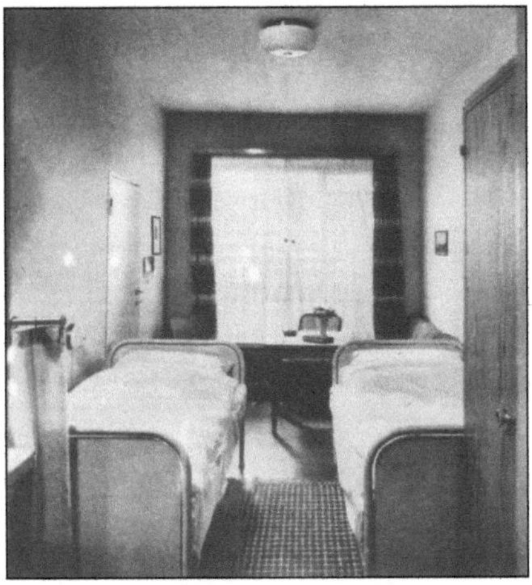

19 Für Prora vorgesehene Zimmereinrichtung. (Die Baugilde 18, 1936)

[112] Marrenbach, S. 363.

[113] Das Archiv 26 (1935/36), S. 212; Der Angriff v. 17.3.1936, S. 10; Deutsche Allgemeine Zeitung v. 16.8.1938; Siemens-Mitteilungen 193 (1938), S. 28; Leistungen, S. 36; Das Archiv 64 (1939), S. 478.

[114] Der Angriff v. 27.11.1938, S. 1.

[115] Bauen, Siedeln, Wohnen 16 (1936), S. 206.

über 80 m hohen Turm mit einem Café. Für Sport und Spiel waren zwei Schwimmhallen mit 100 mal 40 m-Becken und Wellenanlage, eine Gymnastikhalle und Plätze im Freien geplant. Zwischen Strand und Häusern hatte Klotz einen breiten Streifen mit Dünen und Bewuchs vorgesehen. Als dadurch rechnerisch auf jeden Urlauber nur 6 m^2 Strandfläche entfielen,[116] sah man einen größeren Strandanteil vor, was die Rechengröße auf maximal 25 m^2 anschwellen ließ,[117] »ein Platz, wie er bisher in keinem Luxusbad dem Einzelgast zur Verfügung stand«[118]. Der Festplatz bot Raum für politische Gemeinschaftserlebnisse, ein Musikpavillon für Konzerte. Für die gleichen Zwecke entwarf Telefunken eine Lautsprecheranlage, welche das gesamte Seebad abdeckte.[119] Nur den Strand wollte man für die Ruhesuchenden freihalten.

Mit Prora baute die KdF eine Großferienanlage bislang unbekannten Zuschnitts. Mit den Prinzipien rationeller touristischer Massenabfertigung sollten die Preise niedrig gehalten und überhaupt erst Minderbemittelten Ferienaufenthalte ermöglicht werden. Dem diente die Größe der Anlage, welche zudem der superlativischen Gigantomanie des Regimes entsprach und sich propagandistisch vermarkten ließ. Hitler rühmte sich, »das größte Seebad der ganzen Erde« zu bauen.[120] In der Presse war vom »größte(n) Hotelbau der Welt« die Rede,[121] das Bad übertreffe ganze Hotelstädte wie Norderney und Scheveningen.[122] Zugunsten niedriger Preise nahm man die Enge der »Kabinen«[123], gestaltet nach dem »Schlafwagenprinzip«[124], in Kauf. Zentralheizung auf den Zimmern, Strahler in den Liegehallen und die beheizbaren Schwimmbecken sollten die Saison weit über die Sommermonate hinaus erweitern. Für schulpflichtige Kinder dachte man an eine eigene Schule.[125] Die üppigen Freizeiteinrichtungen ermöglichten jenen, die mit dem Groschen rechneten, die gesamte Zeit in der Anlage zu verbringen. Die Kürze des Aufenthalts sei durch Intensivierung des Urlaubserlebnisses zu kompensieren, wie Robert Ley vor den zum Wettbewerb eingeladenen Architekten ausführte:[126] »Wenn der Mensch in das neue Bad kommt, darf er noch keine Stunde da sein, dann muß er seine Vergangenheit vergessen haben. Vom ersten Augenblick an muß er von dieser berauschenden und überwältigenden Umgebung befangen sein. Bis zur letzten Sekunde, bis der Zug abgeht. Der Arbeiter wird bei uns für zwei Reichsmark alles erhalten, sogar die Bademäntel und seinen Strandkorb. Er braucht nichts mitzubringen als seine Leibwäsche.«

---

116 Bender, Das KdF.-Seebad, S. 968; Bender, Das Seebad, S. 778.
117 Kahl, S. 63.
118 Marrenbach, S. 362.
119 N.S.-Funk, Folge 37 v. 10.9.1939, S. 30; Nationalsozialistische Rundfunk-Korrespondenz 3 (1939), Folge 34 v. 23.8., S. 12.
120 Kotze/Krausnick, S. 214.
121 Baugilde 20 (1938), S. 105.
122 Frankfurter Zeitung v. 27.2.1938.
123 Ley in: Der Angriff v. 17.3.1936, S. 10; vgl. Völkischer Beobachter v. 27.7.1939.
124 Ley in: Der Angriff v. 27.11.1938, S. 1.
125 Frankfurter Zeitung v. 27.2.1938.
126 Bauen, Siedeln, Wohnen 16 (1936), S. 133.

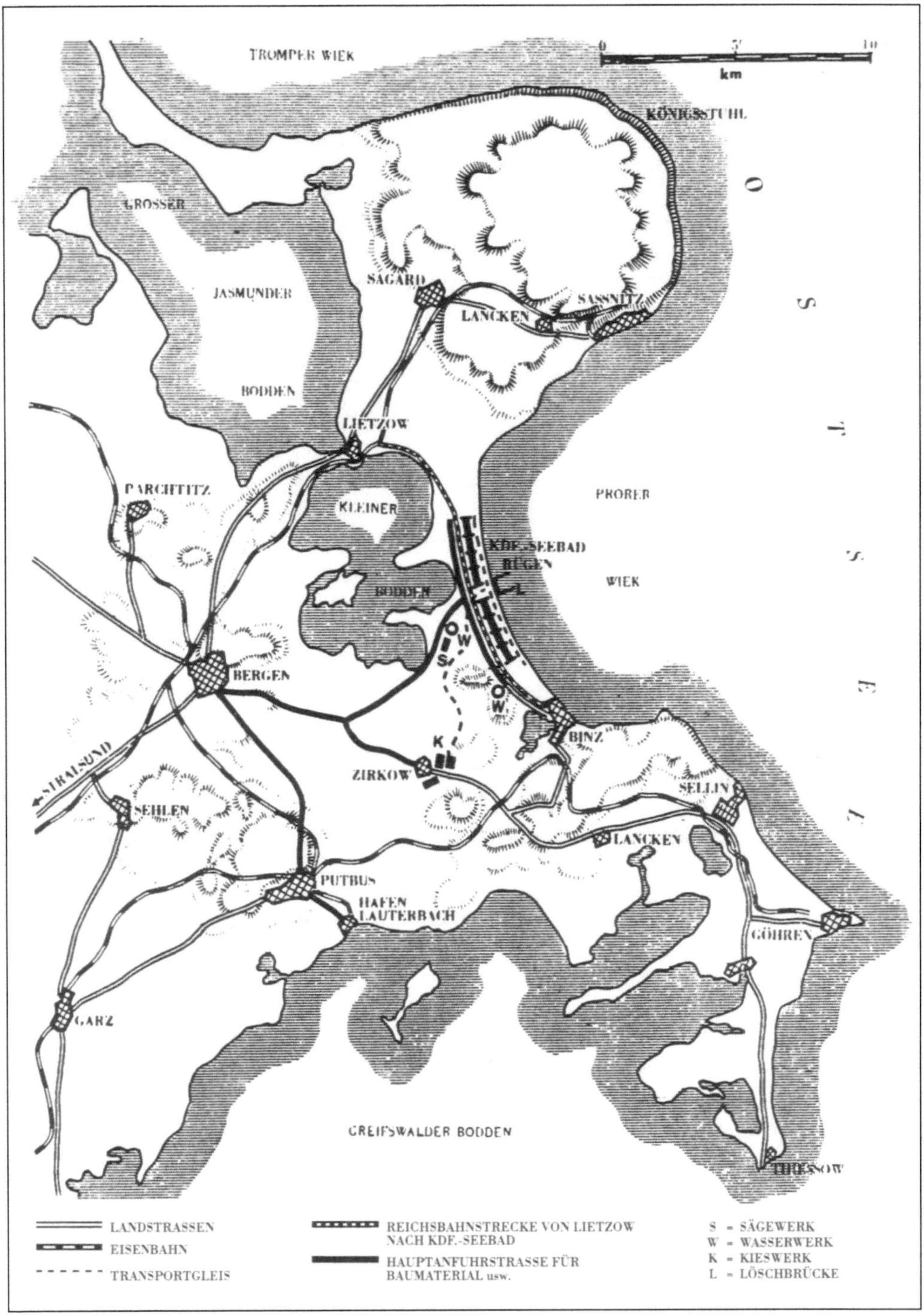

20 Lage des KdF-Seebads Prora auf Rügen. (Der deutsche Baumeister 1, H. 8, 1939)

Eine solche Ferienanlage mit 20.000 Gästen und 2000 Angestellten erforderte eine ausgeklügelte Logistik, für die Wasserversorgung und Abwasserentsorgung, die Beschaffung und den Transport der Lebensmittel und die Organisation des Aufenthalts. Allein die An- und Abreise der Urlauber warf nicht unerhebliche Probleme auf. Täglich hatte man mit einer Fluktuation von einigen Tausend Gästen zu rechnen. Im Mai 1939 erhielt Prora durch Eröffnung einer Neubaustrecke Gleisanschluss und einen eigenen Bahnhof. Damit war das Bad von Berlin aus in knapp 5 Stunden zu erreichen. Für die mit dem KdF-Wagen Anreisenden sollten zwei neue Straßen und Garagen gebaut werden. Anlegestellen für größere Schiffe ermöglichten Ausflugsfahrten auf der Ostsee. Der Verkehr innerhalb der Anlage ließ sich bei einer Ausdehnung von 4,5 Kilometer nicht mehr zu Fuß bewältigen. Von den diskutierten verkehrstechnischen Lösungen wurde eine Kleinbahn favorisiert.

Da die Ferienanlage nicht fertig wurde, musste die KdF nicht den Beweis antreten, ob sie in der Lage gewesen wäre, die neuartigen Aufgaben zu bewältigen. Insbesondere scheint die Kostenfrage weitgehend offen geblieben zu sein, musste dies wohl auch wegen der Neuartigkeit des Unternehmens. Die angegebenen Preise, mit denen das Vorhaben stieg und fiel, spiegelten mehr Wunschdenken wider als Kostenberechnungen. Ley und Hitler sprachen von 2 RM pro Tag bzw. von 18,60 RM für den einwöchigen Aufenthalt einschließlich An- und Rückreise Berlin.[127] Tatsächlich hätten solche politischen Preise erstmals breiteren Bevölkerungsschichten einen Urlaub an der Ostsee ermöglicht.

Die Planungen von Seebädern und der Bau von Prora fanden in der deutschen Öffentlichkeit breiten Widerhall.[128] In den Deutschlandberichten der Sozialdemokratischen Partei wurde Prora als »eine der wirkungsvollsten Reklamebauten des Dritten Reiches« gewertet.[129] Die Arbeitnehmer sprächen nur positiv darüber; dagegen sei »dem deutschen bürgerlichen Spießer (das) luxuriöse »Bad für den Pöbel« ein Dorn im Auge«.

Doch auch kritische Stimmen ließen sich offen oder versteckt vernehmen. Hinter ihnen standen recht unterschiedliche Motive. Das traditionelle Tourismusgewerbe sah in den Seebädern eine existenzbedrohende Konkurrenz. So beklagten sich die Verwaltungen der Nordseebäder über die riesigen auf Rügen entstehenden Kapazitäten, von denen sie Verluste befürchteten.[130] Die KdF scheint solche Kritik antizipiert zu haben. Jedenfalls stellte sie im Unterschied zu ihrer früheren Politik Überlegungen an, für die Ferien in Prora Einkommensgrenzen zu akzeptieren.[131] Die Reisebüros konnten in den ambitionierten Planungen alte Befürchtungen bestätigt sehen, dass die KdF-Ge-

127 U.a. Tätigkeitsbericht KdF durch Ley am 26.11.1935 (BArch NS 22/ 781, 53.5.1, S. 9 f.); Kotze/Krausnick, S. 215; vgl. Berliner Tageblatt v. 25.6.1938.

128 Zeitungsausschnitte mit Berichten über Prora finden sich in: BArch NS 5 VI/ 19518, Bl. 2-4, 6, 8, 18 f., 22, 24 f., 34, 36, 38, 40, 43; Behnken, 1936, S. 879; 1938, S. 160; 1939, S. 469.

129 Behnken, 1939, S. 469.

130 Frommann, S. 293 f.; allerdings existiert die von Frommann als Beleg angegebene Akte im Bundesarchiv nicht.

131 BArch R 3901/ alt R 41/ 644, Bl. 142.

meinschaftsreise die Individualreise verdrängen werde.[132] Die Hotels und Gaststätten, die schon immer gegen Ferienheime von Betrieben und Institutionen opponiert hatten, standen jetzt vor einer Bedrohung ganz anderer Größenordnung.

Der von der KdF aus sozialpolitischer Not heraus projektierte industrialisierte Massentourismus widersprach traditionellen Vorstellungen heimatverbundener Ferienaufenthalte, die im Nationalsozialismus eine breite Basis besaßen. Auch in Leys Rede anlässlich der Gründung der KdF waren noch andere Töne zu vernehmen gewesen:[133] »Wir beabsichtigen in der Heide, in den Bergen, auf den Höhen des Rheines überall Lager zu bauen, in denen die Deutschen in Zucht und Kameradschaft ihre Urlaubszeit verbringen.« Das offizielle Organ der nationalsozialistischen Fremdenverkehrsorganisationen hatte sich scharf vom Konzept einer »Fremdenverkehrsindustrie« distanziert.[134] »Nichts war so verkehrt wie die liberalistische Auffassung, man könne aus dem Reise- und Urlaubswesen eine *Fremdenindustrie* machen. Wenn ein Zweig wirtschaftlicher und kultureller Tätigkeit ... sich nicht dazu eignet, nach Grundsätzen der Fabrikation am Bande, der mechanisierten Technisierung betrieben zu werden – so eben der Fremdenverkehr. Nicht Fremdenverkehrsindustrie, sondern Fremdenverkehrskultur!« Auf dem in Hamburg 1936 stattfindenden Weltkongress für Freizeit und Erholung verwahrte sich Bodo Lafferentz gegen Begriffe wie »Massenabfertigung« oder »Massenbetrieb« für den KdF-Tourismus.[135] Die Reisenden würden als »Gäste ... zu Besuch« aufgenommen. »Keinesfalls sind sie wirtschaftliche Objekte.«

Auf demselben Kongress bezeichnete dagegen der Montanindustrielle Hermann Röchling das geplante Seebad auf Rügen als schlicht zu groß.[136] Man solle die Urlauber »ein bißchen mehr über die großen Gebiete der Nord- und Ostsee verteilen.« Für Vertreter eines völkischen Romantizismus, wie Alfred Rosenberg, war das Bad ein unsinniger, schlimmer »Massenbetrieb« und Ausfluss von »Gigantomachie«.[137] Hierbei handelte es sich sicherlich nicht um Einzelstimmen. Der »Völkische Beobachter« sah sich veranlasst, gegen Kritik an einer Verschandelung der Naturlandschaft auf Rügen Verwahrung einzulegen.[138] Es sei »völlig abwegig ..., von »Hochhäusern an der Ostsee« zu sprechen«. Die Häuser seien zwar höher als auf Rügen üblich, wirkten aber aufgrund der Länge der Anlage niedriger.

Eine ganz andere Sorge trieben – nach Berichten der Gestapo – Wirtschaftskreise um:[139] In Zukunft sollten doch die KdF-Reisen der Erholung

---

132 Vgl. Hoffmann, Fortschritt, S. 340.

133 Unter dem Sonnenrad, S. 20.

134 Der Fremdenverkehr 1 (1936), 23.5., S. 11.

135 Lafferentz, Urlaub, S. 374.

136 Röchling, S. 83; angeblich sollen auch Gauleiter gegen die Seebäder protestiert haben (IfZ F 104 »Protokoll des Gesprächs mit Herrn Dressler-Andress am 22. Juli 1974 in Berlin-Karlshorst«, S. 6).

137 Rosenberg, S. 177 f.

138 Völkischer Beobachter v. 27.7.1939.

139 Boberach, Meldungen, S. 206.

Priorität gegenüber dem Erlebnis einräumen. »Ob die in Bau befindlichen bzw. geplanten *Riesen-K.d.F.-Bäder* mit einer Belegschaftsstärke von 20.000 Mann diesen Forderungen immer gerecht werden, wird in weiten Kreisen bezweifelt.« Kritisiert wurde die mit dem Aufbau eines Tourismusimperiums der DAF verbundene Ressourcenlenkung. Für die KdF-Bäder sei Geld und Material vorhanden, aber nicht für die Beseitigung des Wohnungsmangels.[140] In einem internen Bericht des Reichsarbeitsministeriums, das mit der DAF in ständigen Auseinandersetzungen über die Abgrenzung der sozialpolitischen Kompetenzen lag, wurde die KdF-Strategie grundsätzlich und die Planung von Ferienanlagen im Besonderen in Frage gestellt.[141] Die Verwaltungskosten würden beträchtlich steigen. »Jedenfalls dürfte es nahezu unmöglich sein, dem Berliner Arbeiter für 2 M je Tag einen Badeaufenthalt auf Rügen zu ermöglichen.« Es werde sich zeigen, dass »noch größere Beihilfen seitens der Allgemeinheit« erforderlich würden. Damit entziehe man der Volkswirtschaft Mittel, die besser in eine allgemeine Hebung des Lebensstandards gesteckt würden. »Durch Urlaubsfahrten, Theater und Konzerte werden keine Elendsquartiere beseitigt und keine hungrigen Mäuler satt gemacht.«

Zu den Planungen und Visionen der KdF gehörten Riesenhotels in den großen Städten.[142] Diese zielten jedoch weniger auf Urlaubsreisende denn auf Besucher und Ausflügler. Während sich die Berliner KdF-Führung in gigantischen touristischen Plänen erging, wurden auf regionaler Ebene kleinere Lösungen für die sozialen Dilemmata der nationalsozialistischen Urlaubspolitik erarbeitet. Bei Hamburg und bei Graal-Müritz in der Rostocker Heide entstanden Urlaubsdörfer für kinderreiche Arbeiterfamilien. Im Sommer wurde die Fertigstellung des aus einer Initiative des Hamburger Reichsstatthalters erwachsenen Dorfes von 30 Ferienhäusern für bis zu 8 Personen gemeldet.[143] Bei dem Rostocker Dorf arbeiteten die mecklenburgische DAF, die Stadt und die regionale Wirtschaft zusammen.[144] Die erste Ausbaustufe war auf 17 Häuser für etwa 700 Gäste berechnet. Den »Deutschen Hotel Nachrichten« waren diese Planungen sichtlich sympathischer als das Großunternehmen Prora.[145] Sie interpretierten das Rostocker Dorf zwar »nicht als »Gegengründung« gegen das Prinzip der KdF.-Reisen oder -Großbäder, sondern als Erweiterung der gebotenen Möglichkeiten und deren sinnvolle Ergänzung.« Jedenfalls aber solle, »der Charakter eines modernen Seebades vermieden, der eines heimatgebundenen Dorfes unterstrichen werden«.

Mit ihrem touristischen Standardprogramm agierte die KdF während des »Dritten Reiches« als eine Art Reisevermittlung. Sie griff auf die bestehenden

140 Boberach, Meldungen, S. 327.

141 BArch R 3901/ alt R 41/ 644, Bl. 140-47, die Zitate auf Bl. 144-46.

142 Der Fremdenverkehr 2 (1937), 3.7., S. 6; 4.9., S. 11; Völkischer Beobachter, Norddeutsche Ausgabe, 6.11.1940, S. 4.

143 Deutsche Allgemeine Zeitung v. 19.7.1939.

144 Strenger; Berliner Lokal-Anzeiger v. 22.7.1938; Der Angriff v. 23.7. u. 11.11.1938; Germania v. 4.10.1938; Niederdeutscher Beobachter v. 10.10.1938 u. 20./21.5.1939; DAK 6 (1938), Nr. 238 v. 16.10., Bl. 6.

145 Deutsche Hotel Nachrichten v. 31.12.1938.

touristischen Dienstleister zurück und schnürte eigene attraktive niedrigpreisige Angebote. Damit baute sie den bereits in der Weimarer Republik expandierenden Mittelstandstourismus aus, was zu Konflikten mit den gewerblichen Reisebüros und teilweise mit den Hotels und Gaststätten führte. In nicht unerheblichem Umfang beruhte der KdF-Tourismus auf Umlenkung des Wachstums auf dem Reisemarkt. Die politisch erwünschte und propagierte Erschließung des Reisens für Arbeiter und Minderbemittelte gelang dagegen nur bedingt. Die niedrigen Einkommen erlaubten diesen Schichten in aller Regel keine Urlaubsreise. Insbesondere galt dies für kinderreiche Familien, die Erholungsurlaub am Nötigsten hatten.

Selbst mit diesem mehr konventionellen Reiseprogramm geriet die KdF an Grenzen, welche das Regime durch die Vorrangstellung von Aufrüstung und Autarkie setzte. Seit Sommer 1938 hatte sie Schwierigkeiten, ihre Reisen überhaupt durchzuführen. Über die Gründe führte das nationalsozialistische Wirtschaftsorgan »Der deutsche Volkswirt« in verschlüsselter Form aus:[146] »Die produktiven Kräfte unseres Volkes sind so gut wie vollständig gebunden und außerdem in starkem Maße auf Arbeitsgebiete gelenkt, auf denen die menschliche Arbeit Erzeugnisse hervorbringt, die nicht dem Verbrauch dienen.« Der Rat des »Volkswirts« an die KdF lautete, nur noch Reiseziele nahe der Heimat der Gäste anzusteuern. Die Kapazitäten der Reichsbahn waren 1938/39 durch Aufrüstung, Westwallbau, Truppentransporte sowie die Eingliederung Österreichs, des Sudetenlands und den Resten der Tschechoslowakei so überlastet, dass sie der KdF zugesagte Züge wieder entzog. Das Reichsverkehrsministerium verfügte im Sommer 1938 eine Reduzierung des gesamten Wochenendverkehrs auf der Schiene um 90 % und der KdF-Fahrten an den Wochentagen um 70 %.[147] Die Weisung durfte nicht veröffentlicht werden. Der Leiter des KdF-Amts »Reisen, Wandern und Urlaub« Bodo Lafferentz berichtete, dass im Sommer 1938 eine halbe Million KdF-Mitglieder ihre Urlaubsreise nicht hätten antreten können.[148] Das Weihnachtsprogramm 1938/39 habe die KdF um 70 % reduzieren müssen. Für Sommer 1939 habe die Reichsbahn Kürzungen um 60 % gefordert; Betriebsausflüge und Wochenendfahrten sollten völlig wegfallen. Die Schiffsreisen seien aufgrund Devisenmangels gefährdet.[149] Das Reichssicherheitshauptamt befürchtete Unruhen in der Bevölkerung und schlug vor, die Lage dem »Führer« vorzutragen.[150]

Schon lange vor diesen Schwierigkeiten war man sich bei der KdF der gewaltigen Diskrepanz zwischen sozialpolitischem Anspruch und Realität der Ferienreise bewusst. Mit den bislang ergriffenen konventionellen Maßnahmen jedenfalls blieb die Urlaubsreise für die ganz überwiegende Mehrzahl der Arbeiter und Minderbemittelten unerschwinglich. Den Weg zur »Volksreise« suchte die KdF freizumachen mit dem Konzept eines durchrationali-

146 Der deutsche Volkswirt 13 (1938/39), S. 2171.
147 Bohrmann/Toepser-Ziegert, Bd. 6, S. 678 f.
148 BArch R 26 I /28, Bl. 2, Bericht Lafferentz v. 20.2.1939; vgl. Das Archiv 64 (1939), S. 478.
149 BArch R 26 I /28, Bl. 1, Aktennotiz Lafferentz v. 18.2.1939.
150 Keitz, Reisen, S. 226-28.

sierten Massentourismus. Den Kern dieser Strategie bildete der Bau von Großferienanlagen, die bei totaler Auslastung ein standardisiertes, aber dennoch attraktives Angebot bereitstellen sollten. Die Planungen und Visionen waren ambitioniert, blieben aber dennoch hinter den anerkannten sozialpolitischen Notwendigkeiten zurück. Realisiert wurde davon fast nichts. Die DAF besaß zwar erhebliches Kapital, aber das Reich benötigte die Ressourcen an Arbeitskräften und Materialien für andere Zwecke.

Es muss offen bleiben, ob die KdF-Planungen für den Massentourismus unter anderen wirtschaftspolitischen Rahmenbedingungen Aussicht auf Erfolg gehabt hätten. Die KdF hätte sich von einem Reisevermittler zu einem ökonomisch arbeitenden Touristikkonzern entwickeln müssen, um die erforderlichen Subventionen niedrig zu halten. Der Umfang der Zuschüsse zum Ausgleich der bestehenden und betriebswirtschaftlich nicht aufzuhebenden Differenz zwischen Einkommen und Reisekosten war weitgehend unklar. Mit welchen Summen hier zu rechnen war deutete sich bereits vor dem Krieg an. Nach Angaben der Organisation flossen vom Durchschnittsbeitrag der DAF 15 Pfennig in die normale Arbeit der KdF, aber bereits 36 Pfennig in Bauten, darunter die KdF-Schiffe und die Seebäder.[151]

Der von den Nationalsozialisten angezettelte Krieg entzog allen touristischen Aktivitäten und Planungen den Boden. Bereits kurz nach Kriegsbeginn forderte die Parteikanzlei Ley auf, die Arbeiterschaft über die zukünftige Verwendung der Mitgliedsbeiträge zu informieren; schließlich könnten jetzt die Seebäder und Kreuzfahrtschiffe nicht mehr gebaut werden.[152] Während des Krieges engagierte sich die KdF bei der Truppenbetreuung. Die Einheiten der KdF-Flotte dienten vor allem als Lazarettschiffe. In den provisorisch fertiggestellten Bauten Proras kamen Ausgebombte aus Hamburg unter. Je weiter der Krieg fortschritt, desto überflüssiger erschien die Organisation. Am 24. August 1944 befahl Goebbels als »Reichsbevollmächtigter für den totalen Kriegseinsatz« die von der KdF durchgeführte Truppenbetreuung einzustellen.[153]

151 Leistungen, S. 210-16.
152 Heiber, Akten, S. 532.
153 Das Archiv 125 (1944), S. 394.

DIE WIRTSCHAFT UND DIE VOLKSPRODUKTE

Bereits vor der Machtergreifung hatte Hitler klar gemacht, dass seine Regierung die kapitalistische Privatwirtschaft nicht antasten werde.[1] Gleichzeitig distanzierte er sich von Sozialismus-Vorstellungen, wie sie der linke Flügel der NSDAP vertrat. Für Hitler hatte die Wirtschaft instrumentellen Charakter. Ihr Wert zeige sich darin, inwieweit sie in der Lage sei, seine politischen Pläne zu unterstützen und umzusetzen. Konkret hieß dies: politische Handlungsfreiheit durch Autarkie zu erreichen sowie militärische Stärke durch Aufrüstung, um für die Zukunft des deutschen Volkes erforderlich gehaltenen Lebensraum im Osten zu erobern. Die kapitalistische Konkurrenzwirtschaft stellte für Hitler ein geeignetes Instrumentarium dar, um diese Ziele zu verfolgen. In seinem sozialdarwinistischen Denken war Konkurrenz positiv besetzt. Allerdings interpretierten die Nationalsozialisten den ökonomischen Konkurrenzbegriff um. Konkurrenz solle nicht länger als einzelwirtschaftliches Ringen um Profite, sondern als »Leistungswettbewerb« im Rahmen der politischen Zielvorgaben verstanden werden.[2]

Für die Wirtschaft galt also ein »Primat der Politik«.[3] Sie wurde nicht unter doktrinären, sondern unter instrumentellen Gesichtspunkten beurteilt. So Hitler im Gespräch mit einer französischen Journalistin:[4] »Wir haben eine einzige Doktrin, nämlich die, daß es in der Wirtschaft keine Doktrin gibt. Wenn die Privatindustrie versagt, muß sie durch die Staatsinitiative ersetzt werden.« Und im Hinblick auf die Ersatzstoffproduktion auf der Automobilausstellung 1937:[5] »Entweder die sogenannte freie Wirtschaft ist fähig, diese Probleme zu lösen, oder sie ist nicht fähig, als freie Wirtschaft weiterzubestehen!« Für die von den Nationalsozialisten angestrebte Wirtschaftsform wurden vereinzelt Begriffe wie »Planwirtschaft«[6] oder »Gemeinwirtschaft«[7] vorgeschlagen. Die weiteste Verbreitung fanden Bezeichnungen wie »gelenkte«, »dirigierte« oder »gesteuerte« Wirtschaft.[8]

Welche Konsequenzen hatten die Maßnahmen der staatlichen Wirtschaftslenkung für das unternehmerische Handeln? Einschränkungen ergaben sich durch ein seit Herbst 1934 eingeführtes System der Preisüberwachung, wel-

---

1 Zur Wirtschaftsauffassung und Wirtschaftspolitik des Nationalsozialismus: Barkai; Kershaw, NS-Staat, S. 89-123; Overy, War; Zitelmann, Hitler, S. 195-271; Harlander, S. 132 f.; Ritschl, Zum Verhältnis; Janssen; Prollius.

2 Vgl. z.B. Das Archiv 23 (1936), S. 1431.

3 Mason, Primat; Janssen, S. 95-100.

4 Das Archiv 8/9 (1935/36), S. 1356.

5 Kraft, S. 20.

6 So z.B. Huppert, S. V.

7 So z.B. Bramstedt.

8 So z.B. Der Vierjahresplan 3 (1939), S. 1414 f.; Die Deutsche Volkswirtschaft 7 (1938), S. 1125 f.; vgl. Michael Schneider, S. 286 ff.; Janssen, S. 500-05.

ches 1936 in einen weitgehenden Preisstopp mündete. Die Produktion wurde durch eine mehr und mehr ausgedehnte Bewirtschaftung der Rohstoffe und Halbfabrikate beeinflusst. Der gesamte Außenhandel wurde unter politischen und Devisengesichtspunkten gesteuert. Der Vierjahresplan von 1936 bedeutete Investitionslenkung unter autarkie- und rüstungspolitischen Zielstellungen. Mit dem Ausbau der Ersatzstoffproduktion entstanden neue riesige Produktionskomplexe.

Die Wirtschaft selbst war in das immer dichter werdende Netz staatlicher Lenkungsmaßnahmen in vielfacher Weise eingebunden. Doch änderte die Einbindung in Institutionen der Autarkie- und Rüstungspolitik nichts daran, dass die grundlegenden Entscheidungen von staatlichen und Parteistellen getroffen wurden. Die Reaktion der Wirtschaft auf dieses System hing wesentlich davon ab, welche Auswirkungen es auf das eigene Unternehmen oder die jeweilige Branche besaß. Im unternehmerischen Handeln ging es vorrangig um Existenzsicherung und Gewinnerzielung. Gerade im Verlauf der nationalsozialistischen Herrschaft zeigte sich, dass die Unternehmen und Unternehmer im Regelfall politische und moralische Bedenken, so sie überhaupt aufkamen, den ökonomischen Zielen unterordneten. Im Interesse der Sicherung des Unternehmens und seiner Gewinne passten sie sich weitgehend den Vorgaben der nationalsozialistischen Wirtschaftspolitik an.

Das Verhältnis zwischen den nationalsozialistischen Zielsetzungen und den Unternehmenszielen war in den einzelnen Branchen unterschiedlich und bewegte sich zwischen den Polen Kongruenz und Konflikt. Hierbei kann man eine idealtypische Trennung zwischen der Investitionsgüter- und der Konsumgüterindustrie vornehmen, die natürlich einer Verfeinerung nach Branchen und Firmengruppen bedürfte. Die Investitionsgüterindustrie profitierte in großem Umfang von der Rüstungskonjunktur. Die Firmen steigerten ihre Umsätze und Gewinne. Sie wurden bei der Zuteilung von Rohstoffen und Material bevorzugt. Und sie besaßen für viele Produkte gewissermaßen eine Absatzgarantie. Anders sah die Situation bei den Konsumgüterindustrien aus.[9] Sie litten unter der staatlichen Wirtschaftspolitik, welche die volkswirtschaftlichen Ressourcen auf Rüstung und Prestigevorhaben konzentrierte und damit dem Konsum entzog. Eine Reihe von Industrien, wie die Lebensmittel-, die Textil- sowie die Leder- und Schuhindustrie,[10] hatten eine durch Importbeschränkungen verursachte Umstellung ihrer Rohstoffbasis zu verkraften. In vielen Fällen war die Gewinnsituation alles andere als rosig und es kam zu Firmenschließungen.

Je näher der Krieg rückte, desto mehr entwickelte sich der Nationalsozialismus in Richtung einer Kommandowirtschaft. Meilensteine auf diesem Weg waren die Gründung großer Industriekonzerne wie die Reichswerke Hermann Göring und das Volkswagenwerk. In zwei ganz unterschiedlichen Bereichen dokumentierten die beiden Gründungen, dass die Wirtschaft den nationalsozialistischen Vorstellungen nicht nachgekommen war. Die Eisen-

---

[9] Vgl. Berghoff, Konsumgüterindustrie.

[10] Vgl. Bräutigam.

und Stahlindustrie hatte das Verlangen nach Gewinnung und Verwertung minderwertiger deutscher Eisenerze nicht im geforderten Umfang erfüllt. Die Kraftfahrzeugindustrie sah sich nicht in der Lage, bei politisch vorgegebenen niedrigen Preisen die Massenproduktion eines Volkswagens aufzunehmen. In den Jahren unmittelbar vor dem Krieg wurden für mehrere Industrien umfangreiche Rationalisierungs- und Typisierungsprogramme entworfen, welche nicht nur die unternehmerischen Spielräume, sondern auch die konstruktions- und produktionstechnischen eingeengt hätten. Teilweise gingen sie bis zu einer Neuordnung der Industrie. Das meiste davon wurde nicht umgesetzt, weil der Krieg die Rahmenbedingungen radikal veränderte.

In den späten 1930er Jahren nahmen die Warnungen vor der sich intensivierenden Kommandowirtschaft zu.[11] So wurde eine »gewisse Sorge« geäußert über »den Ersatz der freien und schöpferischen Initiative und Selbstverantwortlichkeit durch die immer weiter um sich greifende totale Organisation.« Die damit angesprochenen Differenzen verliefen quer durch die nationalsozialistische Politik. So kam es während des Krieges, 1941, zwischen Wirtschaftsminister Walther Funk und Robert Ley als Leiter der DAF zu Auseinandersetzungen über die nationalsozialistische Wirtschaftsordnung, in denen Funk das Prinzip der Privatwirtschaft, Ley das der Staats- bzw. Parteiwirtschaft vertrat.[12] Dabei führte Ley das Volkswagenprojekt ins Feld, bei dem die DAF auf Befehl des Führers eingesprungen sei, »nachdem die private Autoindustrie völlig versagt hatte. Kurzsichtigkeit, Böswilligkeit, Profitgier und Dummheit waren es, die damals die Privatindustrie bestimmten, den genialen Erfinder Dr. Porsche abzulehnen und selbst den Wunsch und den Willen des Führers zu sabotieren.«[13] Funk dagegen gab seiner Meinung Ausdruck, dass auch die Privatindustrie »bei richtiger Lenkung und Beratung und Beteiligung des Staates oder der DAF« das Volkswagenwerk hätte errichten können. Porsche sei zwar ein genialer Erfinder und Techniker, »aber auch der genialste Erfinder braucht noch keine richtige Kalkulation machen zu können!« Der Wirtschaftsminister hielt mit seinen Zweifeln an der Seriosität der Finanzierung des Volkswagenwerks durch Leys Bank der deutschen Arbeit nicht hinter dem Berg. Ohne gesunden und gerechten Wettbewerb müsse »die private Wirtschaft und damit die Initiative und Verantwortungsfreudigkeit immer mehr vor den mit Bürokratie und Mittelmäßigkeit beschwerten Staats- und Parteiunternehmungen zurückweichen ...«. Als die Diskussion stattfand, hatte der Krieg die in Richtung Staatswirtschaft weisenden Tendenzen weiter gestärkt. Eine definitive wirtschaftspolitische Richtungsentscheidung war damit jedoch nicht verbunden. Die kontrafaktische Frage, ob sich bei Weiterbestehen des Nationalsozialismus ein mehr staatswirtschaftliches oder ein mehr privatwirtschaftliches System durchgesetzt hätte, muss offen bleiben.

---

[11] Vgl. z.B. Die Deutsche Volkswirtschaft 7 (1938), S. 1125 f.; 8 (1939), S. 525 f. (das Zitat S. 525); Dencker.

[12] BArch R 43 II/ 352 b, Bl. 113-23, 24.5.1941, Ley an Funk (das Zitat Bl. 118); Ebd., Bl. 125-36, 3.6.1941, Funk an Ley (die Zitate Bl. 132-34); vgl. Ley, Die wirtschaftlichen Unternehmungen.

[13] Vgl. eine ähnliche Formulierung in: Unter dem Sonnenrad, S. 177.

Kooperation und Kritik

Der Volksempfänger[14] war das wichtigste Volksprodukt. Nur er wurde produziert und erreichte Stückzahlen in Millionenhöhe. Für viele Haushalte bildete er eine sicht- und hörbare Einlösung nationalsozialistischer Konsumversprechen. Da im Rundfunk Unterhaltungssendungen dominierten, stand er für die propagandistisch versprochene nationalsozialistische Freizeitgesellschaft. Die Idee des Volksempfängers entstand in Goebbels' Ministerium zunächst zur Verbreitung politischer Propaganda. Als das Gerät in Produktion ging, hatte sich jedoch bereits das Konzept des Unterhaltungsrundfunks durchgesetzt. Ein attraktives Programm sollte Frohsinn in die Häuser tragen und die Menschen für das Regime gewinnen.

Der die Interessen der Rundfunkindustrie vertretende Funkverband akzeptierte den Volksempfänger erst nach seiner Gleichschaltung. Die beiden jüdischen Geschäftsführer wurden durch einen Parteiaktivisten bzw. durch einen den Nationalsozialisten genehmen Rundfunkmann ersetzt. Aber auch danach kam es zu heftigen Auseinandersetzungen zwischen der politischen Rundfunkführung und den Verbandsmitgliedern. Sie entzündeten sich an der Frage der Auflagenhöhe für den Volksempfänger. Die Radiofirmen wollten vorsichtig und zurückhaltend agieren und nach Möglichkeit Konkurrenz für ihre Markengeräte vermeiden. Die nationalsozialistische Rundfunkführung wollte so viele Geräte wie möglich herstellen lassen; das Risiko sollten die Rundfunkfirmen tragen. Die Rundfunkfunktionäre, an vorderster Stelle Eugen Hadamovsky, übten beträchtlichen Druck auf die Industrie aus. Diese gab letztlich dem Drängen nach hohen Auflagen nach. Sie wurden nur reduziert bei offensichtlicher Überproduktion. Vor dem Krieg kam der Materialmangel als weiterer limitierender Faktor hinzu.

Der Volksempfänger gab gewissermaßen das Muster für andere Volksprodukte vor. Die Grundentscheidungen wurden durch die nationalsozialistische Politik getroffen; die Industrie setzte sie in gemeinschaftlicher Arbeit um. Die Produktion des Gemeinschaftsmodells wurde auf die einzelnen Firmen verteilt. So stammten die Vorgaben für den Volkswagen[15] aus der Regierung bzw. von Hitler persönlich, die für den Volkskühlschrank[16] aus dem Wirtschaftsministerium. Beim Einheits-Fernsehempfänger[17] wirkten Industrie und Reichspost zusammen. Der Fernseher lässt sich mit den anderen Volksprodukten nur bedingt vergleichen, weil eine weite Verbreitung zwar propagiert, aber nicht ernsthaft geplant wurde.

Die aus der Politik kommenden Anstöße für weitere Volksprodukte neben dem Volksempfänger waren relativ offen formuliert und nicht verbindlich. In der Industrie gab es durchaus unterschiedliche Ansichten, ob man sie auf-

14 Vgl. hierzu das Kapitel »Der Volksempfänger und seine Brüder«.
15 Vgl. hierzu das Kapitel »Der Volkswagen«.
16 Vgl. hierzu das Kapitel »Der Volkskühlschrank«.
17 Vgl. hierzu das Kapitel »Der Einheits-Fernsehempfänger«.

greifen sollte. Schließlich setzten sich aber doch in den genannten Fällen die Befürworter eines industriellen Engagements durch. Dahinter standen vor allem zwei Motive. Die Wirtschaftsvertreter wollten das Heft des Handelns in der Hand behalten. Nach den Erfahrungen mit dem Volksempfänger wusste man zwar, dass die Position der Industrie gegenüber der Politik alles andere als gut war. Aber noch mehr fürchtete man politische, ohne eigene Einflussnahme zustande gekommene Vorgaben. Nach der Übertragung des Volkswagenprojekts an die DAF wuchsen sich die Befürchtungen zu einem regelrechten Trauma aus, wie die Verbandsdiskussionen um den Volkskühlschrank dokumentieren. Auf keinen Fall sollten weitere Staats- oder Parteibetriebe als Konkurrenten der Industrie entstehen. Dass die Befürchtungen sehr wohl berechtigt waren, zeigen Leys Pläne für ein Volkstraktorenwerk.[18] Der Leiter der DAF hielt es nicht einmal für nötig, die Industrie über die Planungen zu informieren.

Außerdem spielte beim Engagement für die Volksprodukte die Konkurrenz zwischen den Firmen eine Rolle. Die Wirtschaftsverbände reagierten als Kartell. Besonders die schwächeren Firmen fürchteten, dass die stärkeren aus dem Kartell ausbrechen und allein oder gemeinsam mit der nationalsozialistischen Politik Volksprodukte realisieren könnten. So schrieben die deutschen Autobauer insbesondere Opel das technisch-wirtschaftliche Potenzial für den Bau eines Volkswagens zu, was sich mit der Selbsteinschätzung des Rüsselsheimer Unternehmens deckte. Das gemeinsame Volkswagenprojekt der Automobilindustrie verunmöglichte solche Alleingänge und die daraus drohende marktbeherrschende Stellung eines Konkurrenten. Die befürchtete Situation trat 1936 in der Radiowirtschaft ein, allerdings in einer recht kleinen Marktnische, nämlich bei den Kofferradios.[19] Die Rundfunkführung vereinbarte kurzerhand mit der Berliner Firma Schaleco den Bau des Deutschen Olympia-Koffers. Die Konkurrenz lief gegen die Entscheidung Sturm und erreichte es, dass das Kofferradio wieder unter die Fittiche des Verbands genommen wurde. Für den Einheits-Fernsehempfänger bildeten die fünf Hersteller und die Reichspost von vornherein ein Kartell.

Die existierenden, aber hintangestellten Bedenken gegen die Volksprodukte rührten daher, dass unklar war, ob sie nicht die obersten Ziele der Unternehmen gefährdeten, nämlich Existenzsicherung und Gewinnerzielung. Die Volksprodukte wirbelten den existierenden Markt gehörig durcheinander. Die Nationalsozialisten hörten zwar nicht auf zu verkünden, dass die Gemeinschaftsgeräte keine Konkurrenz für die Markenprodukte darstellten, sondern einen zusätzlichen Markt erschlössen. Doch dies waren politische Beruhigungstropfen für die Wirtschaft. Tatsächlich führten der Volksempfänger und der Deutsche Kleinempfänger zur Stagnation beim Verkauf von Markenempfängern. Dies hieß nichts anderes, als dass potenzielle Käufer der Markengeräte zu den preiswerteren Apparaten griffen, der Industrie also Gewinne und Umsätze verloren gingen. Die Frage lautete, ob der zusätzliche

---

[18] S. u. S. 236-38.

[19] S. o. S. 71-73.

Verkauf von Kleingeräten in der Lage war, die Einbußen wettzumachen. In Erwartung des Volkswagens sahen sich eine Reihe deutscher Automobilbauer veranlasst, das Marktsegment der Kleinwagen zu räumen. Den meisten fiel das nicht schwer, weil Materialkontingentierungen die Produktion beschränkten und sich mit den größeren Modellen höhere Gewinne erzielen ließen. Mehr Kummer verursachten die Anzeichen, dass Kunden der Mittelklasse zum Volkswagen abwandern würden.

Die Volksprodukte bedrohten die angestammten Märkte. Daraus resultierten in der Industrie angestellte Überlegungen, den Kauf nur bis zu einem bestimmten Höchsteinkommen zuzulassen. Solche für den Volksempfänger wie für den Volkswagen geäußerten Gedanken wurden jedoch nicht energisch verfolgt. Sie hätten ohnehin bei der nationalsozialistischen Politik keine Chance gehabt. Zu sehr widersprachen sie dem Begriff und der Ideologie der »Volksprodukte«. Außerdem war deren angestrebte weite Verbreitung alles andere als gewiss. Eine soziale Einschränkung des Abnehmerkreises hätte die ohnehin schon bestehenden Schwierigkeiten zusätzlich verschärft. Einzig die Kraft durch Freude-Bewegung nahm aufgrund beträchtlichen Drucks aus dem mittelständischen Fremdenverkehrsgewerbe entsprechende Formulierungen in ihre Reisebestimmungen auf.[20] Die Bestimmungen waren allerdings sehr weich formuliert und sie wurden häufig nicht eingehalten.

Der für die Industrie kritischste Punkt bei den Volksprodukten war der Preis. Bei den »politischen Gemeinschaftsgeräten« des Funks stand er als Kompromiss am Ende eines langen Schacherns von Industrie und Politik. Zweifellos war der Preis des Volksempfängers knapp kalkuliert. Das hinderte die Kartellfirmen jedoch nicht, um die Quoten zu rangeln. Wenn der Volksempfänger schon nicht zu verhindern war, dann wollte man das immerhin mögliche Geschäft nicht den anderen überlassen. Dabei waren die Interessen der großen und der kleinen Firmen recht unterschiedlich. Für die großen war der Volksempfänger ein zusätzliches Produkt, mit dem sich eine zeitweilig schlechte Auslastung korrigieren ließ. Für die kleinen bildete er das Hauptgeschäft, von dem Wohl und Wehe des Unternehmens abhing. Sie investierten für ihre Verhältnisse hohe Summen in die Produktion. Bei einigen führte die Produktion des Volksempfängers in den wirtschaftlichen Untergang. Das Problem bestand darin, dass die Nachfrage nach den kleinen Radios stark schwankte. Die Gemeinschaftsgeräte bildeten das instabile Element auf einem ansonsten stabilen Radiomarkt. 1935 zwangen Unterkapitalisierung, nicht abgeschriebene Investitionen und zurückgehender Verkauf drei Firmen in die Zahlungsunfähigkeit. Die Großen verkrafteten die Krise besser. Sobald die Investitionen abgeschrieben waren, konnten sie aus dem Volksempfänger Gewinne ziehen.

Beim Volkswagen bildete der Preis eine noch kritischere Größe. Der ursprünglich genannte von 1000 RM bezog sich auf einen dreirädrigen Kleinstwagen. Als die Planungen zum Kleinwagen fortschritten und schließlich bei der relativ aufwändigen Konstruktion des Volkswagens landeten, blieb der

[20] S. o. S. 198-203.

Preis von 1000 RM unverändert. Inzwischen hatte er den Charakter eines politisch-propagandistischen Versprechens angenommen. Das Preisdiktat bedeutete für die Automobilindustrie sichere Verluste. Bei schlechter gestellten Firmen konnte dies an die Existenz gehen; die Radiokrise von 1935 war noch in guter Erinnerung. Einige besser positionierte Firmen waren bereit, aus politischen Rücksichten dennoch den Volkswagen zu produzieren, falls eine kleine Auflage die Verluste in Grenzen hielt. Dies war jedoch nicht durchzusetzen, weil Hitler mittlerweile Erwartungen von Millionen Volkwagen geschürt hatte. In dieser – durch den »Führer« persönlich – verfahrenen Situation konnte die Industrie nur aufatmen, als die DAF das Volkswagenprojekt übernahm. Das lief zwar ihren strategischen Vorstellungen zuwider, schien aber der einzig mögliche Ausweg.

Der Volkskühlschrank stand vor ähnlichen Problemen. Der von den Herstellern als tragbar erachtete Preis entsprach nicht den politischen Vorstellungen. Als das Projekt bereits zu versanden drohte, stieg die DAF ein. Sie schloss von den für die Nachkriegszeit geplanten Millionen Neubauwohnungen[21] auf eine entsprechende Zahl von Kühlschränken und errechnete daraus denkbar niedrige Preise. Auf diese Art und Weise diente die eine Illusion der anderen als Basis. Ganz anders, aber auch nicht unproblematisch gestaltete sich die Preisfrage beim Einheits-Fernsehempfänger. Der vereinbarte Preis von 650 RM deckte nicht die Selbstkosten. Den Fernsehfirmen schien dies wegen der kleinen Auflage tragbar. Sie hatten viele Jahre in Forschung und Entwicklung investiert und wollten endlich auf den Markt. Das Risiko bestand darin, dass der politische Einstiegs- und Markterschließungspreis später festgeschrieben wurde und sich nicht über große Stückzahlen amortisieren ließ.

In der Wirtschaft dominierte die Auffassung, dass sich ein Massenmarkt langlebiger Konsumgüter langsam entwickeln müsse. Als wichtigste Voraussetzungen betrachtete man Kaufkraftsteigerungen und Fortschritte bei der rationellen Massenproduktion. Man hielt wenig davon, diesen Prozess gewaltsam beschleunigen zu wollen. Auf die nationalsozialistischen Volksprodukte ließ sich die Industrie deshalb nur zögernd ein; es bedurfte des Drängens der Politik. In die Volksprodukte involviert, hieß dann die Devise, das Beste aus der Situation zu machen. Zumindest sollten die zentralen Ziele, die Existenz des Unternehmens und sein Gewinn, nicht gefährdet werden. Als dies nicht mehr gewährleistet schien, suchte sich die Wirtschaft aus den Projekten zurückzuziehen.

Trittbrettfahrer: Industrielle Volksprodukte

»Volksprodukte« und ähnliche Begrifflichkeiten waren lange vor der nationalsozialistischen Machtergreifung fest etabliert. In ihnen spiegelten sich so-

[21] S. o. S. 129 u. 148 f.

wohl Vermarktungshoffnungen der Unternehmen wie Konsumwünsche der Bevölkerung. In Artikeln der Fach- und Publikumspresse, in Werbeanzeigen der Hersteller und als Produktbezeichnungen war zu lesen von »Volksautos«,[22] »Volksempfängern«,[23] »Volkskühlschränken«,[24] »Volkswaschmaschinen«,[25] »Volksherden«, Staubsaugern als »Volksgeräten«[26] und »Volks-Ski«[27]. Daneben gab es weitere die nämlichen Wünsche und Intentionen ansprechenden Begriffe wie »Gebrauchswagen« oder »Sparherde«. Die damit verbundenen Hoffnungen auf eine weite Verbreitung waren relativ. So zielte Siemens mit seinem 1929 als »Volks-« und »Familienherd« auf den Markt gebrachten Elektroherd für 165 RM ausdrücklich auf den »bürgerlichen Haushalt«; der Elektroherd sei von nun an nicht mehr länger als Luxus zu betrachten.[28]

Mit der nationalsozialistischen Machtergreifung erfuhr das Epitheton »Volk« eine politische Aufwertung. Die Verbindung zwischen der nationalsozialistischen »Volksgemeinschaft« und dem Massenkonsum eröffnete sowohl politisch als auch ökonomisch attraktive Perspektiven. Der Volksempfänger bewirkte dann einen Dammbruch bei der Etablierung und Propagierung neuer Volksprodukte. Der im Mai angekündigte und im August 1933 auf der Funkausstellung gezeigte Volksempfänger verkörperte die gestellten Anforderungen an Konsumgüter: niedriger Preis, Qualitätsanspruch und die angestrebte Vollversorgung der Haushalte. Er induzierte das Verlangen nach weiteren Volksprodukten. Artikuliert wurde es durch die Politik, die Industrie, Versorgungsunternehmen, den Handel sowie die Bevölkerung selbst.

Als Kriterien, denen Volksprodukte zu entsprechen hatten, wurden vor allem ein niedriger Preis und gute Qualität angeführt.[29] Darüber hinaus – so klang es mancherorts an – erwartete man von ihnen einen – so würde man heute sagen – gesellschaftlichen oder volkswirtschaftlichen Zusatznutzen. So distanzierte sich eine wirtschaftsnahe Stimme von all jenen, die behaupteten, es gehe bei den Volksprodukten nur darum, »Massenerzeugnisse unter einem neuen Namen abzusetzen, Durchschnittsware zu fabrizieren und unter die Menge zu bringen.«[30] Den Zusatznutzen des Volkwagens umschrieb der Artikel – er erschien übrigens vor Hitlers Volkswagen-Rede – so: »Er versetzt den Groß-Städter in die Lage, hinauszufahren und auch solche Orte bequem aufzusuchen, die üblicherweise für den Verkehr weniger erreichbar sind. Er gewinnt dort Erholung und – – trägt diesen Gebieten Verdienst zu.« Der Volksempfänger solle »möglichst viele Volksgenossen zum Rundfunk he-

22 S. o. S. 155 f.
23 S. o. S. 32 f.
24 S. o. S. 141.
25 Heßler, Mrs. Modern Woman, S. 137.
26 Heßler, Mrs. Modern Woman, S. 137.
27 Ski. Korrespondenzblatt des Schweizerischen Ski-Verbandes 26 (1929), nach S. 72; dies als Beispiel, dass sich der Begriff nicht auf Deutschland beschränkte.
28 Schneider, Herd; vgl. Bieling/Scholl, S. 33 f. u. 40.
29 Der Rundfunk-Grosshändler 2 (1933), S. 295; Die Deutsche Volkswirtschaft 3 (1934), S. 552 f.
30 Der Rundfunk-Grosshändler 2 (1933), S. 295.

ran...ziehen, um so die Mitarbeit aller an den kulturellen, politischen und sonstigen Problemen zu sichern und leichter zu gestalten.« Und das Ziel des Volksflugzeugs bestehe darin, »der großen Allgemeinheit das Fliegen zugänglich zu machen, die Luft als Verkehrsraum zu gewinnen.«

Solche aus der Wirtschaft kommenden Zielzuschreibungen waren alles andere als zwingend und konsistent. Sie hätten sich so ähnlich wohl für jedes Konsumgut konstruieren lassen. Im Vordergrund der wirtschaftlichen Interessen standen tatsächlich die Ankurbelung des Absatzes und die damit einhergehenden Gewinnmöglichkeiten. Dies zeigte sich bei den auch nach Ankündigung des Volksempfängers unternommenen Versuchen, ältere Radios mit Hilfe des »Volks-«Begriffes abzusetzen. Nach Erscheinen des Volksempfängers propagierte der Handel Plattenspieler, Tonabnehmer und Schallplatten als Ergänzungsartikel. Der Verkauf des Volksempfängers sei ein »Opfer«; ein Verdienst lasse sich mit ihm schwerlich erzielen.[31] Man könne ihn aber mit einem Zwischensockel nachrüsten, um daran den wünschenswerten »Volks-Plattenspieler« anzuschließen. Mit den Schallplatten eröffne sich dem Händler ein Geschäft auf Dauer, während er die Käufer des Volksempfängers sonst kaum mehr zu Gesicht bekomme. Die Anregung wurde insbesondere durch die Firma Bosch aufgegriffen, die einen »Volks-Plattenspieler« für 29,50 RM (ohne Tonabnehmer) auf den Markt brachte und als ideale Ergänzung des Volksempfängers bewarb.[32] Bosch hatte an seinem »Volks-Plattenspieler« allerdings wenig Freude.[33] Obwohl man ihn unter Selbstkosten verkaufte, wurden insgesamt nur wenige Tausend abgesetzt. Enttäuscht stellte das Unternehmen die Produktion ein. Dritte vermuteten, dass der Misserfolg mit dem unattraktiven Gehäuse zusammenhing.[34] Andere Firmen boten einen »Volks-Tonabnehmer« zu Preisen zwischen 10 und 15 RM an.[35] Ein spezieller »Volksmotor« war mit einem Plattenteller zu kombinieren.[36] Firmen wie Telefunken und Longophon führten »Volksschallplatten« im Angebot für zwischen 60 und 160 Pfennig das Stück,[37] die sich in einem »Volks-Platten-Ordner«[38] für 3,75 RM übersichtlich aufbewahren ließen.

Im Sommer 1934 unternahm der Reichsverband des Deutschen Phono- und Musikwarenhandels bei der Industrie einen Vorstoß für einen »Volksplattenspieler« zum Preis von etwa 40 RM als Gemeinschaftserzeugnis.[39] Die

---

[31] Der Rundfunk-Großhändler 2 (1933), S. 302; Phonographische (und Radio) Zeitschrift 34 (1933), S. 481, 552 f. u. 628 f.

[32] Radiohändler 10 (1933), S. 1171 u. 1174; Der Elektro-Markt, Beilage Radio-Markt 1933, Nr. 46, S. 28 f.; Der Rundfunk-Großhändler 2 (1933), S. 302; Phonographische und Radio Zeitschrift 34 (1933), S. 565, 628 u. 635; Bosch-Zünder 15 (1933), S. 188 f.; RBA, RM 1/ 2, 4 u. 5.

[33] RBA, RM 1/ 1.

[34] Phonographische und Radio Zeitschrift 35 (1934), S. 505.

[35] Radio v. 24.6. u. 2.9.1933; Der Rundfunk-Großhändler 2 (1933), S. 302; Phonographische und Radio Zeitschrift 34 (1933), S. 680.

[36] Phonographische Zeitschrift 34 (1933), S. 457.

[37] Phonographische und Radio Zeitschrift 34 (1933), S. 709 u. 35 (1934), S. 127; Die Deutsche Volkswirtschaft 3 (1934), S. 552 f.

[38] Phonographische und Radio Zeitschrift 35 (1934), S. 496.

[39] Phonographische und Radio Zeitschrift 35 (1934), S. 504 f.

zunächst aussichtsreich gestarteten Verhandlungen scheiterten. Hierfür wurden mehrere Gründe namhaft gemacht. Die Industrie verwies auf die gestiegenen Materialpreise. Die Beteiligten hegten Zweifel, ob die vorhandene Kaufkraft einen ausreichenden Absatz sichern könne. Und ein vom Verband geplantes Teilzahlungssystem kam nicht zustande. Ebenfalls dem Handel entstammte ein anderer Vorschlag.[40] Ein Berliner Fotohändler wollte Fotografieren zum Schulfach machen und forderte hierfür eine Kamera als Gemeinschaftserzeugnis der Industrie. Darüber hinaus wünschte er sich einen »16 mm Volksfilmer«, welcher Aufnahme und Wiedergabe vereinte.

»Volkswagen« und »Volkskühlschrank« bildeten 1933 und 1934 beliebte Werbeformeln, aber auch ernsthaft verfolgte Entwicklungsziele einer Reihe von Firmen.[41] Die Initiativen für ein Gemeinschaftserzeugnis betrachteten diese Firmen als unliebsame Konkurrenz. Die jeweiligen Industrieverbände veranlassten schließlich ihre eigene Wege verfolgenden Mitglieder, den »Volks«-Begriff hierbei öffentlich nicht mehr zu verwenden. Allerdings brauchte es, insbesondere beim Handel, seine Zeit, bis die allermeisten der Anweisung folgten. Eine Reihe von Zeitschriftenartikeln zum Thema »Volksflugzeug« vereinigte gewissermaßen die in der Zwischenkriegszeit herrschende Flugbegeisterung und die nationalsozialistische Motorisierungsdiskussion.[42] »Volksflugzeug« bezog sich auf kleine Maschinen, die geeignet waren, den Flugsport weiter zu verbreiten. Man führte nicht wenige in- und ausländische Maschinen auf, die den Anforderungen mehr oder weniger entsprachen. Die größte Aufmerksamkeit fand das von den erzgebirgischen Erla-Flugzeugwerken, einer Tochter der Auto Union, 1933 auf den Markt gebrachte »DKW-Volksflugzeug«.[43] Während deutsche Sportflugzeuge bislang bei etwa 12.000 RM lagen, kostete der kleine Einsitzer 3875 RM.

Mit staatlicher Unterstützung starteten die Elektrizitätsversorgungsunternehmen 1934/35 einen Werbefeldzug für die Elektrifizierung der Haushalte.[44] Dabei war aufgrund seines hohen Stromverbrauchs der Elektroherd das wichtigste zu vermarktende Produkt. In einem voll elektrifizierten Haushalt entfiel über die Hälfte des Verbrauchs auf Kochstrom.[45] Die EVUs unternahmen umfangreiche Anstrengungen das elektrische Kochen populär zu machen. Sie selbst verkauften Herde mit geringen Gewinnspannen und boten Ratenzahlungs- und Mietsysteme an. Es ist nicht weiter verwunderlich, dass in diesem Zusammenhang auch die Rede von »Volksherden« aufkam.[46] Die größte öffentliche Resonanz fand eine Initiative des Märkischen Elektri-

---

40 Der Angriff v. 11.11.1933, 3. Beilage.

41 S. o. S. 141, 156 f. u. 161-63.

42 Der Angriff v. 22.8.1933, 2. Beilage; Mitteilungen des Reichsverbandes des Kraftfahrzeughandels und -gewerbes E.V. 1934, S. 366; Deutsche Technik 4 (1936), S. 601-03.

43 Wittekind; Der Rundfunk-Großhändler 2 (1933/34), S. 295; Der Angriff v. 17.8.1933, 2. Beilage; 5.12.1933, 1. Beilage; 16.12.1933, 1. Beilage; Das Auto und Kraftrad v. 1.9.1933, S. 172 u. 1.11.1933.

44 Heßler, Mrs. Modern Woman, S. 343 ff.

45 Siedlung und Wirtschaft 21 (1933), S. 287.

46 Elektrotechnische Zeitschrift 56 (1935), S. 712; Der Werbeleiter 14 (1939), H. 2, S. 25.

zitätswerks (MEW). Das MEW versorgte ein ländliches Gebiet, das große Teile Brandenburgs, Mecklenburgs und Pommerns umfasste.[47] Es konnte sich eines deutlich über 80 % liegenden Versorgungsgrads rühmen. 1934 ließ das MEW einen Zweiplattenherd mit Bratröhre entwickeln, den es unter der Bezeichnung »Volksherd« zum außerordentlich günstigen Preis von 98 RM anbot.[48] Außerdem eröffnete es die Möglichkeit, den Herd mit 60 Monatsraten zu erstehen. Die Zeitschrift »Elektrizitätswirtschaft« stellte die Aktion als vorbildlich hin und forderte andere EVUs zur Nachahmung auf und die Industrie zur Konstruktion eines Gemeinschaftsgeräts.[49] Die dabei angesprochenen Befürchtungen erwiesen sich bald als berechtigt: Eine Gemeinschaftsarbeit kam nicht zustande und die Bezeichnung »Volksherd« wurde untersagt.[50] Ingesamt blieb die Verbreitung der Elektroherde gering.[51] Vor dem Krieg dürfte sie bei weniger als 4 % der Haushalte gelegen haben. Und bei dem überwiegenden Teil davon handelte es sich um kombinierte Kohle-Elektro-Herde. Die Herde heizten die Wohnküche und nicht selten die gesamte Wohnung.

Die Volksprodukte waren nicht nur Sache von Politik und Wirtschaft. Die breite Aufmerksamkeit, die das Thema in der Bevölkerung fand, lässt sich anhand der Presseresonanz erahnen. Die erhaltenen Stimmungsberichte aus der Bevölkerung vermitteln einen weiteren Eindruck von ihrer Popularität. Einen unmittelbaren Zugriff bieten Leserzuschriften und Eingaben an die Regierungsstellen. So unterbreiteten Techniker und Bastelgemeinschaften konstruktive und organisatorische Vorschläge zum Volkswagen, zum Volksempfänger und zum Volksfernseher.[52] Ein sudetendeutscher Kaufmann schlug seinem »Führer« die Schaffung eines »Volkstelefons« auf der Grundlage eigener Versuche vor.[53] Er wollte den Lautsprecher des Volksempfängers für die Tonwiedergabe nutzen. Die Reichspost antwortete, dass dies teurer komme als zwei getrennte Apparate. Eine minderbemittelte Hausfrau wandte sich an Göring.[54] Sie sei mit ihrem Mann und ihren drei Kindern aufs Land gezogen, weil sie sich die hohen Mieten in der Stadt nicht mehr leisten konnten. Sie wünschte sich eine durch Raten zu erwerbende »Volksnähmaschine ..., die sich auch eine Arbeiterfrau mit wenig Verdienst kaufen kann«. Der Einsenderin wurde gedankt; die Initiative scheint nicht weiter verfolgt worden zu sein.

Die Propagierung und Bewerbung von Volksprodukten durch die Wirtschaft fiel vor allem in die Jahre 1933 und 1934. Dann untersagte der Werberat der deutschen Wirtschaft die freie Verwendung des Begriffs.[55] Produktbe-

---

[47] Das Märkische Elektricitätswerk; Geschäftsberichte des MEW 1933-1939.

[48] Elektrizitätswirtschaft 33 (1934), S. 438 f.; Elektrizität in Haus und Hof 9 (1934), H. 4, S. 4.

[49] Elektrizitätswirtschaft 33 (1934), S. 438 f.

[50] Elektrizitätswirtschaft 34 (1935), S. 444.

[51] S. o. S. 137 f.

[52] S. o. S. 42, 44, 104 u. 158.

[53] BArch R 4701/ 20 937, 1.7.1939 u. 15.11.1939.

[54] BArch R 26 I / Bl. 41-44, 31.10.1936; vgl. zur »Volksnähmaschine« auch: Wirtschaftswerbung 2 (1935), S. 46.

[55] S. u. S. 234 f.

zeichnungen mit »Volks-« gingen merklich zurück, ohne völlig aus den Medien zu verschwinden. So wurde man noch im Krieg mit einer »Volkssandale« der Pirmasenser Schuhfabrik Rheinberger konfrontiert.[56] In manchen Fällen scheinen Zuständigkeitsprobleme eine Intervention verhindert zu haben. Eine Reihe von Firmen führte bis zum Kriegsbeginn »Volksmotorräder« im Angebot.[57] Möglicherweise verließen sich hier der Werberat und der Reichsverband der Automobilindustrie wechselseitig aufeinander.

---

56 Thomsen, S. 234.

57 S. o. S. 190.

DIE VOLKSPRODUKTE IN DER NATIONALSOZIALISTISCHEN POLYKRATIE

In der nationalsozialistischen Ideologie und Politik nahm der Begriff »Volk« einen prominenten Platz ein.[1] Ohne klare Konturen zu gewinnen bezeichnete er eine durch Rasse, Boden und Kultur konstituierte Gemeinschaft. In der Zusammensetzung »Volksgenosse« diente er der Integration, in einer wie »Volksschädling« der Ausgrenzung. Das Epitheton »Volk« zeichnete spezifische Institutionen und Vorhaben aus, mit denen sich der Nationalsozialismus von der Vergangenheit lossagte. Hierzu gehörte z.B. der »Volkskanzler«, der sein Amt nicht mehr auf die parlamentarischen Institutionen zurückführte, sondern auf seine angebliche Erwählung durch das Volk. Der »Volksgerichtshof« bildete eine neuartige, unmittelbar durch den »Führer« inaugurierte Institution. Ein »Volksgesetzbuch« sollte als neues Jahrhundertwerk an die Stelle des alten Bürgerliches Gesetzbuches treten. »Volk« beschrieb die Grundlage, von der aus die nationalsozialistische Bewegung agierte und »Volk« kündigte ein Programm zur Umgestaltung der alten Gesellschaft an.

In der Semantik von »Volk« stand mehr das Naturwüchsige im Vordergrund, in jener von »Volksgemeinschaft« mehr das politische Wollen und Schaffen. »Volksgemeinschaft« bedeutete gewissermaßen das von den Nationalsozialisten, insbesondere vom »Führer«, angeleitete und organisierte »Volk«. »Volksgemeinschaft« bezeichnete die neue nationalsozialistische Ordnung und setzte sie von anderen »Systemen« wie Parlamentarismus, Individualismus, Liberalismus und Marxismus ab. Der Begriff versprach die Erfüllung von Sehnsüchten nach Konfliktfreiheit. Für die Umsetzung kreierte der Nationalsozialismus Formeln wie »Gemeinnutz vor Eigennutz«.

Im März 1933 entstanden in Goebbels' Reichsministerium für Volksaufklärung und Propaganda und dessen Umfeld Pläne für einen billigen Radioempfänger.[2] Mit »Volksempfänger« erhielt das technische Gerät einen auszeichnenden Namen; mit dem Zusatz »VE 301« wurde es mit einer ehrenden Reminiszenz an das Datum der nationalsozialistischen »Machtergreifung« ausgestattet. Hinter dem Volksempfänger standen zunächst vor allem propagandistische Überlegungen. Durch ihn sollte der Führer zum Volk sprechen, mit ihm das Volk die Botschaften des Führers empfangen. Noch im Laufe des Jahres 1933 verschoben sich die Zielsetzungen. Die Interpretation des Volksempfängers verlagerte sich schwerpunktmäßig vom Propaganda- zum Unterhaltungsinstrument. Das durch den Volksempfänger vermittelte Rund-

---

1 Vgl. zu »Volk«, »Volksgemeinschaft« und weiteren Komposita die entsprechenden Stichworte in: Benz/Graml/Weiß u. Schmitz-Berning; außerdem: Grunberger, S. 49-60; Zitelmann, Hitler, S. 173-94; Dülffer, Hitler; Frei, S. 380 ff.; Thamer, Nation; Kroll, S. 41 ff.

2 S. o. S. 33.

funkprogramm sollte die Unterhaltungsbedürfnisse des Volkes erfüllen und es gerade dadurch an das Regime binden. Neben dem Individualempfang zuhause wurden technische Einrichtungen für Gemeinschaftsempfang im öffentlichen Raum geplant. Das aus Betriebsrundfunk, Reichslautsprechersäulen und Gemeinderundfunk bestehende System wurde allerdings bis zum Krieg nur in Ansätzen verwirklicht. Der Unterhaltungsrundfunk und der Volksempfänger zielten auf die Konsumwünsche der Bevölkerung, die sich schon länger in der Forderung nach billigen Rundfunkgeräten artikuliert hatten. Der Volksempfänger avancierte zum ersten eigens durch die Nationalsozialisten geschaffenen Konsumgut. Sein zeitlicher Vorrang und sein relativer Verbreitungserfolg machten ihn zum Beispiel und Vorbild für alle späteren Volksprodukte. Keine Anregung für weitere, die sich nicht auf den Volksempfänger berief. Selbst Hitler kam bei seiner Platzierung der Volkswagen-Idee nicht umhin auf den beispielgebenden Volksempfänger zu verweisen. Die nationalsozialistischen Rundfunkleute brüsteten sich das eine und andere Mal ihrer Rolle als Wegbereiter des Volkswagens.[3] Der Volksempfänger verkündete und verkörperte den Einstieg in eine spezifisch nationalsozialistische Konsumgesellschaft.

Im Rundfunkbereich brachte das Propagandaministerium neben dem Volksempfänger noch seinen kleinen Bruder, den Deutschen Kleinempfänger 1938, und eine Reihe weiterer »politischer Gemeinschaftsgeräte« heraus. An der Schaffung anderer Volksprodukte wirkte das Ministerium mit. So war es an den Ministerialbesprechungen für einen Volkswagen beteiligt, ehe Hitler und seine Reichskanzlei die Federführung übernahmen. Das Fernsehen wurde als Erweiterung des Rundfunks angesehen.[4] Um die Kompetenzen stritten sich insbesondere das Propaganda- und das Postministerium. Schon bei den Rundfunkgeräten war die Frage der Zuständigkeit unklar. Den Volksempfänger hatte sich die Propaganda handstreichartig angeeignet, indem sie die Reichspost vor vollendete Tatsachen stellte. Die vom Ministerium eingesetzte Rundfunkführung sprach in Analogie zum Volksempfänger schon früh vom »Volksfernseher«. Außerdem engagierte sich die Propaganda durch die Aufnahme eines regelmäßigen Programmbetriebs 1935 sowie die Einrichtung von »Fernsehstuben« als Empfangsräume. Als Ende 1935 die Fernsehempfänger zusammen mit der gesamten Technik der Post zugeschlagen wurden, dämpfte dies die Fernsehbegeisterung des Propagandaministeriums. Das ging so weit, dass Goebbels in seiner Eröffnungsrede zur Funkausstellung 1939 den von der Reichspost aufwändig präsentierten Einheits-Fernsehempfänger E 1 nicht einmal erwähnte. Es sei dahingestellt, ob und in welchem Umfang – von dem Dauerstreit zwischen beiden Ministerien abgesehen – hierfür weitere Gründe verantwortlich waren. Mit 650 RM war der E 1 ein ausgesprochenes Hochpreisgerät, welches als »Volksfernsehempfän-

[3] Fehrentheil, S. 6; N.S.-Funk v. 18.3.1934, S. 5; Reichsfachverband der deutschen Rundfunkindustrie e.V.: Mitteilungen 5 v. 26.7.1934, S. 3; Nationalsozialistische Rundfunk-Korrespondenz 1 (1937), S. 10; Der Rundfunk 1 (1937/38), S. 421.

[4] S. o. S. 100 f.

ger« nur schwer zu vermitteln war. Und der Propagandawert des kleinen Fernsehbilds war zumindest fraglich.

Eine weitere Initiative war ebenfalls im Umkreis des Propagandaministeriums situiert.[5] Im November 1934 veranstaltete die »Arbeitsgemeinschaft für Hausmusik in der Reichsmusikkammer« in Berlin den jährlichen Tag der Hausmusik unter der Bezeichnung »Eine Stunde der Hausmusik und des Volksklaviers«. Dabei wurden vier auch in Neubauwohnungen passende »Volksklaviere« zum Preis von 400 bis 500 RM präsentiert. Der Bericht führte aus, dass »ein noch billigerer Einheitstyp« angestrebt werde, die teure Klaviere bauenden Firmen dem aber Widerstand entgegensetzten. Mit dem Gemeinschaftsgerät scheint es nichts geworden zu sein, aber Hersteller wie Schimmel und Hutzelmann bewarben ihre preiswerten Modelle in der Folgezeit mit Formeln wie »Das Piano des Volkes« und »das volkstümlichste Klavier«.[6]

Goebbels' Propagandaministerium verstand sich als Hüter und Wächter der nationalsozialistischen Sprache und Symbole – darunter auch des »Volks«-Begriffs. Prägnanten Ausdruck fand dies in den Auseinandersetzungen um dem deutschen Volk angemessene Wohnungen.[7] 1935 legte das Reichsarbeitsministerium ein Förderprogramm des sozialen Wohnungsbaus unter der Bezeichnung »Volkswohnungen« auf. Goebbels' Ministerium ging mit heftigen Worten dagegen an, weil die kleinen Wohnungen der Ehrenbezeichnung »Volk« nicht würdig seien. Als auch eine zweite Intervention nicht fruchtete, insistierte man nicht länger. Der Propaganda fiel dies leicht, weil sich die DAF mit ihrem Reichsheimstättenamt des Themas annahm. Die über Jahre vorgetragene Kritik kam erst zu einem Ende, als sich Robert Ley 1940/42 als Reichswohnungskommissar die vorher beim Arbeitsminister liegenden Wohnungsbaukompetenzen aneignete. Die in einem Führererlass für die Zeit nach dem Krieg vorgeschriebenen Wohnungen entsprachen jetzt den nationalsozialistischen Vorstellungen von »Volkswohnungen«. Fraglich blieb nur, ob sie auch in nennenswerter Zahl hätten gebaut werden können.

Das Instrument, mit dem das Propagandaministerium die Aufsicht über der »Volks«-Bezeichnung würdige Konsumgüter ausübte, war der im September 1933 eingerichtete Werberat der deutschen Wirtschaft.[8] Mit dem Werberat bekannte sich der Nationalsozialismus zur Wirtschaftswerbung, unterwarf sie aber staatlicher Lenkung und Überwachung. Zu seinen Aufgaben, aber auch denen anderer Institutionen, gehörte es, die nationalsozialistischen Symbole vor Missbrauch durch die kommerzielle Werbung zu schützen.[9] Hierzu zählten die Namen und Zeichen nationalsozialistischer Organisationen. Da gab es Christbaumschmuck mit Hakenkreuzen; der Mundhar-

[5] Der Angriff v. 22.11.1934, 3. Beilage.

[6] Die Anzeigen befinden sich im Bildarchiv des Berliner Musikinstrumentenmuseums SIMPK, Firmenmappen; den Hinweis verdanke ich Frau Dorothea Schmidt.

[7] S. o. S. 117-23.

[8] Reinhardt, S. 141 ff.; Westphal, S. 25 ff.; Hunke.

[9] Berghoff, Konsumgüterindustrie, S. 307 f.; Berghoff, Von der »Reklame«, S. 92 ff.; Westphal, S. 44 ff.; Frommann, S. 135 f.

monika-Hersteller Hohner brachte die Modelle »Die Fahne hoch!« und »SA marschiert« auf den Markt. Die nationalsozialistische Politik unterband solche Strategien, die als Profanierung quasi-religiöser Symbole empfunden wurden.

Zu den »Volksprodukten« äußerte sich der Werberat am 8. August 1934 im Präzedenzfall einer »Volksnähmaschine«.[10] Die juristische Grundlage bildeten Vorschriften gegen irreführende Werbung. Mit »Volksnähmaschine« werde der Eindruck erweckt, diese sei wie der Volksempfänger und der geplante Volkswagen ein Gemeinschaftserzeugnis der Industrie und entspreche den damit verbundenen hohen Anforderungen. Mit Verweis auf diese Entscheidung inkriminierte der Werberat später das »Volksboot« und den »Volksstaubsauger«. Ein Gericht untersagte Jahre später das »Volksrad« und erneut die »Volksnähmaschine«.[11] Verbände machten gegen entsprechende Produktbezeichnungen in ihrem Bereich Front, so gegen den »Volkskühlschrank«[12] und den »Volksherd«.[13] Beim Reichsverband der Automobilindustrie füllten die Anzeigen und Interventionen gegen nicht-autorisierte »Volkswagen« ganze Ordner.[14] Die häufige Wiederholung der Untersagungen indiziert, wie schwer es war, die »Volksprodukte« in Werbung und Publizistik zu reglementieren. Dem Begriff wurde hoher Werbewert zugeschrieben. Und, seit längerer Zeit im allgemeinen Sprachschatz verankert, ließ er sich nicht ohne weiteres im nationalsozialistischen Sinne einengen.

Die von den Nationalsozialisten intendierte Einengung des Begriffs »Volk« in Produktbezeichnungen besaß eine formale und eine substanzielle Komponente. Formal bezog er sich auf vom Staat autorisierte und von staatsnahen Institutionen (wie der Volkswagen durch die DAF) oder von der Industrie in Gemeinschaftsarbeit (wie der Volksempfänger) erzeugte Produkte oder Dienstleistungen. Substanziell wurde den Volksprodukten ein niedriger Preis und eine hohe Qualität zugeschrieben. Darüber hinaus dienten sie spezifischen Zielen der nationalsozialistischen Politik. So bildete der Volksempfänger z.B. ein Element der nationalsozialistischen Propagandapolitik, der Volkskühlschrank der Autarkiepolitik und die »Führerwohnungen« der Bevölkerungspolitik. In ihrer Gesamtheit standen sie für Ansätze und Visionen einer nationalsozialistischen Konsumgesellschaft.

Neben dem Propagandaministerium gehörte die Deutsche Arbeitsfront zu den Protagonisten der Volksprodukte.[15] Die DAF, de facto eine Untergliederung der Partei, vereinigte Aufgaben der alten Arbeitgeberverbände und der Gewerkschaften in einer neuen, der nationalsozialistischen Ideologie und Politik entsprechenden Organisation. Die DAF vertrat durchaus Interessen der Arbeitnehmer, aber nur soweit sie nicht mit der nationalsozialistischen Wirtschaftspolitik in Konflikt gerieten. Damit war das wichtigste Arbeitsfeld

---

[10] Wirtschaftswerbung 2 (1935), S. 46.
[11] Kraftfahrzeug. Handel und Bewirtschaftung 1938, S. 458.
[12] Die Kälte-Industrie 32 (1935), S. 95.
[13] Elektrizitätswirtschaft 34 (1935), S. 444.
[14] S. o. S. 163.
[15] S. o. S. 192-94.

der alten Gewerkschaften, nämlich für Lohnerhöhungen und Arbeitszeitverkürzungen einzutreten, ausgeklammert. Gewissermaßen als Kompensation unterbreitete die DAF mit den Geldern ihrer (Zwangs-)Mitglieder zahlreiche Angebote, insbesondere für Freizeit und Urlaub. Mit ihren Leistungsangeboten suchte die DAF die Ideologie der Volksgemeinschaft im Kleinen umzusetzen. Sie sollten die Arbeitnehmer an das Regime binden und ihre Leistungsfähigkeit erhalten und erhöhen.

Die KdF-Reisen bildeten das attraktivste und wirtschaftlich bedeutendste Angebot.[16] Allerdings verfehlte es das zentrale sozial- und bevölkerungspolitische Ziel der Erholung der Arbeiter und der kinderreichen Familien. Ein gewaltiges touristisches Ausbauprogramm, darunter die Anlage von Seebädern an der Ost- und Nordsee, sollte dieses Defizit beseitigen. Für ihre Freizeit- und Urlaubsangebote ließ die KdF Sportgeräte entwerfen und fertigen, wie eine KdF-Skiausrüstung[17], einen KdF-Tennisschläger[18], ein KdF-Kleinkalibergewehr[19] und KdF-Rollschuhe[20]. In ihnen kann man Kandidaten für Volksprodukte sehen. Beim Skifahren und Tennisspielen rühmte sich die KdF, die früher elitären Sportarten jetzt zum »Volkssport« zu machen.

Mit der Übernahme des Volkswagens drang die DAF in ganz neue Dimensionen vor.[21] Die Industrie hatte sich dem Projekt verweigert, weil sie das – aus den von Hitler persönlich formulierten Preis- und Produktionsvorgaben resultierende – wirtschaftliche Risiko für untragbar hielt. Die Wahl fiel auf die DAF aus dem einzigen Grund, weil sie über die nötigen Finanzmittel und das organisatorische Potenzial verfügte. Die Übernahme durch Ley war gleichzeitig ein Schachzug im Ringen der nationalsozialistischen Unterführer um Macht und Einfluss. Hierfür war die DAF-Spitze bereit, ökonomische Vernunft hintanzustellen. Ley und die DAF machten sich damit zu Hauptakteuren bei der Umsetzung nationalsozialistischer Konsumvisionen. Die KdF integrierte fortan den Volkswagen in ihre Reiseplanungen. Sie interpretierte den Volkswagen als Fahrzeug für Wochenende und Urlaub.

Das Volkswagen-Projekt zog ein anderes »Volksprodukt« nach sich. Ferdinand Porsche hatte auf seinen zur Vorbereitung des Volkswagens durchgeführten USA-Reisen den Fordson kennengelernt, den von den Ford-Werken massenproduzierten Traktor.[22] Vom Fordson ließ er sich zur Konstruktion eines »Volkstraktors« bzw. »Volksschleppers« anregen. Für die Produktion dieses für den bäuerlichen Kleinbetrieb bestimmten Traktors wählte Robert Ley in neofeudalistischer Manier seinen Geburtsort Waldbröl aus. Die 1939 begonnenen Planungen sahen vor, aus dem kleinen Städtchen im Bergischen Land eine Großstadt mit mehreren hunderttausend Einwohnern zu machen. Im Endausbau sollte allein das Volkstraktorenwerk 200.000 Mitarbeiter be-

16 S. o. S. 194.
17 Informationsdienst 3 (1935), Nr. 227 v. 28.9., Bl. 6; DAK 4 (1936), Nr. 200 v. 28.8., Bl. 6.
18 Der Angriff v. 8.7.1938, S. 1 u. 13.6.1939, S. 11; DAK 7 (1939), Nr. 121 v. 27.5., Bl. 3 f.
19 Der Angriff v. 21.7.1938, S. 11; DAK 6 (1938), Nr. 81 v. 7.4., Bl. 5.
20 DAK 4 (1936), Nr. 193 v. 20.8., Bl. 6.
21 S. o. S. 169 ff.
22 Mommsen/Grieger, S. 442-47; Landmaschineneinsatz, S. 112 u. 135.

schäftigen. Ley brachte jährliche Produktionszahlen von 100.000 bis 300.000 ins Gespräch sowie einen völlig illusorischen Preis von 990 RM, genau so viel wie beim Volkswagen. Mit zwei Führererlassen Ende 1940 und Anfang 1941 erhielten die Planungen den allerhöchsten Segen. Vorbereitungsarbeiten, zu denen Enteignungen für das Werksgelände gehörten, wurden bis 1942 weitergeführt.

Die Planungen für den Volkstraktor erfolgten vor dem Hintergrund der autarkistischen Landwirtschaftspolitik.[23] Diese strebte einen höheren Versorgungsgrad mit in Deutschland erzeugten Nahrungsmitteln an. Die hierfür notwendige Intensivierung des Anbaus litt unter der Landflucht, die 1935/36 mit dem Abbau der Arbeitslosigkeit dramatische Formen annahm. Als Gegenmittel wurde mehr und mehr die Maschinenausstattung des bäuerlichen Betriebs propagiert. Im Mittelpunkt stand der Kleintraktor als universelle landwirtschaftliche Transport- und Arbeitsmaschine. Mit zahlreichen Anbaugeräten ließ er sich für die verschiedenen Feldarbeiten ausrüsten. Mit seiner Riemenscheibe diente er den Arbeiten auf dem Hof als stationärer Motor. Tatsächlich erhöhte sich die Zahl der Ackerschlepper zwischen 1933 und 1939 auf das Zwei- bis Dreifache, während die anderer landwirtschaftlicher Maschinen deutlich darunter lag.[24] Zu dem Anstieg leisteten Kleintraktoren, die eine Reihe deutscher Hersteller seit 1937 auf den Markt brachte, einen beträchtlichen Beitrag.[25] Zu ihnen gehörte ein vom Mannheimer Marktführer Lanz 1939 präsentierter kleiner 15 PS leistender »Bulldog«, dessen niedriger Preis von 2750 RM großes Aufsehen erregte.[26] Schätzungen zur Zahl solcher Kleintraktoren vor dem Krieg beliefen sich auf 30 bis 60.000,[27] den Bedarf gab man mit 350.000 bis 600.000 an, die DAF sprach gar von mindestens einer Million.[28] Die 1939 veröffentlichten Vorschriften für eine Typenbegrenzung des Generalbevollmächtigten für das Kraftfahrwesen, Adolf v. Schell, erfassten auch die Ackerschlepper.[29] Vorgesehen war eine Absenkung der Typenzahl von 62 auf 15 bzw. 17.

Leys Volkstraktorenwerk in Waldbröl hätte den Markt der Kleintraktoren bis 20 PS, die im Schell-Plan noch mit fünf Typen vertreten waren, monopolisiert. Die Landmaschinenindustrie erfuhr erst Ende 1940 von dem Vorhaben; man hatte sie vorher noch nicht einmal kontaktiert.[30] Die Fachgruppe

---

23 Vgl. besonders zur Maschinisierung: Lehmann; Becker; Corni/Gies, S. 306-09 u. 427-33; Meier/Herrmann/Krombholz, S. 96 ff.

24 Lehmann, S. 58.

25 Meyer, S. 141.

26 Huber; Herrmann, S. 153.

27 Alle Zahlenangaben sind grobe Schätzungen, da die Reichsstatistik Straßenzugmaschinen nicht von Ackerschleppern trennt. Vgl. Lehmann, S. 58; Meier/Herrmann/Krombholz, S. 96 ff.; Der deutsche Volkswirt 13 (1938/39), S. 1776; Die Deutsche Volkswirtschaft 7 (1938), S. 1202; Landmaschineneinsatz, S. 7 u. 100.

28 Der deutsche Volkswirt 13 (1938/39), S. 1775 f.; Die Deutsche Volkswirtschaft 7 (1938), S. 1201 f.; Landmaschineneinsatz, S. 112.

29 Thönissen; Meyer; Der Vierjahresplan 3 (1939), S. 778; RKW-Nachrichten 13 (1939/40), S. 207.

30 Meier/Herrmann/Krombholz, S. 111 f.; Die Deutsche Volkswirtschaft 10 (1941), S. 1360 f.; vgl. Dencker, S. 4.

Landmaschinenbau protestierte energisch bei Rudolf Hess und bei Hitler. Sie führte aus, dass sie in der Lage sei, jegliche Produktionsanforderung zu erfüllen, wenn sie nur über das notwendige Material verfügen würde. Als sie kein Gehör fand, diente sie sich für die Herstellung der Anbaugeräte an. Dies blieben alles Glasperlenspiele, die Realität des Krieges sah anders aus.[31] Bis 1943 konnte die Landmaschinenindustrie mit Mühe ihre Produktionszahlen aufrechterhalten, danach gingen sie dramatisch zurück.

Der »Volkstraktor« war ein Produktionsmittel und nicht wie die anderen Volksprodukte ein Konsumgut für die breite Bevölkerung. Gemeinsamkeiten bestanden allein in der Gigantomanie der Produktionsplanungen. Landmaschinen gehörten an sich nicht in den Aufgabenbereich der DAF. Der »Volkstraktor« entstand vielmehr im Schnittpunkt der persönlichen Interessen der beiden Hauptprotagonisten. Er verband Porsches Konstruktionsorientierung mit Leys Neofeudalismus. Die Bezeichnung lag als Analogiebildung zum großen Projekt der Beiden, dem Volkwagen, nahe.

Der Wohnungsbau gehörte dagegen zum Arbeitsgebiet der DAF.[32] Sie verstand ihn als Teil ihrer sozialpolitischen Aufgaben. Und mit den von den Gewerkschaften geerbten Wohnungsbaugesellschaften verfügte sie über leistungsfähige Instrumente. Damit stand die DAF in Konkurrenz zum Arbeitsministerium, welches die politische Zuständigkeit für den Wohnungsbau innehatte. In den daraus erwachsenden Auseinandersetzungen kamen gänzlich unterschiedliche Politikverständnisse zum Ausdruck. Das Arbeitsministerium bemühte sich, mit den zur Verfügung stehenden knappen Ressourcen das Beste für den Wohnungsbau zu machen. Die DAF setzte die Ziele der nationalsozialistischen Bevölkerungspolitik in Konzepte des Wohnungsbaus um. Das Arbeitsministerium hatte die Realität im Blick, die DAF die Visionen. Aus dieser Konstellation speiste sich die Kontroverse um das vom Arbeitsministerium 1935 aufgelegte »Volkswohnungs«-Förderprogramm für den sozialen Wohnungsbau. Das Arbeitsministerium wollte die bestehende Wohnungsnot mit dem Bau möglichst vieler Kleinwohnungen mildern. Die DAF hielt die Wohnungen für dem angestrebten Lebensniveau einer deutschen kinderreichen Familie nicht angemessen. Als Ley 1940 den sozialen Wohnungsbau übernahm, formulierte er ein Wohnungsbauprogramm, in dem die neuen »Volkswohnungen« einen erheblich größeren Zuschnitt erhielten. Der Krieg verhinderte, dass das neue Programm einem Test auf Realitätstauglichkeit unterworfen wurde.

Die DAF und Leys Wohnungsbaubehörde strebten eine moderne technische Ausrüstung der neuen »Volkswohnungen« an.[33] Letzten Endes liebäugelte man mit der Vollelektrifizierung. Konkretisiert wurden die Überlegungen für einen Einrichtungsgegenstand, als sich die DAF in die seit 1937 laufenden Arbeiten für den Volkskühlschrank einschaltete.[34] Mit den sich aus

[31] Lehmann, S. 63 ff.
[32] S. o. S. 116 ff.
[33] S. o. S. 131-35.
[34] S. o. S. 147-50.

den Wohnungsbauillusionen speisenden Stückzahlen trat die DAF als Retter eines festgefahrenen Projekts auf. Das Wirtschaftsministerium, das bislang die Weichen gestellt hatte, drohte in eine randliche Position zu geraten.

Das Propagandaministerium und die DAF waren die wichtigsten Protagonisten von Volksprodukten im nationalsozialistischen Deutschland. Für die DAF bildeten sie einen Teil ihrer Sozialpolitik und Sozialutopien. Es ist bezeichnend, dass sämtliche Initiativen der DAF in Planungen und Vorbereitungen stecken blieben und nichts davon realisiert wurde. Die für ein gigantisches Neubauprogramm von Kreuzfahrtschiffen gedachte KdF-Werft wurde nicht gebaut;[35] das als einziges von den geplanten angefangene Seebad Prora auf Rügen gelangte nicht zur Vollendung;[36] beim Volkwagen (und Volkstraktor) blieb es bei Prototypen; der Bau der neuen »Volkswohnungen« war erst für die Zeit nach dem Krieg vorgesehen; zum für die Wohnungen bestimmten Volkskühlschrank gab es nur erste Entwicklungsmodelle. Da die Planungen nicht ihre Finanzierbarkeit und Tauglichkeit unter Beweis stellen mussten, nahmen sie gigantische Ausmaße an. Während des Krieges wurde ihre Bezugsbasis allerdings radikal verändert. Die DAF rechnete jetzt mit einem riesigen vom Reich kontrollierten europäischen Wirtschaftsraum. Und sie bezog die Ausbeutung der vom Reich eroberten Gebiete und Menschen mit ein. Die Utopie und Illusion einer nationalsozialistischen Konsumgesellschaft sollte durch Eroberung, Ausbeutung und Versklavung doch noch Realität werden.

Goebbels' Ministerium landete mit dem Volksempfänger einen – jedenfalls propagandistisch so vermarkteten – großen Wurf. Von den geplanten nationalsozialistischen Volksprodukten wurden allein der Volksempfänger und der Deutsche Kleinempfänger in hohen Stückzahlen produziert. Der Volksempfänger war weniger unmittelbares politisches Propagandainstrument, sondern sollte primär als »Sozialtechnologie« die Konsumwünsche der Bevölkerung erfüllen. Die von Goebbels' Propagandaministerium wie von Leys Arbeitsfront platzierten und angekündigten Volksprodukte zielten auf eine spezifisch nationalsozialistische Form der Konsumgesellschaft. Sie griffen Wünsche und Hoffnungen der Bevölkerung auf und interpretierten sie der nationalsozialistischen Politik und Ideologie gemäß. Dabei wurden Produkte und Dienstleistungen ausgewählt, die teils einen hohen Nutz-, teils einen hohen Symbolwert besaßen: die Unterhaltungsmedien Rundfunk und Fernsehen, modern ausgestattete Wohnungen, das Automobil als Individualverkehrsmittel und die Urlaubsreise.

Mit den Volksprodukten verbunden war in der nationalsozialistischen Polykratie also immer auch das Ringen um Macht und Einfluss.[37] Volksempfänger und »Volksfernseher« waren Schachzüge im Dauerkonflikt zwischen dem Propaganda- und dem Postministerium. Die zeitweise Eskalation rühr-

---

[35] S. o. S. 208.

[36] S. o. S. 210-15.

[37] Theoretische Modifikationen und Erweiterungen der Polykratiethese im Hinblick auf die Wirtschaftspolitik nehmen Prollies und Volckart vor.

te nicht zuletzt daher, dass es auch um die Gebührenverteilung und damit um die Finanzierung der beiden Ministerien ging. Das »Volkswohnungs«-Programm des Arbeitsministeriums bot Leys Arbeitsfront einen willkommenen Angriffspunkt gegen den Kontrahenten. Die DAF suchte die Position des Arbeitsministeriums durch Kritik zu schwächen und damit dessen Wohnungsbaukompetenzen auszuhöhlen, mit dem Ziel sie später zu übernehmen.

Auch andere Ministerien und nationalsozialistische Organisationen wurden von der Idee der Volksprodukte angezogen. So erteilte das Reichswirtschaftsministerium der zuständigen Industriegruppe 1937 den Auftrag für den Volkskühlschrank.[38] Die Hintergründe gehen aus den Quellen nicht eindeutig hervor. Doch liegt es nahe, dass Schachts unter anderem mit der übermächtigen Vierjahresplanbehörde Görings um Einfluss ringendes Ministerium mit seiner Initiative ein zukunftsträchtiges Feld besetzen wollte. Als die Arbeiten nicht vorangingen, geriet das Wirtschaftsministerium prompt unter Beschuss eines anderen Konkurrenten, nämlich des Reichsnährstands. 1940 trat mit der DAF ein weiterer Interessent auf den Plan, ohne dass dies wegen des Krieges noch konkrete Ergebnisse zeitigte.

Ein anderes Beispiel: Kurz nachdem Hitler in seiner Eröffnungsrede zur Automobilausstellung 1934 zur Schaffung eines Volkswagens aufgefordert hatte, brachte der Reichssportführer, der wohl seinem Führer nicht nachstehen wollte, auf der parallel stattfindenden Wassersportausstellung ein »billiges Volksboot« ins Gespräch, das »unseren *weniger* bemittelten Volksgenossen die herrlichen Genüsse des Wassersports zuteil werden läßt«.[39] Der Angriff berichtete über sowohl 1934 wie 1935 ausgestellte »Volksmotorboote«.[40] Allerdings war nicht klar, ob es sich dabei um Paddelboote mit kleinem Außenbordmotor oder um Kleinmotorboote ab 300 RM handeln sollte. Wenn die Anregung des Reichssportführers tatsächlich in ernsthafte Überlegungen mündete, dann verliefen sie jedenfalls im Sande.

Das Eintreten Leys und Goebbels' für langlebige technische Konsumgüter und konsumtive Dienstleistungen konnte sich des Beifalls Hitlers sicher sein. Alle drei sahen darin Elemente einer zu verwirklichenden nationalsozialistischen Zukunftsgesellschaft. Gegen so hochrangig unterstützte Volksprodukte ließ sich keine politische Opposition bilden, höchstens wurden Einzelbedenken geäußert. So fürchteten Bevölkerungspolitiker, dass die jungen Familien mehr in den Volkswagen als in Kinder investierten.[41] Apologeten des Siedlungsgedankens missfielen moderne Wohn- und Architekturformen.[42] Alfred Rosenberg sah in Leys Planungen von Seebädern sowie des Volkswagens Zeichen von Vermassung und Gigantomanie.[43] Bei den Bedenkenträgern handelte es sich um die Fraktion, welche die nationalsozialistischen

[38] S. o. S. 142 f.
[39] Zitiert nach Der Angriff v. 13.3.1934, S. 6.
[40] Der Angriff v. 10.3.1934, 1. Beilage; 13.3.1934, S. 6; 18.1.1935, 2. Beilage.
[41] S. o. S. 176.
[42] S. o. S. 119 f.
[43] S. o. S. 216.

Ideale mehr aus der Vergangenheit bezog, als sie auf eine technisch-wirtschaftliche Zukunft zu projizieren.

Die vom Nationalsozialismus selbst erzeugte Zukunft war der Weltkrieg. In ihm hatte eine weitere Gattung nationalsozialistischer »Volksprodukte« Konjunktur. Der positiv konnotierte »Volks«-Begriff ließ sich jetzt ohne weiteres auf die Waffentechnik übertragen. Neue »Volks«-Waffen verkörperten im Krieg gewissermaßen die letzte Hoffnung, doch noch in die Lage zu kommen, mit zivilen Volksprodukten die nationalsozialistische Konsumgesellschaft zu verwirklichen.

Die Anfänge reichten bis in die Zeit vor dem Krieg zurück. Im Laufe des Jahres 1936 wurde sich das Regime der unzureichenden Vorbereitung der deutschen Bevölkerung auf einen möglichen Gaskrieg bewusst. 1937 erschienene Zeitungsartikel berichteten, dass andere Staaten, wie England und Finnland, ihre Bevölkerung mit »Volksgasmasken« ausrüsteten.[44] Der Begriff bezeichnete Gasmasken für eine flächendeckende Versorgung der Zivilbevölkerung. Er knüpfte an vor 1933 vorhandene Bezeichnungen wie »Bürgermaske« und »Volksmaske« an.[45] Die seit dem Spätjahr 1936 in Entwicklung begriffene deutsche »Volksgasmaske« kündigte Göring in einer im Juni 1937 vor dem

21 Schulübung mit der Volksgasmaske. (Gasschutz und Luftschutz. 7, 1937)

[44] Gasschutz und Luftschutz 7 (1937) u. 8 (1938), s.u. »Gasmasken: Volksgasmasken«; außerdem Der Angriff v. 11.3.1937, S. 2; 24.3.1937, S. 2.

[45] Groehler, S. 235.

Berliner Reichsluftschutzbund gehaltenen Rede an.[46] Die Gasmaske, »das Beste ..., was man auf diesem Gebiet gegenwärtig erreichen kann«, erschien in drei Ausführungen: für Männer, Frauen und Kinder. In einem Bericht über die Rede prophezeite der Angriff:[47] »Bald wird jedem Deutschen die Gasmaske so vertraut sein, wie ein Rucksack, ein Telephonapparat oder irgendein anderes Ding, das jederzeit verfügbar ist.« Die Volksgasmaske kostete 5 RM, was zu einiger Aufregung führte.[48] Minderbemittelten wurden für ihre Frauen und Kinder Ermäßigungen gewährt. Verantwortlich für Zuteilung, Ausgabe und Überprüfung waren die Nationalsozialistische Volkswohlfahrt und der Reichsluftschutzbund. Im Herbst 1937 begann die Ausgabe in einzelnen Großstädten. An sich war die Anschaffung rechtlich vorgeschrieben. Aber auch hier zeitigte die nationalsozialistische Massenproduktion nicht die gewünschten Ergebnisse. Hierzu trug die problematische Rohstofflage bei. Naturgummi gehörte zu den kontingentierten Importgütern und Buna eignete sich nicht so gut für die Produktion. Dazu kamen die üblichen bürokratischen Hemmnisse. Das Propagandaministerium sah sich gezwungen, die Berichterstattung über das Atemschutzgerät zurückzufahren.[49] Obwohl sich Hitler persönlich für eine Produktionsausweitung einsetzte,[50] hatte die »Volksgasmaske« bis gegen Ende des Krieges noch nicht die gesamte Bevölkerung erreicht; 25 Millionen sollen ohne das Schutzgerät geblieben sein.[51]

In der Spätphase des Krieges wurden die waffentechnischen Planungen zur Abwehr des Feindes am Boden und in der Luft immer hektischer und illusionistischer. Neben neuartigen »Wunderwaffen«, welche den Krieg mit qualitativer Überlegenheit wenden sollten, entstanden auch zur Massenproduktion vorgesehene »Volkswaffen«. Eine davon war der »Volksjäger« He 162, ein als Verschleißprodukt mit geringer Lebensdauer entwickeltes Jagdflugzeug.[52] Die mit einem Triebwerk ausgestattete Düsenmaschine besaß Flügel und Seitenleitwerk aus Holz, herzustellen von der holzverarbeitenden Industrie. Einige Rüstungsmanager dachten ernsthaft daran, den Jäger von Hitlerjungen fliegen zu lassen, die nur eine Segelflugausbildung besaßen. Die im Januar 1945 anlaufende Produktion sollte in kurzer Zeit auf 1000 bis 2000 Stück im Monat hochgefahren werden. Gebaut wurden schließlich bis Kriegsende 100 bis 200. Für das letzte Aufgebot des »Volkssturms« wurden »Volkspistolen« und »Volksgewehre« hergestellt.[53] Die nationalsozialistischen Volksprodukte hatten ihr Ende und ihre Erfüllung gefunden.

---

46 Das Archiv 39 (1937/38), S. 304 f.; vgl. zur Volksgasmaske: Das Archiv 39 (1937/38), S. 305 f.; Mielenz, Die deutsche Volksgasmaske; Mielenz, Wissenswertes; DAK 6 (1938), Nr. 207 v. 10.9., Bl. 5; Hampe, S. 438 f.; Groehler, S. 234-38; Lorentz, S. 198-200, 222, 227 f., 295-98, 304-13 u. 318.

47 Der Angriff v. 10.6.1937, S. 9.

48 Fröhlich, Teil I, Bd. 3, S. 340.

49 Bohrmann/Toepser-Ziegert, Bd. 7, S. 393, 577 u. 750.

50 Lorentz, S. 297.

51 Heiber, Akten, Nr. 28547 u. 43950; Groehler, S. 238.

52 Mommsen/Grieger, S. 850; Schabel, S. 248-59; Budraß, 525 f., 795, 872 u. 879 f.

53 BArch NS 6/98, Bl. 103; Hahn, S. 22 u. 29-31.

RATIONALITÄT UND VOLUNTARISMUS BEI DEN PLANUNGEN FÜR EINE NATIONALSOZIALISTISCHE KONSUMGESELLSCHAFT

Die nationalsozialistischen Volksprodukte entsprachen den Konsumwünschen der Bevölkerung. Sie knüpften an ältere Konsumdiskussionen in Wirtschaft und Öffentlichkeit an und stellten eine baldige Realisierung der dabei geäußerten Hoffnungen in Aussicht. Die Frage lautete, auf welche Weise sie zu verwirklichen und die politischen Versprechen einzulösen waren. Den üblichen Weg einer Steigerung der Konsumkraft durch Lohnerhöhungen und Arbeitszeitverkürzungen schlossen die Nationalsozialisten aus. Er hätte ihr primäres politisches Ziel gefährdet, durch Rüstung Deutschland kriegsfähig zu machen. Aus dem gleichen Grund waren die Möglichkeiten des Abbaus fiskalischer Konsumhemmnisse begrenzt. Dies zeigte sich bei den Rundfunkgebühren, die das größte Hindernis für die Ausbreitung des Mediums darstellten.[1] Obwohl man sich in der Bürokratie dieser Tatsache bewusst war, scheiterten alle Initiativen zugunsten einer auch nur partiellen Senkung an den fiskalischen Interessen – und zusätzlich an den Rivalitäten zwischen Post- und Propagandaministerium. Ebenso litten die Motorisierung und die Volkswagenpläne unter den immensen Treibstoffzöllen und den daraus resultierenden hohen Benzinpreisen.[2] Eine Absenkung der Zölle kam jedoch nicht in Frage, weil sie die Produktion synthetischer Treibstoffe finanzierten und damit der Autarkiepolitik dienten. Im Gegenteil: 1936 wurden der Treibstoffzoll und die Benzinpreise weiter erhöht. Für Hitlers und Leys Wohnungsbauprogramm von 1940 wurden zwar riesige staatliche Subventionen in Aussicht gestellt.[3] Jedoch war die Rechnungslegung auf die Zeit nach dem Krieg verschoben.

Wenn Lohnerhöhungen zur Steigerung der Kaufkraft ausfielen, blieb eine Verbilligung der Güter und Dienstleistungen. Damit landete der Schwarze Peter bei der Wirtschaft. Die nationalsozialistische Politik schrieb, wie beim Volksempfänger und dem Volkswagen, die Preise vor. Von den Herstellern bzw. dem Handel wurde erwartet, dass sie ihren Verdienst reduzierten. Dies konnte bis zur Gefährdung der Unternehmensexistenz gehen. Im Fall der Dienstleistungen der DAF wie den KdF-Reisen – beim KdF-Wagen wäre es genauso gewesen – bezahlten die Arbeitnehmer zumindest einen Teil der niedrigen Preise mit ihren Mitgliedsbeiträgen. Es ist nicht abzusehen, wozu dies bei den aufwändigen Sozial- und Konsumprogrammen der DAF geführt hätte.

---

1 S. o. S. 68 u. 89 f.

2 S. o. S. 182 f.

3 S. o. S. 129.

Es entsprach der Logik unternehmerischen Handelns, wenn sich die Firmen bemühten, einen Teil der von ihnen erwarteten Leistungen mit Hilfe einer Rationalisierung der Produktion zu erbringen. In seiner allgemeinsten Fassung bedeutet das ökonomische Rationalprinzip nichts anderes als mit einem möglichst geringen Aufwand einen möglichst hohen Ertrag zu erzielen.[4] Rationalisierungsmaßnahmen konnten an der Menge des investierten Kapitals, an der Quantität und Qualität der Arbeit oder an den technischen Produktionsmitteln ansetzen. Die Rahmenbedingungen für die technische Rationalisierung waren im Nationalsozialismus in der Konsumgüterindustrie eher schlecht.[5] Das für technische Investitionen erforderliche Kapital war teuer, weil Rüstung und Autarkie ungeheure Summen verschlangen. Dagegen war Arbeit aufgrund des faktischen Lohnstopps relativ preiswert, so dass sich technische Rationalisierungsmaßnahmen häufig nicht bezahlt machten.

Die Nationalsozialisten interpretierten Rationalisierung zunächst vor allem als Einsparung bzw. Vernichtung von Arbeit.[6] In der Zeit der Massenarbeitslosigkeit war der Begriff negativ besetzt. Dies ging bis zu Forderungen nach Verzicht auf den »Rationalisierungswahnsinn« oder nach Maschinenverboten. Mit dem Abbau der Arbeitslosigkeit und zunehmendem Arbeitskräftemangel änderte sich die politische Bewertung. »Rationalisierung« und »Leistungssteigerung« wurden zu Hoffnungsträgern für die Lösung der gravierenden Probleme der nationalsozialistischen Wirtschaft. Dabei erfuhr der vorher eher betriebswirtschaftlich orientierte Begriff eine volkswirtschaftliche Uminterpretation. Rationalisierung bezog sich jetzt nicht mehr auf Methoden zur Steigerung des Unternehmenserfolgs, sondern auf die wirtschaftlichen Maßnahmen zur Erreichung der politischen Ziele.[7] Die nationalsozialistische »echte Rationalisierung« umfasste unter anderem Maßnahmen der Investitionslenkung, der Arbeitsverdichtung, der Maschinisierung sowie der Normierung und Typisierung.

Bei den Konsumgütern setzte man die größten Hoffnungen auf eine Typisierung. Hitler sah darin einen Königsweg zur Wohlstandsgesellschaft:[8] »Der Wunsch, unseren Millionen ein höheres Lebensniveau zu geben, zwingt uns zur Typisierung«. Weniger Typen erhöhten die Stückzahlen. Die Stückkosten sanken, weil sich die festen Kosten auf mehr Produkte verteilten. Die nationalsozialistischen Volksprodukte intendierten eine Typisierung in extremer Form. In dem jeweiligen Marktsegment fiel ihnen eine Monopolstellung zu. In der Preisgruppe des Volksempfängers waren andere Radios verboten. Konsumgüter wie der Volkswagen sollten allein schon durch ihren – subventionierten – Preis Konkurrenz unterbinden. Die durch das Monopol entstehenden großen Stückzahlen erlaubten eine Massenproduktion. Die von

---

4 Vgl. hierzu König, Geschichte, S. 33 ff.

5 Vgl. Ritschl, NS-Wirtschaftsideologie, S. 55 f.

6 Zur Rationalisierung im Nationalsozialismus: Hachtmann, Industriearbeit; Siegel/Freyberg; Schäfer, Amerikanismus, S. 201 ff.; Smelser, Sozialplanung, S. 77 f.; Harlander, S. 129-33; Gassert, Amerika, S. 153 ff.; Budraß, S. 518-26, 892 f. u. passim.

7 So z.B. Doerr, Rationalisierung, S. 88.

8 Zitelmann, Hitler, S. 327.

Goebbels gepriesene »Massenproduktion des Volksempfängers«[9] erfolgte allerdings nur halbherzig. Die Aufteilung der Produktion auf die gesamten Rundfunkgerätehersteller reduzierte die »Economies of Scale«, die aus der Größe (der Produktion) zu erzielenden Rationalisierungsgewinne. Außerdem wurde der Volksempfänger mehrfach konstruktiv verändert, was zu Umstellungsinvestitionen zwang. Leys and Porsches Pläne für den Volkswagen bzw. den Volkstraktor gingen da wesentlich weiter. Bei den in gigantischen Werken in riesigen Stückzahlen erzeugten Einheitsmodellen ließen sich alle Möglichkeiten technischer Rationalisierung ausschöpfen. Der Volkswagen – so ein Artikel im Völkischen Beobachter – werde im Endeffekt die gesamte deutsche Volkswirtschaft befruchten.[10] »Jeder Unternehmer an seinem Platze soll die gleiche Leistungshöhe erreichen, wie sie bei der Herstellung des Volkswagens verwirklicht worden ist.« Mit diesem schiefen Vergleich zwischen der freien Wirtschaft und einem subventionierten Monopolunternehmen lag der Kommentar ganz auf der Linie Leys, der die wirtschaftlichen Unternehmungen der DAF damit legitimierte, dass sie »mit der der Deutschen Arbeitsfront eigenen Dynamik die private Wirtschaft zu Leistungen an...spornen« würden.[11]

Seit etwa 1935 wurde Typisierung zur dominierenden Rationalisierungsstrategie. Die in den folgenden Jahren an die Wirtschaftsverbände gerichteten Typisierungsforderungen standen ganz im Zeichen der Kriegsvorbereitung. Als die Wirtschaft die politischen Erwartungen nicht erfüllte, arbeiteten militärische Stellen umfassendere Typisierungsprogramme aus wie in der Kraftfahrzeug-[12] und in der Rundfunkindustrie[13]. Die unmittelbar vor dem Krieg erlassenen Typisierungsvorschriften erlangten allerdings keine besondere Bedeutung mehr, denn der Krieg zwang zur Improvisation und zu weit größeren Beschränkungen. Dies unterband jedoch nicht weitere Typisierungsüberlegungen – auch nicht im Konsumgüterbereich. 1940 wurde die Typenzahl bei Haushaltsnähmaschinen verringert;[14] bei Fahrrädern waren entsprechende Maßnahmen in der Diskussion.[15] Sie resultierten aus der kriegswirtschaftlichen Notlage, beinhalteten aber auch schon Investitionslenkung mit Blick auf die Nachkriegszeit.

Die Typisierungsprogramme waren mit erheblichen Eingriffen in das unternehmerische Handeln verbunden. Den Unternehmen wurden die Zahl und die Art der herzustellenden Typen vorgeschrieben. Im Traktorenbau erhielten eine Reihe von kleinen Firmen den Auftrag dasselbe Modell zu fertigen.[16] Die Radioindustrie sollte in »Arbeitsgemeinschaften« gegliedert werden, Gruppen von Unternehmen, die sich auf bestimmte Produktlinien spe-

9 Das Archiv 5 (1934), S. 693.
10 Völkischer Beobachter, Norddeutsche Ausgabe v. 18.2.1938, S. 11.
11 Ley, Die wirtschaftlichen Unternehmungen, S. 1094.
12 S. o. S. 154.
13 S. o. S. 78 f.
14 Die Deutsche Volkswirtschaft 10 (1941), S. 1306 f.
15 Stahl, Fahrrad.
16 Meyer, S. 141.

zialisierten. In der Fahrradindustrie war eine Trennung von Teilefertigung und Montage im Gespräch.[17] Rationalisierung, besonders in Form der Typisierung, erschien den Nationalsozialisten so vielversprechend, dass sie hierfür eine weitgehende Umgestaltung der Wirtschaftsstruktur ins Auge fassten.

Wenn es um den Zusammenhang zwischen Rationalisierung und Konsum ging, lag es nahe, den Blick auf die USA zu richten. Das von den Nationalsozialisten angestrebte Konsumniveau war in den Vereinigten Staaten bereits realisiert. Und die USA galten als das Eldorado von Rationalisierung und Massenproduktion. Hitler sah den amerikanischen Wohlstand vor allem im Reichtum an Grund und Boden sowie an Rohstoffen begründet.[18] Damit verfügten die Amerikaner über den Lebensraum, den sich das deutsche Volk erst noch erringen müsse. Die Stärke der amerikanischen Wirtschaft resultiere allein schon aus dem riesigen Binnenmarkt. Er ermögliche der amerikanischen Industrie »Produktionsziffern und damit Produktionseinrichtungen«, welche die Produkte enorm verbilligten.

Das spektakuläre Musterbeispiel für die derart skizzierten Zusammenhänge stellten die amerikanische Automobilindustrie und die Massenmotorisierung dar.[19] Die Autobauer waren Vorreiter moderner Fertigungstechniken; Ford hatte mit seinem Modell T die ohnehin vorhandene Typisierung auf die Spitze getrieben. Die nationalsozialistische Hochschätzung Henry Fords[20] kam zum Ausdruck, als ihm der deutsche Konsul 1938 anlässlich seines 75. Geburtstages in Detroit das Großkreuz vom Deutschen Adler verlieh.[21] Ford und sein Modell T bildeten das unmittelbare Vorbild für den Volkswagen.[22] Das den Ford-Werken nachgebildete Volkswagenwerk sollte mit modernster Produktionstechnik ebenfalls nur ein Modell herstellen. Porsche bereiste die amerikanische Automobilindustrie und warb dort Ingenieure und Facharbeiter ab. Die USA und Ford waren jedoch nicht nur Vorbild, sondern auch zu übertreffende Konkurrenten. Deswegen sollte das Volkswagenwerk größer werden als die Ford-Fabriken und mehr Autos produzieren. In gleicher Weise maß die nationalsozialistische Propaganda die deutsche an der amerikanischen Rundfunkverbreitung.[23]

Die Haltung gegenüber den USA war ambivalent.[24] Auf der einen Seite galten der Reichtum des Landes, der Lebensstandard seiner Bevölkerung, seine wirtschaftliche Stärke und die rationellen Produktionsmethoden der

---

17 Stahl, Fahrrad, S. 1791; Die Deutsche Volkswirtschaft 10 (1941), S. 706.

18 Vgl. hierzu Gassert, Amerika, S. 91 f. (hieraus auch das folgende Zitat); außerdem Gassert, Amerika, S. 148 ff.; Zitelmann, Hitler, S. 321-24; Hachtmann, Begründer.

19 Vgl. Roggatz.

20 Vgl. Gassert, Amerika, S. 149 ff.; Hachtmann, Begründer, S. 41-44; Hitler, Monologe, S. 255; New York Times v. 10.7.1933, S. 6.

21 Das Archiv 52 (1938), S. 522; Reich, S. 116 u. Harlander, S. 130, sprechen fälschlicherweise von einer Verleihung in Berlin.

22 Grieger; Mommsen/Grieger, S. 166 ff., 250 ff. u. passim; Ludvigsen; vgl. Rundschau deutscher Technik 19 (1939), Nr. 7, S. 1 f.

23 S. o. S. 82 f.

24 Gassert, Amerika; Diner, S. 89-116; Schäfer, Das gespaltene Bewußtsein, S. 114-37; Schäfer, Amerikanismus; Compton, S. 9-27.

Industrie als beispielhaft. Auf der anderen Seite distanzierten sich die Nationalsozialisten von den USA. Sie nahmen dabei alte Stereotypen antiamerikanischer Kulturkritik auf und ergänzten sie mit eigenen ideologischen Versatzstücken. Dies mündete in Tiraden über die amerikanische Kulturlosigkeit, den herrschenden Materialismus, die jüdisch dominierte Wirtschaft, die Vermischung der Rassen. Im Krieg wurden die Angriffe heftiger. In einem seiner Monologe brachte Hitler 1942 das nationalsozialistische Urteil über die USA auf den Punkt:[25] »Im Grunde genommen leben die Amerikaner so wie die Säue in einem ausgekachelten Stall!«

Nicht die Vereinigten Staaten in ihrer Gesamtheit, aber jedenfalls die amerikanischen Produktionsmethoden erschienen führenden Nationalsozialisten vorbildlich. Die dabei Ende der 1930er Jahre und während des Krieges schwerpunktmäßig verfolgte Typisierung blieb in Deutschland nicht ohne Widerspruch, Eine Reihe von Kritikern wandte sich allgemein, aber auch besonders in Bezug auf Konsumgüter gegen die Tendenz zur »Einheitsware«.[26] Sie warnte vor einem Zustand – »Die *Fertigung* beherrscht die *Konstruktion*«[27] –, bei dem die Produkte aufgrund der hohen in die Produktionsmittel getätigten Investitionen keine konstruktive Weiterentwicklung mehr erführen. Konstruktionsverbesserungen müssten auch bei »Volksware« oder »Volksgütern« möglich sein. Eine zu weit getriebene Typisierung berge die Gefahr in sich, dass man an den Bedürfnissen des Marktes vorbei produziere. Weder differenzierte Kundenwünsche noch die Anforderungen des Exports könnten mehr erfüllt werden.[28]

Typisierung und rationelle Massenproduktion wirkten in Richtung des monopolistischen Großbetriebs. Die Kritiker warnten vor dem Ausfall heilsamer Konkurrenz oder gar einem »Massensterben der kleinen und mittleren Unternehmungen«.[29] Mit Blick auf das Typisierungsprogramm für Ackerschlepper und Leys Pläne für ein gigantisches Volkstraktorenwerk wurde ein Kommentator grundsätzlich.[30] Der »Glaube an den *lebendigen Organismus* ist in den letzten Jahren stark zurückgedrängt worden und an seine Stelle ist in bedenklichem Maße ein Glaube an die *tote Organisation* getreten. Der *Unternehmergeist* wird mehr und mehr verdrängt durch den *»Beamtengeist«.*« Notwendig sei »die Rückführung der Hunderte von Ingenieuren, Technikern, Kaufleuten und Landwirten, die jetzt nur Formulare ausfüllen, in die produktive Arbeit«.

Im historischen Rückblick auf die Volksprodukt-Planungen stellt sich die Frage nach der Rationalität der Rationalisierung. Rationalisierung, insbesondere in der Spielart der Typisierung, wurde im Nationalsozialismus zur Zauberformel, welche die ökonomischen Dilemmata der Volksprodukte aufzulösen versprach. Dies ging bis zur Vorstellung eines Wohnungsbaus »am lau-

---

[25] Hitler, Monologe, S. 321.
[26] Der deutsche Volkswirt 16 (1941/42), S. 46 f.
[27] Dencker, S. 2.
[28] Der deutsche Volkswirt 13 (1938/39), S. 1774 u. 16 (1941/42), S. 768.
[29] Der deutsche Volkswirt 13 (1938/39), S. 1774 (das Zitat im Original gesperrt).
[30] Dencker, S. 2 f.; vgl. v. Ow.

fenden Band« mit von Baustelle zu Baustelle ziehenden spezialisierten Arbeitsgruppen.[31] In dem Beispiel verband sich eine Konfusion der Begriffe mit einer Illusion der Möglichkeiten. Hinter den nationalsozialistischen Rationalisierungsutopien standen folgende Überlegungen: Das propagierte Ideal der Volksprodukte verlangte eine weitgehende Versorgung der Bevölkerung. Das erforderte Millionenauflagen. Die Preise mussten dramatisch abgesenkt werden, um die Produkte dem Volk zugänglich zu machen. Dies sollte erreicht werden durch eine auf die Spitze getriebene Massenproduktion eines Konsumguts in einem gigantischen durchrationalisierten Werk.

Die Kalkulationen der Führung des Volkswagenwerks zeigten, dass die für den Volkswagen angestrebten und angekündigten Preise nicht zu erzielen waren. Weder der Volkswagen noch der Volksempfänger fanden den erwarteten aufnahmefähigen Markt. Der Volksempfänger erlangte nicht die von der Politik erhoffte Verbreitung.[32] Die Ergebnisse der Sparaktion für den Volkswagen waren enttäuschend.[33] Die Zahl der Sparer erreichte noch nicht einmal die Jahreskapazität der ersten Ausbaustufe des Werks. Weder die Produktionszahlen noch die Preise entsprachen der in Deutschland vorhandenen Kaufkraft. Eine Verbreitung der DAF-»Volksprodukte« im Volk, nämlich des Volkswagens, der neuen großen Volkswohnungen und des Badeurlaubs in den Ostseebädern, wäre ohne beträchtliche Subventionen nicht möglich gewesen. Dabei waren die Anschaffungskosten, auf die sich die nationalsozialistische Rationalisierungspolitik konzentrierte, nicht einmal das Wichtigste, sondern die Unterhaltungskosten. Sie lagen sowohl beim Volksempfänger[34] wie beim Volkswagen[35] deutlich höher als die Abschreibung. Der Volksempfänger verfehlte seine Ziele weniger wegen des Preises, sondern wegen der Rundfunkgebühren. Die größte Belastung für die Volkswagenbesitzer wären die Benzinkosten gewesen.

Im Ergebnis handelte es sich bei der von den Nationalsozialisten für die Produktion von Volksprodukten verfolgten Rationalisierung um eine verfehlte Strategie. Die Folgerung ergibt sich bereits aus einer vordergründigen ökonomischen Analyse. Dabei sind noch nicht eventuelle volkswirtschaftliche Schäden durch Kartellierung und partielle Verstaatlichung der Produktion berücksichtigt. Schon die Zeitgenossen warnten vor bürokratischem Leerlauf und technischer Stagnation. Misserfolg und Scheitern geplanter Volksprodukte zeichneten sich bereits vor Beginn des Krieges ab. Im Krieg lebten die Hoffnungen auf Verwirklichung einer nationalsozialistischen Konsumgesellschaft wieder auf und wurden teilweise noch überhöht. Ihre Fundierung erhielten sie jetzt durch die Erwartung eines riesigen vom Reich nach dem Sieg ausgebeuteten Wirtschaftsraums.

Die hier ex post geäußerten Zweifel an der Rationalität der nationalsozialistischen Rationalisierung wurden bereits in der Zeit des »Dritten Reiches«

---

31 S. o. S. 130.
32 S. o. S. 65.
33 S. o. S. 174 u. 180 f.
34 S. o. S. 88 f.
35 S. o. S. 181 ff.

laut. Kritische Stimmen konzentrierten sich auf den Einzelfall und konkrete Punkte und vermieden den Anschein grundsätzlicher Systemkritik. Die nationalsozialistische Polykratie machte es den Kritikern leicht, Bedenken an institutionelle Adressaten zu richten und dabei die Rückendeckung anderer in Anspruch zu nehmen. Es handelte sich um eine Kritik von Expertenseite, gestützt vor allem durch technische und ökonomische Argumente. Die Experten saßen in den Ministerien oder in der Wirtschaft. Üblicherweise artikulierten sich die einen in internen Denkschriften und Verhandlungen, die anderen in Fachzeitschriften. Besonders leicht fiel den ministerialen Experten die Kritik, wenn sie sich auf die Arbeit eines konkurrierenden Ministeriums bezog. So bemängelten Techniker der Reichspost die Empfangsqualität des Volksempfängers.[36] Zur Versorgung der Gebiete mit schlechtem Empfang hätten sie sich eine aufwändigere Konstruktion gewünscht. Im Verkehrsministerium stellte man den beim Volkwagen beschrittenen Weg in Frage.[37] Stattdessen versprach man sich mehr von Eigenentwicklungen der großen Hersteller. Die von der DAF propagierte Wohnungspolitik hielt das Arbeitsministerium schlicht für nicht finanzierbar und befand sich dabei in Übereinstimmung mit kommunalen Wohnungsbauexperten.[38] Gemeinsam malten sie eine Zunahme des Wohnungsmangels aus und konnten sich durch die Entwicklung bestätigt sehen. Geradezu gebetsmühlenartig war in der Fachpresse zu lesen, dass die Probleme des Volkswagens nicht bei den Anschaffungs-, sondern bei den Betriebskosten lagen.[39] Die nationalsozialistische Politik hingegen konzentrierte sich ganz auf den Preis. Die Frage der Betriebskosten kam erst spät auf die Tagesordnung und wurde vor dem Krieg keiner befriedigenden Lösung zugeführt.[40]

In einer Reihe von Fällen lässt sich nachweisen, dass man sich auch in den federführenden nationalsozialistischen Institutionen der Schwierigkeiten der Volksprodukte bewusst war. Im Propagandaministerium wusste man genau, dass der Volksempfänger nicht die Einkommensschichten erreichte, für die er eigentlich bestimmt war.[41] Das Arbeitswissenschaftliche Institut der DAF warnte vor der Übernahme des Volkswagenprojekts.[42] Die Führung der KdF konstatierte, dass in Deutschland die wirtschaftlichen Bedingungen für den Volkswagen denkbar ungünstig seien.[43] Die Bedenken jedoch erreichten die Entscheidungsträger nicht oder sie wurden überhört. Expertentum stand im Nationalsozialismus ohnehin nicht hoch im Kurs, jedenfalls nicht, wenn es mit den Planungen und Zielen des Regimes nicht übereinstimmte. Hitler selbst machte aus seiner Verachtung für die sogenannten Fachleute kein Hehl.

[36] S. o. S. 38 f. u. 50 f.
[37] S. o. S. 163 f.
[38] S. o. S. 122 f.
[39] S. o. S. 183 f.
[40] S. o. S. 184 f.
[41] S. o. S. 65.
[42] S. o. S. 169.
[43] S. o. S. 184.

Die Frage nach der Rationalität der nationalsozialistischen Rationalisierung kann nach all dem nur negativ beantwortet werden. Die Untersuchung der Volksprodukte unterstützt jene Autoren, die, wie Tim Mason,[44] der nationalsozialistischen Wirtschaftspolitik »strukturelle Irrationalität« bescheinigen, oder die, wie Hans Mommsen, dem nationalsozialistischen Herrschaftssystem »mangelnde Rationalität« attestieren[45] und dies am Volkswagenwerk exemplifizieren.[46] Die Geschichte der Volksprodukte weckt darüber hinaus Zweifel, ob die bis in die Frankfurter Schule zurückreichenden Versuche tragfähig sind, dem Nationalsozialismus wenigstens instrumentelle Vernunft zuzusprechen.[47] Danach seien zwar nicht seine Ziele und Zwecke, wohl aber die Mittel zu deren Erreichung rational gewesen. Die hier referierte Beschäftigung mit der Rationalität im Nationalsozialismus steht im Kontext einer Kritik der instrumentellen Vernunft, einer Auseinandersetzung mit bloßer Mittelrationalität.

In dieser Tradition der kritischen Theorie argumentieren Historiker wie Zygmunt Bauman, Walter Reichel, Götz Aly und Susanne Heim. Zygmunt Bauman interpretiert in seiner Auseinandersetzung mit der Moderne die Nationalsozialisten als »legitime Kinder des modernen Geistes«, die ihre Ziele mit »kühler Berechnung von Kosten und Nutzen« verfolgt hätten.[48] Reichel spricht von »instrumenteller Rationalität«, welche die Nationalsozialisten bei der »Erzeugung von schönem Schein«, d.h. bei der propagandistischen Inszenierung ihrer Politik und Ideologie, bewiesen hätten.[49] Götz Aly und Susanne Heim untersuchen die Wissenschaftler, die den Massenmord an den europäischen Juden planten und legitimierten, und sehen in Auschwitz die »Folge einer gnadenlosen instrumentalisierten Vernunft«.[50] In dieser Tradition ist es fast schon zum Topos geworden, von einer »fabrikmäßigen« Judenvernichtung zu sprechen. Es sei dahingestellt, ob die Begriffe und Beispiele tauglich sind. Bei den nationalsozialistischen Volksprodukten jedenfalls lässt sich über die Zwecke streiten, die von den Nationalsozialisten ergriffenen Mittel – auch die der »Rationalisierung« – waren jedenfalls alles andere als rational.

Eine Reihe von Autoren belegt Teile der nationalsozialistischen Politik mit dem Begriff »technokratisch« und bezeichnet deren Exekutoren als »Technokraten« oder »Expertokraten«.[51] Die Begriffe entnehmen sie der Umgangssprache, wo »Technokrat« als diffuses Schimpfwort für all jene Verwendung findet, die in unkritischer Weise auf die Technik setzen. Die zitier-

---

44 Mason, Primat, S. 493.

45 Mommsen, Nationalsozialismus, S. 416.

46 Mommsen/Grieger.

47 Michael Schäfer.

48 Bauman, Moderne, die Zitate S. 45 f.; vgl. Bauman, Dialektik.

49 Reichel, Der schöne Schein, S. 372.

50 Aly/Heim, Auflage 1997, S. 19; vgl. kritisch dazu: Frei, S. 369-73.

51 Prinz, Die soziale Funktion, S. 302 u. 319; Zitelmann, Die totalitäre Seite, S. 18; Roth, Intelligenz, S. 126; Aly/Heim, Auflage 1995, S. 488; Mommsen, Nationalsozialismus, S. 415 f. u. 423; vgl. kritisch dazu: Herf, Der nationalsozialistische Technikdiskurs, S. 91 f.; Allen, Business, S. 271 ff.

ten Historiker ignorieren allerdings, dass es sich bei »Technokratie« um einen wohldefinierten sozialwissenschaftlichen Terminus handelt.[52] Er bedeutet sowohl – ganz im Wortsinn – Herrschaft der Techniker wie Herrschaft der Technik, wobei das Letztere eine spezifische deterministische Geschichtsinterpretation beinhaltet. Entsprechende technokratische Ideologien reichen bis ins 19. Jahrhundert zurück. In der Zwischenkriegszeit entwickelte sich vor allem in den USA, aber auch in Deutschland eine mehr oder weniger straff organisierte technokratische Bewegung.[53] Die Lehren und die Ziele dieser Bewegung standen in schärfstem Gegensatz zur nationalsozialistischen Ideologie. Eine Herrschaft der technischen Fachleute war im nationalsozialistischen »Führerstaat« undenkbar. Die »Führer« bezogen ihre Legitimation gerade nicht aus Sachverstand, sondern aus der erkämpften Position in der Bewegung. Ein technischer Geschichtsdeterminismus hätte die von den Nationalsozialisten benannten zentralen geschichtsmächtigen Kräfte, insbesondere die Rasse, ins zweite Glied verbannt. Trotz erheblicher Anpassungsleistungen sah denn auch die organisierte Technokratiebewegung im nationalsozialistischen Deutschland keine Zukunft und löste sich letztendlich auf.

Technokratie ist also ein denkbar ungeeigneter Begriff zur Kennzeichnung von Strömungen und Richtungen innerhalb des Nationalsozialismus. Die generelle Einschätzung der Technik umfasste ein breites Spektrum von mehr positiven und mehr negativen Haltungen.[54] In erster Linie hing sie davon ab, ob die jeweiligen Vertreter die nationalsozialistische Ideologie mehr auf die Vergangenheit oder mehr auf die Zukunft projizierten. Gemeinsam war ihnen, dass sie – in schroffem Gegensatz zu den Technokraten – Technik als Mittel und nicht als Zweck betrachteten. Technik besaß also instrumentellen Charakter für die Erreichung der nationalsozialistischen Ziele. Kaum ein anderes Wort tauchte in den nationalsozialistischen Programmschriften über Technik häufiger auf als das des »Dienstes« oder »Dienens«. Technik legitimierte sich durch die Dienste, welche sie der Rasse, dem Volk, dem Staat und der Partei leistete. Der Primat der Politik galt nicht nur gegenüber der Wirtschaft, sondern auch gegenüber der Technik.

Die wichtigsten Protagonisten der Volksprodukte, Hitler, Goebbels, Ley und die DAF, gehörten der mehr technophilen Richtung innerhalb des Nationalsozialismus an. In den Volksprodukten verbanden sich sozialtechnologische und propagandistische Intentionen, die Begeisterung für technische Konsumgüter und Dienstleistungen sowie ein Hang zur Megalomanie. Ein das gesamte Reich abdeckender Rundfunk, große, modern ausgestattete Wohnungen, in riesigen Fabriken hergestellte langlebige Konsumgüter wie der Volkswagen und der Volkskühlschrank, eine gewaltige Flotte von Urlaubsschiffen und gigantische Seebäder: Das waren die Visionen einer mit

---

52 Als Klassiker für die Technokratiethese: Ellul; Schelsky; als instruktive Sammelbände: Koch/Senghaas; Hans Lenk.

53 Willeke.

54 Ludwig; Adolf.

Hilfe der Technik zu schaffenden nationalsozialistischen Freizeit- und Konsumgesellschaft.

In Reden auf der Funk- und auf der Automobilausstellung betonte Goebbels den Mittelcharakter der Technik sowie den »nationalsozialistische(n) Führeranspruch gegenüber der Technik«[55]. Zur Eröffnung der Funkausstellung 1936 lobte er die Technik und die moderne Zivilisation:[56] »Es ist nicht wahr, dass die ungeheuren dynamischen Kräfte dieses Jahrhunderts Feinde des Menschen seien. Sie sind seine Diener und Freunde wenn eine kluge und überlegene Staatsführung die Kunst beherrscht, sie zu regulieren, zu führen und planmäßig einzusetzen.« Auf der Automobilausstellung 1939 räumte er die Gefahr ein, dass die Technik »die Menschen seelenlos« mache.[57] Aufgabe des Nationalsozialismus sei es, sie »innerlich zu beseelen und zu disziplinieren und sie in den Dienst unseres Volkes und seines hohen Kultur- und Lebensniveaus zu stellen.« Unter Bezug auf den Volkswagen führte er aus: »Solange die Technik nur das Vorrecht der oberen Zehntausend bleibt, wirkt sie volksfremd, ja volksfeindlich. In dem Augenblick, in dem das Volk selbst daran teilnimmt, bekommt die Technik auch einen volksverbundenen und volksverbindenden Charakter.«

Mit die positivsten Äußerungen über die Technik sind von Hitler überliefert.[58] Sich selbst charakterisierte er als »Narr der Technik«.[59] Die Erfolge der nationalsozialistischen Bewegung seien ohne Auto, Flugzeug und Rundfunk nicht möglich gewesen.[60] An der Konstruktion des Volkswagens, dem Zuschnitt und der Ausstattung der »Führerwohnungen« sowie an den Plänen für das Seebad Prora nahm Hitler lebhaften Anteil und traf einige richtungsweisende Entscheidungen. Seine Äußerungen und sein Engagement für die Technik gehörten im nationalsozialistischen Deutschland zu den Topoi der Technikpublizistik. So sangen die Siemens-Mittelungen eine Hymne auf den »Führer als Förderer der Technik«.[61] Alle großen technischen Leistungen und Aufgaben der Gegenwart seien auf den Führer zurückzuführen: die Autobahnen, der Volkswagen, »die technische Ausrüstung unserer Wehrmacht«, die neuen Werkstoffe und vieles andere mehr. Die Ingenieure konnten ihre Arbeit und ihre Leistungen jetzt endlich gewürdigt fühlen. Die Ingenieurwelt nahm es mit Befriedigung und Dankbarkeit auf, als 1938 der Deutsche Nationalpreis für Kunst und Wissenschaft an vier Ingenieure, an Fritz Todt (1891-1942), Ferdinand Porsche (1875-1951), Willy Messerschmitt (1898-1978) und Ernst Heinkel (1888-1958), verliehen wurde.[62]

[55] Die Formulierung nach: Der Deutsche Sender v. 9.2.1934, S. 8 f.

[56] Mitteilungen der RRG 501 v. 29.8.1936, Bl. 5.

[57] Deutsches Nachrichtenbüro Nr. 268 v. 17.2.1939; vgl. mit ähnlichem Tenor: Der Angriff v. 14.2.1935. S. 1 f.

[58] Vgl. Zitelmann, Hitler, S. 324-31; Kluke, S. 342.

[59] Hitler, Monologe, S. 275.

[60] Z.B. in: Nationalsozialistische Rundfunk-Korrespondenz 3 (1939), Folge 34 v. 23.8.; Siemens-Mitteilungen 206 (1939), S. 68.

[61] Siemens-Mitteilungen 206 (1939), S. 66-69.

[62] Das Archiv 54 (1938), S. 820-23.

Im Vorhergehenden wurde gezeigt, dass die von den Nationalsozialisten eingesetzten Mittel der technischen Rationalisierung noch keine Rationalität verbürgten. Die Volksprodukte erreichten aufgrund ihrer Kosten und der niedrigen Kaufkraft nicht das Volk. Die Bemühungen, die ungünstigen strukturellen Bedingungen durch eine rationelle Massenproduktion zu kompensieren, liefen ins Leere. Dies musste nicht überraschen. Zahlreiche Fachleute wiesen während des Nationalsozialismus auf die konkreten Punkte hin, wo die Konsumplanungen des Regimes nicht funktionieren konnten. Sie wurden nicht gehört. Meist waren die Bedenken in rhetorische Watte verpackt und vermieden systemkritische Töne. Aber auch deutlichere Worte wären wohl wirkungslos verpufft, denn Fachleute standen im Führerstaat nicht hoch im Kurs.[63]

Gegen rationale Kritik entwickelte der Nationalsozialismus eine quasi religiöse Gegenrede, welche jegliches Argumentieren erübrigte.[64] Am Beispiel von Volksprodukten dargestellt: Anlässlich der Automobilausstellung 1935 ging Hitler auf den Volkswagen sowie auf den synthetischen Gummi und Treibstoff ein.[65] »Wo sich aber ein Wille einer Aufgabe ernstlich widmet, wird immer ein Weg zur praktischen Erfüllung gefunden.« Der Reichsverband der Automobilindustrie veröffentlichte die Ausstellungsreden unter dem Titel »Wille wirkt Wunder«. Ein Prototyp des Volkswagens war Bestandteil der ständigen Ausstellung der DAF in Berlin, im Ausstellungsführer präsentiert unter dem einer Rede Hitlers entnommenen Motto »Ich hasse das Wort unmöglich«.[66] Das Volkswagenwerk nahm die Presse als Beweis, »daß im Dritten Reiche dort, wo der Wille des Führers einsetzt, stets auch der Weg zur Verwirklichung gefunden wird«.[67]

Robert Ley bewies sich auch in seiner politischen Sprache als treuer Gefolgsmann seines Führers. Der eigens zur Begründung und Ausarbeitung des megalomanischen Wohnungsbauprogramms für die Zeit nach dem Krieg ins Leben gerufenen Zeitschrift »Der soziale Wohnungsbau in Deutschland« gab er die Vorrede mit:[68] »Es gibt nichts, was der Mensch nicht schaffen könnte, wenn er will. Das ist unsere Erkenntnis. Des Menschen Wille gibt die Kraft. Wenn einer sagt: »Ich kann es nicht«, so kann ich nur antworten: »Das liegt lediglich an deinem Willen! Wenn du es wolltest, wenn du fanatisch daran glaubst, daß du ein Recht daran hast, wenn du es dir klar überlegst und dann zum Schluß kommst: es ist richtig, und wenn du dann hinter dieses Recht und hinter diese Klarheit deinen Willen setzt (sic!), dann schaffst du es!«

---

[63] Vgl. Mommsen, Nationalsozialismus, S. 417; Mommsen, Noch einmal, S. 395.

[64] Zu den religiösen Elementen im Nationalsozialismus: Vondung; Hans Maier; Ley/Schoeps.

[65] Das Archiv 10 (1935), S. 1741.

[66] Leistungen, S. 55; vgl. Domarus, S. 658.

[67] Kieler Neueste Nachrichten v. 18.2.1938, zitiert nach Wiersch, S. 107 f.; vgl. Völkischer Beobachter, Norddeutsche Ausgabe v. 18.2.1938, Sonderbeilage »Das deutsche Kraftfahrzeug«, S. 3.

[68] Der soziale Wohnungsbau in Deutschland 1 (1941); vgl. zu ähnlichen Formulierungen: Der Wohnungsbau in Deutschland 5 (1945), S. 1; Harlander, S. 206 f.; Hans Wagner, S. 152.

Die kleinen Beispiele stehen für die vieltausendfache Präsenz von Begriffen wie »Glaube«, »Wunder« und »Wille« in der nationalsozialistischen Rhetorik. Sie knüpfte an alte Dichotomien der abendländischen Geistesgeschichte an und bezog eindeutig Position: Glauben rangierte vor Wissen, Wille vor Vernunft. In einer solchen Gedankenwelt, wo – durchaus nicht ironisch gemeint – »die Überlegenheit des nationalsozialistischen Staates über die Tatsachen« postuliert wurde,[69] hatte rationale Kritik keine Existenzberechtigung. Nicht nur bei den Volksprodukten ging Voluntarismus vor Rationalität.

Zum Abschluss soll auf die Frage eingegangen werden, ob der Nationalsozialismus einen Beitrag zur Modernisierung der deutschen Gesellschaft leistete. Mit dieser Frage knüpft die Geschichtswissenschaft in lockerer Form an sozialwissenschaftliche Modernisierungstheorien an.[70] Dabei bleibt es selbst in der sozialwissenschaftlichen Diskussion häufig unklar, ob es um universell gültige und damit metaphysische oder um historisch-konkrete Theorien geht. Die historisch-konkreten Varianten fragen nach grundlegenden Veränderungen der Gesellschaft etwa in den vergangenen zwei Jahrhunderten. In den 1950er und 1960er Jahren orientierten sich Modernisierungstheorien vor allem am amerikanischen Gesellschaftsmodell, danach praktizierten sie eine größere Offenheit für andere Gesellschaftsvarianten und seit etwa 1980 entwickelten sie sich zu Modellen hoher Abstraktion.[71]

Der historische Wandel der Modernisierungstheorien indiziert ein grundlegendes Problem des Modernisierungskonzepts. Niklas Luhmann, der die Modernisierungsfrage als erkenntnistheoretisch naiv bezeichnet hat, hat dies so formuliert:[72] »Die Modernitätsmerkmale von heute sind nicht die von gestern und auch nicht die von morgen, und eben darin liegt ihre Modernität.« Wenn die »Moderne« durch ständigen Wandel charakterisiert ist, dann gibt es auch keinen archimedischen Punkt, von dem aus man ihre Erscheinungen als modern oder unmodern einordnen könnte. Mit dem erkenntnistheoretischen ist ein ethisches Problem verknüpft. In die Sozialwissenschaften wurde Modernisierung als analytischer Begriff eingeführt; in der Öffentlichkeit war Moderne aber bereits politisch-moralisch besetzt. Moderne stand für das unvollendete Projekt der Aufklärung; es diente dem linken und liberalen Spektrum als Feldzeichen, um sich gegen einen konservativen Traditionalismus zu positionieren. In polemischer Zuspitzung hierzu Rolf Peter Sieferle:[73] »Das übliche Gerede von der »Moderne« ist der dünnste (und dümmste) Rest des alten Fortschrittsglaubens.« Die enge Verquickung von Deskriptivem und Normativem – es sei hier nicht diskutiert, ob und wie sie aufzulösen wäre – in den Begriffen »Modernisierung« und »Moderne« musste in Bezug auf den Nationalsozialismus zu Irritationen führen. Den Verwendern der Begriffe

---

[69] Nonnenbruch, Die dynamische Wirtschaft, S. 107 u. passim.

[70] Einen Einstieg vermitteln: Wehler; Wehling; Michael Schäfer, S. 135 ff.; Immerfall; Schildt, Moderne Zeiten, S. 22-29; Kiesel.

[71] Beispiele hierfür: Lepsius; Johannes Berger; van der Loo/van Reijen.

[72] Luhmann, S. 89; vgl. Sieferle, S. 160-62.

[73] Sieferle, S. 162.

konnten legitimatorische Absichten, den Gegnern konnte unwissenschaftliche Moralisierung unterstellt werden.

Es hatte Konsequenzen, dass der in der Geschichtsforschung verwendete Modernisierungsbegriff theoretisch relativ leer blieb. Im Urteil von Norbert Frei:[74] »... Die Geschichtsschreibung über den Nationalsozialismus ... hat sich des »Modernisierungsjargons« bemächtigt, ohne die Anstrengung einer theoriegeleiteten Modernisierungsforschung auf sich zu nehmen.« Insbesondere ignorierten die sich an der Modernisierungsdiskussion beteiligenden Historiker weitgehend »moderne«, d.h. relativ abstrakte, Konzepte von Modernisierung, die mit Begriffen wie funktionale Differenzierung und Rationalisierung arbeiten. Stattdessen verstanden die Historiker Modernisierung als eine Art Faktorenkonglomerat, mit dem sich Feststellungen treffen ließen, wie dass der Nationalsozialismus zwar Traditionsabbau, Industrialisierung und Technisierung verfolgte, aber keine Demokratisierung.[75] Daraus leitete sich die Rede von einer durch den Nationalsozialismus bewirkten »partiellen Modernisierung« ab. Der Versuch, die Ambivalenzen der nationalsozialistischen »Moderne« zu fassen, mündete in Begriffe wie »reactionary modernism«,[76] »Pathologie der Moderne«[77] oder »autochthone Modernität«[78]. Andere Autoren wiesen darauf hin, dass die Zeit des »Tausendjährigen Reiches« viel zu kurz sei, um auf sie Kategorien anzuwenden, die für historische Veränderungen in langen Zeiträumen entwickelt wurden.[79]

Es sei dahingestellt, ob das Konzept der Modernisierung bei der Erforschung des Nationalsozialismus mehr Schaden angerichtet oder mehr heuristischen Nutzen gestiftet hat. Ich selbst halte Modernisierung sowohl als theoretisches Konzept als auch als empirische Fragestellung über den Nationalsozialismus für ungeeignet. Stattdessen plädiere ich dafür, Charakteristika der nationalsozialistischen Gesellschaft herauszuarbeiten und nach Spezifika im Vergleich zum Vorher und Nachher zu fragen. Was heißt dies für den Konsum und die »Volksprodukte«? Sowohl in theoretischen Arbeiten[80] wie in historisch-empirischen zum Nationalsozialismus[81] sind Wohlstand und Konsum als Elemente der Modernisierung angeführt worden. Ich habe die hier behandelten Volksprodukte als Elemente einer »nationalsozialistischen Konsumgesellschaft« bezeichnet. Damit ist angedeutet, dass es sich bei der von den Nationalsozialisten angepeilten – und verfehlten – Konsumgesellschaft um eine eigener Art handelte, die sich von der in der Bundesrepublik

---

[74] Frei, S. 378.

[75] Tendenziell zugunsten einer Modernisierungsfunktion des Nationalsozialismus argumentieren: Schoenbaum; Dahrendorf; Zitelmann, Die totalitäre Seite; Kroll; eine mehr differenzierte Sicht nehmen ein: Smelser, How modern; Recker, Sozialpolitik, S. 131 ff.; Prinz, Die soziale Funktion; Prinz, Ein Grenzfall; tendenziell ablehnend: Roth, Intelligenz, S. 15-19; Mommsen, Nationalsozialismus; Mommsen, Noch einmal; Frei; Michael Schneider, S. 766-82; Könke.

[76] Herf; vgl. hierzu Schildt, NS-Regime, S. 19-22.

[77] Peukert, Volksgenossen.

[78] Graeb-Koenneker.

[79] Michael Schneider, S. 777; Kershaw, S. 286 f.

[80] Zapf, Modernisierung, S. 35.

[81] Kershaw, S. 257.

realisierten unterschied.[82] Dem kann entgegengehalten werden, dass im Nationalsozialismus und in der Bundesrepublik im Prinzip die gleichen Konsumgüter und Dienstleistungen auftraten – wenn auch in technisch weiter entwickelter Form. Die Radios, Fernseher und Kühlschränke waren jeweils für gut ausgestattete, voll elektrifizierte Wohnungen bestimmt. Der Volkswagen wurde in Wolfsburg sogar weitgehend unverändert gebaut. Und unterschied sich das Seebad Prora so sehr von den an der spanischen Mittelmeerküste entstehenden Touristensilos?

Eine bloß phänomenologische Betrachtung könnte derart Gemeinsamkeiten zwischen den nationalsozialistischen Planungen und Visionen und der Konsumgesellschaft in der Bundesrepublik Deutschland konstatieren. Doch bleibt eine solche Betrachtung an der Oberfläche und vernachlässigt die ganz unterschiedlichen gesellschaftlichen Kontexte. Die historische Teildisziplin Technikgeschichte hat sich seit längerem kritisch mit solchen Reduktionen auf dem Gebiet der Technik auseinandergesetzt. Als Ergebnis hat sie seit den 1960er Jahren die alleinige Betrachtung der technischen Artefakte erweitert durch die Einbeziehung von deren gesellschaftlichen Entstehungs- und Verwendungszusammenhängen.[83] Nicht die technischen Systeme, sondern die soziotechnischen bezeichnet die jüngere Technikgeschichte als ihren Gegenstand.

In einer derart erweiterten Perspektive gewinnen die Volksprodukte und die angestrebte nationalsozialistische Konsumgesellschaft spezifische Konturen. Die nationalsozialistische Version der Konsumgesellschaft konstituierte sich von vornherein als Rassengesellschaft. Juden waren vom Kauf der Volksprodukte – so sich dies kontrollieren ließ – und von der Benutzung der analogen Dienstleistungen ausgeschlossen. Später untersagte man den jüdischen Rundfunkfirmen sogar den Bau der »politischen Gemeinschaftsgeräte«. Die Rundfunkführung verfolgte ein spezifisches Konzept politischer Öffentlichkeit. Der Volksempfänger und die viel weiter gehenden Planungen für eine totale Rundfunkbeschallung des öffentlichen Raums sollten es dem »Führer« ermöglichen, jederzeit seine »Gefolgschaft« zu instruieren.[84] Die Rundfunkanlagen realisierten technisch eine unidirektionale Kommunikation im Rassen- und Führerstaat.

Andere Volksprodukte erfuhren ihre Ausprägung im Zeichen der nationalsozialistischen Bevölkerungspolitik. Das Fassungsvermögen des Volkswagens wuchs bis zum Familienwagen, zwei Erwachsene und drei Kinder, wie es die Propaganda hervorhob.[85] In der Bundesrepublik wurde der Volkswagen zwar auch zum Familienwagen, aber aus ökonomischen und nicht aus ideologischen Gründen – und als Durchgangsstadium zum solo chauffierten Individualfahrzeug. Das Seebad Prora war so angelegt, dass es erstmals kinderreiche Familien als KdF-Reisende aufzunehmen in der Lage war.[86] Die

---

[82] Tendenziell in die gleiche Richtung argumentiert: Smelser, Sozialplanung, S. 89 f.

[83] Vgl. Hausen/Rürup; Troitzsch/Weber; Troitzsch; König, Technikgeschichte.

[84] S. o. S. 91-94.

[85] S. o. S. 160 u. 176.

[86] S. o. S. 205 f. u. 212 ff.

eingeplante Verbindungstür zwischen zwei Schlafkammern machte gewissermaßen aus dem Seebad ein Familienbad. Die 1940 konzipierten »Führerwohnungen« zielten auf die »Vollfamilie«, die Familie mit vier und mehr Kindern.[87] Robert Ley ließ keinen Zweifel daran, dass man damit Brutplätze für die intendierte Bevölkerungsvermehrung schuf.

Die Pläne für den Volkskühlschrank entstanden im Rahmen der Aktion »Kampf dem Verderb« und damit der nationalsozialistischen Autarkiepolitik.[88] Das Hauptargument lautete, dass man durch Kühlen in etwa ebenso viele Lebensmittel vor dem Verderb retten konnte, wie das Reich aus dem Ausland bezog. Dem gleichen Kontext ist der Volkstraktor zuzuordnen.[89] Er bildete das Kernstück einer Mechanisierung des kleinbäuerlichen Betriebs. Er diente der Intensivierung der Landwirtschaft und der Kompensation der dramatische Ausmaße annehmenden Landflucht.

Die Volksprodukte zielten also nicht auf ein Abstraktum »Konsumgesellschaft«, sondern auf eine spezifisch nationalsozialistische Konsumgesellschaft als Ausdruck des Ziel- und Wertsystems des Regimes. Für ihre Realisierung sollte in erster Linie die Wirtschaft Opfer bringen. Als sich dies als unzureichend erwies, wurden mehr und mehr die nationalsozialistischen Institutionen, vor allem die DAF, herangezogen. Die Volksprodukte verstärkten die ohnehin bestehende Tendenz in Richtung einer halbstaatlichen oder staatlich gelenkten Wirtschaft. Doch auch diese Planungen erwiesen sich letztendlich als Illusion. Erst der Krieg schien die nationalsozialistische Konsumgesellschaft wieder in Reichweite zu rücken. Unterdrückung und Beherrschung anderer Völker und Staaten, Ausbeutung ihrer Rohstoffe und Versklavung ihrer Menschen – das waren die mit der nationalsozialistischen Konsumgesellschaft verbundenen Realisierungsbedingungen.

---

[87] S. o. S. 119 ff.

[88] S. o. S. 142 f.

[89] S. o. S. 236-38.

ZUSAMMENFASSUNG: KONSUMPROPAGANDA, KONSUMPOLITIK UND KONSUMGESELLSCHAFT IM »DRITTEN REICH«

»Volks«-Produkte und ähnliche Bezeichnungen waren in Deutschland lange vor der nationalsozialistischen Zeit präsent. Darin spiegelten sich Konsumwünsche und Konsumhoffnungen der Bevölkerung. Herausgebildet hatten sie sich in einem langen historischen Prozess. Die begüterten Schichten sowie wohlhabendere Länder wie Großbritannien und die USA führten mögliche Konsumwelten vor Augen. Die Wirtschaft, die solche Volksprodukte bewarb, sah vor allem einen großen Massenmarkt und die daraus zu ziehenden Gewinne. Die nationalsozialistische Machtergreifung wertete den Begriff zusätzlich ideologisch auf. Die Jahre 1933 und 1934 waren die Zeit eines inflationären Gebrauchs der Bezeichnung »Volksprodukte«, ehe sie die nationalsozialistische Politik für sich reservierte.

Mit dem seit März 1933 vorbereiteten Volksempfänger sollte zunächst die nationalsozialistische Propaganda verstärkt werden. Aber noch im gleichen Jahr erfuhr er eine Uminterpretation vom Propaganda- zum Unterhaltungsinstrument. Die in den folgenden Jahren entstehende Familie nationalsozialistischer Volksprodukte stand im Zeichen des Konsums: neben dem Volksempfänger die anderen »politischen Gemeinschaftsgeräte« des Rundfunks, der Volkskühlschrank, die zwischen 1935 und 1940 programmatisch ausgebauten Volkswohnungen, der Volkswagen und die KdF-Reisen, die mit dem Bau des Seebads Prora auf Rügen eine massentouristische Erweiterung erfahren sollten.

»Volksprodukte« – das waren für die Nationalsozialisten Güter und Dienstleistungen des gehobenen Konsums für alle Bevölkerungsschichten. Die Volksprodukte sollten politischen Zielen dienen und in staatsnahen Unternehmen oder gemeinschaftlich von der Industrie hergestellt werden. Für die zum Erwerb notwendige Kaufkraft fielen Lohnerhöhungen aus, weil sie die politisch priorisierte Aufrüstung erschwert hätten. Stattdessen sollten niedrige Preise die Volksprodukte zugänglich machen. Die Umsetzung des Programms fiel der Wirtschaft zu. Sie sollte rationell produzieren und auf einen Teil ihrer Gewinne verzichten. Aus den rigiden nationalsozialistischen Vorgaben resultierten Konflikte zwischen Politik und Wirtschaft, weil die Unternehmer ihre obersten Unternehmensziele, Existenzsicherung und Gewinnerzielung, gefährdet sahen. Als sich die Wirtschaft bei einigen Vorhaben verweigerte, erhöhten staatliche und Parteistellen ihr Engagement. Insbesondere schuf sich die Deutsche Arbeitsfront, mit den KdF-Reisen, dem Wohnungsbau, dem Volkswagen und dem Volkskühlschrank, eine starke Position in der nationalsozialistischen Konsumpolitik. Der zweite wichtige Protagonist der Volksprodukte war das Propagandaministerium – vor allem im Bereich des Rundfunks sowie als Wächter der ideologischen Reinheit des Konzepts.

Das Programm der Volksprodukte begleiteten von Beginn an Illusionen. Die in die Rationalisierung und Typisierung gesetzten Erwartungen waren überzogen. Die vorgegebenen Preise ließen sich nur mit Hilfe von Subventionen erzielen. Der notwendige Absatzmarkt war nicht vorhanden. Das entscheidende und vernachlässigte Problem waren nicht die Anschaffungs-, sondern die Betriebskosten. Die Folge war, dass die Volksprodukte das Volk nicht erreichten, sondern vorwiegend die höheren Einkommen. Der Volksempfänger verhalf der Verbreitung des Radios zu einem »Mittelstandsbauch«, die KdF-Reisen und die Sparaktion für den Volkswagen lockten vor allem die Angestellten, Beamten und kleinen Selbständigen an. Die tatsächlichen bzw. die zu erwartenden sozialen Konsequenzen der Volksprodukte waren paradox. Ihre großbetriebliche Produktion und der teilweise zentralisierte Vertrieb gefährdeten die mittelständischen Betriebe. Die niedrigen Preise der Angebote stellten dagegen eine Mittelstandsförderung wider Willen dar. Wenn die Preise durch Mitgliedsbeiträge der DAF-Mitglieder subventioniert wurden, wie dies bei den KdF-Reisen der Fall war und wie es sich beim Volkswagen abzeichnete, bedeutete dies eine Umverteilung von unten nach oben.

Das Scheitern des Konzepts der Volksprodukte kam nicht überraschend. Zahlreiche Fachleute hatten auf die Probleme sowohl allgemein wie im Detail aufmerksam gemacht. Rationale Argumente besaßen jedoch keine Chance die errichteten Mauern der Illusionen zu durchbrechen. Besonders Hitler und sein getreuer Gefolgsmann Robert Ley hantierten beim Volkswagen, beim Wohnungsbau und beim Volkskühlschrank mit abenteuerlichen Zahlen. Einwände und Kritik prallten an einem quasi-religiös fundierten Voluntarismus ab, der mit Begriffen wie »Glaube«, »Wunder« und »Wille« arbeitete.

Ging es bei den Volksprodukten mehr um Konsumpropaganda oder mehr um Konsumpolitik? Schon Zeitgenossen sahen im Volkswagen »ein raffiniertes innerpolitisches Ablenkungsmanöver größten Stiles«.[1] Zweifellos nutzten die Nationalsozialisten die Projekte zur Akzeptanzsicherung. Der Volksempfänger und der Volkswagen standen im Zentrum aufwändiger propagandistischer Inszenierungen. Im Sinne Karl Mannheims, der einschlägige Arbeiten in der zweiten Hälfte der 1930er Jahre verfasste, kann man die Volksprodukte und ihre Vermarktung als »Sozialtechnik« interpretieren, als Versuch Einstellungen und Verhalten in der Massengesellschaft zu lenken.[2] Die Frage, ob dies von Erfolg begleitet war, kann nur spekulativ beantwortet werden. Die Volksprodukte entsprachen jedenfalls den Konsumwünschen der Bevölkerung. Als Versprechen künftigen Wohlstands konnten sie integrierend wirken. Die konkrete Erfahrung sozialer Segregation dagegen, dass sich die Menschen keinen Volksempfänger leisten und keinen Volkswagen

[1] Behnken, Bd. 6, S. 490.

[2] Mannheim, S. 279 ff.; so interpretiert Kluke, S. 347, den Volkswagen.

ansparen konnten, musste in wachsende Unzufriedenheit münden. Da die Projekte unter den herrschenden sozioökonomischen Bedingungen nicht zu realisieren waren, dürften sie auf längere Sicht eine destabilisierende Wirkung ausgeübt haben.[3]

Für die Nationalsozialisten waren die Volksprodukte jedoch nicht nur Propaganda, sondern auch Politik. Bei der Interpretation dieser Konsumpolitik lässt sich ein Mittelweg zwischen Intentionalismus und Strukturalismus beschreiten. Die Nationalsozialisten waren auch beim Konsum und den Volksprodukten nicht die souveränen politischen Akteure, als die sie sich gern stilisierten. Die von der Publizistik transportierten und verstärkten Konsumwünsche der Bevölkerung übten ständigen Druck auf das politische Handeln aus. Konsumversprechen und Konsumverlangen schaukelten sich wechselseitig auf. In der nationalsozialistischen Ideenwelt entsprach ein gehobener Konsum dem der arischen Rasse sowie der deutschen Volksgemeinschaft zustehenden »Lebensniveau«. Die Volksprodukte enthielten bereits – in diffuser Form – die Vision einer spezifisch nationalsozialistischen Konsumgesellschaft. Das Arbeitswissenschaftliche Institut der DAF sah im »Verbrauch ... eine entscheidende Grundlage der völkischen Lebenskraft. ... Der vom Nationalsozialismus erstrebte neue Menschentyp erfordert einen ganz bestimmten Lebensstil.«[4] Man kann die Spannung zwischen Interpretationen der Volksprodukte als Konsumpropaganda und Interpretationen als Konsumpolitik so auflösen, dass sich bei ihnen propagandistischer Fremdbetrug und illusionistischer Selbstbetrug verbanden.

Was heißt »nationalsozialistische Konsumgesellschaft«? Von Konsumgesellschaft spricht man, wenn ein überwiegender Teil der Bevölkerung deutlich über die Grundbedürfnisse hinaus konsumiert.[5] Dabei dienen die sogenannten Grundbedürfnisse Essen, Kleiden und Wohnen natürlich nicht nur der Subsistenz, sondern sind weitgehend kulturell geformt. Bei dem darüber hinausgehenden Konsum spielten im 20. Jahrhundert zunehmend langlebige technische Konsumgüter, wie Unterhaltungsmedien, Haushaltsmaschinen und Autos sowie technisch unterstützte Dienstleistungen, wie das Reisen, eine wichtige Rolle. Und genau auf diesen Bereich zielten die nationalsozialistischen Volksprodukte. Zahlreiche Historiker haben denn auch »Konsum« oder »Massenkonsum« als Ziele der nationalsozialistischen Politik bezeichnet[6] oder – noch prononcierter – von »Konsumgesellschaft« oder »Massenkonsumgesellschaft« gesprochen.[7]

---

3 Ansätze für Beides dokumentieren die Stimmungsberichte aus der Bevölkerung: Behnken, Bd. 6, S. 480-90; vgl. Stöver, Loyalität; Stöver, Volksgemeinschaft, S. 271 ff.; Brockhaus.

4 Jahrbuch des Arbeitswissenschaftlichen Instituts, S. 44.

5 Zum Konzept Konsumgesellschaft: König, Geschichte, bes. S. 7 f., 108 u. 132-35.

6 Smelser, Sozialplanung, S. 89 f.; Stöver, Volksgemeinschaft, S. 293; Fehl, Eine Wohnung, S. 257 f.; Harlander, S. 26; Zitelmann, Hitler, S. 320; Prinz, Die soziale Funktion, S. 316; Frei, S. 384; Hans Dieter Schäfer, Das gespaltene Bewußtsein, S. 117; Marßolek/ v. Saldern, S. 368; vgl. auch Ritschl, NS-Wirtschaftsideologie, S. 63 ff.; Schäfer, Amerikanismus, S. 210 ff.; Schildt, NS-Regime, S. 18 f.; einen Gesamtüberblick zum Konsum im Nationalsozialismus bietet Berghoff, Enticement.

7 Grunberger, S. 228; Mommsen/Grieger, S. 32; Smelser, How »Modern«, S. 295; Hachtmann, Begründer, S. 40; Hachtmann, Industriearbeit, S. 82; Sachs, S. 75; Heßler, »Elektrische Helfer«, passim.

Die nationalsozialistische Konsumvisionen repräsentierenden Volksprodukte bildeten keine Einheit. Es handelte sich bei ihnen nicht um das Ergebnis einer überlegten politischen Planung. Vielmehr entstanden sie aus Aktivitäten verschiedener Institutionen, welche untereinander nicht abgestimmt waren. Teilweise erscheint ihre Wahl beliebig: Warum ein Volksempfänger, aber kein Volks-Plattenspieler oder Volks-Filmgerät? Warum ein Volkskühlschrank, aber kein Volksherd? Die Familie der Volksprodukte war erweiterbar, wie die nicht weiter verfolgten Anregungen für ein Volksboot[8] und ein Volksklavier[9] dokumentieren oder wenn Hitler sich eine »Volksschreibmaschine« wünschte[10]. Die Liste der Volksprodukte war also in gewisser Weise kontingent. Dennoch lässt sich eine gemeinsame Tendenz feststellen. Die meisten Volksprodukte standen für gehobenen Konsum; sie besaßen ein Luxusimage und vermittelten Prestige. Reisen stellte immer noch das Privileg einer Minderheit dar. Von großen, gut ausgestatteten Wohnungen konnten die Arbeiter nur träumen. Der Kühlschrank war das teuerste Haushaltsgerät. Das Automobil war sowohl vom Massenverkehrsmittel wie von seiner Freizeitnutzung noch weit entfernt. Das existierende Massenverkehrsmittel war das Fahrrad, doch als »Volksrad« fand es im Nationalsozialismus keinen Anklang.[11]

Die Volksprodukte waren nicht nur gehobene Konsumgüter, sondern sie standen im Dienst der nationalsozialistischen Ideologie und Politik.[12] Die nationalsozialistische Konsumgesellschaft war gleichzeitig eine Rassengesellschaft, weil sie Juden von der Produktion und Konsumtion der Volksprodukte ausschloss. Der Volksempfänger und die anderen »politischen Gemeinschaftsgeräte« waren akzeptanzsichernde »Sozialtechniken« und Propagandainstrumente zugleich. Das Seebad Prora und die 1940 entworfenen »Führerwohnungen« sollten – im Dienste der Bevölkerungspolitik – kinderreiche »Vollfamilien«[13] aufnehmen. Der »Volkswagen« wurde als Familienwagen konzipiert. Die Planungen für Volkskühlschrank und Volksschlepper standen im Kontext der Autarkiepolitik. Die Volksprodukte sollten also die nationalsozialistische Expansions- und Lebensraumpolitik unterstützen. Teilweise setzten sie deren Erfolg voraus. 1939 erklärte Hitler »ausreichenden eigenen Wirtschaftsraum« zur Voraussetzung für das Volkswagenprojekt.[14] Die angestrebte nationalsozialistische Konsumgesellschaft beinhaltete die Unterwerfung und Ausbeutung anderer Länder und ihrer Menschen.

Die nationalsozialistische Konsumgesellschaft scheiterte. Jedenfalls unter den Bedingungen der 1930er Jahre konnten die Planungen ihre Ziele nicht erreichen. Wie lässt sich dieses Scheitern im Zusammenhang der Konsumgeschichtsschreibung und ihrer mehr kulturalistischen und ökonomischen

[8] S. o. S. 240.
[9] S. o. S. 234.
[10] Hitler, Monologe, S. 96.
[11] Wolff, S. 94-100; Kraftfahrzeug. Handel und Bewirtschaftung 1938, S. 458.
[12] Ausführlicher dazu o. S. 235 ff.
[13] Vgl. Schmitz-Berning, S. 679.
[14] Kräfte, S. 15.

Spielarten bewerten? Die Volksprodukte scheiterten, weil die sozioökonomischen Voraussetzungen für ihre Herstellung und Verbreitung nicht gegeben waren. Erfolgreicher waren die Nationalsozialisten hingegen bei der Produktion von Symbolen und Bedeutungen (was einem reduktionistischen Kulturbegriff entspricht). Sozial- und wirtschaftsgeschichtlich lässt sich das Scheitern der nationalsozialistischen Konsumgesellschaft erklären, kulturgeschichtlich nicht. Mit diesem Ergebnis soll in keiner Weise einer Dominanz der sozial- oder wirtschaftsgeschichtlichen Perspektive das Wort geredet werden. Meine Auffassung ist vielmehr, dass die historische Konsumforschung die verschiedenen Perspektiven zusammenführen muss.

Die nationalsozialistischen Visionen und die bundesrepublikanische Realität bezogen sich teilweise auf die gleichen Konsumphänomene, wenn auch in gänzlich unterschiedlichen gesellschaftlichen Kontexten. Lassen sich Kontinuitäten und Zusammenhänge aufzeigen? Es ist zu vermuten, dass im Nationalsozialismus geweckte Konsumwünsche und -erwartungen den Krieg überdauerten und in die Nachkriegszeit transferiert wurden, wo sie eine gesellschaftliche Anpassung und Uminterpretation erfuhren.[15] Hier tut sich ein weites Feld für Forschungsarbeiten auf. So wäre z.B. zu fragen, ob es Verbindungslinien zwischen der technischen Sozialisation in der Motor-HJ, der Erfahrung des motorisierten Krieges sowie den Feldzügen im Süden und Westen Europas und der Automobilisierung sowie dem Tourismus in der Bundesrepublik gibt. Das Konzept und die Bezeichnung »Volksprodukte« lebte jedenfalls fort. Das prominenteste Beispiel ist natürlich der Volkswagen. Aber darüber hinaus sollten weitere Beispiele vertiefte Forschungen anregen: 1948 plädierte ein bekannter Rundfunkpublizist in der Hörzu für einen »Volks-Superhet«, einen hochwertigen, preiswerten Radioapparat.[16] 1950 bot ein Hersteller ein »Volksmofa« an.[17] Zur gleichen Zeit meinte – laut »Der Spiegel« –[18] der schon im Nationalsozialismus für den Luftschutz zuständige Beamte im Innenministerium, dass »die Volksgasmaske hinreichend gegen Atomstaub« schütze.[19]

---

15 Abelshauser, S. 57 f.

16 Seegers, S. 280.

17 Kleine Vennekate, S. 48.

18 Der Spiegel v. 6.12.1950.

19 Zur nationalsozialistischen Volksgasmaske s. o. S. 241 f.

QUELLEN- UND LITERATURVERZEICHNIS

Archive

AEG Hausgeräte, Nürnberg	
Berlin Document Center (im Bundesarchiv, Berlin)	BDC
Berliner Musikinstrumentenmuseum	SIMPK
Robert Bosch Unternehmensarchiv, Stuttgart	RBA
Bundesarchiv, Berlin	BArch
DaimlerChrysler Konzernarchiv, Stuttgart	DCK
Deutsches Rundfunkarchiv, Frankfurt am Main	
Deutsches Technikmuseum, AEG-Archiv, Berlin	DTM
Geheimes Staatsarchiv Preußischer Kulturbesitz, Berlin	GStA PK
Generallandesarchiv Karlsruhe	GLA
Hessisches Wirtschaftsarchiv, Darmstadt	HWA
Institut für Zeitgeschichte, München	IfZ
Loewe-Opta Archiv, Kronach	LOA
Philips Company Archives, Eindhoven	PCA
SABA. Sammlung Hans Georg Brunner-Schwer, Villingen	
Sächsisches Staatsarchiv Chemnitz, Bestände Auto Union AG u. Deutsche Kühl- und Kraftmaschinengesellschaft	StA Chemnitz AU u. DKK
Archiv der Siemens AG, München	SAA
Staatsarchiv Ludwigsburg	StA Ludwigsburg
Stadtarchiv Rüsselsheim	StA Rüsselsheim
Stadtarchiv Villingen, Nachlass Hans Georg Brunner-Schwer	
Unternehmensarchiv Volkswagen, Wolfsburg	UVW

Zeitschriften

Das Verzeichnis enthält die systematisch durchgesehenen Zeitschriften aus nationalsozialistischer Zeit.

AEG-Mitteilungen 24 (1933) – 32 (1941).

Allgemeine Automobil-Zeitung. Offizielles Organ des Automobilclubs von Deutschland 34 (1933) – 42 (1941).

Der Angriff. Tageszeitung der deutschen Arbeitsfront 1933-1945.

Die Antenne. Heliogen-Zeitschrift für Rundfunkfragen 1 (1933).

Arbeitertum. Blätter für Theorie und Praxis der nationalsozialistischen Betriebsorganisation. Amtliches Organ der deutschen Arbeitsfront 1 (1931/32) – 14 (1945).

Das Archiv. Nachschlagewerk für Politik, Wirtschaft, Kultur 1 (1934) – 126 (1944).
Archiv des Reichsnährstandes 1 (1934) – 5 (1938).
Archiv für Funkrecht 6 (1935) – 10 (1937).
Archiv für Post und Telegraphie 61 (1933) – 68 (1940).
Auslese der Funktechnik. Zeitschrift für das Gesamtgebiet der Elektronentechnik 1 (1939/40) – 2 (1940/41).
Bauen, Siedeln, Wohnen. Zeitschrift der Deutschen Arbeitsfront für soziale Bau-, Siedlungs- und Wohnungswirtschaft 13 (1933) – 20 (1940).
Die Baugilde 15 (1933) – 22 (1940).
Bauwelt. Zeitschrift für das gesamte Bauwesen 24 (1933) – 36 (1945).
Bosch-Post. Ein Fachblatt der Handelsgeschäfte und Werkstätten für Kraftfahrzeugzubehör 1933-1939.
Bosch-Post für den Kühlschrank-Handel 1933-1939.
Der Bosch-Zünder 15 (1933) – 25 (1943).
DAK. Deutsche Arbeits-Korrespondenz. Amtliche Korrespondenz der Deutschen Arbeitsfront, der NS-Gemeinschaft »Kraft durch Freude« und der Reichsarbeitskammer 4 (1936) – 7 (1939).
Der deutsche Baumeister. Zeitschrift der Fachgruppe Bauwesen E.V. im NS-Bund Deutscher Technik und Mitteilungen des Generalbevollmächtigten für die Regelung der Bauwirtschaft 1 (1939) – 4 (1942).
Deutsche Bauzeitung 67 (1933) – 76 (1942).
Die deutsche Fertigware 5 (1933) – 10 (1938).
Deutsche Frauen-Kultur. Lebensgestaltung, Erziehung, Körperbildung, Wohnung, Kleidung, Wertarbeit 36 (1933) – 39 (1935).
Deutsche Hausfrau. Zeitschrift des Reichsverbandes Deutscher Hausfrauen-Vereine e.V. Berufsorganisation der deutschen Hausfrauen 18 (1933).
Deutsche Hauswirtschaft 21 (1936) – 28 (1943).
Der Deutsche Rundfunk. Funk Post 11 (1933) – 19 (1941).
Der Deutsche Sender 4 (1933) – 7 (1936).
Deutsche Technik 1 (1933) – 11 (1943).
Der deutsche Volkswirt. Zeitschrift für Politik und Wirtschaft 7 (1932/33) – 17 (1942/43).
Die Deutsche Volkswirtschaft. Nationalsozialistischer Wirtschaftsdienst 2 (1933) – 14 (1945).
Deutscher Baumeister. Zeitschrift des Reichsverbandes Deutscher Baumeister. Bund der Absolventen Höherer Technischer Lehranstalten 6 (1933) – 11 (1938).
DR-Mitteilungen. Blätter für Elektro-Akustik. Hrsg. v. Dr. Dietz & Ritter 2 (1933).
Dralowid-Nachrichten. Zeitschrift für Rundfunkfreunde 7 (1933) – 15 (1941).
Elektrisches Nachrichtenwesen. Eine Zeitschrift für Fortschritte in der Fernsprech-, Telegraphen- und Funktechnik 11 (1932/33) – 17 (1938/41).
Elektrizität in Haus und Hof. Nachrichtenblatt des Märkischen Elektricitätswerkes Aktiengesellschaft (MEW) 8 (1933) – 14 (1939).
Elektrizitätswirtschaft. Mitteilungen der Vereinigung der Elektrizitätswerke 32 (1933) – 41 (1942).
Der Elektro-Markt 1933-1940.
Elektrotechnische Zeitschrift 54 (1933) – 65 (1944).
Frauen-Kultur im deutschen Frauenwerk. Lebensgestaltung, Erziehung, Körperbildung, Kleidung, Wohnung, Wertarbeit 39 (1935) – 45 (1941).
Frauenkultur. Zeitschrift des Deutschen Frauenwerkes 46 (1942) – 48 (1944).
Der Fremdenverkehr. Reichsorgan für den deutschen Fremdenverkehr 1 (1936) – 9 (1944).

Funk. Die Wochenschrift des Funkwesens 1933-1934. 1939.
Funk und Bewegung 1 (1933) – 6 (1936).
Funktechnischer Vorwärts 4 (1934) – 11 (1941).
Hauswirtschaftliche Jahrbücher. Zeitschrift für Hauswirtschaftswissenschaft 6 (1933) – 8 (1935).
Informationsdienst. Amtl(iche) Korrespondenz der Deutschen Arbeitsfront 1 (1933) – 4 (1936).
Jahrbuch des Deutschen Fremdenverkehrs 1938. Hrsg. v. Reichsfremdenverkehrsverband. Im Auftrage des Präsidenten des Reichsfremdenverkehrsverbandes bearb. Berlin (1938). ²1939.
Die Kälte-Industrie. Zeitschrift der Vereine: Verband Deutscher Eisfabriken, Internationale Trockeneis-Vereinigung e.V., Kältetechnische Gesellschaft zu Hamburg, Bezirksverein des Deutschen Kältevereins 30 (1933) – 40 (1943).
Kältetechnischer Anzeiger. Das Organ der gesamten kälteverbrauchenden Industrie. Die Fachzeitschrift für den Fabrikant und Kälte-Ingenieur 8 (1933) – 18 (1943).
Kraftfahrzeug. Handel und Bewirtschaftung 1935-1942.
Kraftverkehrs-Wirtschaft. Wochenzeitung für Motor, Wirtschaft und Verkehr 1933-1943.
Markt und Verbrauch 11 (1939) – 15 (1943).
Mitteilungen der Reichs-Rundfunk-Gesellschaft 341 (1933) – 508 (1938).
Mitteilungsblatt der Fachgruppe Bauwesen e.V. NSBDT 6 (1944).
Monatshefte für NS-Sozialpolitik 7 (1940).
Motor und Sport. Das Motorblatt für Alle. Unabhängige illustrierte Wochenschrift für das gesamte Motorwesen 10 (1933) – 20 (1943).
Das Motorrad 15 (1935) – 19 (1939).
Motor-Schau. Monatsschrift für Motorisierung und Kraftfahrt 1 (1937) – 6 (1942).
Nationalsozialistische Rundfunk-Korrespondenz 1 (1937) – 5 (1941).
NS-Frauen-Warte. Die einzige parteiamtliche Frauenzeitschrift 1 (1932/33) – 11 (1942/43).
N.S.-Funk 1 (1933) – 7 (1939).
Der Opel-Geist 4 (1933) – 5 (1934). Opel-Werksgemeinschaft. Hauszeitschrift für alle Opel-Werksangehörigen. Nachrichtenblatt der Opel-Betriebszellenorganisation 5 (1934) – 6 (1935).
Der Opel-Kamerad 7 (1936) – 14 (1943).
Phonographische Zeitschrift. Fachblatt für die gesamte Musik- und Sprechmaschinen-Industrie 34 (1933) – 35 (1934).
Der Qualitätsmarkt der elektro-akustischen Industrie 15 (1933) – 16 (1934).
Radio. Zeitschrift für das gesamte Radiowesen 11 (1933).
Radio, Bildfunk, Fernsehen für Alle. Unabhängige Zeitschrift für Radiotechnik und Radiosport 16 (1937) – 17 (1938).
Der Radiohändler 10 (1933).
Der Radio-Markt. Fachblatt für Deutsches Radiowesen und Fernseh-Technik (Beilage zu Der Elektro-Markt) (1935-1936).
Reichsrundfunk 1941/42.
Das Reisebüro. Nachrichtendienst der Nationalen Vereinigung Deutscher Reisebüros 6 (1933) – 9 (1936).
RKW-Nachrichten 7 (1933) – 18 (1944).
RTA-Nachrichten. Mitteilungen der Reichsgemeinschaft der technisch-wissenschaftlichen Arbeit 14 (1934).
Der Rundfunk. Blätter für nationalsozialistische Kulturgestaltung 1 (1937/38) – 2 (1938/39).

Rundfunkarchiv. Zeitschrift für Rundfunkrecht und Rundfunkwirtschaft 11 (1938) – 16 (1943).

Rundfunk-Großhändler. Fachblatt des Radio-Großhändler-Verbandes e.V. 1 (1932/33) – 3 (1934/35).

Rundschau Deutscher Technik. Wochenzeitung des Nationalsozialistischen Bundes Deutscher Technik 18 (1938) – 25 (1945).

Rundschau Technischer Arbeit. Mitteilungen des NS-Bundes Deutscher Techniker und der Reichsgemeinschaft der technisch-wissenschaftlichen Arbeit 15 (1935) – 17 (1937).

Seibt in Wort und Bild. Nachrichtenblätter zur Förderung des Qualitätsgedankens im Bau und Vertrieb moderner Rundfunkgeräte 1 (1932/1933) – 4 (1935).

Siedlung und Wirtschaft. Zeitschrift für das gesamte Siedlungs- und Wohnungswesen 15 (1933) – 23 (1941).

Siemens-Mitteilungen 141 (1933) – 226 (1944).

Siemens-Rundfunk-Nachrichten für unsere Wiederverkäufer 7 (1932/33) – 14 (1939).

Siemens-Zeitschrift 13 (1933) – 24 (1944).

Der soziale Wohnungsbau in Deutschland 1 (1941) – 2 (1942).

Die Technik in der Landwirtschaft 14 (1933) – 25 (1944).

Telefunken-Hausmitteilungen 18 (1937) – 22 (1941).

Der Telefunken-Sprecher 9 (1934) – 14 (1939).

Telefunken-Zeitung 14 (1933) – 17 (1936).

Telegraphen- und Fernsprech-Technik 22 (1933) – 24 (1935).

Telegraphen-, Fernsprech- und Funk-Technik 25 (1936) – 26 (1937).

Telegraphen-, Fernsprech-, Funk- und Fernsehtechnik. TFT 27 (1938) – 33 (1944).

Verkündungsblatt des Reichsnährstandes 1935-1945.

Der Vierjahresplan. Zeitschrift für Nationalsozialistische Wirtschaftspolitik 1 (1937) – 8 (1944).

Völkischer Beobachter. Kampfblatt der national-sozialistischen Bewegung 46 (1933) – 58 (1945).

Volksfunk 6 (1936) – 11 (1941).

Der Werbeleiter. Fachblatt für den Vertrieb von Strom und Geräten. Organ der Arbeitsgemeinschaft zur Förderung der Elektrowirtschaft 8 (1933) – 17 (1942).

Werberat der deutschen Wirtschaft. Bericht über das Geschäftsjahr des Werberates der deutschen Wirtschaft 2 (1936) – 5 (1938).

Der Werberat der deutschen Wirtschaft im Jahre 1939-1940.

Wirtschaftsstelle der deutschen Rundfunkindustrie e.V. (W.D.R.I.). Mitteilungen 1 (1934) – 6 (1934).

Wirtschaftswerbung. Zeitschrift für Werbung und Wettbewerb. Amtliches Organ des Werberates der deutschen Wirtschaft 1 (1934) – 11 (1944).

Wochenbericht des Instituts für Konjunkturforschung 8 (1935) – 9 (1936).

Der Wohnungsbau in Deutschland 3 (1943) – 5 (1945).

Zeitschrift des Vereines Deutscher Ingenieure 77 (1933) – 89 (1945).

Zeitschrift für die gesamt Kälte-Industrie 40 (1933) – 51 (1944).

Zeitschrift für Eis- und Kälte-Industrie. Organ des »Österreichischen Vereines für Kälte-Industrie« 26 (1933) – 36 (1943).

Die Zugmaschine. Zeitschrift für landwirtschaftliche Technik 1942-1943.

Literatur

Werner Abelshauser: Die langen Fünfziger Jahre. Wirtschaft und Gesellschaft in der Bundesrepublik Deutschland 1949-1966 (Historisches Seminar 5). Düsseldorf 1987.

Heinrich Adolf: Technikdiskurs und Technikideologie im Nationalsozialismus. Geschichte in Wissenschaft und Unterricht 48 (1997), S. 429-44.

Michael Thad Allen: The Business of Genocide: The SS, Slave Labor, and the Concentration Camps. Chapel Hill, London 2002.

Michael Allen: The Puzzle of Nazi Modernism: Modern Technology and Ideological Consensus in an SS Factory at Auschwitz. Technology and Culture 37 (1996), S. 527-71.

Allgemeine Elektricitäts-Gesellschaft (Hrsg.): 50 Jahre AEG. Als Manuskript gedruckt. Berlin 1956.

Alltagsgeschichte der NS-Zeit. Neue Perspektive oder Trivialisierung? (Kolloquien des Instituts für Zeitgeschichte). München 1984.

Götz Aly u. Susanne Heim: Vordenker der Vernichtung. Auschwitz und die deutschen Pläne für eine neue europäische Ordnung. Frankfurt/Main 1995, 1997.

Michael Andritzky (Hrsg.): Oikos. Von der Feuerstelle zur Mikrowelle. Haushalt und Wohnen im Wandel. Katalogbuch zur Ausstellung. Gießen 1992.

Franz Angelberger: Der Treibstoffpreis. Wirtschaftsdienst. Weltwirtschaftliche Nachrichten. Zeitschrift für deutsche Wirtschaftspolitik 19 (1934), S. 246-48.

Manfred v. Ardenne: Der Stand der deutschen Fernsehtechnik. Deutsche Technik 7 (1939), S. 369 f.

Manfred v. Ardenne: Der Volksempfänger als technisches Problem. Funkbastler. Fachblatt des Deutschen Funktechnischen Verbandes E.V. (1933), S. 327 f.

Arnola: Wirtschaftlichkeit elektrischer Kochherde und Kühlschränke. Der Elektro-Markt (1936), H. 26, S. 34 f.

Hans Aureden: Die Rohstoffversorgung der Kraftfahrzeug- und Kraftstoffindustrie. Diss. TH Berlin 1938. Wattenscheid 1939.

Hans W. Aust: Die neue Epoche der Wohnbaupolitik. Der deutsche Volkswirt 15 (1940/41), S. 301-04.

K. Backhaus u. K. Heine: Ein Überblick über die Bedeutung und die Bauarten elektrischer Haushalt-Kühlschränke. Elektrotechnische Zeitschrift 57 (1936), S. 1163-66.

Wilfrid Bade: Das Auto erobert die Welt. Biographie des Kraftwagens. Berlin 1938.

Avraham Barkai: Das Wirtschaftssystem des Nationalsozialismus. Ideologie, Theorie, Politik 1933-1945. Frankfurt am Main ^{2}1988 (zuerst 1977).

Hermann Bauer: Als Bosch-Mann in USA. Der Bosch-Zünder 19 (1937), S. 75-78.

Thomas Bauer: Deutsche Programmpresse 1923 bis 1941. Entstehung, Entwicklung und Kontinuität der Rundfunkzeitschriften (Rundfunkstudien 6). München u.a. 1993.

Zygmunt Bauman: Dialektik der Ordnung. Die Moderne und der Holocaust. Hamburg 1992.

Zygmunt Bauman: Moderne und Ambivalenz. Das Ende der Eindeutigkeit. Frankfurt am Main 1995 (zuerst englisch 1991).

Paul Baumgarten: Ein Beitrag zum neuen Wohnbauprogramm. Bauwelt 32 (1941), S. 90 f.

Siegfried Becker: »Landmaschinen gegen Landflucht«. Die Mechanisierung der Landarbeit als Übergang vom Agrarstaat zum Industriestaat in der nationalsozialistischen Agrar- und Sozialpolitik. In: Michael Dauskardt u. Helge Gerndt (Hrsg.): Der industrialisierte Mensch. Vorträge des 28. Deutschen Volkskunde-Kongresses in Hagen v. 7. bis 11. Oktober 1991. Im Auftrag der Deutschen Gesellschaft für Volkskunde hrsg. (Forschungsbeiträge zu Handwerk und Technik 5). Hagen 1993, S. 153-81.

Klaus Behnken (Hrsg.): Deutschland-Berichte der Sozialdemokratischen Partei Deutschlands (Sopade) 1934-1940. 7 Bde., Salzhausen, Frankfurt am Main 1980.

Bellmann: Volkswohnungen. Nationalsozialistisches Mittelungsblatt des Gauamtes für Kommunalpolitik Sachsens 5 (1935), S. 678-80.

Ewald Bender: Das KdF.-Seebad auf Rügen. Zu dem Entwurf von Prof. Clemens Klotz, Köln. Bauwelt 27 (1936), S. 968-70.

Ewald Bender: Das Seebad der Zwanzigtausend. Die Entwürfe für das KdF-Bad auf Rügen. Deutsche Bauzeitung 70 (1936), S. 777-82.

Ewald Bender: Wettbewerb für ein K.d.F.-Seebad auf Rügen. Baugilde 18 (1936), S. 819-25.

Ernestine Bennersdorfer: »Social Advertising« im Nationalsozialismus: am Beispiel der Deutschen Arbeitsfront 1933-1939. Relation. Medien – Gesellschaft – Geschichte (1995), Heft 2, S. 87-136.

Wolfgang Benz, Hermann Graml u. Hermann Weiß (Hrsg.): Enzyklopädie des Nationalsozialismus. Stuttgart 1997.

Johannes Berger: Modernitätsbegriffe und Modernitätskritik in der Soziologie. Soziale Welt 39 (1988), S. 224-36.

Hartmut Berghoff: Enticement and Deprivation: The Regulation of Consumption in Pre-War Nazi Germany. In: Martin Daunton u. Matthew Hilton (Hrsg.): The Politics of Consumption. Material Culture and Citizenship in Europe and America. Oxford, New York 2001, S. 165-84.

Hartmut Berghoff: Konsumgüterindustrie im Nationalsozialismus. Marketing im Spannungsfeld von Profit- und Regimeinteressen. Archiv für Sozialgeschichte 36 (1996), S. 293-322.

Hartmut Berghoff: Von der »Reklame« zur Verbrauchslenkung. Werbung im nationalsozialistischen Deutschland. In: Hartmut Berghoff (Hrsg.): Konsumpolitik. Die Regulierung des privaten Verbrauchs im 20. Jahrhundert. Göttingen 1999, S. 77-112.

Hartmut Berghoff: Zwischen Kleinstadt und Weltmarkt. Hohner und die Harmonika 1857-1961. Unternehmensgeschichte als Gesellschaftsgeschichte. Paderborn u.a. 1997.

Bericht Weltkongreß für Freizeit und Erholung. Vom 23. bis 30. Juli 1936. Hamburg und Berlin. Bearb. im Internationalen Zentral-Büro »Freude und Arbeit« Berlin. Hamburg 1937.

L(ouis) Betz: Das Volksauto. Rettung oder Untergang der deutschen Automobilindustrie? Automobilia. Grundlegende Schriften über Automobilbau und Automobilwesen 1). Stuttgart 1931.

Bevölkerungsbewegung und sozialer Wohnungsbau. Der soziale Wohnungsbau in Deutschland 2 (1942), S. 649-58.

Hans Biallas: Der Sonne entgegen! Deutsche Arbeiter fahren nach Madeira, Italien, Afrika und Griechenland. Berlin [2]1940.

Friedrich Bieling u. Paul Scholl: Elektrogeräte für den Haushalt. Ihre Entwicklung im Hause Siemens. Berlin, München 1966.

Lindy Biggs: The Rational Factory. Architecture, Technology, and Work in America's Age of Mass Production (Studies in Industry and Society 11). Baltimore, London 1996.

Bildfunk und Fernsehen. Verantwortlich und bearbeitet: Amt für Berufserziehung und Betriebsführung der Deutschen Arbeitsfront. Berlin (1939).

Carl Billich: Die Rundfunkwirtschaft im Jahre 1936/37. Archiv für Funkrecht 10 (1937), S. 294-96.

A. Bitter: Der deutsche Kühlschrank auf dem in- und ausländischen Markt. Elektrizitätswirtschaft 34 (1935), S. 253 f.

I.J. Blanken: Geschiedenis van Philips Electronics N.V. Teile 3-4, Leiden u. Zaltbommel 1992-97.

I.J. Blanken: The History of Philips Electronics N.V. Bd. 4: Under German Rule. Zaltbommel 1999.

Heinz Boberach u.a. (Bearb.): Inventar archivalischer Quellen des NS-Staates. Die Überlieferung von Behörden und Einrichtungen des Reichs, der Länder und der NSDAP. Im Auftrag des Instituts für Zeitgeschichte (Texte und Materialien zur Zeitgeschichte 3). 2 Bde., München u.a. 1991-1995.

Heinz Boberach (Hrsg.): Meldungen aus dem Reich 1938-1945. Die geheimen Lageberichte des Sicherheitsdienstes der SS. 18 Bde., Herrsching 1984-85.

Siegfried Böhm: Dokumentation zur Entwicklung des Heinrich-Hertz-Institutes in Berlin-Charlottenburg von seiner Gründung im Jahre 1928 bis heute. Ms. Berlin 1999.

Willi A. Boelcke: Die archivalischen Grundlagen der deutschen Rundfunkgeschichte 1923 bis 1945. Rundfunk und Fernsehen 16 (1968), S. 161-79.

Willi A. Boelcke: Die deutsche Wirtschaft 1930-1945. Interna des Reichswirtschaftsministeriums. Düsseldorf 1983.

Willi A. Boelcke (Hrsg.): Kriegspropaganda 1939-1941. Geheime Ministerkonferenzen im Reichspropagandaministerium. Stuttgart 1966.

Willi A. Boelcke: Die Macht des Radios. Weltpolitik und Auslandsrundfunk 1924-1976. Frankfurt/M. u.a. 1977.

W. Bogner, L. Huber u. W. Kamm: Kleinkraftwagen. Heutiger Stand der Gestaltung und voraussichtliche Weiterentwicklung. Z. VDI 78 (1934), S. 319-24.

Hans Bohrmann u. Gabriele Toepser-Ziegert (Hrsg.): NS-Presseanweisungen der Vorkriegszeit. Edition und Dokumentation. 7 Bde., München u.a. 1984-2001.

(Kurt) Borchardt: Gedanken zum Einheitsempfänger. Der Radiohändler 10 (1933), S. 502.

Lothar Boschen: Das große Buch der Ford-Typen. Alle in Deutschland gebauten Modelle von 1926 bis heute. Stuttgart 1987.

Petra Bräutigam: Mittelständische Unternehmer im Nationalsozialismus. Wirtschaftliche Entwicklungen und soziale Verhaltensweisen in der Schuh- und Lederindustrie Badens und Württembergs (Nationalsozialismus und Nachkriegszeit in Südwestdeutschland 6). München 1997.

Paul Bramstedt: Großdeutsche Gemeinwirtschaft. Die Deutsche Volkswirtschaft 7 (1938), S. 470-74.

H. Braun: Der elektrische Kühlschrank auf dem Vormarsch. Elektrizitätswirtschaft 34 (1935), S. 254-59.

Hans-Joachim Braun: Konstruktion, Destruktion und der Ausbau technischer Systeme zwischen 1914 und 1945 (Propyläen Technikgeschichte 5.1). Berlin 1992.

Peter J. Brenner: Schwierige Reisen. Wandlungen des Reiseberichts in Deutschland 1918-1945. In: Peter J. Brenner (Hrsg.): Reisekultur in Deutschland: Von der Weimarer Republik zum »Dritten Reich«. Tübingen 1997, S. 127-76.

Gudrun Brockhaus: Schauer und Idylle. Faschismus als Erlebnisangebot. München 1997.

Martin Broszat: Der Staat Hitlers. Grundlegung und Entwicklung seiner inneren Verfassung (dtv-Weltgeschichte des 20. Jahrhunderts). München ^{14}1995 (zuerst 1969).

H(ellmut) Bruchmann: Die wirtschaftliche Bedeutung der neuen politischen Gemeinschaftsgeräte. Rundfunkarchiv 11 (1938), S. 301 f.

Hellmut Bruchmann: Zur Lage auf dem Rundfunkmarkt. Archiv für Funkrecht 9 (1936), S. 2-4.

Hermann Bruder: Wir und der Volkswagen. Der Bosch-Zünder 21 (1939), S. 70-73.

Rolf Brüstle: Die Bedeutung der Verkehrsmittel für den deutschen Fremdenverkehr (Schriften des Seminars für Verkehrswesen an der Martin Luther-Universität Halle-Wittenberg 24). Halle 1941.

Johann Heinrich v. Brunn: Ein Mann macht Auto-Geschichte. Der Lebensweg des Robert Allmers. Stuttgart 1972.

Hermann Brunner-Schwer u. Peter Zudeick: SABA. Bilanz einer Aufgabe. Vom Aufstieg und Niedergang eines Familienunternehmens. Moos, Baden-Baden 1990.

Christoph Buchheim: Die Wirtschaftsentwicklung im Dritten Reich – Mehr Desaster als Wunder. Eine Erwiderung auf Werner Abelshauser. Vierteljahrshefte für Zeitgeschichte 49 (2001), S. 653-64.

Christoph Buchheim: Zur Natur des Wirtschaftsaufschwungs in der NS-Zeit. In: Christoph Buchheim, Michael Hutter u. Harold James (Hrsg.): Zerrissene Zwischenkriegszeit. Wirtschaftshistorische Beiträge. Knut Borchardt zum 65. Geburtstag. Baden-Baden 1994, S. 97-119.

Wolfhard Buchholz: Die Nationalsozialistische Gemeinschaft »Kraft durch Freude«. Freizeitgestaltung und Arbeiterschaft im Dritten Reich. Diss. München 1976.

Lutz Budraß: Flugzeugindustrie und Luftrüstung in Deutschland 1918-1945 (Schriften des Bundesarchivs 50). Düsseldorf 1998.

Hermann Bücher: Beitrag zur wirtschaftlichen Geschichte der AEG. Vortrag gehalten am 10. November 1941 in den AEG-Fabriken Brunnenstraße anläßlich der am 24. September 1941 erfolgten Übernahme Telefunkens. Berlin 1942.

(Max) Büge: Baukostengrenzen für Kleinsiedlungen und Volkswohnungen. Siedlung und Wirtschaft 19 (1937), S. 399-401.

(Max) Büge: Der Volkswohnungsbau. Nach den neuesten Bestimmungen des Reichsarbeitsministers. Siedlung und Wirtschaft 21 (1939), S. 469-72 u. 489-91.

Max Büge u. Friedrich Griesheimer: Der Bau von Volkswohnungen. Die Bestimmungen und Erlasse. Zusammengestellt und erläutert (Handbücherei des Wohnungs- und Siedlungswesens 19). Eberswalde u.a. 1940.

Theodor Bühler: Deutsche Sozialwirtschaft. Ein Überblick über die sozialen Aufgaben der Volkswirtschaft. Stuttgart, Berlin ^{2}1943.

Werner Bührer: Neue Forschungen zur deutschen Wirtschafts- und Unternehmensgeschichte der ersten Hälfte des 20. Jahrhunderts. Neue Politische Literatur 44 (1999), S. 25-39.

H. Bürgel: Deutsche Austausch-Werkstoffe. Berlin 1937.

K. Busse: Die Wirtschaftslage im Fremdenverkehrsgewerbe. Die Neue Wirtschaft 8 (1940), H. 4, S. 4 f.

Bertram Cappel: Entwicklung und Ziele des Gemeinde-Rundfunks im nationalsozialistischen Staat. Archiv für Funkrecht 9 (1936), S. 66-72.

James V. Compton: Hitler und die USA. Die Amerikapolitik des Dritten Reiches und die Ursprünge des zweiten Weltkrieges. Oldenburg, Hamburg 1968.

Gustavo Corni u. Horst Gies: Brot – Butter – Kanonen. Die Ernährungswirtschaft in Deutschland unter der Diktatur Hitlers. Berlin 1997.

Peter Czada: Die Berliner Elektroindustrie in der Weimarer Zeit. Eine regionalstatistisch-wirtschaftshistorische Untersuchung (Einzelveröffentlichungen der Historischen Kommission zu Berlin beim Friedrich-Meinecke-Institut der Freien Universität Berlin 4). Berlin 1969.

Rolf Dahrendorf: Gesellschaft und Demokratie in Deutschland. München 1965.

Das Daimler-Benz-Buch. Ein Rüstungskonzern im ›Tausendjährigen Reich‹. Hrsg. v. der Hamburger Stiftung für Sozialgeschichte des 20. Jahrhunderts (Schriften der Hamburger Stiftung für Sozialgeschichte des 20. Jahrhunderts 3). Nördlingen 1987.

Susanne Dammer: Kinder, Küche, Kriegsarbeit – Die Schulung der Frauen durch die NS-Frauenschaft. In: Frauengruppe Faschismusforschung (Hrsg.): Mutterkreuz und Arbeitsbuch. Zur Geschichte der Frauen in der Weimarer Republik und im Nationalsozialismus. Frankfurt am Main 1981, S. 215-45.

Hans von der Decken: Der Nahrungsraum Großdeutschlands. Die neue Ernährungslage nach Eingliederung der deutschen Gebiete in der Tschechoslowakei. Die Ernährung. Zeitschrift für das gesamte Ernährungswesen in Forschung, Lehre und Praxis 3 (1938), S. 309-16.

C. H. Dencker: Die deutsche Landmaschinenindustrie an der Jahreswende 1940/41. Die Technik in der Landwirtschaft 22 (1941), S. 1-4.

A. Dennhardt: Über den Verbrauch elektrischer Arbeit durch Rundfunkteilnehmer. Rundfunkarchiv 11 (1938), S. 145-50.

Die Deutsche Arbeitsfront. Arbeitswissenschaftliches Institut: Der soziale Wohnungsbau nach dem Kriege. Berlin (August) 1944.

Deutsches Rundfunkschrifttum. Hrsg. v. der Reichs-Rundfunkgesellschaft. Bearb. v. der Deutschen Bücherei. 6 Bde., Berlin 1930-35.

Hans-Liudger Dienel: Ingenieure zwischen Hochschule und Industrie. Kältetechnik in Deutschland und Amerika, 1870-1930 (Schriftenreihe der Historischen Kommission bei der Bayerischen Akademie der Wissenschaften 54). Göttingen 1995.

Ansgar Diller: Haben Sie Auslandssender gehört? Eine amerikanische Hörerbefragung am Ende des Zweiten Weltkriegs. Rundfunk und Geschichte. Mitteilungen des Studienkreises Rundfunk und Geschichte. Informationen aus dem Deutschen Rundfunkarchiv 24 (1998), S. 54-62.

Ansgar Diller: Rundfunkpolitik im Dritten Reich (Rundfunk in Deutschland 2). München 1980.

Ansgar Diller: Der Volksempfänger. Propaganda- und Wirtschaftsfaktor. Mitteilungen des Studienkreises für Rundfunk und Geschichte 9 (1983), S. 140-57.

Dan Diner: Verkehrte Welten. Antiamerikanismus in Deutschland. Ein historischer Essay. Frankfurt am Main 1993.

Karl Ditt: Die Konsumgenossenschaften im Dritten Reich. Internationale Wissenschaftliche Korrespondenz zur Geschichte der deutschen Arbeiterbewegung 23 (1987), S. 82-111.

Hermann Doerr: Kulturelle Lenkung bei der Herstellung von Hausrat. Der soziale Wohnungsbau in Deutschland 2 (1942), S. 688 f.

Hermann Doerr: Rationalisierung und handwerklicher Hausrat. Der soziale Wohnungsbau in Deutschland 2 (1942), S. 88-90.

(Hermann) Doerr: Schönheit des Wohnens – ein politisches Problem. Der soziale Wohnungsbau in Deutschland 1 (1941), S. 42 f.

Wilhelm Dohrn: Der deutsche Personenkraftwagenmarkt nach der Wirtschaftskrisis. Weltwirtschaftliches Archiv 44 (1936), S. 613-32.

Max Domarus (Hrsg.): Hitler. Reden und Proklamationen 1932-1945. Kommentiert von einem deutschen Zeitgenossen. 2 Bde., Wiesbaden 1973 (zuerst 1962-63).

Herbert Dominik: Gedanken eines Technikers zur Rundfunkentwicklung. Handbuch des deutschen Rundfunkhandels 1 (1936/37), S. 115-22.

Herbert Dominik: Technische Einzelheiten der neuen deutschen Volksgeräte. Rundfunkarchiv 11 (1938), S. 294-97.

Horst Dreßler-Andreß: Freizeitgestaltung und Rundfunk. Referat vor der Kommission 7 des Weltkongresses für Freizeit und Erholung, Hamburg, 23. bis 30. Juli 1936. O. O. 1936.

Horst Dreßler-Andreß: Die Reichsrundfunkkammer. Ziele, Leistungen und Organisation (Schriften der Deutschen Hochschule für Politik II, 6). Berlin 1935.

Rudolf Droysen: Die neue »Arbeitsgemeinschaft der Reichsrundfunkkammer und der Rundfunkwirtschaft«. Rundfunkarchiv 12 (1939), S. 296-98.

Hans Duckeck: 40 Jahre Autoradio in Deutschland. Technikgeschichte 40 (1973), S. 122-31.

Jost Dülffer: Hitler, Nation und Volksgemeinschaft. In: Otto Dann (Hrsg.): Die deutsche Nation. Geschichte – Probleme – Perspektiven (Kölner Beiträge zur Nationsforschung 1). Vierow bei Greifswald 1994, S. 96-116.

Bernhard T. Duis: Rassenhygienische Gedanken zur Wohnungsfrage. Der Wohnungsbau in Deutschland 3 (1943), S. 12 f.

H. W. Dumrath: Ist der Volkskühlschrank auf dem Wege? Zeitschrift für die gesamte Kälte-Industrie 46 (1939), S. 46-48.

Konrad Dussel: Amerikanisierung und Postmoderne in der Bundesrepublik. Beiträge der Rundfunkgeschichte zu fächerübergreifenden Diskursen. Geschichte in Wissenschaft und Unterricht 50 (1999), S. 221-38.

Konrad Dussel: Deutsches Radio, deutsche Kultur. Hörfunkprogramme als Indikatoren kulturellen Wandels. Archiv für Sozialgeschichte 41 (2001), S. 119-44.

Konrad Dussel: Hörfunk in Deutschland. Politik, Programm, Publikum (1923-1960) (Veröffentlichungen des Deutschen Rundfunkarchivs 33). Potsdam 2002.

Erich Eckermann: Alfred Teves GmbH. Dynamik beherrschen. Eine Chronik im Zeichen des technischen Fortschritts. Frankfurt 1986.

Gerhard Eckert: Der Rundfunk als Führungsmittel (Studien zum Weltrundfunk und Fernsehrundfunk 1). Heidelberg u.a. 1941.

Heidrun Edelmann: Der Traum vom »Volkswagen«. In: Hans-Liudger Dienel und Helmuth Trischler (Hrsg.): Geschichte der Zukunft des Verkehrs. Verkehrskonzepte von der Frühen Neuzeit bis zum 21. Jahrhundert (Deutsches Museum. Beiträge zur Historischen Verkehrsforschung 1). Frankfurt, New York 1997, S. 280-88.

Heidrun Edelmann: Vom Luxusgut zum Gebrauchsgegenstand. Die Geschichte der Verbreitung von Personenkraftwagen in Deutschland (Schriftenreihe des Verbandes der Automobilindustrie e.V. (VDA) 60). Frankfurt am Main 1989.

Barbara Eggenkämper, Marian Rappl u. Anna Reichel: Der Bestand Reichswirtschaftsministerium im »Zentrum für die Aufbewahrung historisch-dokumentarischer Sammlungen« (»Sonderarchiv«) in Moskau. Zeitschrift für Unternehmensgeschichte 43 (1998), S. 227-36.

Elektro-Schiff »Robert Ley«. Die »Bremen« des deutschen Arbeiters. Hinweise und Unterlagen für die Presse-Berichterstattung. Hrsg. v. Reichsamt »Reisen, Wandern und Urlaub« der NS.-Gemeinschaft »Kraft durch Freude«. O. O. o. J.

Jacques Ellul: La Technique ou l'Enjeu du Siècle. Paris 1954.

Monika Elsner, Thomas Müller u. Peter M. Spangenberg: Der lange Weg eines schnellen Mediums: Zur Frühgeschichte des deutschen Fernsehens. In: William Uricchio (Hrsg.): Die Anfänge des Deutschen Fernsehens. Kritische Annäherungen an die

Entwicklung bis 1945 (Medien in Forschung + Unterricht, Serie A, 30). Tübingen 1991, S. 153-207.
Wolfgang Emmerich u. Carl Wege (Hrsg.): Der Technikdiskurs der Hitler-Stalin-Ära. Stuttgart, Weimar 1995.
Erbs: Zur Frage der Volkswohnung. Deutsche Bauzeitung 72 (1938), S. B 473-77.
Paul Erker: Wachsen im Wettbewerb. Eine Zeitgeschichte der Continental Aktiengesellschaft (1971-1996) anlässlich des 125jährigen Firmenjubiläums. Düsseldorf 1996.
Ingeborg Esenwein-Rohte: Die Wirtschaftsverbände von 1933-1945 (Schriften des Vereins für Socialpolitik, Gesellschaft für Wirtschafts- und Sozialwissenschaften N.F. 37. Wirtschaftsverbände und Wirtschaftspolitik). Berlin 1965.
Hermann Esser: Der Fremdenverkehr – ein Riesensektor der deutschen Wirtschaft. Die Deutsche Volkswirtschaft 10 (1941), S. 1236-38,
Hermann Esser: Wirtschaftsfragen im Fremdenverkehr. Die Deutsche Volkswirtschaft 5 (1936), S. 695 f.
W. F. Ewald: Entwicklung und Stand der Rundfunk-Empfängerindustrie der Welt. Elektrotechnische Zeitschrift 64 (1943), S. 243-47 u. 271-75.
Dietmar Fack: Automobil, Verkehr und Erziehung. Motorisierung und Sozialisation zwischen Beschleunigung und Anpassung 1885-1945. Opladen 2000.
Jürgen W. Falter: War die NSDAP die erste deutsche Volkspartei? In: Michael Prinz u. Rainer Zitelmann (Hrsg.): Nationalsozialismus und Modernisierung. Darmstadt 1991, S. 21-47.
Norbert Fasse: Vom Adelsarchiv zur NS-Propaganda. Der symptomatische Lebenslauf des Reichsrundfunkintendanten Heinrich Glasmeier (1892-1945) (Schriftenreihe des Jüdischen Museums Westfalen 2). Bielefeld 2001.
W. E. Fauner: Zur Frage des Volkswagens. Zeitschrift des Vereines Deutscher Ingenieure 78 (1934), S. 1243-45.
Gerhard Fehl: »Eine Wohnung, gebaut wie ein Auto«. Ford und die »Industrialisierung des Wohnungsbaus« im Nationalsozialismus. In: Zukunft aus Amerika. Fordismus in der Zwischenkriegszeit: Siedlung – Stadt – Raum. Hrsg. v. der Stiftung Bauhaus Dessau und der Rheinisch-Westfälischen Technischen Hochschule Aachen. Dessau 1995, S. 251-75.
Gerhard Fehl: Kleinstadt, Steildach, Volksgemeinschaft. Zum ›reaktionären Modernismus‹ in Bau- und Stadtbaukunst (Bauwelt Fundamente 102). Braunschweig, Wiesbaden 1995.
Heinz v. Fehrentheil: Propaganda für den Rundfunk ist Arbeit für Adolf Hitler. Funk und Bewegung 5 (1935), H. 12, S. 5-7.
Wilfried Feldenkirchen: Siemens 1918-1945. München, Zürich 1995.
Fernseh AG (bzw. GmbH): Hausmitteilungen aus Forschung und Betrieb der Fernseh AG (bzw. GmbH) 1 (1938/39) – 2 (1940/43).
Fernsehen – bald eine Selbstverständlichkeit. Westdeutscher Beobachter v. 1.8.1938.
Das Fernsehen in Deutschland. XI. Olympische Spiele Berlin 1936. (Berlin 1936).
(Joachim) Fischer-Dieskau: Die Förderung des Baues von Volkswohnungen. Bauwelt 26 (1935), S. 805-07.
Walther H. Fitze: Der deutsche Volksempfänger. Radio. Zeitschrift für das gesamte Radiowesen 11 (1933), S. 275.
W(alther) H. Fitze: »Der Volksempfänger« – das neue Schlagwort. Radio. Zeitschrift für das gesamte Radiowesen 11 (1933), S. 227 f.
W. Flemming: Nationalsozialismus und Volkstechnik. Deutsche Technik 7 (1939), S. 472 f.

Reiner Flik: Von Ford lernen? Automobilbau und Motorisierung in Deutschland bis 1933 (Wirtschafts- und Sozialhistorische Studien 11). Köln u.a. 2001.

»Forschung verbilligt Volkswohnungsbau«. Bericht der Tagung. Hrsg. v. NSBDT, Gauwaltung Wien, Fachgruppe Bauwesen – Arbeitskreis Bauforschung. Wien 1942.

Norbert Frei: Wie modern war der Nationalsozialismus? Geschichte und Gesellschaft 19 (1993), S. 367-87.

Matthias Frese: Betriebspolitik im »Dritten Reich«. Deutsche Arbeitsfront, Unternehmer und Staatsbürokratie in der westdeutschen Großindustrie 1933-1939 (Westfälisches Institut für Regionalgeschichte Landschaftsverband Westfalen-Lippe, Münster. Forschungen zur Regionalgeschichte 2). Paderborn 1991.

Arthur Freudenberg: Werbewagen und Werbewagenveranstaltungen – zwei unentbehrliche Helfer der Rundfunkpropaganda. Rundfunkarchiv 12 (1939), S. 145-50.

A. Friedrich: Absatzmöglichkeiten für Haushalts-Kühlschränke. Das Öffentliche Elektrizitätswerk 6 (1934), S. 68.

A. Friedrich: Entwicklungsmöglichkeiten des Kühlschrankabsatzes. Elektrizitätswirtschaft 1937, S. 115-17.

Chup Friemert: Produktionsästhetik im Faschismus. Das Amt »Schönheit der Arbeit« von 1933 bis 1939. München 1980.

Chup Friemert: Radiowelten. Objektgeschichte und Hörformen. In: Wolfgang Ruppert (Hrsg.): Chiffren des Alltags. Erkundungen zur Geschichte der industriellen Massenkultur. Marburg 1993, S. 61-104.

Elke Fröhlich (Hrsg.): Die Tagebücher von Joseph Goebbels. Sämtliche Fragmente. Im Auftrag des Instituts für Zeitgeschichte und in Verbindung mit dem Bundesarchiv. Teil I: Aufzeichnungen 1924-1941. Interiumsregister. 4 Bde., München u.a. 1987.

Elke Fröhlich (Hrsg.): Die Tagebücher von Joseph Goebbels. Im Auftrag des Instituts für Zeitgeschichte und mit Unterstützung des Staatlichen Archivdienstes Rußlands. Teil II: Diktate 1941-1945. 15 Bde., München u.a. 1993-96.

Bruno Frommann: Reisen im Dienste politischer Zielsetzungen. Arbeiter-Reisen und »Kraft-durch-Freude«-Fahrten. Diss. Stuttgart 1993,

Der Führer – sein Leben – sein Werk. Hrsg.: Der Reichsorganisationsleiter. Bearbeitung und Gestaltung: Amt für Schulungsbriefe im Hauptschulungsamt der NSDAP. München 1942.

Karl Christian Führer: Anspruch und Realität. Das Scheitern der nationalsozialistischen Wohnungsbaupolitik 1933-1945. Vierteljahrshefte für Zeitgeschichte 45 (1997), S. 225-56.

Karl Christian Führer: Auf dem Weg zur »Massenkultur«? Kino und Rundfunk in der Weimarer Republik. Historische Zeitschrift 262 (1996), S. 739-81.

Karl Christian Führer: Das NS-Regime und die »Idealform des deutschen Wohnungsbaues«. Ein Beitrag zur nationalsozialistischen Gesellschaftspolitik. Vierteljahrschrift für Sozial- und Wirtschaftsgeschichte 89 (2002), S. 141-66.

25 Jahre Fernseh GmbH, Darmstadt. Darmstadt 1954.

Fünfzig Jahre Bosch 1886-1936. Stuttgart (1936).

Die Funkausstellung Berlin 1933 – aus der Sicht eines ausländischen Radioherstellers. kleeblatt radio. Förderverein des Rundfunkmuseums der Stadt Fürth 26 (1998), S. 28-38.

Die Funkindustrie meldet sich zum Wort! Phonographische und Radio-Zeitschrift 36 (1935), Nr. 3, S. 43-45.

Johann Fuß: Der Eiskühlschrank. Eis- und Kälte-Industrie 33 (1940), S. 100-04.

J(ohann) Fuß: Ein neuer Haushaltskühlschrank. Seine Einführung in die Haushaltungen durch einzelne Kühlbezirke nach einem besonderen Finanzierungs- und Organisationsplan. Kältetechnischer Anzeiger 14 (1939), S. 83-88.

Lothar Gall u. Manfred Pohl (Hrsg.): Unternehmen im Nationalsozialismus (Schriftenreihe zur Zeitschrift für Unternehmensgeschichte 1). München 1998.

Philipp Gassert: Amerika im Dritten Reich. Ideologie, Propaganda und Volksmeinung 1933-1945 (Transatlantische Historische Studien. Veröffentlichungen des Deutschen Historischen Instituts Washington, DC, 7). Stuttgart 1997.

Philipp Gassert: Amerikanismus, Antiamerikanismus, Amerikanisierung. Neue Literatur zur Sozial-, Wirtschafts- und Kulturgeschichte des amerikanischen Einflusses in Deutschland und Europa. Archiv für Sozialgeschichte 39 (1999), S. 531-61.

Philipp Gassert: Neue Literatur über Joseph Goebbels und die nationalsozialistische Propaganda. Historische Mitteilungen der Ranke-Gesellschaft 7 (1994), S. 298-305.

A. Gehrts: Fernsehen. VDI-Zeitschrift 83 (1939), S. 881-84.

Karl Geissler: Der Kühlschrank im Haushalt. Die Kälte-Industrie 30 (1933), S. 85-87 u. 100 f.

Stefan Geldrich: Untersuchungen über die wirtschaftlichen Probleme des Rundfunks. Diss. Innsbruck 1942.

Gentsch: Typisierung in der Kraftfahrzeugwirtschaft. RKW-Nachrichten 13 (1939/40), S. 206-08.

Hans Gerhardt u. Albert Höfner: Deutsche Roh- und Werkstoffe. Frankfurt am Main [3]o.J.

Erich Gerken: Der Großdeutsche Rundfunk im Recht des nationalsozialistischen Staates. Diss. Kiel 1939.

F. Gladenbeck: Erfolge einer Gemeinschaftsarbeit im Fernsehen. Telegraphen-, Fernsprech-, Funk- und Fernseh-Technik. TFT 28 (1939), S. 245 f.

Joseph Goebbels: Nationalsozialistischer Rundfunk. München 1935.

Gerhart Goebel: Der deutsche Einheits-Fernseh-Empfänger E 1. Fernseh-Informationen 40 (1989), S. 567 f.

Paul Goerz: Fernsehgeräte zu volkstümlichen Preisen. Rundfunk-Großhändler 7 (1938), S. 158.

Paul Goerz: Kostenfragen in der deutschen und amerikanischen Rundfunkindustrie. Rundfunkarchiv 12 (1939), S. 193-97 u. 243 f.

Georg Goldmann: Der Werberat der deutschen Wirtschaft (Aufbau, Aufgabe, Rechtsstellung). Diss. Halle-Wittenberg 1938.

Erwin Gottschalk: Volksauto und Autobahn. Die Autobahn v. 15.7.1934, S. 522 f.

Sebastian Graeb-Könneker: Autochthone Modernität. Eine Untersuchung der vom Nationalsozialismus geförderten Literatur. Opladen 1996.

Gisela Grasmück: »Der Wunsch jeder Hausfrau – ein Elektro-Herd«. Die Entwicklung des Herdes unter dem Gesichtspunkt der Elektrifizierung. In: Die elektrisierte Gesellschaft. Ausstellung des Badischen Landesmuseums in Zusammenarbeit mit dem Badenwerk aus Anlaß des 75jährigen Jubiläums, 6. Juli bis 13. Oktober 1996. Karlsruhe 1996, S. 163-78.

Neil Gregor: Stern und Hakenkreuz. Daimler-Benz im Dritten Reich. Berlin 1997.

Manfred Grieger: River Rouge am Mittellandkanal. Das Volkswagenwerk während des Nationalsozialismus. In: Zukunft aus Amerika. Fordismus in der Zwischenkriegszeit: Siedlung – Stadt – Raum. Hrsg. v. der Stiftung Bauhaus Dessau und der Rheinisch-Westfälischen Technischen Hochschule Aachen. Dessau 1995, S. 163-73.

(Friedrich) Griesheimer: Die Förderung des Volkswohnungsbaues. Der Gemeindetag. Zeitschrift für deutsche Gemeindepolitik 33 (1939), S. 552 f.

Otto Grießing: Der Volksempfänger VE 301. In: Hans-Joachim Weinbrenner (Hrsg.): Handbuch des deutschen Rundfunks. Heidelberg, Berlin 1938, S. 182-85.

W. (sic!) Griessing: VE 301, seine Entwicklung und seine Bedeutung. Radio. Zeitschrift für das gesamte Radiowesen 11 (1933), S. 404 f.

Olaf Groehler: Der lautlose Tod. Einsatz und Entwicklung deutscher Giftgase von 1914 bis 1945. Reinbek bei Hamburg 1989.

Rolf Grünwald: Die Bedeutung der Technik für die Gemeinwirtschaft. Dargestellt am Beispiel der Elektrizität. Diss. Nürnberg 1939.

Richard Grunberger: Das zwölfjährige Reich. Der Deutschen Alltag unter Hitler. Wien u.a. 1972 (zuerst englisch 1971).

Anette Gudjons: Die Entwicklung des »Volksautomobils« von 1904 bis 1945 unter besonderer Berücksichtigung des »Volkswagens«. Ein Beitrag zu Problemen der Sozial-, Wirtschafts- und Technikgeschichte des Automobils. Diss. Hannover 1988.

J. C. Günthner: Zusammenarbeit in der Rundfunkwirtschaft. Archiv für Funkrecht 10 (1937), S. 301-03.

J. C. Günthner u. Lehr: Bedeutung des Volksempfängers für den nationalsozialistischen Volksfunk. Rundfunk-Großhändler 4 (1935/36), S. 160 f.

Hans Gut: Die Marktordnung in der deutschen Rundfunkwirtschaft bis zum Jahre 1945. Ein Beitrag zur Rechtsgeschichte der deutschen Wirtschaft. Diss. Freiburg 1946.

Ricarda Haase: »Das bißchen Haushalt ...«? Zur Geschichte der Technisierung der Hausarbeit. Stuttgart 1992.

Rüdiger Hachtmann: »Die Begründer der amerikanischen Technik sind fast lauter schwäbisch-allemannische Menschen«: Nazi-Deutschland, der Blick auf die USA und die »Amerikanisierung« der industriellen Produktionsstrukturen im »Dritten Reich«. In: Alf Lüdtke, Inge Marßolek u. Adelheid v. Saldern (Hrsg.): Amerikanisierung. Traum und Alptraum im Deutschland des 20. Jahrhunderts (Transatlantische Historische Studien. Veröffentlichungen des Deutschen Historischen Instituts Washington, DC, 6). Stuttgart 1996, S. 37-66.

Rüdiger Hachtmann: Industriearbeit im »Dritten Reich«. Untersuchungen zu den Arbeitsbedingungen in Deutschland 1933-1945 (Kritische Studien zur Geschichtswissenschaft 82). Göttingen 1989.

Rüdiger Hachtmann: Industriearbeiterschaft und Rationalisierung 1900 bis 1945. Bemerkungen zum Forschungsstand. Jahrbuch für Wirtschaftsgeschichte 1996, S. 211-58.

Rüdiger Hachtmann: Lebenshaltungskosten und Reallöhne während des »Dritten Reiches«. Vierteljahrschrift für Sozial- und Wirtschaftsgeschichte 75 (1988), S. 32-73.

Christoph Hackelsberger: Hundert Jahre deutsche Wohnmisere – und kein Ende? (Bauwelt Fundamente 91). Braunschweig, Wiesbaden 1990.

(Eugen) Hadamovsky: Deutsche Rundfunkwirtschaft und Hörerentwicklung. Radiodiffusion 1 (1935/36), Nr. 2, S. 48-57.

Eugen Hadamovsky: Dein Rundfunk. Das Rundfunkbuch für alle Volksgenossen. München 1934.

Eugen Hadamovsky: Hitler erobert die Wirtschaft. München 1935.

Eugen Hadamovsky: Der Rundfunk dem Volke! Wesermünder Neueste Nachrichten. Tageszeitung für nationale und sozialistische Politik v. 10./11.2.1934, Sonderbeilage.

Eugen Hadamovsky: Unser Griff nach dem Rundfunk. Wie das deutsche Volk den 30. Januar im Rundfunk erlebte. Wesermünder Neueste Nachrichten. Tageszeitung für nationale und sozialistische Politik v. 10./11.2.1934, Sonderbeilage.

Ulrike Haerendel: Kommunale Wohnungspolitik im Dritten Reich. Siedlungsideologie, Kleinhausbau und »Wohnraumarisierung« am Beispiel Münchens (Studien zur Zeitgeschichte 57). München 1999.

Fritz Hahn: Waffen und Geheimwaffen des deutschen Heeres. Bd. 1: Infanteriewaffen, Pionierwaffen, Artilleriewaffen, Pulver, Spreng- und Kampfstoffe. Koblenz 1986.

Walter Hahnemann: Zum Rundfunk! Archiv für Funkrecht 10 (1937), S. 300 f.

Haltungskosten von Personenkraftfahrzeugen. Bearb. im Institut für Konjunkturforschung (Verkehrswissenschaftliche Abhandlungen. Schriftenreihe des Verkehrswissenschaftlichen Forschungsrats beim Reichsverkehrsministerium 7). Jena 1938.

Erich Hampe (Bearb.): Der Zivile Luftschutz im Zweiten Weltkrieg. Dokumentation und Erfahrungsberichte über Aufbau und Einsatz. Frankfurt am Main 1963.

Handbuch des deutschen Rundfunkhandels. Im Auftrage der Wirtschaftsstelle Deutscher Rundfunk-Großhändler e.V. bearb. v. Rudolf Reim 1 (1936/37). Dresden. Berlin 1936.

Horst Handke: Zur Rolle der Volkswagenpläne bei der faschistischen Kriegsvorbereitung. Jahrbuch für Wirtschaftsgeschichte 1962, Teil 1, S. 22-68.

Tilman Harlander: Zwischen Heimstätte und Wohnmaschine. Wohnungsbau und Wohnungspolitik in der Zeit des Nationalsozialismus (Stadt – Planung – Geschichte 18). Basel u.a. 1995.

Tilman Harlander u. Gerhard Fehl (Hrsg.): Hitlers Sozialer Wohnungsbau 1940-1945. Wohnungspolitik, Baugestaltung und Siedlungsplanung. Aufsätze und Rechtsgrundlagen zur Wohnungspolitik, Baugestaltung und Siedlungsplanung aus der Zeitschrift »Der Soziale Wohnungsbau in Deutschland« (Stadt – Planung – Geschichte 6). Hamburg 1986.

R. M. Hartwell: Die Dienstleistungsrevolution: die Expansion des Dienstleistungssektors in der modernen Volkswirtschaft. In: Carlo M. Cipolla u.a. (Hrsg.): Europäische Wirtschaftsgeschichte. Bd. 3: Industrielle Revolution. Stuttgart, New York 1976, S. 233-60.

Karin Hausen u. Reinhard Rürup (Hrsg.): Moderne Technikgeschichte (Neue wissenschaftliche Bibliothek 81, Geschichte). Köln 1975.

Heinrich Hauser: Opel. Ein deutsches Tor zur Welt. Frankfurt am Main 1937.

Wilhelm Hayn: Die Steuerung des letzten Verbrauchs. Diss. Köln 1938. Köln 1939.

H(elmut) Heiber (Bearb.): Akten der Parteikanzlei der NSDAP. Rekonstruktion eines verlorengegangenen Bestandes. Sammlung der in anderen Provenienzen überlieferten Korrespondenzen, Niederschriften von Besprechungen usw. mit dem Stellvertreter des Führers und seinem Stab bez. d. Partei-Kanzlei, ihren Ämtern, Referaten u. Unterabteilungen sowie mit Heß und Bormann persönlich, hrsg. vom Institut für Zeitgeschichte. Teil I, 3 Bde., Regesten und Register, Teil II, 2 Bde., Microfiches, Wien/München u.a. 1983-1985.

Helmut Heiber (Hrsg.): Goebbels-Reden. 2 Bde., Düsseldorf 1971-72.

Willi Heidrich: Organisation der Großbaustelle des KdF.-Seebades Rügen. Der Deutsche Baumeister (1939), Heft 7, S. 31-36.

Hans Heiser: Film – Auto – Radio. Deutsche Allgemeine Zeitung v. 31.12.1935.

Rudolf Heiss: Die Aufgaben der Kältetechnik in der Bewirtschaftung Deutschlands mit Lebensmitteln. A: Die Kühlkette. Das Gefrieren von Lebensmitteln (Schriften des Reichskuratoriums für Technik in der Landwirtschaft 77). Berlin 1939.

Rudolf Heiss: Neuzeitliche Aufgaben in der Lebensmittelbewirtschaftung. Ein Beitrag zur Gesundung der deutschen Wirtschaft. Deutsche Technik 1 (1933/34), S. 106-08 u. 168-70.

Friedrich Carl v. Hellermann: Landmaschinen gegen Landflucht. Praktische Wege zur Sicherung des Arbeitseinsatzes in der Landwirtschaft des deutschen Ostens (Neue Deutsche Forschungen, Abteilung Nationalökonomie 16). Berlin 1939.

Ullrich Hellmann: Künstliche Kälte. Die Geschichte der Kühlung im Haushalt (Werkbund-Archiv 21). Gießen 1990.

Manfred Hempel: Der braune Kanal. Die Entstehung und Entwicklung des Fernsehens in Deutschland bis zur Zerschlagung des Hitlerregimes. Leipzig 1969.

Hansjoachim Henning: Kraftfahrzeugindustrie und Autobahnbau in der Wirtschaftspolitik des Nationalsozialismus 1933 bis 1936. Vierteljahrschrift für Sozial- und Wirtschaftsgeschichte 65 (1978), S. 217-42.

Werner Hensel u. Erich Keßler: 1000 Hörer antworten ... Eine Marktstudie. Für den Funkhandel bearbeitet (Die Telefunken-Buchreihe 1). Berlin u.a. 1935.

Michael P. Hensle: »Rundfunkverbrechen« vor NS-Sondergerichten. Rundfunk und Geschichte. Mitteilungen des Studienkreises Rundfunk und Geschichte. Informationen aus dem Deutschen Rundfunkarchiv 26 (2000), S. 111-26.

Jeffrey Herf: Der nationalsozialistische Technikdiskurs: Die deutschen Eigenheiten des reaktionären Modernismus. In: Wolfgang Emmerich u. Carl Wege (Hrsg.): Der Technikdiskurs der Hitler-Stalin-Ära. Stuttgart, Weimar 1995, S. 72-93.

Jeffrey Herf: Reactionary Modernism. Technology, Culture, and Politics in Weimar and the Third Reich. Cambridge u.a. 1984.

Anette Herlitzius: Frauenbefreiung und Rassenideologie. Rassenhygiene und Eugenik im politischen Programm der »Radikalen Frauenbewegung« (1900-1933). Leverkusen 1995.

Siegfried Hermann, Wolf Kahle u. Joachim Kniestedt: Der deutsche Rundfunk. Faszination einer technischen Entwicklung. Heidelberg 1994.

Klaus Herrmann: Traktoren in Deutschland 1907 bis heute. Firmen und Fabrikate. Frankfurt am Main u.a. ^{2}1995.

Martina Heßler: Die Einführung elektrischer Haushaltsgeräte in der Zwischenkriegszeit – Der Angebotspush der Produzenten und die Reaktion der Konsumentinnen. Technikgeschichte 65 (1998), S. 297-311.

Martina Heßler: »Elektrische Helfer« für Hausfrau, Volk und Vaterland. Ein technisches Konsumgut während des Nationalsozialismus. Technikgeschichte 68 (2001), S. 203-29.

Martina Heßler: »Mrs. Modern Woman«. Die Modernisierung des Alltags. Zur Sozial- und Kulturgeschichte der Haushaltstechnisierung (Campus Forschung 827). Frankfurt, New York 2001.

Eberhard Heuel: Der umworbene Stand. Die ideologische Integration der Arbeiter im Nationalsozialismus 1933-1945 (Campus Forschung 636). Frankfurt, New York 1989.

Theodor Heuss: Robert Bosch. Leben und Leistung. Stuttgart, Tübingen 1946.

Bernd Heyl u. Andrea Neugebauer (Hrsg.): »... ohne Rücksicht auf die Verhältnisse«. Opel zwischen Weltwirtschaftskrise und Wiederaufbau. Frankfurt am Main 1997.

Knut Hickethier unter Mitarbeit v. Peter Hoff: Geschichte des deutschen Fernsehens. Stuttgart, Weimar 1998.

Knut Hickethier, Wolf Dieter Lützen u. Karin Reiss (Hrsg.): Das deutsche Auto. Volkswagenwerbung und Volkskultur. Steinbach, Wißmar 1974.

Knut Hickethier u. Manfred Otten: Der Faschismus und der Volkswagen. In: Knut Hickethier, Wolf Dieter Lützen u. Karin Reiss (Hrsg.): Das deutsche Auto. Volkswagenwerbung und Volkskultur. Steinbach, Wißmar 1974, S. 35-48.

Klaus Hildebrand: Das Dritte Reich (Oldenbourg Grundriß der Geschichte 17). München ^{5}1995.

Helmut Hille: Das deutsche Siedlerhaus – Das Volkswohnhaus! Bauen, Siedeln, Wohnen. Zeitschrift der deutschen Arbeitsfront für soziale Bau-, Siedlungs- und Wohnungswirtschaft 14 (1934), S. 384-87.
Karl Hilpert: Die Rundfunk-Industrie dargestellt am Beispiel der Blaupunkt-Werke G.M.B.H. Berlin-Wilmersdorf (Deutsche Grossbetriebe 43). Leipzig 1939.
Adolf Hitler: Mein Kampf. München 1940.
Adolf Hitler: Monologe im Führerhauptquartier 1941-1944. Die Aufzeichnungen Heinrich Heims. Hrsg. v. Werner Jochmann. Hamburg 1980.
Alfons Höckel: Die deutsche Rundfunkwirtschaft. Leipzig 1938.
Heinz Dieter Hölsken: Die V-Waffen. Entstehung – Propaganda – Kriegseinsatz (Studien zur Zeitgeschichte 27). Stuttgart 1984.
Sissi Hörzinger: Die Entwicklung der Produktpolitik eines Unternehmens der Rundfunk- und Fernsehindustrie. Dargestellt am Beispiel der Firma SABA seit Einführung des kommerziellen Rundfunks. Dipl.Arb. Regensburg 1973.
Peter Hoff: »... das Bild des Führers in alle deutschen Herzen!« Das frühe deutsche Fernsehen als Gegenstand und als Medium der nationalsozialistischen Propaganda – eine »nicht bestellte Erfindung«. In: William Uricchio (Hrsg.): Die Anfänge des Deutschen Fernsehens. Kritische Annäherungen an die Entwicklung bis 1945 (Medien in Forschung + Unterricht, Serie A, 30). Tübingen 1991, S. 208-34.
M. Hoffmann: Fortschritt und Wandlung im deutschen Fremdenverkehrswesen. Der deutsche Volkswirt 10 (1935), S. 338-41.
M. Hoffmann: Wirtschaftsfragen bei den »Kraft-durch-Freude«-Reisen. Der deutsche Volkswirt 9 (1934/35), S. 2180-82.
Max Hofweber: Die Entwicklung der Landmaschinen-Preise. Die Deutsche Volkswirtschaft 8 (1939), S. 473-77.
Dieter Holtschmidt: Volksempfänger. Geschichte und Technik der Gemeinschaftsgeräte. Hagen 1981.
K. B. Hopfinger: The Volkswagen Story. Henley-on-Thames ^{3}1971.
Fritz Huber: Der neue 15 PS Bulldog. Die Technik in der Landwirtschaft 20 (1939), S. 142-44.
Heinrich Hunke: Die neue Wirtschaftswerbung. Eine Grundlegung der deutschen Werbepolitik (Gesetz und Wirtschaft 4). Hamburg 1938.
Walter Huppert: Verteilung. Untersuchung über die Zusammenhänge zwischen Erzeugung, Einkommen und Verbrauch. Tübingen 1941.
Stefan Immerfall: Sozialer Wandel in der Moderne. Neuere Forschungsergebnisse zum Prozeß gesellschaftlicher Modernisierung im 19. und 20. Jahrhundert. Neue Politische Literatur 36 (1991), S. 5-48.
Peter Ingenleuf: Probleme der Rationalisierung im Rahmen nationalsozialistischer Wirtschaftsauffassung. Diss. Köln 1937.
Eberhard Jäckel: Hitlers Weltanschauung. Entwurf einer Herrschaft. Stuttgart 1983 (zuerst 1981).
Jörg-Johannes Jäger: Die wirtschaftliche Abhängigkeit des Dritten Reiches vom Ausland, dargestellt am Beispiel der Stahlindustrie (Internationale Wirtschaft). Berlin 1969.
Kurt Jäger (Hrsg.): Lexikon der Elektrotechniker. Berlin, Offenbach 1996.
Jahrbuch des Arbeitswissenschaftlichen Instituts der Deutschen Arbeitsfront Berlin 1940/41, Bd. 1: Untersuchungen und Denkschriften. Berlin (1941).
Hauke Janssen: Nationalökonomie und Nationalsozialismus. Die deutsche Volkswirtschaftslehre in den dreißiger Jahren (Beiträge zur Geschichte der deutschsprachigen Ökonomie 10). Marburg 1998.

Pascual Jordan: Noch einmal: Der Volksempfänger VE 301. kleeblatt radio. Förderverein des Rundfunkmuseums der Stadt Fürth 27 (1998), S. 38-40.
O.K.: Die Zukunft des Volksempfängers. Der Tat-Kreis (1933), Nr. 81, S. 1-3.
Gert Kähler (Hrsg.): Geschichte des Wohnens. Bd. 4: 1918-1945. Reform, Reaktion, Zerstörung. Stuttgart 1996.
Kämmerer: Frischhalteschränke. Zeitschrift für Eis- und Kälte-Industrie. Organ des »Österreichischen Vereines für Kälte-Industrie« 31 (1938), H. 11, S. 2-4 u. H. 12, S. 4-6.
Werner Kahl: Der deutsche Arbeiter reist (Das Deutschland der Gegenwart 4). Berlin 1940.
Otto Kappelmeyer: Der Volksempfänger – das Tagesgespräch. Der Radiohändler 10 (1933), S. 456 f.
Fritz Alexander Kauffmann: Deutsches Wohnen (Das Deutschland der Gegenwart 8). Berlin 1940.
KdF in der Ostsee. Kleiner KdF-Schiffs-Reiseführer. Hamburg (1939).
Hannemor Keidel: Volksempfänger. In: Wolfgang Benz (Hrsg.): Legenden, Lügen, Vorurteile. Ein Lexikon zur Zeitgeschichte. München 1999, S. 186-89.
Keine Halbheiten in der Rundfunk-Industrie. Der Radio-Markt. Beilage zu Elektro-Markt (1936), Nr. 24, S. 5 f.
Christine Keitz: Grundzüge einer Sozialgeschichte des Tourismus in der Zwischenkriegszeit. In: Peter J. Brenner (Hrsg.): Reisekultur in Deutschland: Von der Weimarer Republik zum »Dritten Reich«. Tübingen 1997, S. 49-71.
Christine Keitz: Reisen als Leitbild. Die Entstehung des modernen Massentourismus in Deutschland. München 1997.
Ian Kershaw: Der NS-Staat. Geschichtsinterpretationen und Kontroversen im Überblick. Reinbek bei Hamburg 1999.
Ralf Ketterer: Radio, Möbel, Volksempfänger. Zur Einführung eines technischen Konsumartikels durch die deutsche Rundfunkindustrie 1923-1939. Diss. Konstanz 1998.
Helmut Kienlen: Der »Volkswagen« – ein klärungsbedürftiges Problem. Wirtschaftsdienst. Weltwirtschaftliche Nachrichten. Zeitschrift für deutsche Wirtschaftspolitik 19 (1934), S. 237-39.
Helmuth Kiesel: Nationalsozialismus, Modernisierung, Literatur. Ein Problemaufriß. In: Erhard Schütz u. Gregor Streim (Hrsg.): Reflexe und Reflexionen von Modernität 1933-1945 (Publikationen zur Zeitschrift für Germanistik N.F. 6). Bern u.a. 2002, S. 13-27.
Peter Kirchberg: Entwicklungstendenzen der deutschen Kraftfahrzeugindustrie 1929-1939 gezeigt am Beispiel der Auto Union AG, Chemnitz. Diss. Dresden 1964.
Peter Kirchberg: Typisierung in der deutschen Kraftfahrzeugindustrie und der Generalbevollmächtigte für das Kraftfahrwesen. Ein Beitrag zur Problematik staatsmonopolistischer Kriegsvorbereitung. Jahrbuch für Wirtschaftsgeschichte 1969/II, S. 117-42.
W. Kissel: Werdegang eines Typs bis zur Verkaufsreife. Der deutsche Volkswirt 11 (1937), S. 1011 f.
Gertraude Kittler: Hausarbeit. Zur Geschichte einer »Natur-Ressource«. München 1980.
Kl.: Gemeinschaftsgeräte, neue Apparateklassen und Marktordnung. Funktechnischer Vorwärts 6 (1936), Gruppe I, Heft 22, S. 59 f.
Adolf Klein: Entwicklung und Aufbau des Deutschen Kraftfahrtzeughandels. Diss. Berlin 1940.

Johann Kleine Vennekate: Kleine Maschinen – ganz groß. Motorfahrräder, Saxonette und Kleinkrafträder von 1930 bis 1955. Stuttgart 1996.
Thomas Klepsch: Nationalsozialistische Ideologie. Eine Beschreibung ihrer Struktur vor 1933 (Studien zum Nationalsozialismus 2). Münster 1990.
Dorothee Klinksiek: Die Frau im NS-Staat (Schriftenreihe der Vierteljahrshefte für Zeitgeschichte 44). Stuttgart 1982.
Arnold Kludas: Die Geschichte der deutschen Passagierschiffahrt (Schriften des Deutschen Schiffahrtsmuseums 18-22). 5 Bde., Hamburg 1986-90.
Paul Kluke: Hitler und das Volkswagenprojekt. Vierteljahrshefte für Zeitgeschichte 8 (1960), S. 341-83.
Hans-Joachim Knebel: Soziologische Strukturwandlungen im modernen Tourismus (Soziologische Gegenwartsfragen. Neue Folge 8). Stuttgart 1960.
Stefan Knittel: DKW Motorräder. Vorkriegsmodelle 1922-39. Eine Dokumentation (Schrader-Motor-Chronik). Suderburg – Hösserringen 1993.
(Ernst) Knoll: Die Finanzierung des Arbeiterwohnstättenbaues im Vierjahresplan. Der deutsche Volkswirt 12 (1938), S. 1640 f.
E(rnst) Knoll: Grundsätzliches zur deutschen Wohnungs- und Siedlungspolitik. Eberswalde u.a. 1939.
(Ernst) Knoll: Kritik an den Volkswohnungen. Siedlung und Wirtschaft 20 (1938), S. 573-78.
Hans M. Knoll: Der Volksempfänger »VE 301W«, seine Herkunft und sein Umfeld. kleeblatt radio. Förderverein des Rundfunkmuseums der Stadt Fürth 26 (1998), S. 6-16.
Claus Koch u. Dieter Senghaas (Hrsg.): Texte zur Technokratiediskussion (Kritische Studien zur Politikwissenschaft). Frankfurt am Main 1970.
Wolfgang König: Bahnen und Berge. Verkehrstechnik, Tourismus und Naturschutz in den Schweizer Alpen 1870-1939 (Deutsches Museum. Beiträge zur Historischen Verkehrsforschung 2). Frankfurt, New York 2000.
Wolfgang König: Geschichte der Konsumgesellschaft (Vierteljahrschrift für Sozial- und Wirtschaftsgeschichte. Beiheft 154). Stuttgart 2000.
Wolfgang König: Massenproduktion und Technikkonsum. Entwicklungslinien und Triebkräfte der Technik zwischen 1880 und 1914 (Propyläen Technikgeschichte 4.2). Berlin 1990.
Wolfgang König: Technikgeschichte. In: Günter Ropohl (Hrsg.): Erträge der Interdisziplinären Technikforschung. Eine Bilanz nach 20 Jahren. Berlin 2001, S. 231-43.
Günter Könke: »Modernisierungsschub« oder relative Stagnation? Einige Anmerkungen zum Verhältnis von Nationalsozialismus und Moderne. Geschichte und Gesellschaft 20 (1994), S. 584-608.
Heinrich Köster: Der deutsche Markt für Rundfunkgeräte. Diss. Hannover 1939. Dortmund-Mengede 1940.
Gerhard Kokotkievicz: Gedanken zur Finanzierung des neuen Wohnungsbauprogramms. Siedlung und Wirtschaft 22 (1940), S. 276-79.
Gabriel Kolko: American Business and Germany, 1930-1944. The Western Political Quarterly 15 (1962), S. 713-28.
Rolf Kornemann u. Bernd Meierling-Schacht: Der Erlaß des Führers vom 15.11.1940: »Das Grundgesetz des sozialen Wohnungsbaues« – ein theoretischer Ansatz ohne Breitenwirkung. In: Wohnen und Leben im Schatten der Hochöfen. Zur Geschichte des Stahlarbeiterwohnungsbaus bei Hoesch von den Anfängen bis zum Wiederaufbau nach 1945. Ausstellung im Hoesch Museum Dortmund vom 29. Mai bis 30. September 1991. Dortmund 1991, S. 46-49.

Hildegard v. Kotze u. Helmut Krausnick (Hrsg.): »Es spricht der Führer«. 7 exemplarische Hitler-Reden. Gütersloh 1966.

Kräfte sammeln, Kräfte lenken, Kräfte sparen. Drei Reden zur Internationalen Automobil- und Motorrad-Ausstellung. Hrsg. v. Reichsverband der Automobilindustrie. Berlin 1939.

Kraft des Motors. Kraft des Volkes. Sechs Reden zur Internationalen Automobil- und Motorrad-Ausstellung Berlin 1937. Berlin 1937.

Kraftfahrt tut not! Zwei Reden zur Eröffnung der Internationalen Automobil- und Motorrad-Ausstellung Berlin am 11.2.1933 gehalten v. R. Allmers und A. Hitler. Hrsg. v. Reichsverband der Automobilindustrie. Berlin 1933.

Das Kraftfahrzeug. Verkehrsmittel des ganzen Volkes. Vier Reden zur Internationalen Automobil- und Motorrad-Ausstellung Berlin 1938. Berlin 1938.

Hans Krapfenbauer: Die sozialpolitische Bedeutung der NS.-Gemeinschaft »Kraft durch Freude«. Diss. Nürnberg 1937.

Martin Krause: Die deutsche Kältemaschine für den Haushalt am Scheidewege. Zeitschrift für die gesamte Kälte-Industrie 36 (1929), S. 51-53.

Frank-Lothar Kroll: Utopie als Ideologie. Geschichtsdenken und politisches Handeln im Dritten Reich. Paderborn u.a. 1998.

C. TH. Kromer: Marktanalytische Untersuchungen in der Energieversorgung. Ergebnisse und Hinweise für die Durchführung von Marktanalysen. Bearbeitet im Auftrage der Wirtschaftsgruppe Elektrizitätsversorgung. Berlin 1940.

Ernst Kühl: Nur ganzes Vertrauen zur Führung kann uns wieder emporführen! Radio. Zeitschrift für das gesamte Radiowesen 11 (1933), S. 401 f.

Ernst Kühl: Der Wirufavertrag und seine Durchführung. Eine kritische Betrachtung – Rabattfragen – Vertrauen zur Führung. Phonographische und Radio Zeitschrift 34 (1933), S. 549 f.

Hermann Kühn: Motorisierung kein Problem, sondern eine volkswirtschaftliche Aufgabe! Diss. TH Berlin 1936.

Anita Kugler: Das Opel-Management während des Zweiten Weltkrieges. Die Behandlung »feindlichen Vermögens« und die »Selbstverantwortung« der Rüstungsindustrie. In: Bernd Heyl u. Andrea Neugebauer (Hrsg.): »... ohne Rücksicht auf die Verhältnisse«. Opel zwischen Weltwirtschaftskrise und Wiederaufbau. Frankfurt am Main 1997, S. 35-68.

Martin Kukowkski (Bearb.): Sächsisches Staatsarchiv Chemnitz. Findbuch zu den Beständen Auto Union AG, Horchwerke AG, Audi-Automobilwerke AG und Zschopauer Motorenwerke J. S. Rasmussen AG (Veröffentlichungen der Sächsischen Archivverwaltung Reihe A, 1). 2 Bde., Halle 2000.

Birthe Kundrus: Widerstreitende Geschichte. Ein Literaturbericht zur Geschlechtergeschichte des Nationalsozialismus. Neue Politische Literatur 45 (2000), S. 67-92.

A(nne-Marie) K(unze): Fernsehen für Verwundete. Reichsrundfunk 1941/42, S. 22.

Ulrich Kurzer: Konsumgenossenschaften im nationalsozialistischen Deutschland. Internationale Wissenschaftliche Korrespondenz zur Geschichte der deutschen Arbeiterbewegung 27 (1991), S. 429-53.

Ulrich Kurzer: Nationalsozialismus und Konsumgenossenschaften. Gleichschaltung, Sanierung und Teilliquidation zwischen 1933 und 1936 (Studien und Materialien zum Rechtsextremismus 5). Pfaffenweiler 1997.

Arnulf Kutsch: Ein nationalsozialistischer Rundfunkfunktionär. Hans Gottfried Kriegler (1905-1978). Mitteilungen des Studienkreises für Rundfunk und Geschichte 5 (1979), S. 98-101.

B(odo) Lafferentz: Urlaub und Erholung. In: Bericht Weltkongreß für Freizeit und Erholung. Vom 23. bis 30. Juli 1936. Hamburg und Berlin. Bearb. im Internationalen Zentral-Büro »Freude und Arbeit« Berlin. Hamburg 1937, S. 368-74.

Landmaschineneinsatz und landwirtschaftliche Erzeugungssteigerung. Hrsg. v. Arbeitswissenschaftlichen Institut der Deutschen Arbeitsfront. Berlin 1939.

Conrad F. Latour: Goebbels' »außerordentliche Rundfunkmaßnahmen« 1939-1942. Dokumentation. Vierteljahrshefte für Zeitgeschichte 11 (1963), S. 418-35.

Lebenshaltung! Ein Beitrag zur Frage der Lebenshaltungspolitik und der Verbrauchslenkung. Bearbeitet im Auftrage Dr. Robert Leys im Arbeitswissenschaftlichen Institut der Deutschen Arbeitsfront. O. O. o. J.

Albert Lee: Henry Ford and the Jews. New York 1980.

Joachim Lehmann: Probleme der Versorgung der deutschen Landwirtschaft mit Landmaschinen und Geräten im zweiten Weltkrieg. Jahrbuch für Wirtschaftsgeschichte (1981), S. 55-78.

Günther Lehmann-Horn: Die Marktbedingungen des Rundfunks. Eine absatzpolitische Studie über Empfängerbau, Programm- und Sendewesen. Diss. Berlin 1935. Berlin 1934.

Herbert Leisegang (Hrsg.): Norwegen (Mit KdF in den Urlaub 1). Berlin (1936).

Leistungen der Deutschen Arbeitsfront. Amtlicher Führer durch die ständige Ausstellung der DAF. Hrsg. v. der Geschäftsführung der Deutschen Arbeitsfront. Berlin 1939.

G(ustav) Leithäuser: Empfangsversuche mit dem Volks-Empfänger. Funkbastler. Fachblatt des Deutschen Funktechnischen Verbandes E.V. (1933), S. 417 f.

G(ustav) Leithäuser: Empfangsversuche mit dem Volksempfänger. Funktechnische Monatshefte 2 (1933), S. 253 f.

Kurt Lembcke: Der soziale Wohnungsbau 1918-1945. Die politisch-ökonomischen Grundlagen des monopolisierten, sozialreformistischen Wohnungsbaus und dessen Bedeutung für die Entwicklung der Wohnkultur. Diss. Weimar 1964.

B. v. Lengerke: Zur Entwicklung des Volkswagens. Freier Wettbewerb oder Planung? Berliner Börsenzeitung v. 17.4.1934.

Carsten Lenk: Die Erscheinung des Rundfunks. Einführung und Nutzung eines neuen Mediums 1923-1932 (Konzeption Empirische Literaturwissenschaft 20). Opladen 1997.

Hans Lenk (Hrsg.): Technokratie als Ideologie. Sozialphilosophische Beiträge zu einem politischen Dilemma. Stuttgart u.a. 1973.

M. Rainer Lepsius: Soziologische Theoreme über die Sozialstruktur der »Moderne« und die »Modernisierung«. In: Reinhart Koselleck (Hrsg.): Studien zum Beginn der modernen Welt (Industrielle Welt 20). Stuttgart 1977.

Winfried B. Lerg: Zur Entstehung des Fernsehens in Deutschland. Rundfunk und Fernsehen 15 (1967), S. 349-75.

Petra Leser: Der Kölner Architekt Clemens Klotz (1886-1969) (Veröffentlichung der Abteilung Architekturgeschichte des Kunsthistorischen Instituts der Universität zu Köln 41). Köln 1991.

Lexikon für KdF-Reisende. Urlaubsfahrten des Gaues Mark Brandenburg der NSG. »Kraft durch Freude«. Berlin 1939.

Michael Ley u. Julius H. Schoeps (Hrsg.): Der Nationalsozialismus als politische Religion (Studien zur Geistesgeschichte 20). Bodenheim b. Mainz 1997.

Robert Ley: Deutschland ist schöner geworden. Hrsg. v. Hans Daner u. Walter Kiehl. Berlin 1936.

Robert Ley: Die große Stunde. Das deutsche Volk im totalen Kriegseinsatz. Reden und Aufsätze aus den Jahren 1941-1943. München 1943.

Robert Ley: Die wirtschaftlichen Unternehmungen der Deutschen Arbeitsfront. Die Deutsche Volkswirtschaft 10 (1941), S. 1094-1100.

Margareta Leyhausen: Rationalisierung des Haushalts durch Elektrizität. Diss. Nürnberg 1947.

Bernfried Lichtnau: Prora auf Rügen. Das unvollendete Projekt des 1. KdF-Seebades in Deutschland. Zur Geschichte und Baugestaltung. Prora [3]1995.

Daniela Giovanna Liebscher: Organisierte Freizeit als Sozialpolitik. Die faschistische Opera Naziale Dopolavoro und die NS-Gemeinschaft Kraft durch Freude 1925-1939. In: Jens Petersen u. Wolfgang Schieder (Hrsg.): Faschismus und Gesellschaft in Italien. Staat – Wirtschaft – Kultur (Italien in der Moderne 2). Köln 1998, S. 67-90.

Stephan H. Lindner: Das Reichskommissariat für die Behandlung feindlichen Vermögens im Zweiten Weltkrieg. Eine Studie zur Verwaltungs-, Rechts- und Wirtschaftsgeschichte des nationalsozialistischen Deutschlands (Zeitschrift für Unternehmensgeschichte. Beiheft 67). Stuttgart 1991.

Kurt Lipfert: Das Fernsehen. Eine allgemeinverständliche Darstellung des neuesten Standes der Fernsehtechnik. München, Berlin 1938.

Reinhard Lobeck: Zur Motorisierung des Verkehrs. Deutsche Technik 3 (1935), S. 235 f.

Erich v. Lölhöffel: Die Ausfuhrleistung der deutschen Funkindustrie. Archiv für Funkrecht 10 (1937), S. 196-200.

E. Lölhöffel v. Löwensprung: Rundfunk- und Funkwirtschaft. Der deutsche Volkswirt 10 (1935), Sonderbeilage Elektroindustrie, S. 42 f.

Karl-Heinz Loesche u. Dieter Leuthold: DeTeWe-Chronik. Technisch-historische Betrachtung des Firmengeschehens. Berlin 1970.

Radio A.G. D.S. Loewe: Geschäftsberichte 1929-1939. Berlin 1929-39.

Hans van der Loo u. Willem van Reijen: Modernisierung. Projekt und Paradox. München 1992 (zuerst niederländisch 1990).

Bernhard Lorentz: Industrieelite und Wirtschaftspolitik 1928-1950. Heinrich Dräger und das Drägerwerk. Paderborn u.a. 2001.

Heinz Lotz: Die Rundfunkindustrie. Archiv für Funkrecht 8 (1935), S. 55-57.

Wolfgang Lotz u. Gerd R. Ueberschär: Die Deutsche Reichspost 1933-1945. Eine politische Verwaltungsgeschichte. 2 Bde., Berlin 1999.

Johannes Lubahn: Kleinstwohnung. Heimstätte oder Mietskaserne. Die Heimstätte. Monatsschrift für das Heimstättenwesen 12 (1938), Sp. 169-72.

Gustav Lucae: 40 Jahre Rundfunkwirtschaft in Deutschland 1923-1963. Düsseldorf 1963.

Karl-Heinz Ludwig: Technik und Ingenieure im Dritten Reich. Düsseldorf 1979 (zuerst 1974).

Anton Lübke: Das deutsche Rohstoffwunder. Wandlungen der deutschen Rohstoffwirtschaft. Stuttgart [4]1939.

Alf Lüdtke, Inge Marßolek u. Adelheid v. Saldern: Amerikanisierung. Traum und Alptraum im Deutschland des 20. Jahrhunderts (Transatlantische Historische Studien. Veröffentlichungen des Deutschen Historischen Instituts Washington, DC, 6). Stuttgart 1996.

Friedrich Lütge: Wohnungswirtschaft. Eine systematische Darstellung unter Berücksichtigung der deutschen Wohnungswirtschaft. Jena 1940.

Niklas Luhmann: Das Moderne der modernen Gesellschaft. In: Wolfgang Zapf (Hrsg.): Die Modernisierung moderner Gesellschaften. Verhandlungen des 25. Deutschen Soziologentages in Frankfurt am Main 1990. Frankfurt, New York 1991, S. 87-108.

F. K. Lutz: Auto-Radios. Allgemeine Automobil-Zeitung 40 (1939), S. 1076-79.

Das Märkische Elektricitätswerk. Ein Überblick über die ersten 25 Jahre seiner Entwicklung. MEW 1990-1934. O. O. o. J.

Märkisches Elektricitätswerk Aktiengesellschaft Berlin. Geschäftsbericht über das Geschäftsjahr 1931.1933-1939.

Hans Maier: Deutungen totalitärer Herrschaft 1919-1989. Vierteljahrshefte für Zeitgeschichte 50 (2002), S. 349-66.

Helmut Maier: Erwin Marx (1893-1980), Ingenieurwissenschaftler in Braunschweig, und die Forschung und Entwicklung auf dem Gebiet der elektrischen Energieübertragung auf weite Entfernungen zwischen 1918 und 1950. Stuttgart 1993.

Helmut Maier: Nationalsozialistische Technikideologie und die Politisierung des »Technikerstandes«. Fritz Todt und die Zeitschrift »Deutsche Technik«. In: Burkhard Dietz, Michael Fessner u. Helmut Maier (Hrsg.): Technische Intelligenz und »Kulturfaktor Technik«. Kulturvorstellungen von Technikern und Ingenieuren zwischen Kaiserreich und früher Bundesrepublik Deutschland (Cottbuser Studien zur Geschichte von Technik, Arbeit und Umwelt 2). Münster u.a. 1996, S. 253-68.

Charlotte Maintok: Die Stellung der Produktions- und Konsumgüterindustrie im Konjunkturverlauf. Diss. Hamburg 1937.

Karl Mannheim: Mensch und Gesellschaft im Zeitalter des Umbaus. Berlin, Zürich ²1967 (zuerst englisch 1940).

Brunello Mantelli: Vom »bilateralen Handelsausgleich« zur »Achse Berlin-Rom«. Der Einfluß wirtschaftlicher Faktoren auf die Entstehung des deutsch-italienischen Bündnisses 1933-1936. In: Jens Petersen u. Wolfgang Schieder (Hrsg.): Faschismus und Gesellschaft in Italien. Staat – Wirtschaft – Kultur (Italien in der Moderne 2). Köln 1998, S. 253-79.

Otto Marrenbach (Hrsg.): Fundamente des Sieges. Die Gesamtarbeit der Deutschen Arbeitsfront von 1933 bis 1940. Unter Mitwirkung der Amtsleiter des Zentralbüros der DAF hrsg. Berlin ²1941.

Inge Marßolek: »Aus dem Volke für das Volk«. Die Inszenierung der »Volksgemeinschaft« im und durch das Radio. In: Inge Marßolek u. Adelheid v. Saldern (Hrsg.): Radiozeiten. Herrschaft, Alltag, Gesellschaft (1924-1960) (Veröffentlichungen des Deutschen Rundfunkarchivs 25). Potsdam 1999, S. 121-35.

Inge Marßolek: Radio in Deutschland 1923-1960. Zur Sozialgeschichte eines Mediums. Geschichte und Gesellschaft 27 (2001), S. 207-39.

Inge Marßolek u. Adelheid v. Saldern (Hrsg.): Radiozeiten. Herrschaft, Alltag, Gesellschaft (1924-1960) (Veröffentlichungen des Deutschen Rundfunkarchivs 25). Potsdam 1999.

Inge Marßolek u. Adelheid v. Saldern (Hrsg.): Zuhören und Gehörtwerden I. Radio im Nationalsozialismus. Zwischen Lenkung und Ablenkung. Tübingen 1998.

Erich Maschke (Hrsg.): Die Pforzheimer Schmuck- und Uhrenindustrie. Beiträge zur Wirtschaftsgeschichte der Stadt Pforzheim. Hrsg. im Auftrag der Stadt Pforzheim. Pforzheim (1967).

Werner Maser: Das Regime. Alltag in Deutschland 1933-1945. München 1983.

Timothy W. Mason: Arbeiterklasse und Volksgemeinschaft. Dokumente und Materialien zur deutschen Arbeiterpolitik 1936-1939 (Schriften des Zentralinstituts für sozialwissenschaftliche Forschung der Freien Universität Berlin 22). Opladen 1975.

Tim(othy) Mason: Der Primat der Politik – Politik und Wirtschaft im Nationalsozialismus. Das Argument 8 (1966), S. 473-94.

Friedhelm Meier unter Mitarbeit v. Klaus Herrmann u. Klaus Krombholz: Einhundert Jahre für die Landtechnik-Industrie. Die Geschichte des Verbandes – vom Verein der Fabrikanten zur LAV. Frankfurt am Main 1997.

Günter Menges: Wachstum und Konjunktur des deutschen Fremdenverkehrs 1913 bis 1956. Eine Analyse der langfristigen Korrelation zwischen Fremdenverkehr und anderen gesamtwirtschaftlichen Größen (Beiträge zur Fremdenverkehrsforschung. Schriftenreihe des Instituts für Fremdenverkehrswissenschaft 6). Frankfurt am Main 1959.

Christoph Maria Merki: Der holprige Siegeszug des Automobils 1895-1930. Zur Motorisierung des Straßenverkehrs in Frankreich, Deutschland und der Schweiz. Wien u.a. 2002.

Michael A. Merritt: Strength Through Joy: Regimented Leisure in Nazi Germany: In: Otis C. Mitchell (Hrsg.): Nazism and the Common Man: Essays in German History (1929-1939). Washington, D.C., [2]1981, S. 67-90.

Helmut Meyer: die Typenbegrenzung im Schlepperbau. Die Technik in der Landwirtschaft 20 (1939), S. 140-42.

Bruno Meyer-Berkhout: Typenbeschränkung und Rationalisierung in der deutschen Kraftwagenindustrie. Im Spiegel ihres Werdegangs. Diss. Münster 1941. Dresden 1941.

Alexander Michel: Von der Fabrikzeitung zum Führungsmittel. Werkzeitschriften industrieller Großunternehmen von 1890 bis 1945 (Beiträge zur Unternehmensgeschichte 96. Neue Folge 2). Stuttgart 1997.

E. v. Mickwitz: Einkommensgestaltung und Automobilabsatz. Wirtschaftsdienst. Weltwirtschaftliche Nachrichten. Zeitschrift für deutsche Wirtschaftspolitik 19 (1934), S. 235-37.

(Walther) Mielenz: Die deutsche Volksgasmaske. Gasschutz und Luftschutz 7 (1937), S. 157-59.

(Walther) Mielenz: Wissenswertes von der Volksgasmaske. Gasschutz und Luftschutz 7 (1937), S. 190-93.

Otis C. Mitchell (Hrsg.): Nazism and the Common Man: Essays in German History (1929-1939). Washington, D.C., [2]1981.

R. Moebes: Volksempfänger (VE 301) und Deutscher Kleinempfänger (DKE). Telegraphen-, Fernsprech-, Funk- und Fernsehtechnik 27 (1938), S. 468-73.

Horst Mönnich: BMW. Eine deutsche Geschichte. München 1991.

Kurt Möser: Geschichte des Autos. Frankfurt, New York 2002.

Martin Moll (Hrsg.): »Führer-Erlasse« 1939-1945. Edition sämtlicher überlieferter, nicht im Reichsgesetzblatt abgedruckter, von Hitler während des Zweiten Weltkrieges schriftlich erteilter Direktiven aus den Bereichen Staat, Partei, Wirtschaft, Besatzungspolitik und Militärverwaltung. Stuttgart 1997.

Günter Moltmann u. Karl Friedrich Reimers (Hrsg.): Zeitgeschichte im Film- und Tondokument. 17 historische, pädagogische und sozialwissenschaftliche Beiträge. Göttingen u.a. 1970.

Hans Mommsen: Nationalsozialismus als vorgetäuschte Modernisierung: In: Hans Mommsen: Der Nationalsozialismus und die deutsche Gesellschaft. Ausgewählte Aufsätze. Zum 60. Geburtstag hrsg. v. Lutz Niethammer u. Bernd Weisbrod. Reinbek bei Hamburg 1991, S. 405-27 (zuerst 1985).

Hans Mommsen: Noch einmal Nationalsozialismus und Modernisierung. Geschichte und Gesellschaft 21 (1995), S. 391-402.

Hans Mommsen: Der Widerstand gegen Hitler und die deutsche Gesellschaft. In: Hans Mommsen: Der Nationalsozialismus und die deutsche Gesellschaft. Ausgewählte Aufsätze. Zum 60. Geburtstag hrsg. v. Lutz Niethammer u. Bernd Weisbrod. Reinbek bei Hamburg 1991, S. 338-61 (zuerst 1985).

Hans Mommsen u. Manfred Grieger: Das Volkswagenwerk und seine Arbeiter im Dritten Reich. Düsseldorf 1996.

Hans Mosolff (Hrsg.): Der Aufbau der deutschen Gefrierindustrie. Handbuch der Tiefkühlwirtschaft. Hamburg 1941.
Hans Mosolff: Einsatz der Gefrierwirtschaft für die Vorratswirtschaft. Der Vierjahresplan 4 (1940), S. 140-44.
Laurence van Zandt Moyer: The Kraft Durch Freude Movement in Nazi Germany: 1933-1939. Diss. Northwestern University, Evanston, Ill., 1967.
Herbert F. Müller: Grundzüge der Energieabsatzwirtschaft. Berlin 1942.
Daniela Münkel: Produktionssphäre. In: Inge Marßolek u. Adelheid v. Saldern (Hrsg.): Zuhören und Gehörtwerden I. Radio im Nationalsozialismus. Zwischen Lenkung und Ablenkung. Tübingen 1998, S. 45-128.
C. Th. Nar: Wie steht es um den Volksfernseher? Energie 12 (1933), S. 268 f.
Fr. Naß: Der billige Volks-Empfänger »mit allem Komfort«. Radiotechnische Rundschau. Technische Monatsschrift für Theorie und Praxis der Radiotechnik 2 (1934), Folge 3 (März), S. 37-39.
Nationalsozialismus und Funkindustrie. Braune Wirtschafts-Post 4 (1935/36), S. 235 f.
Günter Neliba: Die Opel-Werke im Konzern von General Motors (1929-1948) in Rüsselsheim und Brandenburg. Produktion für Aufrüstung und Krieg ab 1935 unter nationalsozialistischer Herrschaft. Frankfurt a. M. 2000.
Eugen Nesper: Appell an die Empfängerbaufirmen: Neben Typenverringerung Normung der Einzelteile! Das deutsche Elektro-Handwerk Nr. 47/48 v. 25.11. u. 2.12.1938.
Eugen Nesper: Ein Leben für den Funk. Wie der Rundfunk entstand. München 1950.
Eugen Nesper: Wichtige Behelfe und Zusatzgeräte zum Volksempfänger. Der Radio-Markt v. 25.5.1935, S. 39-42.
Thomas Nipperdey: Probleme der Modernisierung in Deutschland. In: Thomas Nipperdey: Nachdenken über die deutsche Geschichte. Essays. München [2]1986, S. 44-59 (zuerst 1979).
Fritz Noack: Der Volksempfänger. Umschau 37 (1933), S. 704-07.
Winfried Noack: Die NS-Ideologie (Friedensauer Schriftenreihe B 2). Frankfurt am Main u.a. 1996.
Nochmals Gemeinschaftsgerät und Rationalisierung. Radio-Markt, Beilage zu Elektro-Markt (1936), Nr. 26, S. 10 f.
Fritz Nonnenbruch: Die dynamische Wirtschaft. München 1936.
Fritz Nonnenbruch: Politik, Technik und Geist. München 1939.
W. Ostwald: Die deutsche Automobilindustrie und ihre Käufer. Der deutsche Volkswirt 8 (1933/34), H. 22 (Sonderbeilage Kraftverkehrswesen), S. 35-37.
R(ichard) J. Overy: Guns or Butter? Living Standards, Finance, and Labour in Germany, 1939-1942. In: R. J. Overy: War and Economy in the Third Reich. Oxford 1994, S. 259-314.
R(ichard) J. Overy: The Nazi Economic Recovery 1932-1938 (New Studies in Economic and Social History). Cambridge [2]1996 (zuerst 1982).
R(ichard) J. Overy: Transportation and Rearmament in the Third Reich. The Historical Journal 16 (1973), S. 389-409.
R(ichard) J. Overy: Unemployment in the Third Reich. In: R. J. Overy: War and Economy in the Third Reich. Oxford 1994, S. 37-67 (zuerst 1987).
R(ichard) J. Overy: War and Economy in the Third Reich. Oxford 1994 (zuerst 1987).
v. Ow: Um die deutsche Bauerntechnik. Technik in der Landwirtschaft 24 (1943), S. 89 f.
Herbert Packebusch: Nationalsozialistische Weltanschauung und Rundfunkwirtschaft. Elektrotechnischer Anzeiger 52 (1935), S. 817 f.

Herbert Packebusch: Nationasozialistische Weltanschauung und Rundfunkwirtschaft. Neuer Funk-Bote (1935), H. 35, S. 4 u. 20.

Lutz Pape u. Hans-Jürgen Weinert : Bottichwaschmaschine & Haustelegraph. Anfänge der Elektrotechnik im Haushalt. Braunschweig 1993.

Parole: Motorisierung. Ein Jahr nationalsozialistischer Kraftverkehrsförderung. Hrsg. v. Institut für Konjunkturforschung im Auftrag des Reichsverkehrsministeriums. (Berlin) 1934.

C. W. A. Pasewaldt: Aus der Werbearbeit für die KdF-Reisen. Die deutsche Werbung 31 (1938), S. 508-10.

Monika Pater: Rundfunkangebote. In: Inge Marßolek u. Adelheid v. Saldern (Hrsg.): Zuhören und Gehörtwerden I. Radio im Nationalsozialismus. Zwischen Lenkung und Ablenkung. Tübingen 1998, S. 129-241.

Lisa Peck: Die Frau und der Rundfunk – in Zahlen! Rufer und Hörer 4 (1934), H. 2, S. 65-74.

Fritz Petrick: Der »Leichtmetallausbau Norwegen« 1940-1945. Eine Studie zur deutschen Expansions- und Okkupationspolitik in Nordeuropa (Europäische Hochschulschriften. Reihe III Geschichte und ihre Hilfswissenschaften 512). Frankfurt am Main u.a. 1992.

Joachim Petsch: Baukunst und Stadtplanung im Dritten Reich. Herleitung, Bestandsaufnahme, Entwicklung, Nachfolge. München, Wien 1976.

Dietmar Petzina: Autarkiepolitik im Dritten Reich. Der nationalsozialistische Vierjahresplan (Schriftenreihe der Vierteljahrshefte für Zeitgeschichte 16). Stuttgart 1968.

Dietmar Petzina, Werner Abelshauser u. Anselm Faust: Sozialgeschichtliches Arbeitsbuch. Bd. 3: Materialien zur Statistik des Deutschen Reiches 1914-1945 (Statistische Arbeitsbücher zur neueren deutschen Geschichte). München 1978.

Detlev Peukert: Volksgenossen und Gemeinschaftsfremde. Anpassung, Ausmerze und Aufbegehren unter dem Nationalsozialismus. Köln 1982.

Detlev J. K. Peukert: Das »Dritte Reich« aus der »Alltags«-Perspektive. Archiv für Sozialgeschichte 26 (1986), S. 533-56.

Henry Picker: Hitlers Tischgespräche im Führerhauptquartier 1941-1942. Vollständig überarbeitete und erweiterte Neuausgabe mit bisher unbekannten Selbstzeugnissen Adolf Hitlers, Abbildungen, Augenzeugenberichten und Erläuterungen des Autors: Hitler, wie er wirklich war. Stuttgart 1983.

R(udolf) Plank: Die Kälte im Haushalt. Zeitschrift für die gesamte Kälte-Industrie 42 (1935), S. 143-51.

R(udolf) Plank u. J. Kuprianoff: Haushalt-Kältemaschinen und kleingewerbliche Kühlanlagen. Berlin ^{2}1934.

Gustav Plum: »Kraft durch Freude«. Wirtschaftspolitisch gesehen: Die Deutsche Volkswirtschaft 4 (1935), S. 404-07.

Hans Pohl, Stephanie Habeth u. Beate Brüninghaus (Hrsg.): Die Daimler-Benz AG in den Jahren 1933 bis 1945. Eine Dokumentation (Zeitschrift für Unternehmensgeschichte. Beiheft 47). Stuttgart 1986.

Manfred Pohl: Die Geschichte der Rationalisierung. Das RKW 1921 bis 1996. In: Rationalisierung sichert Zukunft. 75 Jahre RKW. Eschborn 1996, S. 85-115.

Heinz Pohle: Der Rundfunk als Instrument der Politik. Zur Geschichte des deutschen Rundfunks von 1923/38 (Wissenschaftliche Schriftenreihe für Rundfunk und Fernsehen 1). Hamburg 1955.

W. Pohlmann: Kühlschrankumsatz in den Vereinigten Staaten von Amerika. Die Kälte-Industrie 36 (1939), S. 18 f.

W. Pohlmann: Statistik der maschinellen Haushaltskühlschränke. Die Kälte-Industrie 34 (1937), S. 16 f.

W. Pohlmann: Technische Entwicklung der Haushaltskühlschränke. Zeitschrift des Vereines Deutscher Ingenieure 79 (1935), S. 25-27.

W. Pohlmann: Untersuchungen von Kühlschränken. Die Kälte-Industrie 30 (1933), S. 78 f.

Politische Führung und wirtschaftlicher Aufschwung. Hör mit mir 6 (1935), H. 23, S. 7.

Ferdinand Porsche: Der KdF.-Wagen als konstruktive Aufgabe. Zur ersten Großdeutschen Automobil-Ausstellung. Völkischer Beobachter, Norddeutsche Ausgabe v. 17.2.1939, S. 1 f.

H. G. Pridat-Guzatis: Blick in das Rundfunk-Europa. Rundfunkfaktoren und Auswirkungen des Krieges bei Sendung und Empfang. Rundfunkarchiv 15 (1942), S. 330-37.

H. G. Pridat-Guzatis: Wirtschaft und Rundfunk. Welt-Rundfunk. Beilage zur Zeitschrift für Geopolitik 14 (1937), S. 691-95.

Michael Prinz: Ein Grenzfall: Nationalsozialismus und Modernisierung. Zur neueren Diskussion in der Geschichtsschreibung. In: Dieter Breuer u. Gertrude Cepl-Kaufmann (Hrsg.): Moderne und Nationalsozialismus im Rheinland. Vorträge des Interdisziplinären Arbeitskreises zur Erforschung der Moderne im Rheinland. Paderborn u.a. 1997, S. 21-33.

Michael Prinz: Konsum und Konsumgesellschaft seit dem 18. Jahrhundert. Archiv für Sozialgeschichte 41 (2001), S. 450-514.

Michael Prinz: Die soziale Funktion moderner Elemente in der Gesellschaftspolitik des Nationalsozialismus. In: Michael Prinz u. Rainer Zitelmann (Hrsg.): Nationalsozialismus und Modernisierung. Darmstadt 1991, S. 297-327.

Michael Prinz: Vom neuen Mittelstand zum Volksgenossen. Die Entwicklung des sozialen Status der Angestellten von der Weimarer Republik bis zum Ende der NS-Zeit (Studien zur Zeitgeschichte 30). München 1986.

Michael Prinz u. Rainer Zitelmann (Hrsg.): Nationalsozialismus und Modernisierung. Darmstadt 1991.

Hans Prölss: Die Geschichte des Blaupunkt Autoradios. 2 Teile u. Anhang, Ms. 1986.

Michael v. Prollius: Das Wirtschaftssystem der Nationalsozialisten 1933-1939. Steuerung durch emergente Organisation und Politische Prozesse. Paderborn u.a. 2003.

Hannah Rabe: Autarkie. In: Geschichtliche Grundbegriffe. Historisches Lexikon zur politisch-sozialen Sprache in Deutschland. Bd. 1, Stuttgart 1972, S. 377-81.

Manfred Rauh: Anti-Modernismus im nationalsozialistischen Staat. Historisches Jahrbuch 107 (1987), S. 94-121.

Dieter Rebentisch u. Karl Teppe (Hrsg.): Verwaltung contra Menschenführung im Staat Hitlers. Studien zum politisch-administrativen System. Göttingen 1986.

Fritz Rebholz: Produktions- und Marktverhältnisse der deutschen Rundfunkapparate-Industrie. Diss. München 1943.

Marie-Luise Recker: Nationalsozialistische Sozialpolitik im Zweiten Weltkrieg (Studien zur Zeitgeschichte 29). München 1985.

Marie-Luise Recker: Der Reichskommissar für den sozialen Wohnungsbau. Zu Aufbau, Stellung und Arbeitsweise einer führerunmittelbaren Sonderbehörde. In: Dieter Rebentisch u. Karl Teppe (Hrsg.): Verwaltung contra Menschenführung im Staat Hitlers. Studien zum politisch-administrativen System. Göttingen 1986, S. 333-50.

Marie-Luise Recker: Sozialpolitik. In: Wolfgang Benz, Hermann Graml u. Hermann Weiß (Hrsg.): Enzyklopädie des Nationalsozialismus. Stuttgart 1997, S. 123-34.

Walter Regelien: 100000 ... Der Qualitätsmarkt der elektro-akustischen Industrie 15 (1933), S. 197 f.

Walter Regelien: Der Volksempfänger ... Der Qualitätsmarkt der elektro-akustischen Industrie 15 (1933), S. 159 f.

Doris Rehme (Hrsg.): Rundfunkpublikationen. Eigenpublikationen des Rundfunks und Fachperiodika 1923-1986. Ein Bestandsverzeichnis. Hrsg. v. Deutschen Rundfunkarchiv: Historisches Archiv der ARD (Materialien zur Rundfunkgeschichte 3). Frankfurt am Main 1986.

Simon Reich: The Fruits of Fascism. Postwar Prosperity in Historical Perspective (Cornell Studies in Political Economy). Ithaca, London 1990.

Peter Reichel: Politik mit der Erinnerung. Gedächtnisorte im Streit um die nationalsozialistische Vergangenheit. München, Wien 1995.

Peter Reichel: Der schöne Schein des Dritten Reiches. Faszination und Gewalt des Faschismus (Die Zeit des Nationalsozialismus. Eine Buchreihe). Frankfurt am Main 1993 (zuerst 1991).

Reichs-Rundfunk-Gesellschaft: Geschäftsberichte über die Geschäftsjahre 1933/34 – 1939/40. Berlin 1934-40.

Reichssendeleiter Hadamovski (sic!) gab der Industrie neue Richtlinien. Das deutsche Elektro-Handwerk 14 (1905), S. 988 f.

Rudolf Reim: Marktordnung. Handbuch des deutschen Rundfunkhandels 1 (1936/37), S. 42-45.

Karl Reinhard: Die Deutsche Rundfunkwirtschaft an der Wende des Rundfunkjahres 1939/1940. Deutsche Technik 7 (1939), S. 371-73.

Dirk Reinhardt: Von der Reklame zum Marketing. Geschichte der Wirtschaftswerbung in Deutschland. Berlin 1993.

Reinhart: Die Elektrifizierung amerikanischer und schwedischer Haushalte und ihre Nutzanwendung auf den deutschen Wohnungsbau. Deutsche Bauzeitung 73 (1939), S. 333 f.

G. N. Reinhart: Die Elektrotechnik im Hauswesen. Der deutsche Volkswirt 10 (1935), S. 44-48.

Erwin Reiss: »Wir senden Frohsinn«. Fernsehen unterm Faschismus. Das unbekannteste Kapitel deutscher Mediengeschichte. Berlin 1979.

Walter Reisser: Bildfunk, Fernsehen und Tonfilm. In: Rundfunkjahrbuch 1930. Hrsg. v. der Reichs-Rundfunk Gesellschaft. Berlin 1930, S. 299-306.

Max Rembeck: Absatzwirtschaftliche Fragen in der Elektrowirtschaft. Diss. Nürnberg 1939.

Max Rendschmidt: Die Aufgaben der Technik im Dritten Reich. Gedanken eines technischen Beamten (»Das Dritte Reich«. Eine Schriftenreihe 18). Berlin 1937.

K. Repgen und H. Booms (Hrsg.): Akten der Reichskanzlei. Regierung Hitler 1933-1938. Teil I: 1933/34, Bd. 1: 30. Januar bis 31. August 1933, Bd. 2: 12. September 1933 bis 27. August 1934, bearb. von H.-H. Minuth, Boppard a. Rh. 1983.

Karl-Heinz Reuband: »Schwarzhören« im Dritten Reich. Verbreitung, Erscheinungsformen und Kommunikationsmuster beim Umgang mit verbotenen Sendern. Archiv für Sozialgeschichte 41 (2001), S. 245-70.

Jürgen Reulecke: Vom blauen Montag zum Arbeitsurlaub. Vorgeschichte und Entstehung des Erholungsurlaubs für Arbeiter vor dem Ersten Weltkrieg. Archiv für Sozialgeschichte 16 (1975), S. 205-48.

Ralf Georg Reuth: Goebbels. München, Zürich 1990.

Klaus Richter: Motorisierung und Trinksitten. Die Forderungen der Verkehrsgemeinschaft. Berlin o.J.

Hans-Joachim Riecke: Aufgaben und Ziele der Technik in der Landwirtschaft. Die Technik in der Landwirtschaft 25 (1944), S. 35-37.

Heide Riedel: 70 Jahre Funkausstellung. Politik, Wirtschaft, Programm. Eine Ausstellung des Deutschen Rundfunk-Museums. Berlin 1994.

Matthias Riedel: Eisen und Kohle für das Dritte Reich. Paul Pleigers Stellung in der NS-Wirtschaft. Göttingen u.a. 1973.

Matthias Riedel: Vorgeschichte, Entstehung und Demontage der Reichswerke im Salzgittergebiet (Technikgeschichte in Einzeldarstellungen 4). Düsseldorf 1967.

Georg Riemer: Musteranlagen für Volkswohnungen und Kleinsiedlung (Heimstättensiedlung). Bauen, Siedeln, Wohnen 16 (1936), S. 123-25.

Albrecht Ritschl: Die NS-Wirtschaftsideologe – Modernisierungsprogramm oder reaktionäre Utopie? In: Michael Prinz u. Rainer Zitelmann (Hrsg.): Nationalsozialismus und Modernisierung 1991, S. 48-70.

Albrecht Ritschl: Zum Verhältnis von Markt und Staat in Hitlers Weltbild. Überlegungen zu einer Forschungskontroverse. In: Uwe Backes, Eckhard Jesse u. Rainer Zitelmann (Hrsg.): Die Schatten der Vergangenheit. Impulse zur Historisierung des Nationalsozialismus (Ullstein Buch Zeitgeschichte). Frankfurt/Main, Berlin 1992, S. 243-64.

Hermann Röchling: Freizeit und Wirtschaft. In: Bericht Weltkongreß für Freizeit und Erholung. Vom 23. bis 30. Juli 1936. Hamburg und Berlin. Bearb. im Internationalen Zentral-Büro »Freude und Arbeit« Berlin. Hamburg 1937, S. 79-83.

Paul Roggatz: Die Automobilisierung. Ihre Ursachen am Beispiel der USA. und ihre Auswirkungen auf den Raumbedarf der Wohnstrassen. Der soziale Wohnungsbau in Deutschland 2 (1942), S. 463-74 u. 489-501.

Horst Rohde: Das Eisenbahnverkehrswesen in der deutschen Kriegswirtschaft 1939-1945. In: Friedrich Forstmeier u. Hans-Erich Volkmann (Hrsg.): Kriegswirtschaft und Rüstung 1939-1945. Düsseldorf 1977, S. 134-63.

H. O. Roosenstein: Die Einheits-Fernseh-Rundfunkantenne. Telegraphen-, Fernsprech-, Funk- und Fernseh-Technik. TFT 28 (1939), S. 271-76.

Hanns-Peter Rosellen: »... und trotzdem vorwärts«. Die dramatische Entwicklung von Ford in Deutschland 1903 bis 1945. Frankfurt 1986.

Alfred Rosenberg: Letzte Aufzeichnungen. Ideale und Idole der nationalsozialistischen Revolution. Göttingen 1955.

Jürgen Rostock u. Franz Zadnicek: Paradiesruinen. Das KdF-Seebad der Zwanzigtausend auf Rügen. Berlin 1992.

Karl Heinz Roth: Intelligenz und Sozialpolitik im »Dritten Reich«. Eine methodisch-historische Studie am Beispiel des Arbeitswissenschaftlichen Instituts der Deutschen Arbeitsfront. München u.a. 1993.

Karl Heinz Roth: Der Weg zum guten Stern des »Dritten Reichs«: Schlaglichter auf die Geschichte der Daimler-Benz AG und ihrer Vorläufer (1890-1945). In: Das Daimler-Benz-Buch. Ein Rüstungskonzern im ›Tausendjährigen Reich‹. Hrsg. v. der Hamburger Stiftung für Sozialgeschichte des 20. Jahrhunderts (Schriften der Hamburger Stiftung für Sozialgeschichte des 20. Jahrhunderts 3). Nördlingen 1987, S. 27-389.

Karl Heinz Roth u. Michael Schmid: Die Daimler-Benz AG 1916-1948. Schlüsseldokumente zur Konzerngeschichte (Schriften der Hamburger Stiftung für Sozialgeschichte des 20. Jahrhunderts 5). Nördlingen 1987.

Karl Rottgardt: Der Gemeinschaftswille der deutschen Rundfunkwirtschaft. Archiv für Funkrecht 9 (1936), S. 255-59.

Hans Ruban: Rundfunkwirtschaft und Rundfunkpolitik. Die Deutsche Volkswirtschaft 2 (1933), S. 337-42.

Michael Ruck: Bibliographie zum Nationalsozialismus. Köln 1995.
Frithjof Rudert: 50 Jahre »Fernseh«, 1929-1979. Bosch Technische Berichte 6 (1979), S. 236-67.
Rundfunk im Aufbruch. Handbuch des deutschen Rundfunks 1934 mit Funkkalender. Mit einem Geleitwort v. Reichsminister Pg. Dr. Goebbels. Hrsg. v. Reichsverband Deutscher Rundfunkteilnehmer (RDR) e.V. Berlin. Im Auftrag: Pg. Dr. Heinz Weiß. Lahr/Baden 1934.
Rundfunk-Bibliographien 1926-1942. 25 Microfiches und Registerband. Mit einer Einführung v. Ansgar Diller. München u.a. 1984.
Rundfunkjahrbuch 1930. Hrsg. v. der Reichs-Rundfunk Gesellschaft. Berlin 1930.
Rundfunkverbilligung. Der Preußische Ministerpräsident zur Gebührenfrage. Die Sendung 7 (1930), S. 347.
Die Rundfunkwirtschaft in Deutschland. Zum Beginn des neuen Rundfunkjahrs. Schriften des Instituts für Konjunkturforschung. Wochenbericht 11 (1938), S. 221-28.
Wolfgang Sachs: Die Liebe zum Automobil. Ein Rückblick in die Geschichte unserer Wünsche. Reinbek bei Hamburg 1984.
Carola Sachse: Siemens, der Nationalsozialismus und die moderne Familie. Eine Untersuchung zur sozialen Rationalisierung in Deutschland im 20. Jahrhundert. Hrsg. v. Hamburger Institut für Sozialforschung. Hamburg 1990.
Adelheid v. Saldern: Mittelstand im »Dritten Reich«. Handwerker – Einzelhändler – Bauern. Frankfurt, New York [2]1985 (zuerst 1979).
Adelheid v. Saldern: Überfremdungsängste. Gegen die Amerikanisierung der deutschen Kultur in den Zwanziger Jahren. In: Alf Lüdtke, Inge Marßolek u. Adelheid v. Saldern (Hrsg.): Amerikanisierung. Traum und Alptraum im Deutschland des 20. Jahrhunderts (Transatlantische Historische Studien. Veröffentlichungen des Deutschen Historischen Instituts Washington, DC, 6). Stuttgart 1996, S. 213-44.
Hans-Peter Sang: Technik und Staat im Dritten Reich. In: Armin Herrmann u. Hans-Peter Sang: Technik und Staat (Technik und Kultur 9), Düsseldorf 1992, S. 137-60.
Satzung der Arbeitsgemeinschaft der Reichsrundfunkkammer u(nd) der Rundfunkwirtschaft. Rundfunk-Großhändler 6 (1937), S. 276.
Ralf Schabel: Die Illusion der Wunderwaffen: Die Rolle der Düsenflugzeuge und Flugabwehrraketen in der Rüstungsindustrie des Dritten Reiches (Beiträge zur Militärgeschichte 35). München 1993.
Erich Schäfer: Der Markt in Zahlen. Die soziale Gliederung der deutschen Rundfunkhörer. Die deutsche Werbung 28 (1935), S. 1566-68.
Hans Dieter Schäfer: Amerikanismus im Dritten Reich. In: Michael Prinz u. Rainer Zitelmann (Hrsg.): Nationalsozialismus und Modernisierung. Darmstadt 1991, S. 199-215.
Hans Dieter Schäfer: Das gespaltene Bewußtsein. Deutsche Kultur und Lebenswirklichkeit 1933-1945. München, Wien [2]1982.
Horst Schaefer: Auslandsdeutsche Forderungen an die deutsche Rundfunkwirtschaft. Archiv für Funkrecht 10 (1937), S. 194 f.
Horst Schaefer: Die Rationalisierung der Rundfunkwirtschaft. Rundfunkarchiv 12 (1939), S. 49-54.
Horst Schaefer: Die wirtschaftlichen Voraussetzungen des Rundfunkempfangs. In: Hans-Joachim Weinbrenner (Hrsg.): Handbuch des deutschen Rundfunks 1939/40. Heidelberg u.a. 1939, S. 33-41.
Michael Schäfer: Die »Rationalität« des Nationalsozialismus. Zur Kritik philosophischer Faschismustheorien am Beispiel der Kritischen Theorie. Weinheim 1994.

Die Schaffung des deutschen Volksempfängers. Elektrotechnischer Anzeiger 50 (1933), S. 601 f.
Klaus Scheel: Quellen zur Geschichte des nationalsozialistischen Rundfunks im »Sonderarchiv« Moskau. Mitteilungen des Studienkreises Rundfunk und Geschichte 19 (1993), S. 193-200.
Adolf v. Schell: Grundlagen der Motorisierung und ihre Entwicklung im Zweiten Weltkrieg. Wehrwissenschaftliche Rundschau 13 (1963), S. 210-29.
Adolf v. Schell: Nationalsozialistische Wirtschaftsformen und Kraftfahrzeugindustrie. Der Vierjahresplan 3 (1939), S. 1010-12.
Adolf v. Schell: Neue Wege der deutschen Motorisierung. Der Vierjahresplan 3 (1939), S. 362-64.
Helmut Schelsky: Der Mensch in der wissenschaftlichen Zivilisation (Arbeitsgemeinschaft für Forschung des Landes Nordrhein-Westfalen. Geisteswissenschaften 96). Köln, Opladen 1961.
A. H. Scherer: Der Gemeinderundfunk. Rundfunkarchiv 11 (1938), S. 56-58.
Erwin K. Scheuch: Schwierigkeiten der Soziologie mit dem Prozeß der Modernisierung. In: Wolfgang Zapf (Hrsg.): Die Modernisierung moderner Gesellschaften. Verhandlungen des 25. Deutschen Soziologentages in Frankfurt am Main 1990. Frankfurt, New York 1991, S. 109-39.
Axel Schildt: Moderne Zeiten. Freizeit, Massenmedien und »Zeitgeist« in der Bundesrepublik der 50er Jahre (Hamburger Beiträge zur Sozial- und Zeitgeschichte 31). Hamburg 1995.
Axel Schildt: NS-Regime, Modernisierung und Moderne. Anmerkungen zur Hochkonjunktur einer andauernden Diskussion. Tel Aviver Jahrbuch für deutsche Geschichte 23 (1994), S. 3-22.
Edgar Schley: Motorisierung und Verbraucher. Der deutsche Volkswirt 12 (1937/38), S. 971-73.
Alfred Schmidt: Publizistik im Dorf (Leipziger Beiträge zur Erforschung der Publizistik 2). Dresden 1939.
Friedrich Schmidt: Die Elektrizität im sozialen Wohnungsbau. Der soziale Wohnungsbau in Deutschland 1 (1941), S. 379-85.
(Friedrich) Schmidt: Die neuen Bestimmungen für Kleinsiedlungen, Volkswohnungen und Landarbeiterwohnungen. Die Baugilde 19 (1937), S. 1183-87 u. 20 (1938), S. 23 f.
Friedrich Schmidt: Volkswohnungen. Der deutsche Volkswirt 11 (1937), S. 777-79.
Friedrich Schmidt: Wohnungs- und Siedlungsbau. Der deutsche Volkswirt 10 (1936), S. 1749-52.
H(ans) Schmidt: Elektrische Kühlung. AEG-Mitteilungen 25 (1934), S. 364 f.
Hans Schmidt: Der Haushaltskühlschrank mit Kompressions-Kältemaschine. Die Kälte-Industrie 37 (1940), H. 4, S. 25-29.
Uta C. Schmidt: Radioaneignung. In: Inge Marßolek u. Adelheid v. Saldern (Hrsg.): Zuhören und Gehörtwerden I. Radio im Nationalsozialismus. Zwischen Lenkung und Ablenkung. Tübingen 1998, S. 243-360.
Uta C. Schmidt: Der Volksempfänger. Tabernakel moderner Massenkultur. In: Inge Marßolek u. Adelheid v. Saldern (Hrsg.): Radiozeiten. Herrschaft, Alltag, Gesellschaft (1924-1960) (Veröffentlichungen des Deutschen Rundfunkarchivs 25). Potsdam 1999, S. 136-59.
Uta C. Schmidt: Vom »Spielzeug« über den »Hausfreund« zur »Goebbels-Schnauze«. Das Radio als häusliches Kommunikationsmedium im Deutschen Reich (1923-1945). Technikgeschichte 65 (1998), S. 313-27.

August Schmitt: Die Weiterentwicklung des Volkswohnungsbaues. Siedlung und Wirtschaft 19 (1937), S. 585-94.
Cornelia Schmitz-Berning: Vokabular des Nationalsozialismus. Berlin, New York 1998.
G. Schnaus: Der elektrische Haushaltkühlschrank in den Vereinigten Staaten von Nordamerika. Elektrizitätswirtschaft 1937, S. 118-20.
Schneider: Der Herd des bürgerlichen Haushalts – der Protos-Familienherd. Der Anschluß. Zeitschrift für den Elektrohandel 1 (1930), S. 285-88.
Hans-Jürgen Schneider: Autos und Technik. 125 Jahre Opel. Köln 1987.
Michael Schneider: Unterm Hakenkreuz. Arbeiter und Arbeiterbewegung 1933 bis 1939 (Geschichte der Arbeiter und der Arbeiterbewegung in Deutschland seit dem Ende des 18. Jahrhunderts 12). Bonn 1999.
Heinz Schön: Die KdF-Schiffe und ihr Schicksal. Eine Dokumentation. Stuttgart 1987.
David Schoenbaum: Die braune Revolution. Eine Sozialgeschichte des Dritten Reiches. Köln, Berlin 1968.
Schönbein: Wirtschaftliche Planung und Fertigung im sozialen Wohnungsbau. Der soziale Wohnungsbau in Deutschland 2 (1942), S. 330-36.
P. Scholl: Der elektrische Kühlschrank in der Haushaltsstromversorgung. Elektrizitätswirtschaft 35 (1936), S. 86-88.
Paul Scholl: Kühlschränke und Kleinkälteanlagen. Einführung in die Kältetechnik für Käufer und Verkäufer von Kühlschränken und Kleinkälteanlagen, für Gas- und Elektrizitätswerke, Architekten und das Nahrungsmittelgewerbe. Berlin [3]1939.
Schrittmacher der Wirtschaft. Vier Reden zur Internationalen Automobil- und Motorrad-Ausstellung Berlin 1936. Berlin 1936.
Schröder: 10 Jahre Freizeitgestaltung im Hause Siemens. Siemens-Mitteilungen 224 (1943), S. 3-5.
Fritz Schröter (Hrsg.): Fernsehen. Die neuere Entwicklung insbesondere der deutschen Fernsehtechnik. Berlin 1937.
Wolfgang Schütte: Regionalität und Föderalismus im Rundfunk. Die geschichtliche Entwicklung in Deutschland 1923-1945 (Beiträge zur Geschichte des deutschen Rundfunks 3). Frankfurt am Main 1971.
Erhard Schütz u. Eckhard Gruber: Mythos Reichautobahn. Bau und Inszenierung der »Straßen des Führers« 1933-1941. Berlin 1996.
Erhard Schütz u. Gregor Streim (Hrsg.): Reflexe und Reflexionen von Modernität 1933-1945 (Publikationen zur Zeitschrift für Germanistik N.F. 6). Bern u.a. 2002.
Fritz Schulze: Wohnungsgrösse und Miete für Berliner Volkswohnungen. Die Baugilde 20 (1938), S. 162-66.
(Erich) Schw(andt): Batterie-Volksempfänger u(nd) Volkslautsprecher. Funktechnische Monatshefte (1934), S. 211-13.
(Erich) Schw(andt): Der deutsche Volksempfänger. Radio-Technik und –Export 39 (1933), S. 565 f.
Erich Schwandt: Das Problem des Volksempfängers 1933. Funkbastler. Fachblatt des Deutschen Funktechnischen Verbandes E.V. (1933), S. 273 f.
(Erich) Schw(andt): Der Volksempfänger der deutschen Funkindustrie. Funkbastler. Fachblatt des Deutschen Funktechnischen Verbandes E.V. (1933), S. 326.
Roland Schwarz: Aluminium für die Elektrotechnik. Wirtschaftliche und politische Bedingungen einer Werkstoffinnovation zu Beginn des 20. Jahrhunderts. Technikgeschichte 60 (1993), S. 107-28.
G(eorg) Seebauer: Ziele und Möglichkeiten des Volkskühlschranks. Elektrizitätswirtschaft 37 (1938), S. 82-84.

G(eorg) Seebauer: Ziele und Möglichkeiten des Volkskühlschranks. Das Gas- und Wasserfach 81 (1938), S. 90-92.
Lu Seegers: Hör zu! Eduard Rhein und die Rundfunkprogrammzeitschriften (1931-1965) (Veröffentlichungen des Deutschen Rundfunkarchivs 34). Potsdam 2001.
Siegfried Seher: Neue Wege der Motorisierung. Ein Beitrag zur Volkswagenfrage. Das Auto und Kraftrad 19 (1931), S. 45.
Franz Seume: Rundfunk im Export. Der deutsche Volkswirt 14 (1939/40), S. 1792 f.
Jürgen Siebrecht: Richtig verstandene Typisierung im Siedlungsbau. Bauen, Siedeln, Wohnen 19 (1939), S. 403-16.
Rolf Peter Sieferle: Rückblick auf die Natur. Eine Geschichte des Menschen und seiner Umwelt. München 1997.
Ulrich Sieg: Strukturwandel der Wissenschaft im Nationalsozialismus. Berichte zur Wissenschaftsgeschichte 24 (2001), S. 255-70.
Tilla Siegel u. Thomas v. Freyberg: Industrielle Rationalisierung unter dem Nationalsozialismus (Forschungsberichte des Instituts für Sozialforschung Frankfurt am Main). Frankfurt am Main, New York 1991.
Werner Siegfried: Das Deutsche Rundfunkkartell. Diss. Erlangen 1935. Erlangen-Bruck 1936.
H. Silber: Rundfunkempfang in Kraftwagen. Rundfunk- und zollrechtliche Vorschriften. Rundfunkarchiv 11 (1938), S. 49-55.
Heinrich Simon: Der deutsche Wohnungsbau nach dem Kriege. Der soziale Wohnungsbau in Deutschland 1 (1941), S. 2-15.
Ronald Smelser: How »Modern« Were the Nazis? DAF Social Planning and the Modernization Question. German Studies Review 13 (1990), S. 285-302.
Ronald Smelser: Robert Ley. Hitler's Labor Front Leader. Oxford u.a. 1988.
Ronald Smelser: Robert Ley – Der braune Kollektivist. In: Ronald Smelser u. Rainer Zitelmann (Hrsg.): Die braune Elite I. 22 biographische Skizzen. Darmstadt [3]1994, S. 173-87.
Ronald Smelser: Die Sozialplanung der Deutschen Arbeitsfront. In: Michael Prinz u. Rainer Zitelmann (Hrsg.): Nationalsozialismus und Modernisierung. Darmstadt 1991, S. 71-92.
Rudolf Sorge: Fremdenverkehrsstatistik. (Gegenwärtiger Zustand und Forderungen für den Ausbau). Diss. Frankfurt a. M. 1938. Würzburg 1940.
Hasso Spode: Arbeiterurlaub im Dritten Reich. In: Carola Sachse, Tilla Siegel, Hasso Spode u. Wolfgang Spohn: Angst, Belohnung, Zucht und Ordnung. Herrschaftsmechanismen im Nationalsozialismus (Schriften des Zentralinstituts für sozialwissenschaftliche Forschung der Freien Universität Berlin 41). Opladen 1982, S. 275-328.
Hasso Spode: »Der deutsche Arbeiter reist«: Massentourismus im Dritten Reich. In: Gerhard Huck (Hrsg.): Sozialgeschichte der Freizeit. Untersuchungen zum Wandel der Alltagskultur in Deutschland. Wuppertal [2]1982, S. 281-306.
Hasso Spode: Ein Seebad für zwanzigtausend Volksgenossen. Zur Grammatik und Geschichte des fordistischen Urlaubs. In: Peter J. Brenner (Hrsg.): Reisekultur in Deutschland: Von der Weimarer Republik zum »Dritten Reich«. Tübingen 1997, S. 7-47.
Hasso Spode (Hrsg.): Zur Sonne, zur Freiheit! Beiträge zur Tourismusgeschichte (Freie Universität Berlin, Institut für Tourismus. Berichte und Materialien 11). Berlin 1991.
Mark Spoerer: Die Automobilindustrie im Dritten Reich: Wachstum um jeden Preis? In: Lothar Gall u. Manfred Pohl (Hrsg.): Unternehmen im Nationalsozialismus

(Schriftenreiche zur Zeitschrift für Unternehmensgeschichte 1). München 1998, S. 61-68.

Rolf Spörhase: Wohnungs-Unternehmungen im Wandel der Zeit. Hamburg 1947.

Gerhard Stahl: Automobilausstellung und Konstruktionsbüro. Der deutsche Volkswirt 13 (1938/39), S. 898-900.

Gerhard Stahl: Autoindustrie in der Umstellung. Der deutsche Volkswirt 12 (1937/38), S. 2416 f.

Gerhard Stahl: Automobilverbilligung als Imperativ. Der deutsche Volkswirt 11 (1937), S. 1067 f.

Gerhard Stahl: Das Fahrrad als Rationalisierungsobjekt. Der deutsche Volkswirt 14 (1939/40), S. 1790 f.

Gerhard Stahl: Der Wagen zur Freude. Der deutsche Volkswirt 12 (1937/38), S. 1733 f.

Gerhard Starcke: Die Deutsche Arbeitsfront. Eine Darstellung über Zweck, Leistungen und Ziele. Berlin 1940.

Rudolf Stegemann: Über Normung und Typisierung zum Serienbau im Wohnungswesen. Deutsche Bauzeitung 75 (1941), S. 136-38.

Stehen wir vor einem Absatzrückgang in der Funkbranche? Phonographische und Radio Zeitschrift. Organ des Reichsverbandes des Deutschen Phono- und Radio-Handels E.V. Fachblatt für die gesamte akustische Industrie 35 (1934), Nr. 24, o.S.

Steigerung der nationalen Produktionskraft. Die Deutsche Arbeitsfront, Fachamt Eisen und Metall, 3. Reichstagung in Stuttgart. Elektroindustrie. Mensch – Wirtschaft –Technik. Stuttgart, Berlin 1939.

Frank Steinbeck: Die Motorisierung des Straßenverkehrs im Deutschen Reich 1918 bis 1939 unter besonderer Berücksichtigung des Motorrades. Mag.arbeit TU Berlin 2001.

Jill Stephenson: The Nazi Organisation of Women. London, Totowa, N.J., 1981.

Bernhard Stier: Staat und Strom. Die politische Steuerung des Elektrizitätssystems in Deutschland 1890-1950 (Technik + Arbeit. Schriften des Landesmuseums für Technik und Arbeit in Mannheim 10). Ubstadt-Weiher 1999.

Reinhold Stirl: Sorgenkind Autotypen. Der deutsche Volkswirt 12 (1937/38), S. 102-04.

Reinhold Stirl: Strukturfragen des Automarktes. Der deutsche Volkswirt 10 (1936), S. 858-61.

Reinhold Stirl: Symptomatische Kraftverkehrswirtschaft. Der deutsche Volkswirt 9 (1934/35), S. 890-93.

Bernd Stöver: Loyalität statt Widerstand. Die sozialistischen Exilberichte und ihr Bild vom Dritten Reich. Vierteljahrshefte für Zeitgeschichte 43 (1995), S. 437-71.

Bernd Stöver: Volksgemeinschaft im Dritten Reich. Die Konsensbereitschaft der Deutschen aus der Sicht sozialistischer Exilberichte. Düsseldorf 1993.

Michael Stolleis: Gemeinschaft und Volksgemeinschaft. Zur juristischen Terminologie im Nationalsozialismus. Vierteljahrsschrift für Zeitgeschichte 20 (1972), S. 16-38.

Karl Strenger: KdF.-Dorf in der Rostocker Heide. Gartenkunst (1941), Heft 4, S. 59-62.

H. C. Strohmayer: Die deutsche Automobilindustrie im Jahre 1934. Die Deutsche Volkswirtschaft 4 (1935), S. 147-50.

Bruno Struck: Freizeitgestaltung des Arbeiters unter besonderer Berücksichtigung der internationalen Bestrebungen zur Freizeitgestaltung. Diss. Heidelberg 1937. Düsseldorf 1938.

Ernst v. Stuckrad: Heimstätte und Geschoßwohnung. Bauen, Siedeln, Wohnen 18 (1938), S. 167 f.

Ernst v. Stuckrad: Sozialer Wohnstättenbau und Wohnraumgestaltung. Bauen, Siedeln, Wohnen 18 (1938), S. 722-27.

Eugen Studer: Die Vereinheitlichung und Vermehrung armeetauglicher Motorfahrzeuge als wehrwirtschaftliche Aufgabe. Diss. Freiburg/Schweiz 1942. Olten 1942.

Rupert Stuhlemmer: 85 Jahre Berliner Automobil-Ausstellungen. 1897-1982. London 1982.

Anne Sudrow: Das »deutsche Rohstoffwunder« und die Schuhindustrie. Schuhproduktion unter den Bedingungen der nationalsozialistischen Autarkiepolitik. Blätter für Technikgeschichte 60 (1998), S. 63-92.

Otto Suhr: Der Aufbau der Rundfunkindustrie. Die Wirtschaftskurve 13 (1934), S. 357-74.

Otto Suhr: Funk und Film vor neuem Start I. Der deutsche Volkswirt 11 (1937), S. 2053-55.

Otto Suhr: Hotel – Repräsentation ohne Gewinn? Der deutsche Volkswirt 12 (1937/38), S. 1231-33.

Otto Suhr: Die Marktprobleme der Rundfunkwirtschaft. Der deutsche Volkswirt 10 (1935), S. 104-07.

Otto Suhr: Der Mensch in Bewegung. Zu einer Bilanz des Personenverkehrs. Der deutsche Volkswirt 11 (1937), S. 1358-62.

Otto Suhr: Rundfunkwirtschaft im Umbau. Der deutsche Volkswirt 10 (1936), S. 2592-94.

Otto Suhr: Der Volksempfänger und die Markenempfänger – ein Maßstab für den Volkswagen? Kraftfahrzeug. Handel und Bewirtschaftung (1938), S. 739-41.

Yuzo Takahashi: A Network of Tinkerers. The Advent of the Radio and Television Receiver Industry of Japan. Technology and Culture 41 (2000), S. 460-84.

Tatsachen und Zahlen aus der Kraftverkehrswirtschaft 1938. Auf Grund amtlicher und privater Unterlagen sowie eigener Erhebungen zusammengestellt vom Reichsverband der Automobilindustrie E. V., Berlin 12 (1938).

Eckart Teichert: Autarkie und Großraumwirtschaft in Deutschland 1930-1939. Außenwirtschaftspolitische Konzeptionen zwischen Wirtschaftskrise und Zweitem Weltkrieg (Studien zur modernen Geschichte 30). München 1984.

Ulrich Teichmann: Untersuchung über die Spannviehhaltung in bäuerlichen Betrieben (RKTL. Schriften des Reichskuratoriums für Technik in der Landwirtschaft 83). Berlin 1938.

Karl Teppe: Zur Sozialpolitik des Dritten Reiches am Beispiel der Sozialversicherung. Archiv für Sozialgeschichte 17 (1977), S. 195-250.

Hans Ulrich Thamer: Nation als Volksgemeinschaft. Völkische Vorstellungen, Nationalsozialismus und Gemeinschaftsideologie. In: Jörg-Dieter Ganger u. Klaus Weigelt (Hrsg.): Soziales Denken in Deutschland zwischen Tradition und Innovation. Bonn 1990, S. 112-28.

Hans Ulrich Thamer: Verführung und Gewalt. Deutschland 1933-1945 (Die Deutschen und ihre Nation). Berlin 1994.

G. Thann: Von der sozialen Bedeutung des Rundfunks. Soziale Praxis 44 (1935), Sp. 377-82.

Thönissen: Typenbereinigung. In: Steigerung der nationalen Produktionskraft. Die Deutsche Arbeitsfront, Fachamt Eisen und Metall, 3. Reichstagung in Stuttgart. Fahrzeugindustrie. Mensch – Wirtschaft – Technik. Stuttgart, Berlin 1939, S. 21-29.

Wilhelm Thomsen: Kampf der Fußschwäche. Ursachen, Mechanismus, Mittel und Wege zu ihrer Bekämpfung. Berlin ^{2}1942.

Hans Georg Thormeyer: Der Volksempfänger als Propagandamittel für den deutschen Rundfunk. Dralowid-Nachrichten (1934), H. 3, S. 42 f.

János Tihanyi: Die Nazi-Machtpolitik im Spiegel des deutschen Fremdenverkehrs bis zum Ausbruch des zweiten Weltkrieges. DDR Verkehr. Zeitschrift für komplexe Fragen der Planung und Leitung des Verkehrswesens 3 (1970), S. 299-302, 340-43, 428-31 u. 477-81.

János Tihanyi: Zur faschistischen Fremdenverkehrspolitik. Zeitschrift für Geschichtswissenschaft 20 (1972), S. 967-73.

A. Tölk: Zum Thema »Der Volkskühlschrank«. Zeitschrift für Eis- und Kälteindustrie 31 (1938), Nr. 1, S. 4-8.

Gabriele Toepser-Ziegert: Funktionswandel. Die Entwicklung der Medien im nationalsozialistischen Herrschaftssystem. Medium. Zeitschrift für Hörfunk, Fernsehen, Film, Presse 18 (1988), H. 2, S. 29-32.

Willy Toussaint: Rundfunkhandel und Elektrizitätswerke. Radiohändler 13 (1936), S. 525 f.

Heiko Triesch: Planung und Bau unterirdischer Produktionsanlagen im nationalsozialistischen Deutschland während des Zweiten Weltkrieges. Mag.arbeit TU Berlin 2002.

Ulrich Troitzsch: Technikgeschichte. In: Hans-Jürgen Goertz (Hrsg.): Geschichte. Ein Grundkurs. Reinbek bei Hamburg 1998, S. 379-93.

Ulrich Troitzsch u. Wolfhard Weber: Methodologische Überlegungen für eine künftige Technikhistorie. In: Wilhelm Treue (Hrsg.): Deutsche Technikgeschichte. Vorträge vom 31. Historikertag am 24. September 1976 in Mannheim. Göttingen 1976, S. 99-122.

Henry A. Turner: Unternehmen unter dem Hakenkreuz. In: Lothar Gall u. Manfred Pohl (Hrsg.): Unternehmen im Nationalsozialismus (Schriftenreihe zur Zeitschrift für Unternehmensgeschichte 1). München 1998, S. 15-23.

Das Typenproblem in der Kraftfahrzeugwirtschaft. Bearbeitet im Auftrage des Reichsverkehrsministers. Wochenbericht des Instituts für Konjunkturforschung 10 (1937), 21.4., Sonderbeilage, S. 1-6.

Heinrich Uhlig: Die Warenhäuser im Dritten Reich. Köln, Opladen 1956.

Umlauf: Zur Planung der Volkswohnungen. Siedlung und Wirtschaft 18 (1936), S. 126-29.

Unter dem Sonnenrad. Ein Buch von Kraft und Freude. Hrsg. v. der Reichsamtsleitung Kraft durch Freude. Berlin (1938).

William Uricchio (Hrsg.): Die Anfänge des Deutschen Fernsehens. Kritische Annäherungen an die Entwicklung bis 1945 (Medien in Forschung + Unterricht, Serie A, 30). Tübingen 1991.

Der Urlaub aller Schaffenden. Hrsg. v. der Deutschen Arbeitsfront, Zentralbüro. Der Leiter des Berufswettkampfes aller schaffenden Deutschen. Berlin (1940).

»VE 301« – die Losung der Funkausstellung. Der Deutsche Rundfunk 11 (1933), H. 33, S. 8.

Fritz Vilbig: Entwicklung des Superheterodyne-Empfängers zum Volksempfänger. Funkbastler. Fachblatt des Deutschen Funktechnischen Verbandes E.V. (1928), S. 533 f.

Hans Vogt: Die Gerätesättigung im Haushalt. Eine erweiterte Marktanalyse für elektrische und Gasgeräte (Beiträge zur öffentlichen Wirtschaft 3). Berlin 1940.

Oliver Volckart: Polykratische Wirtschaftspolitik: Zu den Beziehungen zwischen Wirtschaftsministerium, Arbeitsministerium, DAF und Reichsnährstand, 1933-1939. Vierteljahrschrift für Sozial- und Wirtschaftsgeschichte 90 (2003), S. 174-93.

Hans Erich Volkmann: Das außenwirtschaftliche Programm der NSDAP 1930-1933. Archiv für Sozialgeschichte 17 (1977), S. 251-74.
Hans Erich Volkmann: Wirtschaft im Dritten Reich. Eine Bibliographie (Schriften der Bibliothek für Zeitgeschichte 20.23). 2 Bde., München 1980-84.
Der Volksempfänger und seine Bedeutung für den deutschen Rundfunk und die Rundfunkwirtschaft. Das deutsche Elektro-Handwerk 15 (1937), S. 1095.
Vollgas voraus! Drei Reden, gehalten aus Anlaß der Internationalen Automobil- und Motorrad-Ausstellung 1934. Hrsg. v. Reichsverband der Automobilindustrie. Berlin 1934.
Heinz Vollmann: Entwicklungsbedingungen von Rundfunk und Rundfunkindustrie (Eine rechtlich-wirtschaftlich-soziologische Untersuchung). Diss. München. Borna-Leipzig 1936.
Klaus Vondung: Magie und Manipulation. Ideologischer Kult und politische Religion des Nationalsozialismus. Göttingen 1971.
Vorschlag der Deutschen Arbeitsfront über den neuen deutschen Wohnungsbau nach dem Kriege auf Grund des Erlasses des Führers vom 15.9.1940. (Berlin 1940) (Institut für Zeitgeschichte, München, Db 66.24).
Else Vorwerck: Hauswirtschaft in Selbstverwaltung. Ein erster großer Versuch 1934-1945. Rotenburg 1948 (Ms.) (Institut für Zeitgeschichte, München, Ms 335).
Kurt Wagenführ: 50 Jahre deutsches Fernsehprogramm: Das politische Umfeld 1935. Der mißglückte Rundfunkprozeß. Fernseh-Informationen 36 (1985), S. 264-66.
Hans Wagner: Die Neuordnung des deutschen Wohnungsbaues. Der soziale Wohnungsbau in Deutschland 1 (1941), S. 145-53.
Josef Wagner: Preisbildung und Lebensstandard. Der Vierjahresplan 2 (1938), S. 131-33.
Mark Walker: Die Uranmaschine. Mythos und Wirklichkeit der deutschen Atombombe. Berlin 1990.
Was ist mit dem Fernseh-Volksempfänger? Rundfunk-Großhändler 6 (1937), S. 368 f.
Was kann der Radiohändler vom VE-301-Geschäft erwarten? Der Elektro-Markt. Beiblatt Radio-Markt (1933), Nr. 46, S. 28 f.
Heinrich Weber: Rundfunk und Elektrizitätsversorgung. Archiv für Funkrecht 9 (1936), S. 300-05.
Hans-Ulrich Wehler: Modernisierungstheorie und Geschichte. Göttingen 1975.
Peter Wehling: Die Moderne als Sozialmythos. Zur Kritik sozialwissenschaftlicher Modernisierungstheorien (Forschungstexte des Instituts für sozial-ökologische Forschung). Frankfurt, New York 1992.
Sigfrid v. Weiher: Otto Griessing. In: Sigfrid v. Weiher (Hrsg.): Männer der Funktechnik. 70 Lebenswerke deutscher Pioniere von Funk, Rundfunk und Fernsehen. Berlin 1983, S. 67 f.
Herbert Weinberger: Der Inlandsmarkt der deutschen Automobilindustrie. Diss. München 1936.
R. Weisflog: Rundfunk und Einkommen. Rundfunkarchiv 12 (1939), S. 299-308.
Hermann Weiß: Ideologie der Freizeit im Dritten Reich. Die NS-Gemeinschaft ›Kraft durch Freude‹. Archiv für Sozialgeschichte 33 (1993), S. 289-303.
J.G. Weiss: Der deutsche Einheits-Fernsehempfänger. Mitteilung aus der Forschungsanstalt der Deutschen Reichspost. Telefunken-Hausmitteilungen 20 (1939), Nr. 81, S. 9-12.
J. Georg Weiss: Zur Entwicklung des Einheits-Fernsehempfängers. Telegraphen-, Fernsprech-, Funk- und Fernseh-Technik. TFT 28 (1939), S. 246-49.
Weltkongreß für Freizeit und Erholung, Hamburg 23. bis 30. Juli 1936. Berlin 1936.

Werberat der deutschen Wirtschaft. Bericht über das erste Geschäftsjahr des Werberates der deutschen Wirtschaft. Berlin 1934.
Werk und Wirken. 50 Jahre TE-KA-DE Nürnberg. Nürnberg 1962.
Jakob Werlin: Acht Jahre Motorisierung – acht Jahre Vorsprung. Der Vierjahresplan 5 (1941), S. 315-17.
J(akob) Werlin: Forderung des Führers: Motorisierung. Die Deutsche Volkswirtschaft 10 (1941), S. 1228-32.
Jakob Werlin: Fortschritte der Motorisierung. Der Vierjahresplan 3 (1939), S. 70-73.
J(akob) Werlin: Fünf Jahre Motorisierung im nationalsozialistischen Deutschland. Ein Rückblick und Ausblick. Der Vierjahresplan 2 (1938), S. 79 f.
Jakob Werlin: Der wirtschaftliche und soziale Sinn des Volkswagens. Der Vierjahresplan 2 (1938), S. 472 f.
J(akob) Werlin: Zur Grundsteinlegung der deutschen Volkswagenfabrik. Völkischer Beobachter, Norddeutsche Ausgabe 51 (1938), 26.5., S. 1 f.
O. Wesemann: Der Stand des Volkswagenproblems. Kraftfahrzeug. Handel und Bewirtschaftung (1935), S. 24-26.
Hans Otto Wesemann: Die Verbreitungsaussichten des Automobils in Deutschland. Der deutsche Volkswirt 8 (1933/34), H. 22 (Sonderbeilage Kraftverkehrswesen), S. 16-19.
Uwe Westphal: Werbung im Dritten Reich. Berlin 1989.
Wettbewerb für ein K.d.F.-Seebad auf Rügen. Die Baugilde 18 (1936), S. 919-33.
Otto Wetzel: Volkswohnungen = Vollwohnungen. Bauen, Siedeln, Wohnen 19 (1939), S. 513 f.
A. Wiedemann: Volksautoempfänger. NS. Funk 6 (1938), Nr. 21 v. 22.5., S. 47.
Helm Wienkötter: Die deutsche Kraftfahrzeugwirtschaft und ihre Werbung. Eine Vorschau zur Internat. Automobil-Ausstellung Berlin 1935. Die deutsche Werbung. Die Zeitschrift für Wirtschaftswerbung und Werbefachwelt 28 (1935), S. 725-29.
Bernd Wiersch: Die Vorbereitung des Volkswagens. Diss. Hannover 1974.
Rolf Wigand: Der deutsche Fernseh-Einheitsempfänger E 1. Funk (1939), S. 425-32.
Karl Heinz Wildhagen (Hrsg.): Erich Fellgiebel. Meister operativer Nachrichtenverbindungen. Ein Beitrag zur Geschichte der Nachrichtentruppe. Wennigsen/Hannover 1970.
Wille wirkt Wunder. Drei Reden zur Internationalen Automobil- und Motorrad-Ausstellung Berlin 1935. Berlin 1935.
Stefan Willeke: Die Technokratiebewegung in Nordamerika und Deutschland zwischen den Weltkriegen. Eine vergleichende Analyse (Studien zur Technik-, Wirtschafts- und Sozialgeschichte 7). Frankfurt am Main u.a. 1995.
Klaus Winker: Fernsehen unterm Hakenkreuz. Organisation, Programm, Personal (Medien in Geschichte und Gegenwart 1). Köln u.a. ²1996.
Heinrich August Winkler: Der entbehrliche Stand. Zur Mittelstandspolitik im »Dritten Reich«. Archiv für Sozialgeschichte 17 (1977), S. 1-40.
Hans Wipplinger: Rundfunkstatistik (Beiträge zur Statistik Bayerns 125). Diss. München 1937.
Wirtschaftsgruppe Elektroindustrie (Hrsg.): Statistischer Bericht für die Elektroindustrie, International, 1938. Berlin 1938.
Fritz Wittekind: Das DKW.-Volksflugzeug. Motor und Sport 10 (1933), H. 41, S. 25.
Rud. J. Wittwer: Der Volksempfänger im Gesichtskreise des Funkfreundes. Der Deutsche Rundfunk. Funk Post 11 (1933), Heft 26 v. 23.6., S. 64.

Die Wohnungsfrage. Ein Versuch zur Klärung der sozial- und wirtschaftspolitischen Problematik d. Wohnungsbaues. Hrsg. v. Arbeitswissenschaftlichen Institut der DAF. Berlin 1939.
Dietrich Wolf: Die Rundfunkdichte als Ergebnis volklicher, staatlicher und klimatischer Einwirkungen. Rundfunkarchiv 13 (1940), S. 107-13.
Hellmuth Wolff: Die Fahrrad-Wirtschaft (Schriften des Seminars für Verkehrswesen an der Martin Luther-Universität Halle-Wittenberg 15). Halle 1939.
Wolfgang Zapf: Modernisierung und Modernisierungstheorien. In: Wolfgang Zapf (Hrsg.): Die Modernisierung moderner Gesellschaften. Verhandlungen des 25. deutschen Soziologentages in Frankfurt am Main 1990. Frankfurt, New York 1991, S. 23-39.
Wolfgang Zapf (Hrsg.): Die Modernisierung moderner Gesellschaften. Verhandlungen des 25. deutschen Soziologentages in Frankfurt am Main 1990. Frankfurt, New York 1991.
Thomas Zeller: Landschaften des Verkehrs. Technikgeschichte 64 (1997), S. 323-40.
Heiko Zeutschner: Die braune Mattscheibe. Fernsehen im Nationalsozialismus. Hamburg 1995.
Wilhelm Ziegelmayer: Rohstoff-Fragen der deutschen Volksernährung. Eine Darstellung der ernährungswirtschaftlichen und ernährungswissenschaftlichen Aufgaben unserer Zeit. Dresden, Leipzig ^{3}1939.
Rainer Zitelmann: Hitler. Selbstverständnis eines Revolutionärs. Hamburg u.a. 1987.
Rainer Zitelmann: Die totalitäre Seite der Moderne. In: Michael Prinz u. Rainer Zitelmann (Hrsg.): Nationalsozialismus und Modernisierung. Darmstadt 1991, S. 1-20.
Gerhard Zweckbronner: Mechanisierung der Landarbeit: Der Lanz-Bulldog im landwirtschaftlichen Technisierungsprozeß. In: Räder, Autos und Traktoren. Erfindungen aus Mannheim – Wegbereiter der mobilen Gesellschaft (Schriften des Landesmuseums für Technik und Arbeit in Mannheim 1). Mannheim 1986, S. 96-115.

SACHREGISTER

PERSONENREGISTER